国家社会科学基金重点项目（10AZD025）

西部民族地区农牧区科学发展与社会信息化发展战略研究

XIBU MINZUDIQU
NONGMUQU KEXUEFAZHAN
YU SHEHUIXINXIHUA FAZHANZHANLUE YANJIU

文兴吾　何翼扬　著

人民出版社

责任编辑:孙兴民　冯瑶
装帧设计:徐　晖
责任校对:张　彦

图书在版编目(CIP)数据

西部民族地区农牧区科学发展与社会信息化发展战略研究/文兴吾,何翼扬 著. -北京:人民出版社,2015.11
ISBN 978-7-01-015463-3

Ⅰ.①西…　Ⅱ.①文…②何…　Ⅲ.①信息技术-应用-民族地区-农村-西北地区-研究②信息技术-应用-民族地区-农村-西南地区-研究　Ⅳ.①F320.1

中国版本图书馆 CIP 数据核字(2015)第 261901 号

西部民族地区农牧区科学发展与社会信息化发展战略研究

XIBU MINZUDIQU NONGMUQU KEXUEFAZHAN YU
SHEHUIXINXIHUA FAZHANZHANLÜE YANJIU

文兴吾　何翼扬　著

人民出版社 出版发行
(100706　北京市东城区隆福寺街 99 号)

保定市北方胶印有限公司印刷　新华书店经销

2015 年 11 月第 1 版　2015 年 11 月北京第 1 次印刷
开本:880 毫米×1230 毫米 1/32　印张:14.875
字数:346 千字

ISBN 978-7-01-015463-3　定价:39.00 元

邮购地址 100706　北京市东城区隆福寺街 99 号
人民东方图书销售中心　电话 (010)65250042　65289539

目 录
Contents

前言

2006—2010 年，我们主持主研完成了国家社会科学基金西部项目“以信息技术的有效运用推进西部民族地区建设社会主义新农村（牧区）研究”；该项研究出版了专著《以信息技术推进西部民族地区农牧区发展研究》（西南财经大学出版社 2011 年出版）。2010 年 11 月，我们申报的“以信息技术深刻变革西部民族地区农牧区发展方式研究”课题，被批准为国家社会科学基金重点项目（批准号：10AZD025）。本书是“以信息技术深刻变革西部民族地区农牧区发展方式研究”课题的最终成果，书名“西部民族地区农牧区科学发展与社会信息化发展战略研究”反映了该项研究触发的两个基本问题与研究成果的基本内涵，也显示出研究的基本思想逻辑、精神实质及心路历程。

（一）

从系统工程方法论看，“以信息技术深刻变革西部民族地区农牧区发展方式研究”课题的立项，只是提出了一个问题，并且这个问题的科学实践价值是或然的。系统工程方法逻辑维的第一个步骤就是定义问题或明确问题，它包括两件事：其一，查明一种需要；其二，查明达到这种需要的环境条件和可行条件。前者叫做需要研究；后者叫做环境研究，包括技术环境和自然环境的研究、经济环境和政治环境的研究。2011 年初出台的国家“十二五”规划纲要，第一篇是“转变方式，开创科学发展新局面”，其中在阐述“指导思想”时指出：“深入贯彻落实科学发展观，适应国内外形势新变化，顺应各族人民过上更好生活新期待，以科学发展为主题，以加快转变经济发展方式为主线，深化改革开放，保障和改善民生”，“坚持发展是硬道理的本质要求，就是坚持科学发展。以加快转变经济发展方式为主线，是推动科学发展的必由之路”。很显然，在落实科学发展观、推进科学发展的新形势下，“以信息技术深刻变革西部民族地区农牧区发展方式”是与“推进西部民族地区农牧区科学发展”紧密相关的。于是，一个基本问题被提出来，这就是：推进西部民族地区农牧区科学发展的基本内涵是什么?

众所周知，20 世纪 60 年代沃尔特·罗斯托在研究一些国家的发展过程、阶段和问题中，提出了著名的经济发展阶段理论。为了突破经济停滞状态，发展中国家必须摆脱拉格纳·纳克斯所说的“贫困的恶性循环”困境，或者如哈维·莱宾斯坦所说的用“最小临界努力”突破落后经济的“低水平均衡陷阱”状态；罗斯托把用“最小临界努力”摆脱“恶性循环”或“低水平均衡陷阱”的过程，称之为经济起飞过程。罗斯托认为，一个国家的经济发展要经过六个阶段，这六个阶段分别是：传统社会阶段；为“起飞”创造前提阶段；“起飞”阶段；向成熟推进阶段；群众性高消费阶段；追求生活质量阶段。他指出，“起飞”的突破过程是关键性的，是“近代社会生活中的大分水岭”。一当把科学发展观的理论与罗斯托的理论联系起来，不难看到：由于我国地域辽阔，经济社会发展的不平衡，用科学发展观指导各地发展中存在着两种截然不同的情况。其一是如何用科学发展观的理论和方法推进落后地区打破“低水平均衡陷阱”而实现“经济起飞”（没有“经济起飞”也就无所谓“经济增长”）。其二是如何用科学发展观的理论和方法指导已实现“经济起飞”的地区实现持续“经济增长”。很显然，对于绝大多数西部民族地区农牧区而言，以科学发展观的理论和方法推进科学发展，当属第一种情况。在这样的思维行程中，明确“推进西部民族地区农牧区科学发展的基本内涵”是什么，明确“推进西部民族地区农牧区科学发展的基本目标”是什么，成为了本项研究的一个基本任务。

从思想逻辑上讲，“以信息技术深刻变革西部民族地区农牧区发展方式”只是推进西部民族地区农牧区科学发展、努力实现其目标的一种手段。一般而言，人们都把信息化看成是社会经济发展到高级阶段的产物，是经济社会发展后的享受；而本项研究提出以信息技术深刻变革西部民族地区农牧区发展方式，把现代信息技术的广泛运用作为贫困农牧区走出“低水平均衡陷阱”与“贫困文化的恶性循环”的“第一推动”，或者说，是走出贫困的恶性循环不能缺失的重要一环。这种思想，既基于深刻认识西部民族地区农牧区自然、经济和社会发展的基本特征，当前面临的一系列问题、困难和障碍；也基于把握当代信息技术革命的重大成果与中国信息产业发展态势，及其对解决中国西部民族地区农牧区发展问题提供的重大机遇。它可以说是总结历史作出的新的选择，也可以说是把握当代信息科技革命以及信息社会建设的全球大趋势而作出的“社会工程”设计。

（二）

西部民族地区农牧区在地理区位上远离作为经济增长中心的大中城市；境内现有的城镇人口少、规模小，多是以政治、文化中心的功能而存在，在经济上对周边经济发展的带动性甚微。另一方面，受高原、山地、荒漠等自然条件的制约，土地承载能力较为低下，人们居住的空间极为分散，从而造成其在整体上远离大中城市的同时，在其内部又远离交通干道和中心城镇，形成对外对内的双向封闭格局。由此的结果是：大大增加了农牧民销售农牧产品和购买现代生产要素的运输费用，以至于在相当程度上抑制了其产出和投入的商品化，阻止了其农牧业的技术进步和制度变迁。由于信息闭塞，同时受不同宗教信仰、风俗习惯、生活禁忌的影响，导致并强化了传统文化的封闭和思想观念的守旧，形成了特定的“封闭区域、封闭文化、封闭经济和封闭人口”特征；不少贫困农牧区为“贫困文化”所笼罩。在这样一个社会环境里，经济上合理的生活模式将遭到最严重的内在困境；因为经济理性主义的起源，不仅有赖于合理的技术与法律，而且取决于人们所采取某种实用理性的生活态度与倾向。

推进西部民族地区农牧区科学发展，建设西部生态屏障与实现“脱贫、致富、奔小康”是辩证统一的。长期以来，民族地区都面对着“发展和如何发展”这个基本问题；一方面是发展不足的贫穷问题，另一方面是发展方式不当的掠夺性的粗放型开发方式问题。后果表现为森林过伐，水土流失严重，草原退化、沙化，物种减少，自然灾害加剧，社会、经济发展陷入困境。因此，民族地区在西部大开发中最重要的问题是推进“社会—经济

—生态”协调发展。只有推进“社会—经济—生态”协调发展，才可能打破“贫困恶性循环”和摆脱“低水平均衡陷阱”，才能走上富裕的道路，实现富于特色的现代化发展目标。“社会—经济—生态”协调发展与传统发展观念的区别在于：从以单纯经济增长为目标的发展转向经济、社会、生态的综合发展；从以物为本位的发展转向以人为本位的发展，即发展的目的是为了满足人的基本需求，提高人的生活质量；从注重眼前利益、局部利益的发展转向长期利益、整体利益的发展；从物质资源推动型的发展转向非物质资源或信息资源（科技与知识）推动型的发展。

人类实践活动可分为生产活动和交往活动两个互为前提、互为媒介的侧面。马克思曾经指出：生产本身是以个人彼此之间的交往为前提的，这种交往的形式又是由生产决定的。理论与实践的许多研究都表明：落后地区的经济发展差距、人类发展差距、知识发展差距，根源于信息贫困与交往活动贫乏。当代信息技术及其产业创造的信息传播体系，提供了空前的、低成本的传播知识和交流知识的现代手段，极大地扩大了人们的视野，有助于破除狭隘地域性观念，有助于世界各地人们的交流；为落后地区通过消除信息贫困、增强交往活动、促进社会经济发展，提供了强有力的手段。另一方面，按照马克思的理论，作为人类肢体、器官的延伸，技术绝不仅仅意味着某种手段或工具性的东西，更为重要的是它所包含的社会学意蕴；技术性是人的本质属性。人类通过对技术的使用，不但构造了生存处境，也生成了生活世界。每一种新技术的引入，都要求在人与人、人与自然、人与社会之间建立起一种新型的关系。每一种新的技术都为人类打开了一扇通向新型感知和活动领域的大门，创造出一种新的社会环境，导致人的观念发生结构性的变化。长期处于落后的技术状态，人的发展也就处于落后状态。因此，改变西部民族地区农牧区的落后状态，就必须要有新技术能流的有效进入。

现代信息技术既是促进生产的技术，也是促进交往的技术。“以信息技术深刻变革西部民族地区农牧区发展方式”是以加强社会交往技术为基点，促进西部民族地区农牧区各阶层民众发展；在运用信息技术加强社会交往中形成社会分工，形成以知识引导发展的机制，进而使“促进生产的信息技术”得到广泛运用。在这个“外生技术”逐步与西部民族地区农牧区生产与生活方式融合中，通过人的技术化，最终将实现社会的进步与发展、人性的丰富与发展。这是一个以新要素打破“低水平均衡陷阱”，由此不断推进充分依靠科技进步与劳动者素质的提高求发展的过程。例如，国家广泛建设乡、村信息服务站，而乡、村信息服务站点的发展需要多层次、多样性的信息化综合应用科技人才，这就率先为大中专毕业生提供了以知识服务本土社会经济发展、服务父老乡亲的舞台。继之，随着信息能流、技术能流与民族地区得天独厚的、独具特色的生态、生物、文化资源相结合，农牧业、生态民族文化旅游业以生态化、产业化、工业化方式发展，效益不断提高；一当生态农牧业、生态民族文化旅游业呈现出良好的收益之时，大中专毕业生和专业技术人才将纷纷参与其间：经商办企业，发展家庭农场和家庭牧场，走向专业化、商品化的现代市场经济，使知识和经济的发展实现统一。而“人才兴农”、“人才兴牧”的成就，则将进一步促进基础教育、职业教育、成人教育的健康发展，使教育不断为经济社会发展提供人才；激励优秀青年自觉地、积极地投身于建设自己的家乡，投身于建设社会主义新农村新牧区的事业，成为特色经济中的特色人才。西部民族地区农牧区社会经济发展由此进入良性循环，外部的投资和技术也将不断涌入。在这个由传统的农牧业走向专业化、商品化的现代农牧业的过程中，不断降低人的劳动强度、提高自然环境资源使用效率的“促进生产的信息技术”将得到广泛运用。也正是在这个过程中，既可能有本土的企业修建公路，也可能有外部的企业修建公路；无论是出于特色农牧产品的销售需要，还是出于民族文化生态旅游业的发展需要。又如，政府向广大农牧民普遍赠送广播电视接收终端，使每一个农牧民家庭中有了一套现代文明设施，有了一套帮助他们融入现代社会的设施。一当农牧民从珍惜它、爱护它到广泛运用它，也就走出了与现代文明接轨的重要一步；家庭生产、生活以及区域社会经济发展的技术含量都将大大增加，文明形态将逐步发生深刻的变化。

应该明确，社会信息化有狭义与广义之分。狭义的社会信息化是指与国民经济信息化并列的社会领域的信息化；而广义的社会信息化作为当今社会发展的一种新模式——“发展的信息化模式”，指的是在国民经济和社会生活的各个领域越来越广泛、越来越普遍地使用信息技术和信息方法来开发利用各种各样的信息资源，并以此为手段来开发和利用物质资源和能源，从而不断地把社会的物质文明、精神文明、政治文明、生态文明水平推向新的高度，推动社会的发展和进步。西部民族地区农牧区社会信息化发展战略贯穿了“社会发展优先”的理念，在坚持广义的社会信息化理念基础上，把狭义的社会信息化，即社会领域的信息化，放在优先发展的地位；通过率先推进信息技术在西部农牧区社会交往领域的广泛运用，加强政府的社会服务和丰富农牧民的精神文化生活，唤起农牧民依靠科技进步和劳动者素质提高而走向幸福生活的热望，由此走出“贫困文化的恶性循环”和“低水平均衡陷阱”，实现西部民族地区农牧区经济社会起飞。这是一种从“文化性社会工程创新”、“调控性社会工程创新”入手，进而实现“生产性社会工程创新”的发展机制。本书对西部民族地区农牧区社会信息化发展战略进行了谋划，阐明了一系列重大问题及其处理、操作策略。

（三）

本书由三个板块共七章构成，基本框架结构如下图所示。

本书的基本框架结构

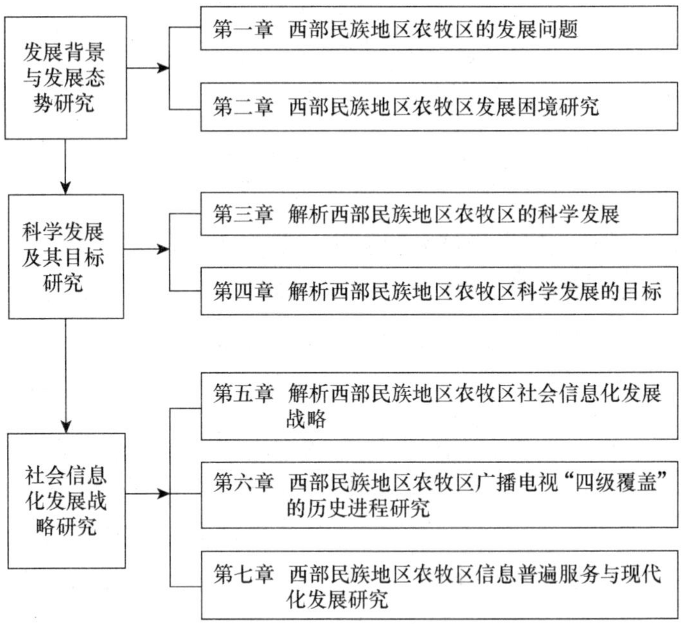

本书的创新有以下几点。

第一，强调以“世界眼光”和“机遇意识”建构西部民族地区农牧区的科学发展，强调“顶层设计”，明确提出了西部民族地区农牧区依靠当代科技进步的（综合）现代化发展问题。近些年，学术界对西部民族地区农牧区扶贫开发研究的著述较多，一般都集中在中观和微观层面，而缺乏进行“顶层设计”的理论建构，缺乏让扶贫开发工作在现代科技条件下迈上一个新台阶的谋划，缺乏对西部民族地区农牧区现代化发展道路的谋划。然而，一如江泽民同志在1999年就指出：“没有民族地区的小康就没有全国的小康，没有民族地区的现代化，就不能说实现了全国的现代化”；推进西部民族地区农牧区现代化发展，理应是推进西部民族地区农牧区科学发展的正题。我国正处于历史巨变时期，中国的学者不能陷入西方社会学否定所谓“宏大叙事”，只注重中层、微观研究的理论误区，我们的研究更要关注那些具有方向性、全局性和前瞻性的问题。现代科学技术的使用，大大推动了人类社会的发展，可以说，没有现代科学技术，就不会有现代社会。科学技术理性理所当然地构成西部民族地区农牧区现代化发展的思想基础。贯彻落实科学发展观，以社会工程理念综合运用现代科学技术（包括自然科学技术、社会科学技术、人文科学）知识，推进西部民族地区农牧区在当代国际国内大环境中实现经济社会起飞，实现建设西部生态屏障与“脱贫、致富、奔小康”的统一，应该是当前推进西部民族地区农牧区科学发展最重要的任务之一。

第二，在学术界首次提出一个基本问题：推进西部民族地区农牧区科学发展的基本内涵是什么？并对其进行了有系统、较深入的研究；揭示了西部农牧区在中央政府的统筹下充分依靠科技进步、走创新驱动发展道路的客观必然性与紧迫性，阐明了“生活型社会”应是西部民族地区农牧区推进科学发展、构建社会主义和谐社会的基本价值取向，分析了“世界进入知识经济时代”对西部民族地区农牧区反贫困科学发展提供的全新契机。

第三，讨论了西部民族地区农牧区社会信息化发展的若干基本问题，包括西部民族地区农牧区以信息化推动工业化的发展思路、西部民族地区农牧区社会信息化发展的切入点和突破口确认、正确处理信息技术的战略应用与阶段性策略的辩证关系、以“卫星覆盖”推进西部民族地区农牧区信息化建设的重大意义与可行性、实施西部民族地区农牧区社会信息化发展战略的主体确认，尤其阐明了以中央政府为主导实施西部民族地区农牧区社会信息化战略，基于“全国一盘棋”，是一种帕累托改进。并且，运用马克思的技术及交往理论揭示了推进西部民族地区农牧区社会信息化发展的重大哲学意义，明确了西部民族地区农牧区社会信息化发展战略与西部民族地区农牧区“生活型社会”建设的内在一致性。

第四，通过把握中国农村广播电视业的多次历史性飞跃，把握历史发展进程中奠定的技术、制度、资源基础，提出了直接依托“中星9号”直播卫星解决西部民族地区农牧区广播电视“四级全覆盖”的构想；其间综合运用了卫星数据广播与数据分发技术、中国工程院院士李幼平“基于播存原理的文化网格”理论等相关知识。依托“中星9号”直播卫星解决西部民族地区农牧区广播电视“四级全覆盖”的构想，是对“直播卫星+地面微波”这一国家当前推行的对我国有线电视不能通达的农村地区提供广播电视“四级全覆盖”公共服务方式的创新。它的根本意义在于：通过对国家既有资源（“中星9号”直播卫星及其闲置转发器）的分析和创新性运用，既能节省对广袤的西部民族地区农牧区进行市、县广播电视节目覆盖而修建地面微波传输线路和发射台站所需要投入的巨额经费，以及日后的运行、维护所需要投入的巨额经费，又能大大节约建设时间和实现更安全、更稳定的运行服务。可以用“省力省事”、“费省效宏”来概括。

第五，提出基于我国卫星通信事业发展的西部民族地区农牧区信息普遍服务“三步走”通达方案，包括：基于中国西部农村网络卫视建设工程的信息普遍服务体系建设；伴随中国移动多媒体广播系统（CMMB）发展深化信息普遍服务（用便携式终端、手持机等接收到广播电视节目，接收的天线不再是“小锅”，而是10厘米左右的拉竿天线。这对于远离居住地放牧的牧民，对于田间劳作的农民听广播，意义尤其重大）；利用不断进步的卫星通信技术（尤其是通过我国自己的低轨道移动通信卫星的发展）解决“电话普及”问题。

第六，阐明了当前受到国内外普遍关注的美国知名学者杰里米·里夫金言说的第三次工业革命，基本特征是“以能源转型推动经济和社会转型”，本质上是一次新产业革命，即生态产业革命；指出“以能源转型推动生态工业发展的生态产业革命”的核心内容——“新能源分布式发电的普遍运用”思想与创意——对于人口分散、地处偏僻、生态脆弱、发展落后的西部农牧区推进现代化发展，具有十分重大的意义。通过明确西部民族地区农牧区“分布式光伏发电的普遍运用”对中国整体发展的重要价值与意义，可望争取国家给予西部民族地区农牧区推进“分布式光伏发电的普遍运用”更加强有力的政策扶持。

第七，阐明了西部民族地区农牧区实施“中国西部农村网络卫视建设工程”与“中国西部农村光伏发电普及工程”及其辩证统一关系，它们统一于西部民族地区农牧区社会信息化战略。没有充足的电力，社会信息化发展就缺乏现实的技术和物质基础；

因此，大力实施“中国西部农村光伏发电普及工程”是必需的。而没有广播电视等信息的普遍服务，缺乏地方政府和科技人员的指导，光伏发电等先进技术也就很难在居住分散、交通条件相对较差的西部民族地区农牧区有效地推广运用；因此，大力实施“中国西部农村网络卫视建设工程”也是必需的。实施“中国西部农村网络卫视建设工程”与实施“中国西部农村光伏发电普及工程”的统一，将使西部民族地区农牧民告别传统的、低效率的农牧社会，消除贫困，过上幸福美好的现代生活；它们是西部民族地区农牧区现代化发展的奠基性工程。

第八，把哲学方法与实证科学方法交叉融会，把自然科学技术知识与社会科学技术知识综合应用，把自然科学技术方面的创新与社会科学技术方面的创新互补协同，把复杂的理论与技术问题解析得通俗易懂，视野较开阔、说理较充分、论证较透彻；强调理论研究与实践研究密切结合，取得的成果具有较强的系统性、全面性、完整性、前瞻性和可操作性。

本项研究明确提出西部民族地区农牧区依靠当代科技进步的综合现代化发展问题，必然触及到如何看待科技进步与当代社会发展的关系这一重大理论问题。《中国社会科学》2004 年第 1 期发表复旦大学俞吾金教授的论文《从科学技术的双重功能看历史唯物主义叙述方式的改变》，提出“传统的历史唯物主义叙述体系”已遭受严峻的挑战，并对“科学是一种在历史上起推动作用的、革命的力量”这一马克思主义经典作家的重要论断进行否定。截至 2012 年上半年，《中国社会科学》未发表争鸣文章。本项研究正视矛盾，解决矛盾：一方面，在《对“传统的历史唯物主义叙述体系”批判的批判》（《中国社会科学》2012 年第 10 期，第 21—25 页）一文中揭示了俞吾金对“传统的历史唯物主义叙述体系”的批判是不合理的，存在不少违反科学研究基本规范的行为。另一方面，在《论当代中国马克思主义科学技术观：科学技术动力观》（《社会科学研究》2012 年第 2 期，第 48—52 页）一文中对邓小平、江泽民、胡锦涛所坚执的“科学技术动力观”进行了有系统的论述，阐明了其对马克思主义经典作家的观点的丰富与发展。由此，既为西部民族地区农牧区充分依靠当代科技进步推进现代化发展奠定了坚实的基础，也拉开了国内学术界“关于历史唯物主义传统叙述方式的改变问题”争论的帷幕；成为本项研究取得的重要阶段性成果之一。

本项研究已发表的论文还有：《西部农牧区反贫困科学发展基本问题研究》（《农村经济》2013 年第 1 期）、《西部农牧区社会信息化发展战略研究》（《经济体制改革》2013 年第 3 期）、《西部民族地区农牧区发展文化变革：生活型社会建设研究》（《中华文化论坛》2013 年第 11 期），以及《文化兴国：加强科技文化普及工作的思考》（《中华文化论坛》2011 年第 6 期）、《加强科技文化普及能力建设研究》（《中共四川省委省级机关党校学报》2012 年第 1 期）、《论科技文化是第一文化》（《中华文化论坛》2012 年第 1 期）、《“第三次工业革命”理论与生态文明》（《成都工学院学报》2014 年第 3 期）。此外，《藏羌彝文化产业走廊建设与农牧区科学发展研究》一文被收录入《民族走廊——互动、融合与发展》（论文集），2015 年 1 月由光明日报出版社和四川民族出版社出版。

党的十八大提出了“确保到 2020 年实现全面建成小康社会宏伟目标”的时间表。对此，习近平总书记作出政治承诺：“我坚信，到中国共产党成立 100 年时全面建成小康社会的目标一定能实现”。“全面建成”的深刻含义，一是指经济建设、政治建设、文化建设、社会建设、生态文明建设“五位一体”的我国社会主义现代化总体布局的全面建成，这也反映了我国进入“全面现代化”的时代。二是必须全面确保全国各地“全面建成小康社会”。习近平总书记一再强调，“最艰巨最繁重的任务在农村、特别是在贫困地区”“小康不小康，关键看老乡”。“一个民族都不能少”“不能丢了农村这一头”“决不能让一个苏区老区掉队”……这一系列论断，充分体现了把13亿多人全部带入全面小康的坚定决心。本项研究对推进西部民族地区农牧区科学发展重大问题的讨论，对推进西部民族地区农牧区社会信息化发展若干基本问题的讨论，特别是通过把握中国农村广播电视业历史发展进程中奠定的技术、制度、资源基础，提出的直接依托“中星9号”直播卫星解决西部民族地区农牧区广播电视“四级全覆盖”的构想，以及基于我国卫星通信事业发展的西部民族地区农牧区信息普遍服务“三步走”通达方案，可以为公共服务政策制定者和执行者规划西部民族地区农牧区“十三五”发展提供参考。

坚执“以知识服务社会、报效国家”的信念，我们在科研工作中已尽自己的最大努力。限于水平，本书肯定有许多不足甚至错误之处，敬请专家及读者不吝赐教。

作　者

2015年6月

第一章

西部民族地区农牧区的发展问题

1978 年中国共产党十一届三中全会召开以后，我国全面展开了社会主义现代化建设。西部民族地区农牧区的发展，是与西部民族地区农牧区现代化建设相统一的。西部民族地区农牧区现代化建设，就其最一般的意义上讲，就是告别传统的、低效率的农牧社会，消除贫困，过上幸福生活。

在当代，西部民族地区农牧区现代化建设是与国家推进西部生态屏障建设须臾不可分离的。西部民族地区农牧区的发展问题，从根本讲，也就是如何实现建设西部生态屏障与“脱贫、致富、奔小康”的统一。

第一节　西部民族地区农牧区的生态环境问题

一、少数民族聚集地区的自然地理特征

从理论上讲，自然地理因素既是影响一个国家或地区现代化发展的重要因素之一，又是人类难以完全克服的障碍性因素之一。在现代化初期，这一因素限制作用较强；随着现代化的发展，这一因素作用不断减弱；在现代化的后期，这一因素作用影响将会让位于其他因素。就目前少数民族聚居地区的现代化发展水平而言，还很难逾越自然环境对其现代化发展进程的深刻影响。少数民族聚居地区自然环境有如下三个主要特点。

1. **地理位置边远**

我国东北地区及内蒙古、新疆、西藏、云南、广西等省区，共有陆上疆界两万多千米，大多是少数民族居住区。中国少数民族多居住在边远地区，从全国看是这样，在一省一区也往往是这样。例如，新疆的少数民族主要居住在南疆和北疆，宁夏的少数民族主要居住在南部山区，四川的少数民族主要居住在本省西部与青海、西藏、云南、甘肃等相邻的甘孜、阿坝、凉山三个自治州。

形成少数民族居于边远地区的主要历史原因有以下三个。

一是这些地方原本就是这些民族的发祥和发展之地，这些地区在历史上大都以高山、草原、森林为自然特点，环境比较封

闭，不同的人们共同体在这些地区发展为单一的民族，并长期保存自己的特点。

二是由于中原地区总是兵家争战之地，不仅造成对经济和文化的破坏，还使不同地区、不同民族的人们相互迁徙，因而彼此融合，使民族数量较少。与此形成对比的是，一些民族在偏远的地区得到了相对的安宁并保存了自己的民族特点和文化传统。

三是历史上的统治者奉行的民族压迫政策、民族主义特别是大汉族主义，使少数民族被迫迁居到交通不便的偏僻地区。

2. 高原山地地形

少数民族聚居地区90%以上的面积位于第一、二阶梯之上①，地形以高原山地为主，丘陵、山地面积占土地总面积的68.8%，平地仅占31.2%；海拔1000米以上区域占土地总面积的69.9%，海拔3000米以上区域则占土地总面积的31.8%（表1－1）。

表1－1　少数民族聚居地区地貌类型分布比例

（单位:%）

地区	地貌类型			海拔高度/米		
	平地	丘陵	山地	<1000	1000—3000	>3000
少数民族聚集地区	31.2	21.8	47.0	30.1	38.1	31.8
内蒙古	51.5	27.5	21.0	41.7	58.3	0.0
广西	14.0	34.0	52.0	94.2	5.8	0.0

① 第一级阶梯：我国西南部的青藏高原，平均海拔在4000米以上，号称“世界屋脊”。第二级阶梯：在青藏高原边缘的以东和以北，是一系列宽广的高原和巨大的盆地，海拔下降到1000—2000米。第三级阶梯：在我国东部，主要是丘陵和平原分布区，大部分地区海拔在500米以下。第一阶梯和第二阶梯的分界线：昆仑山、阿尔金山、祁连山、横断山；第二阶梯和第三阶梯的分界线：大兴安岭、太行山、巫山、雪峰山。

续表

地区	地貌类型			海拔高度/米		
	平地	丘陵	山地	<1000	1000—3000	>3000
西藏	23.5	25.3	51.2	3.2	3.7	93.1
宁夏	45.9	9.0	45.1	0.9	99.0	0.1
新疆	44.0	18.9	37.1	28.9	47.8	23.3
云南	5.0	14.2	80.8	10.1	81.7	8.2
贵州	4.9	14.8	80.3	85.0	15.0	0.0
青海	30.1	18.7	51.2	1.7	26.3	72.0
甘肃	22.2	21.8	56.0	16.6	83.3	0.1
四川	10.0	12.9	77.1	38.4	44.2	17.4
重庆	6.0	18.2	75.8	76.9	23.1	0.0
内地汉族聚集地区	39.4	16.0	44.6	86.6	13.4	0.0
全国	59.4	9.9	30.7	47.3	31.0	21.7

资料来源：《中国自然资源手册》（程鸿等，1990），《西部12省部长纵论开发战略指南》（曾培炎等，2000）。转引自温军：《民族与发展：新的现代化追赶战略》，清华大学出版社2004年版，第60页。四川与重庆的数据，通过“中国宏观数据挖掘分析系统”资料得出。

3. 气候高寒干旱

少数民族聚居地区80%的土地面积属于高寒干旱气候区域。

一般而言，海拔每升高100米，年平均气温下降0.5—0.6℃。因此，少数民族聚居地区与同纬度内地汉族聚居地区相比具有普遍低温的气候特点，年平均气温比同纬度的内地汉族聚居地区特别是东部沿海地区气温要低得多。绝大部分地区距海遥远、降雨稀少、气候干旱，从而决定了其草场资源丰富、耕地资源稀缺。农业适宜性特别是种植业发展区域范围极为有限，农业发展具有“农牧结合”的典型特征。但是，高海拔区域广大，却又使其具有显著的自然要素垂直地带性、丰富的生物多样性等高原山地特征，形成了世界上最丰富多彩的垂直带谱，是世界生物多样性最具特色的地区。

二、少数民族聚集地区的自然资源分布特点

世纪之交，中央实施西部大开发战略。西部大开发与加快民族地区发展的重大关系，是我们思考西部大开发战略的一个重要理论视角。西部民族地区在我国西部大开发战略中具有十分重要的地位。

传统上，人们所称谓的西部，主要是指中原以西的地区，包括新疆、西藏、陕西、宁夏、甘肃、青海、四川、贵州、云南、重庆等十省（自治区、直辖市）。中央实施西部大开发战略，正式将内蒙古自治区和广西壮族自治区纳入了西部概念；如此，西部概念就包括了十二个省（自治区、直辖市）。按这个概念计算，西部面积达638万平方千米，占全国总面积的71%；人口达3.2亿，占全国总人口的28.4%。全国少数民族自治地方集中于西部，民族自治地方构成西部的区域主体。

——全国5个民族自治区全部都在西部，30个自治州中有27个在西部，120个民族自治县（旗）中有83个在西部，分别占全国的自治区、自治州和自治县（旗）三级自治地方总数的100%、90%和69%。

——全国多民族省区亦均位于西部地区。通常所说的多民族省区除5个少数民族自治区外，青海、云南、贵州三省是享受自治区待遇的多民族省。四川有3州4县的民族自治地方，甘肃有2州7县的民族自治地方，重庆有4个自治县；虽然它们的少数民族人口比重分别只有4.98%、8.69%和6.42%，但是其分布居住的民族自治地方面积比重却分别高达62.06%、37.74%和

20.51%。为此，亦将少数民族众多、民族自治地方面积广大的四川、重庆以及甘肃等省市视为少数民族聚居地区。西部少数民族聚居地区，也就是从省级行政单位而言的少数民族聚居地区。

——民族自治地方构成整个西部国土的绝大部分区域。其中，仅5个自治区就占西部总面积的63.34%，如果包括其他少数民族自治地方，民族自治地方面积就占整个西部面积的85.89%。①

以上表明，西部是我国众多少数民族的主要聚居地区。正是从这个意义上说，加快民族地区的发展是西部大开发的核心内容。事实上，国务院于2000年和2001年先后批示湖南的湘西土家族苗族自治州、湖北的恩施土家族苗族自治州、吉林的延边朝鲜族自治州都享受国家为西部大开发制定的各种优惠政策；这就更充分地表明：加快民族地区的发展是西部大开发的核心内容。②

在人们的传统印象中，西部地区拥有丰富的矿产、土地、森林、生物等自然资源，是西部大开发重要的物质基础，“地大物博”是西部民族地区自然资源的写照。然而，仔细分析，我们将得出更谨慎的结论。西部民族地区自然资源总量比较丰富，但在具体分布上呈现以下特点。

1. **地表自然资源空间密度优势不明显**

除了水力资源蕴藏量和草地资源两项在全国的比重较高以外，民族自治地方以约64%的国土面积占有15.6%的耕地、24.5%的淡水面积，没有空间密度优势，见表1-2。

---

① 李红杰：《西部大开发中需要注意的若干与民族有关的问题》，《民族研究》2000年第4期。

② 2005年2月28日国务院新闻办公室发布的《中国的民族区域自治》白皮书写道：“为加快西部地区和民族自治地方的发展，中国政府于2000年开始实施西部大开发战略，全国5个自治区、27个自治州以及120个自治县（旗）中的83个自治县（旗）被纳入西部大开发的范围，还有3个自治州参照享受国家西部大开发优惠政策。”

表 1－2　民族自治地方自然资源情况（2007 年）

项目	单位	绝对量	占全国的比重（%）
土地总面积	万平方千米	613.3	63.89
耕地面积	万公顷	2033.13	15.63
草原面积	万公顷	30027	75.07
可利用草原面积	万公顷	21700	69.26
森林面积	万公顷	5648	21.81
林木蓄积量	亿立方米	52.49	46.57
淡水面积	万公顷	407	24.50
水力资源蕴藏量	亿千瓦	5.57	65.93
煤保有量	亿吨	3731.9	37.1
铁矿石保有量	亿吨	111.9	24.4

资料来源：《中国民族统计年鉴》（2008），民族出版社 2009 年版，第 273 页。其中，耕地面积占全国比重，根据《中国统计年鉴》（2008）给出的全国耕地面积数 13005.29 万公顷计算得出。

2. 矿产资源、水能资源相对集中，分布不均衡

西部地区石油、天燃气资源主要分布在塔里木、吐鲁番—哈密、准噶尔三大盆地，以及四川东部和陕甘宁交界区；煤炭资源主要分布在陕西、宁夏、新疆和贵州。矿产资源分布相对集中，有利于建设相关产业基地。然而，有的地区既无石油、天燃气、煤炭资源，也没有丰富的其他矿产资源。

西部地区水能资源非富，但主要分布在西南地区，川、滇、藏三省区水能资源就占全国 60% 以上。

3. 水、土地等资源的地区分布差异较大

西部少数民族聚居地区，依据自然生态条件可划分为西北和西南两大区域。西北地区主要指新疆、内蒙古、甘肃、宁夏、青海等 5 省区，自然环境特点是干旱少雨，有土缺水，适于动植物

生长的生态环境恶劣；西南地区指广西、四川、重庆、云南、贵州、西藏等6省区，自然环境特点是雨量丰沛、有水缺土，土壤保水保土能力差，“缺地、缺水、缺肥”问题突出。“2004年民族地区水资源总量为14441.6亿立方米，占全国水资源总量的59.85%，其中西南民族地区水资源总量占全国的51.2%，占西部民族地区总量的85.58%，西北民族地区水资源拥有量仅占全国的8.65%和民族地区的11.38%。”[①] 从人均水资源占有量来看，西南和西北地区的差异更大，西北地区严重缺水，如2004年宁夏人均水资源量167.7立方米，只有全国人均水平（1856.3立方米）的9.03%。[②] 西南地区的岩溶山区虽然降水丰富，但山高坡陡，沟壑纵横，岩石裸露，无雨干旱，有雨成灾，大气降水很快渗入地下流出区外，造成地表水资源稀缺、干旱严重和生态环境恶化，制约当地社会与经济发展。

从土地资源分布看，西部地区土地资源南北差异较大。西部地区在祁连山—阿尔金山—昆仑山以北，主要是干旱草原和荒漠草原牧区，沙漠、戈壁、盐碱地占很大比重，耕地集中在河谷、平原等水源丰富的绿洲地区；祁连山—阿尔金山—昆仑山以南，山大沟深，土地利用垂直分带规律明显，形成了山间河谷农业、高山林业和高原牧业的用地结构特点。西藏、四川、云南的森林蓄积量占了西部总蓄积量的70%，内蒙古占16%，其它西部省区的总和仅为14%。[③]

---

① 陈达云、郑长德：《中国少数民族地区的经济发展：实证分析与对策研究》，民族出版社2006年版，第48—49页。

② 陈达云、郑长德：《中国少数民族地区的经济发展：实证分析与对策研究》，民族出版社2006年版，第50页。

③ 郝东恒、陈安国：《论西部地区的资源可持续开发与利用》，《石家庄经济学院学报》2003年第3期。

三、少数民族聚集地区的生态环境状况

在生态区位上，从宏观上看，西部民族地区位于我国大江大河的上游，是我国生态安全的关键源头；从微观上看，西部民族地区大多地处“生态环境脆弱带”，如云贵高原、青藏高原、内蒙古高原等，它们或者是地势台阶的交汇区，或者是干湿交替带，或者地处沙漠边缘，大部分地区森林覆盖率十分低下。这些地区高寒多风干旱、物质迁移迅速、外力侵蚀强烈，自身环境承载能力极为有限，干旱、风沙、盐碱与水土流失等自然灾害发生频繁。

西部民族地区独特的自然地理环境及其生态环境的脆弱特征，客观上决定了少数民族聚居地区支撑资源开发的生态环境非常脆弱，使西部民族地区的现代化发展比中国其他地区面临着更加严峻复杂的环境压力。

西部地区的生态环境问题可以追溯到遥远的过去。如滥伐森林、滥垦草原造成的水土流失和土地沙化现象，至少在数千年前就出现了。新中国建立以来大规模的垦殖与开发，使水土流失、干旱、荒漠化问题日益突出。从20世纪50年代初到70年代末，无论是落实“以粮为纲”的方针，还是实现“粮食亩产上纲要”的目标，都是以毁林、毁草为代价的。

1. 水土流失

少数民族聚居地区地势高峻，高原山地面积比重大，生态环境脆弱，易于产生大面积的水土流失。水利部遥感调查资料表明，1996年中国大陆水力侵蚀面积超过10万平方千米的7个省市区中，除山西、陕西2个省外，其余5个省区均分布在少数民族聚居地区，即四川、内蒙古、云南、新疆、甘肃（表1－3）。

表 1-3　少数民族聚居地区与内地汉族聚居地区水土流失状况比较

（单位：万平方千米）

	少数民族聚居区	水力侵蚀面积	内地汉族聚居区	水力侵蚀面积
侵蚀面积 > 10	四川	18.4154	陕西	12.0404
	内蒙古	15.8101	山西	10.7730
	云南	14.4470		
	新疆	11.3843		
	甘肃	10.6936		
5 < 侵蚀面积 < 10	贵州	7.6682	湖北	6.8484
	西藏	6.2057	河南	6.4755
			辽宁	6.3715
			河北	5.8086
			山东	5.0373
1 < 侵蚀面积 < 5	青海	4.0060	湖南	4.7157
	宁夏	2.2897	江西	4.5653
	广西	1.1143	安徽	2.8853
			浙江	2.5708
			吉林	2.4097
			福建	2.1130
			广东	1.1381
			黑龙江	1.1260
侵蚀面积 < 1			江苏	0.9162
			北京	0.4929
			海南	0.0455
			天津	0.0403
			上海	0.0000

资料来源：国家环境保护局自然保护司：《中国生态问题报告》，中国环境科学出版社，2000 年版，第 11 页。四川数据含重庆市。

2. 土地退化

按照《联合国防治荒漠化公约》的定义，荒漠化是指干旱、半干旱和半湿润地区的土地退化。中国是世界上土地荒漠化最为严重的国家之一。“我国每年因沙化造成的直接经济损失达540亿元，相当于1996年西北五省区财政收入总和的3倍。间接损失是直接损失的2倍以上，有的高达10余倍。”① 沙化对土地资源的危害，一方面表现在土壤表层发生风蚀，使富含有机质和养分的表土层流失，造成土壤肥力下降、土壤理化性状恶化、土地生产力衰退。据测算，沙区每年因风蚀损失的土壤有机质及氮磷钾等达5590万吨，折合标准化肥2.7亿吨，相当于1996年全国农用化肥产量的9.5倍。② 另一方面，表现为沙埋农田、草场，使之减产甚至绝收。少数民族聚居地区的耕地和草地退化程度最为严重（表1－4）。

表1－4　少数民族聚居地区土地退化程度

地区	“三化”草地 单位：万公顷	草地退化率 %	荒漠化面积 单位：万公顷	荒漠化率 %
少数民族聚居地区	12241	49.3	31648.2	47.4
内蒙古	4592	58.3	7015.2	59.3
广西				
西藏	2100	25.9	5159.3	42.0
宁夏	260	86.3	393.7	76.0
新疆	2658	46.4	14296.0	86.1
云南	52	3.4	31.5	0.8

① 刘江主编：《中国可持续发展战略研究》，中国农业出版社2001年版，第95页。

② 刘江主编：《全国生态环境建设规划》，中国工商联合出版社1999年版，第673页。

续表

地区	“三化”草地 单位：万公顷	草地退化率 %	荒漠化面积 单位：万公顷	荒漠化率 %
贵州	20	4.7	0.0	0.0
青海	1090	30.0	2390.8	33.1
甘肃	857	47.9	2299.3	50.6
四川	612	27.2	62.4	1.1
内地汉族聚集地区	1093	7.6	1567.8	5.4
全国	13334	34.0	33216.0	34.6

说明：“三化”草地指草地的退化、沙化和盐碱化。

资料来源：温军：《民族与发展：新的现代化追赶战略》，清华大学出版社2004年版，第72页。四川数据含重庆市。

3. 森林破坏

森林植被是保持良好生态环境的基础。少数民族聚居地区森林退化主要表现在三个方面：一是森林面积减少，二是森林蓄积量降低，三是森林生态功能下降。无论西北地区还是西南地区，森林覆盖率均大大低于全国平均水平。

表1－5　少数民族聚居地区与内地汉族聚居地区森林覆盖率比较

	少数民族 聚居区	森林覆盖率 %	内地汉族 聚居区	森林覆盖率 %
覆盖率＞30%			福建	50.60
			浙江	42.99
			江西	40.35
			广东	36.78
			黑龙江	35.55
			吉林	33.60
			湖南	32.80
			海南	31.27

续表

	少数民族聚居区	森林覆盖率%	内地汉族聚居区	森林覆盖率%
20% <覆盖率<30%	广西	25.34	辽宁	26.89
	云南	24.58	陕西	24.15
	四川	20.37	湖北	21.26
10% <覆盖率<20%	贵州	14.75	安徽	16.33
	内蒙古	12.14	北京	14.99
			河北	13.35
			山东	10.70
			河南	10.50
覆盖率<10%	西藏	5.84	山西	8.11
	甘肃	4.33	天津	7.47
	宁夏	1.54	江苏	4.09
	新疆	0.79	上海	2.47
	青海	0.35		

资料来源：中国科学院可持续发展研究组：《中国可持续发展战略报告》（1999），科学出版社1999年版，第309页。四川数据含重庆市。

四、西部民族地区农牧区加强生态环境建设的重大意义

一般说来，生态环境这个词相当于“自然环境”或“自然地理环境”。在人类的环境问题越来越突出的情况下，作为研究生物之间及生物与非生物环境之间相互关系的生态学科得到了重视和发展，“生态环境”一词成为常用语。当人们乐于用“生态环境”一词来替代“自然环境”时，实际上在强调其中生物与环境

相互作用的一面，即与生物特别是与人类有关的自然环境；这样就更表达了人类对其生存环境的关切。我们把一切旨在保护、恢复和改善自然（生态）环境及生态系统的建设工作统称为生态环境建设。生态环境建设更加强调了改善生态环境的积极行动，也涵盖了比“生态恢复重建”更为广泛的内容；它重视生态环境正向和逆向的演替规律但又不拘泥于自然的演替阶段和目标（达到顶级阶段），而且它把改善生态环境的行动提高到了农业建设、工业建设、科教文化建设等相对应层次的高度，这样就更有利于与人类社会经济发展相协调。①

按照《全国生态环境建设规划》中的表述，就我国陆地部分而言，在生态环境建设内容中以其重点手段的不同可区分为两类：一类是以生物措施为主要手段的植被建设，另一类是以工程建设为主要手段的工程建设。两者的密切配合与综合应用，构成基本的生态环境建设与综合治理进程。

根据西部民族地区的生态区位与生态环境的现实状况，以及中央实施西部大开发战略的基本思路，西部民族地区在新世纪的跨越式发展必须以生态环境建设为切入口和立足点。江泽民同志指出，“改善生态环境，是西部地区开发建设过程中首先要研究和解决的一个重大课题。如果不从现在起，努力使生态环境有一个明显的改善，在西部地区实现可持续发展的战略就会落空。”②朱镕基同志讲道，“改造西部地区的生态环境，对于改善全国生态环境，具有重大意义。如果不加紧、加快实施在西部地区恢复

① 沈国舫：《生态环境建设与水资源保护利用》（上），2000年9月12日《科技日报》。

② 彭冠雄主编：《党和国家领导人论西部大开发》，国家行政学院出版社2000年版，第49页。

林草植被、治理水土流失，那么，长江、黄河日渐淤积，洪水灾害不可能得到根治，广大中下游流域将永无宁日。因此，必须高度重视和突出抓好生态环境的建设，把它作为实施西部大开发的切入点。”①

要言之：西部大开发作为中国实施可持续发展战略的一个重大举措，其核心是以生态环境建设为根本发展西部，使西部逐步走上可持续发展道路，并成为全国可持续发展的重要保障。

1. 西部生态环境事关整个中华民族的生存质量和发展空间

西部地区处于我国的江河源区及其上游区、西北季风的发源地或上风口，对我国其他地区的生态环境有着极大的跨区域影响，是维持我国整体生态环境稳定的重要地区。

西南地区位于长江上游，汇聚了长江的十几条主要支流；西南地区还是珠江的发源地。从加强水源涵养，防止泥沙冲淤，保证航道畅通，调节洪水流量，保障水能资源，维持我国经济心脏的两大金三角——长江三角洲、珠江三角洲安危等作用看，西南地区的自然生态系统是长江、珠江流域的生态根基和屏障。但是，长期以来特别是建国后急功近利的大开发，已经造成西南地区的生态环境大破坏。森林的滥砍滥伐，造成水土流失加剧。20世纪50年代，长江流域的水土流失面积为36万平方千米，90年代初则扩大到56万平方千米，尤其在中上游地区更为严重，水土流失面积达51万平方千米，占全流域水土流失面积的91%，土壤侵蚀量达18.5亿吨，占全流域的83%。② 上游地区的生态破

---

① 彭冠雄主编：《党和国家领导人论西部大开发》，国家行政学院出版社2000年版，第53页。

② 刘江主编：《全国生态环境建设规划》，中国工商联合出版社1999年版，第182页。

坏不仅危及上游生存，对中下游发达地区构成更大威胁。1998 年长江大洪水，造成的直接经济损失达到 3007 亿元，相当于全国当年 GDP 的 3.8%。①

黄河发源于青藏高原，从西部到东部流经 9 省区，黄河错综复杂的防洪问题、断流问题和水环境问题，使人们可以清楚地看到黄河上中下游其实已经密切成为一个整体。青海作为黄河流域最大的产流区和水源涵养区，境内流域面积占全流域面积的 19.6%，径流量占黄河总径流量的近 50%。但多年来由于过度放牧等原因，植被大量破坏，导致草地沙化和水源涵养功能下降。20 世纪 80 年代中期以来，黄河上游径流开始出现逐年减少的趋势，1997 年 1—3 月的径流量减少 23%，源头首次出现断流。这一年，下游断流天数达到破记录的 226 天。黄河断流降低了径流行洪排沙的能力，加速下游河道萎缩，下游面临更为严峻的"小水大灾"的洪涝威胁。

2000 年春季，连续 12 次沙尘暴袭击了我国北方。其中 3 月底的一次沙尘暴，22 日形成于阿拉善沙漠地区，由西而东，掠过内蒙的广大沙漠和沙地，23 日袭击了北京，当日北京和太原空气质量降为四级，而银川、兰州和呼和浩特则高达五级。沙尘暴东进南下，23 日还袭击了环境优美的滨海城市大连。24 日又跨越黄河和长江，直扑江南，江苏全境数日被沙土笼罩。27 日上海和南京下起了罕见的"泥雨"。西北地区的过度放牧、毁林开荒，造成的草原沙化和荒漠化加剧，是沙尘暴的罪魁祸首。②

① 施祖麟、王亚华：《西部大开发中的生态环境可持续发展问题》，《中国发展》2002 年第 4 期。

② 施祖麟、王亚华：《西部大开发中的生态环境可持续发展问题》，《中国发展》2002 年第 4 期。

1998年长江洪水、2000年频发的沙尘暴和20世纪90年代以来愈演愈烈的黄河断流，这三大生态警报不但使全社会更加深刻认识到加强生态环境保护乃是防灾兴利之本，而且也深刻教育了人们，西部地区的生态安全是全国性的公共物品，应当放在国家战略的高度来认识。

2. **生态环境建设是西部人民生存和发展的关键问题**

西部地区脆弱的自然环境状况长期阻碍着西部地区潜在优势的发挥，成为西部开发的主要制约性因素。第一，加剧了贫困程度。目前农村贫困人口90%以上生活在生态环境比较恶劣的地区，生态恶化和贫困问题呈双重恶性循环。贫困既是恶劣生态环境的结果，也是生态恶化的重要原因；如图1－1所示。第二，脆弱生态环境使区域开发治理成本较高，加大了经济和社会发展的压力。第三，生态环境破坏加剧自然灾害发生，造成的经济损失巨大。

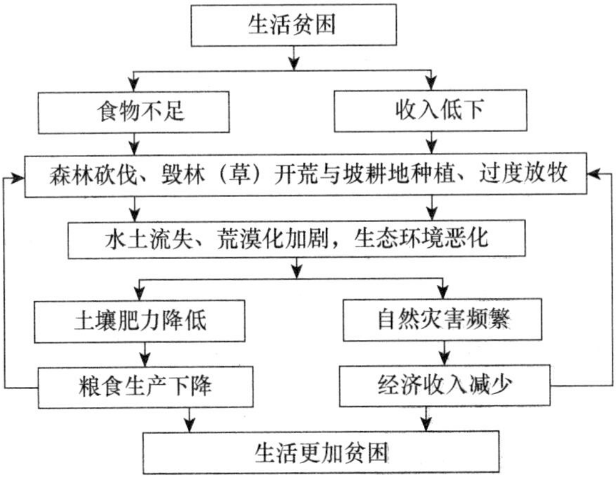

图1－1　生态恶化和生活贫困的恶性循环

生态建设和环境治理既是经济持续发展的基础，也具有较高的经济收益：改善生态环境就是保护生产力，防灾减灾就是增加 GDP 和增产增收；生态环境建设和保护是关系西部地区人民生存与发展的根本大计。朱镕基同志曾经一针见血地指出：只有大力改善生态环境，西部地区的资源才能得到很好的开发和利用，也才能改善投资环境，引进资金、技术和人才，加快西部地区发展步伐。[①] 西部大开发就是要实现生态效益和经济效益的有机统一。

3. 毁林毁草和不合理的耕作方式，是造成生态灾难的重要原因

许多资源分布的区域差异，在人类形成以前就已经存在。人类可以通过自身的行为来改变自然物的存在状态，为人类的生存和发展服务。但是，这种改变必须在自然界所能承受的限度之内，否则人类就会受到自然的惩罚。图 1－2 和图 1－3 分别表征了森林系统退化过程和土地沙漠化过程。[②]

中国西部的生态问题，从根本上讲，正是人类不适当地改造和干预自然造成的。长期以来，无节制的陡坡开荒，毁林毁草和不合理的耕作、放牧方式，是造成水土流失严重的重要原因。

以长江上游为例。2000 年，长江上游属于 25°以上的需退耕还林的陡坡耕地面积达 2500 多万亩。长江上游的陡坡耕地山高坡陡，加之降雨集中，在重力侵蚀和水力浸蚀的双重叠加下，具有十分严重的水土流失趋向。而在陡坡耕地上进行耕作，传统的

---

① 彭冠雄主编：《党和国家领导人论西部大开发》，国家行政学院出版社，2000 年，第 53 页。

② 刘国华、傅伯杰等：《中国生态退化的主要类型、特征及分布》，《生态学报》2000 年第 1 期。

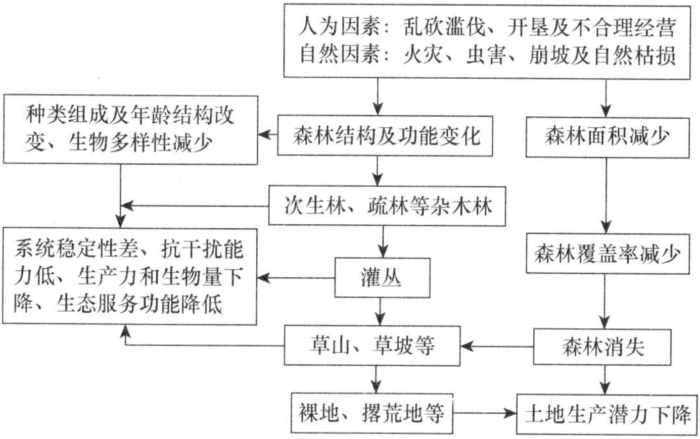

图1－2　森林生态系统退化过程示意图

资料来源：刘国华、傅伯杰等：《中国生态退化的主要类型、特征及分布》，《生态学报》2000年第1期。

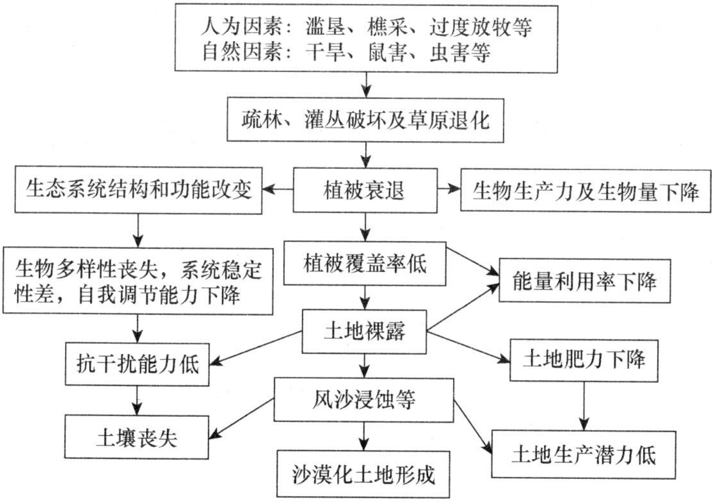

图1－3　土地沙漠化过程示意图

资料来源：刘国华、傅伯杰等：《中国生态退化的主要类型、特征及分布》，《生态学报》2000年第1期。

耕作制度为“土壤翻耕—整地—播种—松土—除草—施肥—收获”等过程，农作物多为一年生，每年需全面翻耕疏松后种植；为减少作物和杂草的竞争，还必须全面清除杂草；整个作物管理和种植过程植被的覆盖度低，地表大量裸露，极大地加剧了水土流失的强度。① 自然植被破坏导致洪涝灾害加剧的叠加效应，如图1－4所示。简言之：植被的破坏降低了水源涵养能力，降水直接形成的地表径流加大了河流的行洪压力；植被破坏导致了严重的水土流失。

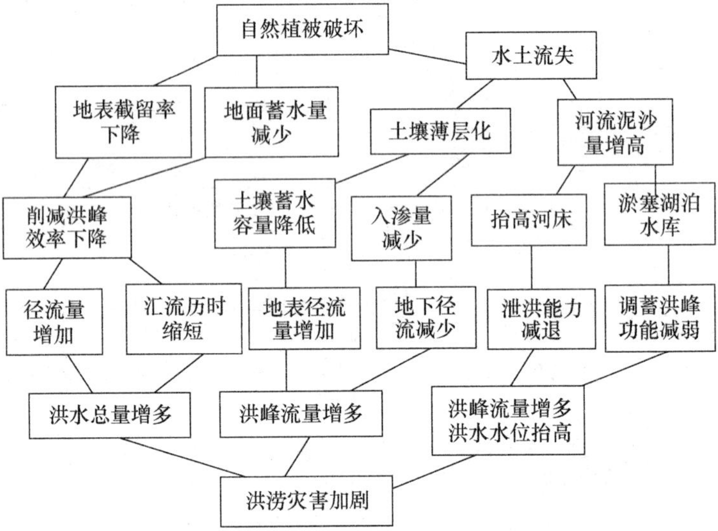

图1－4　自然植被破坏导致洪涝灾害加剧的叠加效应

资料来源：戴昌达：《中国的洪涝灾害析》；谢觉民主编：《自然·文化·人地关系》，科学出版社1999年版，第189页。

① 袁晓文、文兴吾：《长江上游生态重建与四川民族地区新世纪发展道路》，《四川政报》2001年第7期。

森林资源的采育失调，重取轻予，致使森林水土保持、涵养水源防护效能明显降低。以长江上游的四川省为例。四川省森林覆盖率在汉晋时期高达60%以上，20世纪初森林覆盖率估计仍在40%—50%之间。到1935年，还在34%左右。20世纪50年代仍有22%。但1958年的大跃进，对森林进行了史无前例的掠夺式砍伐，造成20世纪60年代四川森林覆盖率一度跌至历史最低水平，仅有9%。

草原不仅是草地畜牧业的基础，同时在生态环境保护和建设方面的作用也非常重要。四川西北高原的许多地方没有森林，只有草本植被覆盖土地；有的地方在林线以上，树木无法生长，只有靠草本植被覆盖这些地方。这些草地起着保持水土和维护山地生态平衡的作用。据测定，在同样雨量和地形的条件下，农闲地和庄稼地的土壤冲刷量比林地和草地大40—100倍。在28°的坡地上种豆科牧草（草木樨），比一般农耕地的径流量少47%，冲刷量少60%；在20°的坡地种苜蓿，比相同坡度的耕地的径流量少84.4%，冲刷量少97.4%。[①] 然而，1949年以后，由于四川民族地区畜牧业发展走上了一条片面追求牲畜头数的道路，牲畜总量增长过快，而出栏率和商品率都很低。牲畜增长过快，对草场的利用程度超过了草场的自然更新，使草场出现大面积的退化。一方面牧草质量下降，一方面一些地方沙化情况日益严重。

西部民族地区独特的自然地理环境及其生态环境的脆弱特征，决定了生态环境一旦破坏则难以恢复。20世纪80年代以来，西部在控制森林采伐、植树种草、退耕还林还草、建立自然保护区等方面开展了大量工作；2001年中国科学院的一项研究成果

① 四川省畜牧局编：《四川草地资源》，四川民族出版社1989年版，第6页。

《中国重点地区生态退化、生态恢复及其政策研究》认为：中国西部地区特别是少数民族聚居地区生态环境恢复的速度尚赶不上退化速度，生态环境呈现出加速退化的态势，这就客观决定了生态恢复是一个长期的过程。该项成果在假定“三化”草地不再继续增加的前提下，以1996年底的“三化”草地面积除以1986—1996年人工草地年平均增加面积，得出了草原生态恢复所需时间，如表1－6所示。

表1－6　少数民族聚居地区草原生态恢复时间比较

地区	1996年底“三化”草地面积 单位：万公顷	1986—1996年人工草地年平均增加面积 单位：万公顷	恢复时间 单位：年
少数民族聚居地区	12241	58.19	210
内蒙古	4592	26.01	177
广西			
西藏	2100	0.87	2414
宁夏	260	1.21	215
新疆	2658	11.92	223
云南	52	1.31	40
贵州	20	0.86	23
青海	1090	8.12	134
甘肃	857	－1.95	无限期
四川	612	9.84	62
内地汉族聚集地区	1093	34.38	32
全国	13334	92.57	144

资料来源：《中国重点地区生态退化、生态恢复及其政策研究》（于秀波，2001）。转引自温军：《民族与发展：新的现代化追赶战略》，清华大学出版社2004年版，第67页。四川数据含重庆市。

依据上述研究成果，如果希望缩短草原生态恢复时间，也就必须提高人工草地年平均增加面积，这就需要增大经费投入、技术投入、人力资源和人才资源投入等，同时也需要制度创新、政策创新。

第二节　西部民族地区农牧区的经济社会发展问题

一、西部民族地区经济社会发展基本特征

1. 地广人稀

我国少数民族地区约占全国陆地总面积的64%，其中新疆维吾尔自治区面积约166万平方千米、西藏自治区面积约120万平方千米、内蒙古自治区面积118万平方千米，仅这三大自治区的面积就占全国陆地总面积的42%。但这三大自治区2010年总人口却只有4952.1万人，占全国当年总人口的3.7%，人口密度每平方千米12.2人；而汉族聚居的浙江省面积10.18万平方千米，人口密度却达到了每平方千米534.6人。通过这样的数据对比，民族地区地广人稀的特点便清晰地展现出来。少数民族聚集地区人口密度最低的西藏和青海，仅为2.5人/平方千米和7.8人/平方千米，远低于全国的139.6人/平方千米。

表1－7　少数民族聚居地区面积、人口及人口密度（2010年）

	总面积 单位：万平方千米	总人口 单位：人	人口密度 单位：人/平方千米
全国	960.0	1370536875	142.8
全国民族自治地方	613.3	187623400	30.6
西北民族地区	409.1	84022981	20.5
内蒙古	118.3	24706321	20.9
甘肃	45.5	25575254	56.2
青海	72.2	5626722	7.8
宁夏	6.6	6301350	95.5
新疆	166.5	21813334	13.1
西南民族地区	257.7	239005872	92.8
广西	23.7	46026629	194.2
重庆	8.2	28846170	351.8
四川	48.5	80418200	165.8
贵州	17.6	34746468	197.4
云南	39.4	45966239	116.7
西藏	120.2	3002166	2.5

资料来源：《2010年第六次全国人口普查主要数据公报》（第2号），中华人民共和国国家统计局，2011年4月29日；《中国经济年鉴》（2011），中国经济年鉴社，2012年。

2. 城镇化水平低

城市（镇）的特征是聚集，农村的特征是分散。城镇化的内涵丰富，其中的一个重要方面是人口在地域空间上由分散的农村向集中的城镇转化，因此，城镇化的水平可以反映人口总体的集中与分散状况。

从表 1－8 可以看出，8 个民族省区中，除内蒙古自治区的城镇化水平高于全国平均水平外，其余 7 个省区的城镇化水平均低于全国水平。内蒙古城镇化水平较高，主要是由于 20 世纪五六十年代，国家在内蒙古进行重点项目建设时，大批干部、科技人员和技术工人迁入内蒙古城市所导致的，而本地的少数民族仍然主要分布在农村牧区。

表 1－8　民族 8 省区城镇化水平（2006、2008、2011 年）

（单位：%）

年份	全国	西藏	广西	新疆	宁夏	内蒙古	云南	贵州	青海
2006	43.90	28.21	34.64	37.94	43.00	48.64	30.50	27.46	39.26
2008	45.68	22.61	38.16	39.64	44.98	51.71	33.00	29.11	40.86
2011	51.27	22.71	41.80	43.54	49.82	56.62	36.80	34.96	46.22

资料来源：《中国区域经济统计年鉴》（2007），中国统计出版社，2008 年，第 32 页；《中国区域经济统计年鉴》（2009），中国统计出版社 2010 年版，第 32 页；《中国区域经济统计年鉴》（2012），中国统计出版社 2008 年版，第 26 页。对西藏数据作以下说明：2006 年西藏总人口 281 万，其中城镇居民 79 万，农村居民 202 万；2008 年西藏总人口 287 万，其中城镇居民 65 万，农村居民 222 万；2011 年西藏总人口 303 万，其中城镇居民 69 万，农村居民 234 万。

地广人稀的特征决定了民族地区城镇分散的特点。2006 年，全国城市密度、乡镇密度分别是 8 个民族省区城市密度、乡镇密度的 4.02 倍和 3.08 倍。最低的是西藏，城市密度仅为 0.02 个/万平方千米，乡镇密度 5.67 个/万平方千米。

稀少的人口和聚落，造成聚落间联系距离的加长。尤其是西北地区“大漠孤烟”的景象，一些边远地区，县城与乡镇、乡镇与村相距几十里，甚至上百里；一个乡镇的范围比内地一个县的规模还要大。如新疆的民丰县离最近的小城市也有700多千米，离乌鲁木齐市2300多千米；内蒙古的额济纳旗距盟所在地520多千米，距包头市800多千米，离呼和浩特市上千千米。云南、广西等省区尽管城市密度稍高，但是，山高路险，联系困难。民族地区城市规模小、聚落少，很难实现区域经济发展理论中所希望的：联点成轴，依托城市系统带动区域发展。

对于农村聚落，全国乡镇人口平均为2.13万人/乡镇。在民族地区，乡镇人口平均只有1.86万人/乡镇，西藏乡镇人口平均不足3000人/乡镇；许多村落由几户人家组成，一些游牧民族甚至还处于流动状态。[①]

3. 城乡经济“二元结构”突出

二元经济结构是包括中国在内的发展中国家和地区经济结构的特征；对于不发达地区，经济发展实质上就是经济结构从以传统产业为主到以现代产业为主的结构演进过程。中国西部民族地区现代社会经济的发展，是在实现了一个历史性跨越后开始的，即在自然的社会历史进程中，由于先进生产力与先进生产关系的切入，其自然性运动过程中断，实现了跳跃式的跨越；时间标志是1950年前后中国共产党在这里取得政权及随后的民主改革和社会主义改造。从那以后，在全国经济一个时期总的发展模式的支配下，民族地区相继建立了一系列现代工业企业，如轻工、煤炭、电力、化工、机械、建材、纺织、食品、服装加工等；民族地区社会中既有体现现代社会机制和新经济形态的一面，又保留了原有社会经济机制的诸多形态，形成一种特殊的双重二元结

---

① 江曼琦、翟义波：《西部民族地区经济发展的空间陷阱》，《内蒙古大学学报》（哲学社会科学版），2009年第3期；江曼琦等：《少数民族经济发展与城市化问题研究》，经济科学出版社2009年版，第86—90页。

构。社会运行机制的二元性，与经济结构的二元性，此种双重二元结构在边远的民族地区表现特别明显。①

西部民族地区农牧区在地理区位上远离作为经济增长中心的大中城市，而其境内的现有城镇人口少、规模小，多是以政治、文化中心的功能而存在，在经济上对周边经济发展的带动性甚微。另一方面，西部民族地区农牧区受高原、山地、荒漠等自然条件的制约，土地承载能力较为低下，人们的居住的空间极为分散，从而造成其在整体上远离大中城市的同时，在其内部又远离交通干道和中心城镇，形成对外对内的双向封闭格局。由此的结果是：大大增加了农户销售农产品和购买现代生产要素的运输费用，以至于在相当程度上抑制了其产出和投入的商品化，阻止了其农业的技术进步和制度变迁。

空间距离过大而导致的市场可接近性较弱，对于西部民族地区农牧区而言，一方面减少了农牧民销售农牧产品的货币收入，在一定程度上抑制了其发展商品农业的冲动；另一方面，加大了其使用现代生产要素的投入成本，而使其不得不在农业生产中更多地使用传统的生产要素。即是说，地理空间上的边缘性造成其农业生产系统的封闭性。一方面，由于其地理空间边缘性而导致的运输费用高昂，另一方面，由于其自然条件的恶劣而导致的农业剩余有限，使得其交易的规模和交易的频率远小于区位及自然条件相对优越的地区，从而在很大程度上抑制了一些潜在的、可能的贸易机会。②

---

① 郑长德：《论西部民族地区产业结构的优化和产业竞争力的再造》《西南民族大学学报》（人文社科版）2003 年第 9 期。

② 程厚思等：《边缘与“孤岛”——关于云南少数民族地区贫困成因的一种解释》，《中国农村观察》1999 年第 6 期。

尤其应该看到，新中国成立后，为了消除历史遗留的各民族“事实的不平等”，国家给予民族地区大量的金融援助和政策支持，帮助民族地区建立起门类多样的现代工业。民族地区在现代工业建设中，同全国其他地区一样，遵从的是重工业优先发展战略；与其他地区不同的是，它不是或主要不是从农业中提取积累以支持工业，而是依靠中央和其他省市的供给，因而农业生产的好坏不影响工业生产，工业生产的好坏与农业发展无直接关系。

在民族地区建立的现代工业，结构上偏重于资金密集程度高、与民族地区的战略资源密切相关的重工业，而且原材料、初级品的深度加工不发达；规模上偏重于大中型企业，地区布局上多集中于远离乡村的城市中心地带。由此，民族地区的现代产业事实上成了处于落后农村汪洋大海中的一座座孤岛、飞地，不仅没有很好地带动传统产业的改造和发展，也不利于吸收、扩大当地居民的就业。“民族地区现代部门”与“当地的传统产业”在经济、技术和运行机制上相互隔离，形成了现代民族地区的二元经济状态。①

4. 经济发展落后

第一，大多数劳动力仍然集中于农业部门。

从表1-9可见，民族8省区大多数劳动力仍然集中于农业部门，农业劳动力占的比重高达50%以上，个别地区为60%以上，大大高于全国平均水平。

① 陈达云、郑长德：《中国少数民族地区的经济发展：实证分析与对策研究》，民族出版社2006年版，第164—165页。

表1-9 民族8省区就业结构（2010年）（单位:%）

	第一产业	第二产业	第三产业
全国	36.7	28.7	34.6
内蒙古	48.2	17.4	34.4
广西	53.3	21.0	25.6
贵州	49.6	11.9	38.5
云南	59.4	13.6	27.0
西藏	53.1	11.1	35.8
青海	41.9	22.6	35.5
宁夏	39.4	26.4	34.2
新疆	51.2	14.3	34.8

资料来源：《中国区域经济统计年鉴》（2011），中国统计出版社2012年版，第33页。

第二，农业劳动生产率低。

从总体上看，民族地区的农业生产还处于靠天吃饭的粗放经营阶段。沿用了上千年的人抬牛扛的落后耕耘方式仍在很多地区盛行，耦耕、木犁屡见不鲜，背篓、扁担是较普遍的运输工具。农田基本建设虽然取得了一定成效，但与现代农业发展的要求相比，仍有很大差距，许多农业基础设施因长期缺乏有效的管理，陈旧落后而且残缺不全，没有形成合理配套。[①]

第三，农业生产商品率低。

由于农业生产率低，少数民族地区农产品大部分用于维持农民自身的生存，其生产的主要目的是自我服务，还有相当一部分人口未解决温饱阿题，农业的多种经营不发达，农民除出售为数

① 龙毅：《加入WTO对民族地区农业的影响及其对策》，《广西社会主义学院学报》2002年第2期。

极少的土特产品外，大部分生产成果都用于自我消费，农产品的市场贡献极小，即使存在一些农村集市贸易也不很稳定，季节性强；同时这些市场是以交换农民的零星农副产品为主的初级市场、批发市场。农产品商品率低的直接结果是购买力低。

第四，农业内部结构不合理。

农业生产结构通常反映着农业生产力的发展水平，同时也表明农业资源的合理开发利用程度。少数民族地区具有丰富的农业资源，但由于开发程度低，许多宝贵的资源缺乏合理利用而被白白浪费掉，从而出现了“捧着金碗要饭吃”、“富饶的贫困”等特殊现象。大部分地区以单一产业为主，多种经营不发达。①

表 1－10 反映了 2007 年民族 8 省区第一产业内部各产业产值结构。在农、林、牧、渔业中，渔业发展受自然地理条件的限制，远离海洋，可利用水资源少，大部分民族地区的渔业发展比较落后；只有广西靠海，渔业发展较好，水产品产量较高。林业具有生产周期长、见效慢的特点，生产周期少则十几年，多达几十年、上百年；民族地区大多是生态脆弱区，林业都不发达。各地都以农牧业为主，其间，几乎又都以农业种植业分额最大。

表 1－10　民族 8 省区第一产业内部各产业产值结构（2007 年）

	农业		林业		畜牧业		渔业	
	产值（亿元）	比重（%）	产值（亿元）	比重（%）	产值（亿元）	比重（%）	产值（亿元）	比重（%）
内蒙古	61.40	55.4	3.86	3.5	44.80	40.4	0.80	0.7
广西	81.14	51.9	12.26	7.8	56.41	36.1	6.57	4.2

① 王建明：《四川民族地区经济发展战略思考——以阿坝藏族羌族自治州为例》，《中国藏学》2003 年第 3 期。

续表

	农业		林业		畜牧业		渔业	
	产值（亿元）	比重（%）	产值（亿元）	比重（%）	产值（亿元）	比重（%）	产值（亿元）	比重（%）
贵州	65.61	59.6	6.13	5.6	37.55	34.1	0.81	0.7
云南	76.11	61.0	10.05	8.1	37.03	29.7	1.56	1.3
西藏	4.19	37.5	0.18	1.6	6.80	60.8	0.01	0.1
青海	8.01	44.8	0.67	3.7	9.17	51.3	0.03	0.2
宁夏	13.11	68.5	0.57	3.0	5.14	26.8	0.33	1.7
新疆	71.12	68.5	2.89	2.8	29.07	28.0	0.69	0.7

资料来源：江曼琦等：《少数民族经济发展与城市化问题研究》，经济科学出版社，2009 年，第 53 页。

我国土地气候资源可能是世界上最为多样化的，单一的农业产业结构实际上是对这一资源的严重浪费。从某种意义上讲，每个地区都具有独特的发展农业的区位优势。在市场经济条件下，各地农业的出路是多元化和多样性；也就是说，不能仅仅把农业种植业视为第一产业，而应在多元化和多样性地优化农业结构上推动农业的发展，以提高农产品的附加值和农业的效率。

第五，农村劳动者素质不高。

西部民族地区农业人口众多，农业劳动力资源相当丰富，但由于长期生活在自给半自给的自然经济环境中，人们世代“日出而作，日落而息”，与外界的社会经济交往较少，千百年来一直从事以手工为主的原始传统农业。受农业自身发展水平的限制，农村教育的重要性还没有充分体现出来，许多地区有轻视教育、儿童辍学率上升等问题。

少数民族地区农村人口文盲率高，必然影响其收入的提高，进而影响农村居民的生活消费水平。从较高层次的农业技术人才来看，西部民族地区亦很缺乏。农业劳动者素质低和技术人才短缺，是少数民族地区农业生产发展的最大障碍，制约着其生产力水平的提高和农民收入的增加。①

第六，农牧业生态环境恶化。

农牧业生产的最大特点是经济再生产与自然再生产的统一，对外界环境和自然条件具有特殊的依赖性；良好的自然生态环境是农牧业发展的基本前提，反之则成为农牧业发展的制约因素。长期以来，西部民族地区农牧业发展基本上走的是一条粗放经营的道路，这种低水平的发展在一定程度上是以对农牧业生态系统的破坏为代价的，在某些环节和某些地区已出现了严重的生态危机。

二、西部民族地区农牧区建设小康社会状况

党的“十六大”提出了建设全面小康社会的宏伟目标。2003年初国家统计局统计科学研究所开始研究制定全面建设小康社会统计监测指标体系，2007年又根据党的十七大提出的新要求对指标体系做了重要修订。为了便于各地开展监测工作，2008年6月由国家统计局正式印发了《全面建设小康社会统计监测方案》，方案中的指标体系由经济发展、社会和谐、生活质量、民主法制、文化教育、资源环境等6个方面23项指标组成。全面建设小康社会实现程度是一种综合指数，是各监测指标实际值除以标准值，然后再经加权综合而得的。实现程度60为总体小康，100为全面小康；即是说，全国建设小康社会进程是以60为起点，100为终点。②

① 龙毅：《加入WTO对民族地区农业的影响及其对策》，《广西社会主义学院学报》2002年第2期。

② “全面建设小康社会统计监测”课题组：《中国全面建设小康社会进程统计监测报告（2011）》，《调研世界》2011年第12期。

1. 2010 年西部地区全面建设小康社会状况

按照《中国全面建设小康社会进程统计监测报告（2011）》发布的数据：2010 年，中国全面建设小康社会的实现程度达到 80.1%，西部地区全面建设小康社会实现程度为 71.4%，低于全国平均水平 8.7 个百分点，仅相当于东部地区 2003 年的水平。从六大方面来看，西部地区均落后于全国平均水平，尤其是在经济发展、生活质量和社会和谐这三大方面，2010 年的实现程度分别比全国平均水平低了 13.7、11.2 和 8.4 个百分点。

从西部地区 12 省（区、市）来看，虽然其发展水平都相对较低，2010 年全面建设小康社会的实现程度均低于全国平均水平，但都达到了 60% 以上，全部实现了整体小康。其中，内蒙古发展较快，2010 年的实现程度已接近 80%；广西、重庆、四川和陕西 4 省（区、市）的实现程度为 70%—80%；其余贵州、云南 2 省（区）的实现程度为 60%—70%。

2. 2010 年西部农牧区全面建设小康社会状况

2000 年以来，西部地区农村居民家庭人均年纯收入水平不断提高，增速高于全国和东部，但总收入水平仍低于全国水平。2010 年，西部地区农村居民家庭人均纯收入为 4417.94 元，仅占同期全国的 75%、东部地区的 54%（表 1－11）。

西部地区城乡居民收入差距高于全国的平均水平。在我国城市居民家庭人均可支配收入和农村居民人均纯收入差距中，2010 年全国为 3.2 倍，西部地区则为 3.7 倍，同期东部为 2.9 倍（表 1－12）。

2010 年，西部地区 12 省份的农村居民人均年纯收入均低于全国平均水平。除内蒙古、重庆和四川较好外，其余都只相当于全国平均水平的80%以下，其中甘肃省仅相当于全国平均水平的57.86%，贵州省为58.66%（表1－13）。

表1－11　西部农村居民人均年纯收入与全国及其他地区的比较

（单位：元）

年份	全国	东部地区	东北地区	中部地区	西部地区	西部相当于全国的比例（%）	西部相当于东部的比例（%）
2000	2253.42	3587.74	2475.43	2071.18	1632.31	72%	45%
2005	3254.93	4720.28	3378.98	2956.60	2378.91	73%	50%
2010	5919.01	8142.81	6434.50	5509.62	4417.94	75%	54%

资料来源：根据国家统计局2001—2011年的《中国统计年鉴》计算。

表1－12　西部城乡居民收入比与全国及其他地区的比较

（单位:%）

年份	全国	东部地区	东北地区	中部地区	西部地区
2000	2.8	2.3	2.3	2.5	3.5
2005	3.2	2.8	2.6	2.9	3.7
2010	3.2	2.9	2.5	2.9	3.6

资料来源：根据国家统计局2001—2011年的《中国统计年鉴》计算。

表1－13　西部各省（市、区）农村居民人均年纯收入变化

（单位：元）

地区	2000年	2005年	2010年	2010年相当于全国的比例（%）
全国	2053.42	3254.93	5919.01	
重庆	1892.44	2809.32	5272.66	89.15%

续表

地区	2000 年	2005 年	2010 年	2010 年相当于全国的比例（%）
四川	1903.60	2802.78	5086.89	85.94%
贵州	1374.16	1876.96	3471.93	58.66%
云南	1478.60	2041.79	3952.03	66.77%
西藏	1330.81	2077.90	4138.71	69.92%
广西	1864.51	2494.67	4543.41	76.76%
陕西	1443.86	2052.63	4104.98	69.35%
甘肃	1428.68	1979.88	3424.65	57.86%
青海	1490.49	2151.46	3862.68	65.26%
宁夏	1724.30	2508.89	4674.89	78.98%
新疆	1618.08	2482.15	4642.67	78.44%
内蒙古	2038.21	2988.87	5529.59	93.42%

资料来源：根据国家统计局2001—2011 年的《中国统计年鉴》计算。

按照国家统计局农村社会经济调查司编撰的《中国农村全面建设小康监测报告》（2010），2009 年全国农村全面建设小康实现程度达到54.4%，东、中、西部地区农村全面建设小康实现程度分别为73.0%、50.8%和27.9%。重庆、内蒙古、四川、广西农村全面小康实现程度在40%以上，走完了农村全面小康社会建设的1/3 路程，分别为49.0%、47.0%、42.8%和42.0%；而宁夏、云南、新疆、贵州、青海和甘肃实现程度分别为30.8%、28.8%、28.4%、27.9%、18.0%和16.3%，“这些地区农村全面小康社会建设刚刚起步。在经济发展、社会发展、人口素质、生活质量、民主法制和资源环境方面均离全面建设小康社会目标有较大差距，按照目前的进程，这些地区到2020年实现全面建设小康目标的难度较大”。[①]

三、西部民族地区农牧区的贫困状况

1. 中国政府对少数民族和民族地区的特殊的扶贫政策和措施

由于自然、历史等多方面原因，中国的贫困人口主要集中在农村，其中少数民族和民族地区的贫困状况更为突出。在过去的30多年的扶贫历程中，对少数民族贫困地区的扶贫开发，除了享受一般贫困地区扶贫开发的一系列优惠政策外，还采取了一些特殊的扶持优惠政策和措施。

一是放宽了少数民族贫困县的扶持标准。1986年国家首次确定重点扶持贫困县时，一般地区标准为1985年农民人均纯收入低于150元，而少数民族自治地方县的标准则放宽到低于200元，牧区县（旗）放宽到低于300元；使更多的少数民族自治地方县得到重点扶持。当时全国确定的331个国家级贫困县中，有少数民族贫困县141个，占42.6%。1994年国家实施《八七扶贫攻坚计划》，重新确定国家重点扶持贫困县时，继续对少数民族地区给予特殊照顾，在全国592个国家重点扶持贫困县中，少数民族贫困县有257个，占43.4%。2001年制定新的《中国农村扶贫纲要》，再次重新确定国家扶贫开发工作重点县，将自治地方县从257个增加到267个（未含西藏），占全国重点县总数的45.1%；若加上西藏的74个县，民族自治地方共有341个县（旗、市、区）被列入国家扶贫开发工作重点县。

① 国家统计局农村社会经济调查司编：《中国农村全面建设小康监测报告》（2010），中国统计出版社2011年版，第5页。

二是在扶贫资金、物资上向少数民族贫困县倾斜。对少数民族贫困地区的银行贷款规模和化肥、柴油、农膜等农用生产资料的安排，优先给予照顾。国家新增加的农业投资、教育基金、以工代赈、温饱工程等扶贫资金和物资，对少数民族贫困地区实行倾斜照顾。

三是国家对少数民族贫困地区特殊情况予以重点研究。1987年，针对中国牧区贫困的特殊情况，国务院专门召开“全国牧区工作会议”，专门研究牧区的扶贫工作，落实了每年5000万元的牧区扶贫专项贴息贷款，并制定相应的政策措施。1989年，针对少数民族贫困地区的特殊情况和问题，国务院召开了“全国少数民族地区扶贫工作会议”，总结了少数民族地区的扶贫经验，明确提出少数民族贫困地区是“七五”以后扶贫攻坚的主战场，要求集中力量解决少数民族贫困地区群众的温饱问题，并重点解决了少数民族贫困县扶贫工作中的一些特殊问题。

四是设立“三西”农业建设专项补助资金。针对宁夏西海固地区（8县）、甘肃的定西中部地区（20县）和河西地区（19县），一共47个县干旱缺水、生态严重破坏、农民生活困难的实际状况，国家从1983年起设立“三西”农业建设专项补助资金，期限10年，每年2亿元投入，集中力量兴修水利设施，建设基本农田，种草种树、架电修路，组织资源贫乏的地区吊庄移民，进行异地开发和小流域治理等。经过三次延长期限，这项资金将延长至2015年，并从每年2亿元增加到每年3亿元。经过20多年的专项扶持，使“三西”地区回族等少数民族聚居地区发生了巨大的变化。

五是设立“少数民族贫困地区温饱基金”。针对当时重点扶持的141个少数民族自治地方贫困县的特殊问题和困难，1989年由国务院决定设立。资金规模从1990年的4500万元逐年增加到

1997 年的每年 1 亿元。少数民族贫困地区温饱基金的设立，有效地带动了少数民族贫困地区群众解决温饱问题。

六是制定国家专项规划，进行专项重点扶持。进入 21 世纪，随着国家实施《中国农村扶贫开发纲要（2001—2010 年）》的不断进展，在全国范围内不断实现贫困人口减少的同时，发现一些少数民族和民族地区的贫困人口减贫越来越缓慢：一些人口在 10 万人以下的 22 个人口较少民族，还有居住在 2 万多千米边境线上的 135 个边境县的贫困人口，减贫十分缓慢。针对 22 个人口较少民族和边境地区少数民族贫困情况存在特殊性——多数少数民族社会发育程度较低，居住环境和生产生活条件差，远离中心城市，贫困程度深，常规的扶贫开发减贫速度慢——中国政府除用常规的扶贫开发办法继续扶持外，在实施“十五”规划期间进行了特殊扶持的试点，研究探索加快少数民族贫困地区发展和减贫速度的路子。从“十一五”开始，为解决 22 个人口较少民族（“十二五”期间扩展为人口在 30 万人以下的 28 个民族）和边境地区少数民族的发展和减贫问题，制定并实施了国家级的《扶持人口较少民族发展规划》和《兴边富民行动规划》；以实施国家专项规划的形式，采取特殊政策措施，进行集中投入，专项扶持。

2. 少数民族聚居地区与部分少数民族的贫困问题仍然突出

第一，少数民族聚居地区贫困面依然较广，贫困程度依然较深。

2007 年年底，民族自治地方农村绝对贫困人口发生率为 6.4%，比全国绝对贫困发生率（1.6%）高出 4.8 个百分点；民族自治地方绝对贫困人口 774 万人占全国绝对贫困人口（1479 万人）的比重是 52.3%。民族自治地方初步解决温饱但还不稳定的农村低收入人口 1841 万人，占农村人口的比重为 12.2%，比全国低收入人口（2841 万人）占农村人口的比重（3%）高出 9.2 个百分点；民族自治地方低收入人口占全国低收入人口（2841 万人）的比重为 52.1%。[①]

2008 年，中国正式采用低收入标准作为扶贫工作标准，用低收入标准衡量的贫困规模和程度成为分配中央扶贫资金及低保资金的重要依据。2009 年农村贫困标准为 1196 元，与 2008 年相同。根据新的贫困标准，2006—2009 年民族自治地方农村贫困人口占全国同期农村贫困人口的比重分别为 44.5%、52.2%、52.5% 和 54.3%，呈逐年增加的趋势。2006—2009 年民族自治地方农村贫困发生率分别是 18.9%、18.6%、17.6% 和 16.4%，虽逐年有所下降，但与全国同期农村贫困发生率（6.0%、4.6%、4.2% 和 3.8%）相比，分别高出 12.9、14.0、13.4 和 12.6 个百分点。民族自治地方农村贫困发生率远高于全国同期农村贫困发生率，如表 1－14 所示。

表 1－14　全国与民族自治地方农村贫困人口分布情况

指标名称		2006 年	2007 年	2008 年	2009 年
贫困人口（万人）	全国	5698	4320	4007	3597
	民族自治地方	2535	2255	2102	1955
民族自治地方贫困人口占全国的比重（%）		44.5	52.2	52.5	54.3
贫困发生率（%）	全国	6.0	4.6	4.2	3.8
	民族自治地方	18.9	18.6	17.6	16.4

资料来源：国家统计局农村社会经济调查司编：《中国农村贫困监测报告》（2010），中国统计出版社 2011 年版，第 58 页。

---

① 蓝步锦：《中国少数民族地区贫困问题与扶贫开发》。国家民委政法司编：《“中澳少数民族地区消除贫困与人权事业发展研讨会”论文集》，中国农业科学技术出版社 2009 年版，第 14 页。

2010 年，国家统计局根据农村居民生活消费价格指数推算，全国农村贫困标准为 1274 元。2010 年末，民族八省区农村贫困人口为 1034.0 万人，比上年减少 417.2 万人；贫困发生率为 8.7%，下降 3.3 个百分点。2006—2010 年间，民族八省区贫困人口占全国农村贫困人口的比重分别为 36.7%、39.3%、39.6%、40.3%和 38.5%；所占比重在 2006—2009 年呈逐年增加趋势，到 2010 年开始下降。5 年贫困发生率分别为 16.9%、13.8%、13.0%、12.0%和 8.7%，虽逐年有所下降，但与全国同期贫困发生率（6.0%、4.6%、4.2%、3.8%和 2.8%）相比，分别高 10.9、9.2、8.8、8.2 和 5.9 个百分点。①

第二，人口较少民族的贫困问题突出。

2011 年，国务院批准实施《扶持人口较少民族发展规划（2011—2015 年）》。该规划所称的人口较少民族是指全国总人口在 30 万人以下的 28 个民族，分别是：珞巴族、高山族、赫哲族、塔塔尔族、独龙族、鄂伦春族、门巴族、乌孜别克族、裕固族、俄罗斯族、保安族、德昂族、基诺族、京族、怒族、鄂温克族、普米族、阿昌族、塔吉克族、布朗族、撒拉族、毛南族、景颇族、达斡尔族、柯尔克孜族、锡伯族、仫佬族、土族。根据全国第五次人口普查，28 个人口较少民族总人口为 169.5 万人；范围是内蒙古、辽宁、吉林、黑龙江、福建、江西、广西、贵州、云南、西藏、甘肃、青海、新疆等 13 个省（区）和新疆生产建设兵团的人口较少民族聚居区，包括 2119 个人口较少民族聚居的行政村（以下简称“聚居村”）、71 个人口较少民族的民族乡、16 个人口较少民族的自治县、2 个人口较少民族的自治州。面临

① 中国政府网：《民委发布 2010 年少数民族地区农村贫困监测结果》。http://www.gov.cn/gzdt/2011-07/29/content_1916420.htm

的主要困难和问题如下。[1]

——贫困问题突出，发展差距仍然较大。2009 年底，2119 个聚居村有贫困人口 89.1 万人，贫困发生率 32.7%，高于全国（3.8%）28.9 个百分点，高于民族自治地方（16.4%）16.3 个百分点。特别是云南的独龙族、怒族、景颇族，西藏的珞巴族，新疆的塔吉克族、柯尔克孜族等，所在的地区自然条件相对恶劣，脱贫难度大。

——基础设施不完善，瓶颈制约仍然存在。2009 年底，在 2119 个聚居村中，不通公路的村占 42.2%，不通电的村占 11.0%，没有安全饮用水的村占 35.2%。通村公路标准较低，晴通雨阻。农牧业基础薄弱，抵御自然灾害能力弱。

——缺乏特色产业支撑，群众收入仍然较低。人口较少民族聚居区农业产业化程度低，二、三产业发展滞后，特色产业规模小，农民增收渠道狭窄。2009 年，2119 个聚居村农牧民人均纯收入为 2591 元，相当于民族地区平均水平（3369 元）的 3/4、全国平均水平（5153 元）的 1/2。

——社会事业发展滞后，民生问题仍然突出。人口较少民族聚居区学前教育普及率普遍较低，义务教育学校标准化率低，寄宿制学校规模小，职业教育薄弱，双语教育发展滞后。2009 年，16 个人口较少民族的自治县农牧民平均受教育年限仅为 5.8 年，有的民族青壮年文盲率较高。在 2119 个聚居村中，没有卫生室的村占 30.7%，有的村虽有卫生室但缺医少药，还有 43.8% 的村没有合格医生。居住简易住房的户数有 14.7 万户，占总户数的 22.2%；有 28.7 万户农户没有解决饮水安全问题，占 43.3%。

---

① 国家民族事务委员会网站：《扶持人口较少民族发展规划（2011—2015 年）》。http://www.seac.gov.cn/art/2011/7/1/art_149_129390.html

一些基本保障制度覆盖面窄，保障水平不高。

——公共文化服务体系不完善，民族传统文化面临的形势仍然相当严峻。文化基础设施条件薄弱，文化艺术专业人才缺乏，文化艺术产品和服务供给能力弱。2009 年底，在 2119 个聚居村中，没有文化活动室的村占 39.8%。群众读书看报难、收听收看广播影视难、开展文化活动难等问题仍较普遍。特别是一些人口较少民族优秀传统文化流失、失传等现象比较严重，直接影响着中华文化的多样性。

——基层组织建设较为薄弱，自我发展能力仍然不强。一些地方农村党的基层组织较为薄弱，群众组织和社会组织发展滞后。社会管理能力和服务水平较低，保持社会和谐稳定存在不少隐患。2009 年，71 个民族乡参加专业经济合作组织的农民仅占 1.8%。受地理条件和社会发展程度制约，群众当家理财、科技应用和自我发展能力较弱。

第三，边境少数民族地区的贫困问题突出。

我国的陆地边界线东起辽宁丹东市鸭绿江口，西迤广西壮族自治区防城港市的北部湾畔，总长度约 2.2 万千米（其中 1.9 万千米在少数民族地区），与 15 个国家和地区接壤。陆地边疆地区涉及 9 个省（区）的 135 个边境县（旗、市、市辖区），其中 107 个属于民族自治地方，有 30 个民族与国外同一民族相邻而居；国土面积约 193 万平方千米，2009 年总人口 2160 多万人，其中少数民族人口占 48%。在 135 个陆地边境县中，有国家扶贫开发工作重点县 42 个。2009 年，国家统计局对这 42 个县的 403 个村、4000 个调查户、17756 人开展了贫困监测抽样调查。调查结果显示，这些县 2009 年的人均财政收入、农民人均纯收入等经济指标基本上都达不到其他陆地边境县一半的水平，贫困发生率为18%，明显高于扶贫重点县平均10.9%和全国平均3.8%的水平。①

2009年3月9日，全国政协委员、全国政协民族和宗教委员会副主任马庆生在全国政协十一届二次会议第四次全体会议上发言时指出：边境地区少数民族群众听不懂广播、看不懂电视现象比较严重。新疆南疆地区90%以上的少数民族群众不懂普通话，云南省在边境地区居住的352万少数民族群众不懂或基本不懂普通话。云南、广西的电台和电视台没有少数民族语广播电视节目专用频道和频率，只有少数的民族语言栏目。要把边境民族地区广播电视事业由一般的公共文化服务建设，上升到维护国家政治安全和文化安全战略来统筹考虑。由此提出三点建议：一是建立有线、无线、卫星多种形式相结合的有效传输覆盖网络；二是加强少数民族语言广播电视节目的制作和播出；三是采取多种形式加大对边境少数民族地区广电事业发展的扶持。②

2012年3月9日，全国政协委员、云南省工商联副主席焦家良在发言中讲道，中国边境少数民族地区长期处于不发达的状态；建议国家设定一个明确的期限，比如说5至10年，着力解决边境少数民族地区的绝对贫困问题。焦家良指出：从扶贫的角度讲，解决了这部分人的贫困问题，不仅将对我国整体扶贫开发工作起到关键作用，更重要的是，边境少数民族贫困地区的战略位置十分重要，是维护国家安全的第一道防线。尽快消除边境少数民族地区的贫困问题，不但是一个扶贫问题，更是一个战略问

① 国家统计局农村社会经济调查司编：《中国农村贫困监测报告》（2010），中国统计出版社2011年版，第81页。

② 《马庆生委员代表全国政协民族和宗教委员会：大力发展边境民族地区广播电视事业》，http://news.xinhuanet.com/misc/2009-03/09/content_10978299.htm

题。在过去的发展过程中，边境少数民族地区与其他地区的发展差距，甚至呈现越来越扩大的趋势。以云南省为例，25 个边境县（市）的贫困人口占全省贫困人口的23%，有 16 个属于国家扶贫开发重点县，2010 年农民人均纯收入 2715 元，只有全省平均水平的 57%。一些自然村听不到广播、看不了电视，边境道路“晴通雨阻、通行困难”的现象非常普遍。①

第四，社会公益事业发展滞后，非收入贫困现象严重。

随着社会的进步、发展，真正生活在“生存线”下的人口是在越来越少，物质上绝对贫困的现象正在不断弱化乃至消失，而达不到社会“可接受标准”的相对贫困问题日益受到关注。党的十六届三中全会提出逐步实现基本公共服务均等化的目标。一般认为，基本公共服务均等化应包括了以下几个方面：推进义务教育均等化，为城乡适龄儿童提供公平的个人成长起点，提高人力资本存量；推进公共卫生和基本医疗均等化，公平地提高人民群众的健康水平，减少“因病致贫”和“因病返贫”现象；推进城乡居民社会保障均等化，提高全体社会成员的生活质量，营造出安定有序的社会环境；推进公共就业服务的均等化，缓解就业压力，有效解决就业总量过剩和结构性短缺同时存在的难题。② 当前，西部民族地区在基本的卫生、医疗条件和基础教育方面，尽管已经取得很大进展，但是许多农村地区，尤其是少数民族农牧地区，迄今仍然停留在很落后的水平上。

---

① 孙文振：《消除边境民族地区贫困是战略问题》，《中国民族报》2012 年 3 月 16 日。

② 姚慧琴、任宗哲：《中国西部经济发展报告》（2009），社会科学文献出版社 2009 年版，第 319 页。

第三节　建设西部生态屏障与“脱贫、致富、奔小康”的统一

西部民族地区农牧区的发展问题，从根本讲，也就是如何实现建设西部生态屏障与“脱贫、致富、奔小康”的统一。

一、西部生态环境保护与建设是“社会—经济—生态”协同发展系统工程

生物与环境，是组成生态系统的两个最基本要素。通常谈到环境，基本都是局限于自然环境的一个方面。然而，在现代社会条件下研究有关生态环境问题，单纯考虑自然环境是十分片面和不完整的。尤其是在涉及到人工生态系统的时候就更加片面了。因为，人工生态系统是人类社会经济系统的一个重要组成部分，基本都是属于“自然—经济—社会”复合系统范畴，它们的结构和功能，不单纯决定于自然环境的诸多因素，更重要的是还要受到社会经济环境的强烈制约。

我国实施的西部大开发战略，作为中国走可持续发展道路的一个重大举措，其核心是以生态环境建设为根本发展西部，使西部逐步走上可持续发展道路，并成为全国可持续发展的重要保障。然而，“如果不能向土著民提供其他经济机会，保护热带雨林就永远只能是一句空话。在穷国，每天的生存对于大多数人而言是压倒一切的大事，他们被迫透支未来以满足当前的需

求”——这是系统研究可持续发展的科学著述阐明的一个公理。[①]因此，建设西部生态屏障，推进社会经济可持续发展，应该清楚地认识到：西部生态环境的保护与建设，首先是着力解决西部地区当前面临的“生态与发展”两个重大问题。“衣食足而知荣辱，仓廪实而知礼仪”，我们不能让广大人民群众饿着肚子、忍着饥寒去保护环境。当然，从另一个方面讲，为了人类的生存，我们也不能以牺牲环境为代价来换取社会经济的发展。因此，我国西部生态屏障的设计与实施的具体目标，就不仅仅是单纯地去解决生态环境一方面的问题，而应当在解决生态环境问题的同时，充分考虑到兼顾社会效益与经济效益的协同发展。必须始终看到，生态环境保护与建设的实施与维持主要参与者是人民群众（尤其是农牧民），他们不仅需要生态环境效益，更重要的是要首先考虑经济收益问题，尤其是在当前市场经济的条件下。实际上，有很多的生态工程项目，都是需要在优先考虑社会效益、经济效益的前提下，充分考虑生态环境效益的提高。

可持续的西部生态屏障是一种多因素体系，它不仅包括发达的植被生态系统，而且包括合理的产业结构和生产关系，包括当地人满意的生活质量及代内、代际公平意识，包括和谐的人与自然的关系等等。在这项宏大建设工程中，政府引导、科技催化、企业兴办、群众参与是基本动力。（图1－5）

建设西部生态屏障与实现西部民族地区农牧区“脱贫、致富、奔小康”的统一，其间的科学问题可以归结为三个层次：一是认识论，如何系统地辨识区域社会、经济、环境间复杂的耦合关系；二是方法论，如何从技术、体制、行为三方面去控制区域

① 戴星翼：《走向绿色的发展》，复旦大学出版社1998年版，第14页。

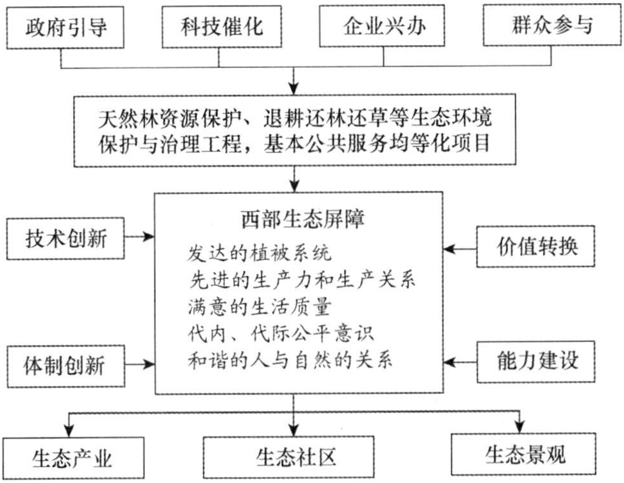

图 1－5　可持续的西部生态屏障建设系统结构图

的生产、生活与生态功能；三是技术手段，如何将生态学原理（包括社会生态学原理）运用到区域产业、社区及景观设计、规划和建设中去，促进区域生态支持系统的协调持续发展。科学研究的使命就在于将单一的生物环节、物理环节、经济环节和社会环节组装成一个有强大生命力的生命系统，从技术创新、体制改革、行为诱导入手，调节系统的主导性与多样性、开放性与自主性、灵活性与稳定性，使生态学的竞争、共生、再生和自生原理得到充分的体现，资源得以高效利用，人与自然高度和谐。

二、推进“社会—经济—生态”协调发展是一次意义深远的跨越式发展

长期以来，西部民族地区农牧区都面对着“发展和如何发展”这个基本问题；一方面是发展不足的贫穷问题，另一方面

是发展方式不当的掠夺性的粗放型开发方式问题。后果表现为森林过伐，水土流失严重，草原退化、沙化，物种减少，自然灾害加剧，人民群众贫困；不仅给其他地区带来灾难，也使自身社会、经济发展陷入致命的困境。因此，西部民族地区农牧区在西部大开发中最重要的问题是推进“社会—经济—生态”协调发展。

推进“社会—经济—生态”协调发展，对于西部民族地区农牧区而言，是又一次意义深远的跨越式发展。跨越式发展，是指一个国家或地区可以超越某些发展阶段或发展领域，站在高起点上，直接对当时最前沿的领域进行赶超，用全新的方式和较短时间，实现经济技术的超常规发展。事实上，社会主义新中国的成立就是人类社会发展史上的一次跨越，我国改革开放以来的30多年就是超常规发展的30多年。“社会—经济—生态”协调发展，即可持续发展，作为当代最新发展观念，是在全球面临经济、社会、环境三大问题的情况下，人类从自身的生产、生活行为的反思和对现实与未来的忧患中领悟出来的；是人类生产方式、消费方式乃至思维方式的革命性变化。它既有别于不计自然成本的传统经济增长观念，又不同于消极保护自然的零增长观念。它与传统发展观念的区别在于：从以单纯经济增长为目标的发展转向经济、社会、生态的综合发展；从以物为本位的发展转向以人为本位的发展，即发展的目的是为了满足人的基本需求，提高人的生活质量；从注重眼前利益、局部利益的发展转向长期利益、整体利益的发展；从物质资源推动型的发展转向非物质资源或信息资源（科技与知识）推动型的发展。西部民族地区只有推进“社会—经济—生态”协调发展，才可能有效地打破“贫困恶性循环”和摆脱“低水平均衡陷阱”，才可能实现“富民兴区”和富于自身特色的现代化发展目标。①

推进“社会—经济—生态”协调发展，是现代化的生产力革命，意味着人在改造自然、利用自然、控制自然、调节自然、保护自然等方面，将有全新的物质手段与系统功能。具体表现为以下三个领域的重大转变：在社会技术结构上，从科技含量较低的劳动方式走向科技含量较高的劳动方式；在社会交往结构上，从自给自足、自我封闭的自然经济，走向专业化、商品化、国际化的现代市场经济；在社会发展结构上，从非持续性的发展道路转向可持续性的发展道路。这种重大转变，迫切要求实现人口革命，提高人口素质，即提高人口的思想道德素质、科学文化素质、身体素质和心理素质等等。

对于贫困地区而言，大量贫困人口拥有较低的文化教育和谋生技能，只能通过对自然资源的消耗来维持自己的生存，由此造成生态压力的增长。另一方面，技术的长期停滞不但强化了人的体能的作用，也强化了人口数量的作用；贫困地区往往试图通过扩大人口数量来弥补技术落后带来的生产能力的不足。这种竭泽而渔的发展模式，使贫困地区并没有因为人口过快增长而告别贫困，相反，在生态资本存量越来越少、自然环境条件越来越恶化的情况下，贫困程度越来越深，最终形成恶性循环。“大量研究表明，最贫困的人口生活在世界上恢复能力最低、环境破坏最严重的地区，由于穷人比富人更加依赖于自然资源，如果他们没有可能得到其他资源的话，他们或许会更快地消耗自然资源。”② 因

---

① 文兴吾：《长江上游生态屏障建设与四川民族地区的跨越式发展》，《四川政报》2003 年第 5 期。文兴吾等：《巩固和发展社会主义民族关系》，四川人民出版社 2002 年版，前言：第 4—5 页。

② 赵曦：《中国西部贫困地区可持续发展研究》，《中国人口、资源与环境》2001 年第 1 期。

此，要想实现社会经济的可持续发展，使人、社会与自然保持协调和良性循环，必须制定切实可行的反贫困战略，帮助贫困人口形成自我发展的条件。同时，区域反贫困战略的设计，必须从促进贫困地区可持续发展的角度，综合考虑贫困区域的人口控制、资源合理利用以及生态环境保护等诸多因素。

三、建设西部生态屏障为西部民族地区农牧区提出了发展新要求

一般来说，一个地区的比较优势是某些优势资源，这种资源的开发与利用，就形成在全国、地区劳动分工体系中占有一定的地位、在地区经济发展中起着重要作用的地区主导产业。主导产业通过产业链的关联作用，带动协作配套部门和基础设施等部门的全面发展，由此实现区域社会经济的全面进步。同时，由于其主导产业建立在比较利益机制和区域分工与协作的基础上，既发挥了地区的比较优势，也必然有利于全国产业结构的整体优化。

西部大开发作为中国实施可持续发展战略的一个重大举措，对于西部民族地区在全国区域经济分工中的地位和作用提出了全新的要求。这个要求是：西部民族地区要承担起为全国提供充足的、清洁的水资源和良好的水土保持能力等生态公共产品的任务，为全国的可持续发展构建起坚实的西部生态屏障。

生态屏障的学理基础是生态学。生态学的术语是 19 世纪 60 年代由厄恩斯特・海克尔创造的。生态学原是一门研究生物与其生活环境相互关系的学科，是生物学的主要分科之一；初期偏重于植物，后来逐渐涉及动物，而有植物生态学与动物生态学之分。历史上，生态学的发展既存在由植物生态学、动物生态学到

人类生态学、民族生态学的不断深化过程，也存在与其他学科相互渗透生成新的交叉学科的过程，例如生态经济学、生态伦理学等。人类生态学是应用生态学基本原理研究人类及其活动与自然和社会环境之间相互关系的科学，其起源可以追溯到 20 世纪二三十年代，当时美国芝加哥大学的一批学者最早从人的生物属性的角度出发，探讨了人类和环境的关系问题，阐述了人类生态学的一般理论。进入 20 世纪 60 年代以后，随着经济发展，人口急剧增加，能源危机和环境污染日趋严重，人类生态学研究的重心从一般人类生态学转移到了社会人类生态学，高度重视人口、技术、资源、健康、城市、社会组织等问题，注重生态经济学研究。1972 年在瑞典斯德哥尔摩召开的人类环境会议，通过第一个人类环境宣言，标志着人类生态学已经发展成为一个与人类生存息息相关、大有前途的学科；会议的报告以《只有一个地球——对一个小小行星的关怀和维护》之书名发表。1982 年通过的《内罗毕宣言》，使人类生态学进一步得到了世界科学界和社会各界的高度重视。2000 年，在联合国千年首脑会议上，联合国秘书长安南正式提出“联合国千年生态系统评估计划”，力求通过科学研究为全球范围的可持续发展运动和政策制定提供科学依据。

人类是一种生命有机体，与周围各种各样的自然条件构成的生态环境共同构成人类生态系统。人类生态系统是地球生态系统的子系统。人类生态系统中人类经济发展与周围自然生态环境，依赖于自然资源的供给，从而面临一定的生态限制。从人类的经济生产来看，它不仅包括工业、农业、服务、贸易等各种生产活动，也包括旅游、娱乐、医疗保健等各种消费活动。在这个过程中，不仅需要土地、矿产品、水、阳光、木材等各种资源的供给，同时人类所排放的废弃物也要重新回到生态系统中被环境同化、分解；此外，人们还需要宜人的空气来使心情舒畅。由此，提出了生态系统服务问题。

所谓生态系统服务，是指人类直接或间接从生态系统得到的利益，主要包括向经济社会系统输入有用物质和能量、接受和转化来自经济社会系统的废弃物，以及直接向人类社会成员提供服务（如人们普遍享用洁净空气、水等舒适性资源）。生态系统对人类生存和生活质量有贡献的各种资源和服务，均可称之为生态系统服务。生态系统服务只有一小部分能够进入市场被买卖，大多数生态系统服务是公共品或准公共品，无法进入市场。生态系统服务以长期服务流的形式出现，能够带来这些服务流的生态系统是自然资本。生态系统服务的提出，明晰了生态系统对人类社会生存、生产和生活的重要性。

应该明确：全面建设小康社会，追求的是物质、政治、精神和生态文明的共同发展，全面小康不仅追求生态文明，更强调发展均衡的生态文明。而要实现这个均衡，国家进一步加大长江、黄河源头以及重点生态功能区的生态转移支付是必不可少的环节；只有这样，国家的生态安全才有保障，才能实现国家规模上的小康。

中国社会各阶层已经逐渐清楚地认识到："西部民族地区农牧区要通过传统的资源开发、经济发展来达到小康的经济指标，是十分困难的；稍有不慎，就可能使这种区域的经济收益在国家财富层面上显现为负劳动、负增长。西部民族地区农牧区的小康社会及其现代化建设，既要通过发展生态经济实现，又要在为国家生态安全作出贡献中，通过国家加大生态转移支付力度来实现。因此，西部民族地区农牧区的发展指标，更重要的是生态建设和社会发展指标。”①

全面建设小康社会的目标，归结起来有四个方面的内容：第一，国内生产总值（GDP）到2020年力争比2000年翻两番，综合国力和国际竞争力明显增强，人民过上更加富足的生活；第二，依法治国的基本方略全面落实，人民的政治、经济和文化权益得到切实尊重和保障；第三，全民族的思想道德素质、科学文化素质和健康素质明显提高；第四，促进人与自然的和谐，可持续发展能力不断增强。即是说，全面小康社会是社会的整体进步，既重经济学指标，更重社会学指标。在联合国开发计划署（UNDP）在其主持的年度报告《人类发展报告》中，把社会发展的目标定位为：创建一个使人民能够享受长寿、健康和有创造力生活的、富有活力的环境；认为发展过程就是“扩大人们过上他们所珍视的生活的选择”，而“扩大这些选择根本是加强人的能力——人在一生中能够做的事情和所处的地位。对人类发展来说，最基本的能力是长寿健康，见多识广，有机会获得过上体面生活所需的资源，能够参与社会生活。没有这些，许多选择就根本不能获得，生活中的许多机会就仍然不能利用。”② 而人类发展的概念包含四个主要的要素：生产率、公正、持续性和权能授予。③

——生产率：必须使人们能够增加其生产率并充分参与产生效益和有报酬的就业过程。因此，经济增长是人类发展模型的一

① 何翼扬、文兴吾：《以信息技术推进西部民族地区农牧区发展研究》，西南财经大学出版社2011年版，第76页。

② 联合国开发计划署：《2001年人类发展报告》，中国财政经济出版社2001年版，第9页。

③ 中国科学院可持续发展研究组：《中国可持续发展战略报告》（2002），科学出版社2002年版，第162页。

个子集。

——公正：人们必须获得相等的机会，所有对经济和政治机会的壁垒必须被消除，以便让人民能参与并从中受益。

——持续性：必须保证不仅对这一代，而且同样要对以后各代都能得到机会。所有形式的资本，无论物质的、人文的、环境的，都应该得到补足。

——权能授予：发展必须“由人民”而不仅是“为他们”而进行。人民必须充分参与形成他们生活的决策和过程。

因此，实现西部民族地区农牧区建设西部生态屏障与“脱贫、致富、奔小康”的有机统一，就是要不断提升西部民族地区农牧区社会发展能力，为提升农牧民人类发展能力创建良好的环境。

四、国家实施退耕还林工程与草原保护建设利用系统工程

作为推进西部大开发和西部生态环境建设的重大举措，1999年以来，国家陆续实施了天然林资源保护工程、退耕还林（还草）工程、草原保护建设利用等宏大系统工程。

1. 国家实施退耕还林工程及成效

退耕还林工程1999年开始试点，2002年全面启动。国务院2002年颁发了《退耕还林条例》，此后又下发了多个文件，明确并不断完善退耕还林政策措施。

1998年长江洪水流量并不是历史最大的，却造成了历史最高水位。根本原因就是上游地区长期的水土流失，大量泥沙涌入河道和湖泊，造成河床抬高、湖底淤积，使江河、湖泊抵御和调节洪水的能力大大降低。不少地方由于长期陡坡开垦、土壤流失严重，失去了基本的生存条件。因此，国家希望对中西部地区的坡

耕地实行退耕还林还草工程，增加地表植被，增强保持水土的能力。

工程建设任务重点安排西部地区，中部地区突出重点。优先安排江河源头及其两侧、湖库周围的陡坡耕地以及水土流失和风沙危害严重等生态地位重要地区的耕地，确定长江上游地区、黄河上中游地区、京津风沙源区以及重要湖库集水区、红水河流域、黑河流域、塔里木河流域等地区的856个县为工程建设重点县，占全国行政区划县数的29.9%，占工程区总县数的45.1%。

实践中的退耕还林政策呈现出鲜明的多目标性和变动性（图1－6）。中央和地方政府希望通过退耕还林工程，在改善生态环境的同时，能够促进土地结构和产业结构的合理调整，促进林业和畜牧业的发展，形成农林牧各业互相促进的效应，促进全国粮食生产的良性循环，增加经济林产品和粮食产量，调整和优化人们的食品结构，提高生活质量。

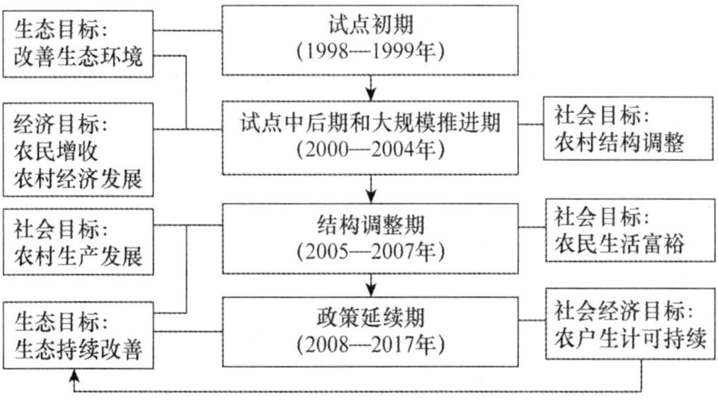

图1－6　退耕还林不同时期目标变动情况

资料来源：刘诚、李红勋：《中国退耕还林政策系统性评估研究》，经济管理出版社2010年版，第32页。

退耕还林工程既是生态工程，又是扶贫工程。农户参与退耕还林工程，可以获得补助，是最初和最大的经济动力，也是农户参与退耕的最原始经济目标。各地在退耕还林工程实践中，把工程建设与解决群众脱贫致富结合起来，直接增加农民收入，从某种意义上讲，退耕还林工程也是最有效的扶贫工程。地方政府力图通过退耕还林工程调整农村产业结构，扶持龙头企业，发展支柱产业，开辟就业门路，增加农民收入，实施生态移民，加快小城镇建设，促进农业人口逐步向城镇转移，谋求地方经济的腾飞。①

国家实施退耕还林（还草）工程采取的主要政策如下。

（1）国家无偿向退耕农户提供粮食、生活费补助。粮食和生活费补助标准为：长江流域及南方地区每公顷退耕地每年补助粮食（原粮）2250 千克；黄河流域及北方地区每公顷退耕地每年补助粮食（原粮）1500 千克。每公顷退耕地每年补助生活费 300 元。粮食和现金补助年限，还草 1999—2001 年按 5 年计算，2002 年以后按 2 年计算；还经济林补助按 5 年计算；还生态林补助先期按 8 年计算。补助粮食（原粮）的价款和现金由中央财政承担。尚未承包到户和休耕的坡耕地退耕还林的，以及纳入退耕还林规划的宜林荒山荒地造林，只享受种苗造林补助费。退耕还林者在享受资金和粮食补助期间，应当按照作业设计和合同的要求在宜林荒山荒地造林。

（2）国家向退耕农户提供种苗造林补助。种苗造林补助费标准按退耕地和宜林荒山荒地造林每公顷 750 元计算。

（3）退耕还林要以营造生态林为主。营造的生态林比例以县

① 刘诚、李红勋：《中国退耕还林政策系统性评估研究》，经济管理出版社 2010 年版，第 31—32 页。

为核算单位，不得低于退耕地还林面积的 80%。对超过规定比例多种的经济林，只给种苗造林补助费，不补助粮食和生活费。

（4）退耕还林后，退耕农户享有在退耕土地和荒山荒地上种植的林木的所有权，并依法履行土地用途变更手续。由县级以上人民政府发放权属证书。

（5）退耕还林后的承包经营权期跟可以延长到 70 年。到期后，土地承包经营权人可按有关法律和法规的规定继续承包。退耕还林地和荒山荒地造林后的承包经营权可以依法继承、转让。

（6）资金和粮食补助期满后，在不破坏整体生态功能的前提下，经有关主管部门批准，退耕还林者可以依法对其所有的林木进行采伐。

随着退耕还林工程的深入实施，针对出现的新情况、新问题，国家又陆续出台了相应政策，确保退耕还林工程的顺利实施。

2004 年，国务院办公厅下发了《关于完善退耕还林粮食补助办法的通知》，明确从 2004 年起，原则上将向退耕户补助的粮食改为现金补助，中央按每千克粮食（原粮）1.40 元计算，包干给各省、自治区、直辖市。具体补助标准和兑现办法，由省级人民政府根据当地实际情况确定。

2005 年，针对退耕还林工作中存在的一些地区退耕农户的长远生计缺乏保障，后续产业没有形成，农村替代能源没有同步建设等情况，国务院办公厅下发了《关于切实搞好“五个结合”进一步巩固退耕还林成果的通知》，明确要求：退耕还林工作要以实现生态改善、生产发展、生活富裕为目标，把退耕还林工作与保障粮食安全、调整农业结构、增加农民收入有机结合起来，促进经济、社会和生态的协调发展。要在继续推进重点区域退耕还林的同时，把退耕还林工程与加强基本农田建设、农村能源建设、生态移民、培育后续产业、封山禁牧舍饲结合起来，解决好农民吃饭、烧柴、增收等当前生计和长远发展问题。

2007 年，随着退耕还林政策补助陆续到期，退耕农户长远生计问题的长效机制尚未建立，部分退耕农户生计将出现困难，国务院下发了《关于完善退耕还林政策的通知》，提出了巩固和发展退耕还林成果的主要政策措施。一是现行退耕还林粮食和生活费补助期满后，中央财政安排资金继续对退耕农户给予适当的现金补助，解决退耕农户当前的生活困难。补助标准为：长江流域及南方地区每公顷退耕地每年补助现金 1575 元；黄河流域及北方地区每公顷退耕地每年补助现金 1050 元。原每公顷退耕地每年 300 元生活补助费，继续直接补助给退耕农户，并与管护任务挂钩。各地可结合本地实际，在国家规定的补助标准基础上，再适当提高补助标准。二是中央财政建立巩固退耕还林成果专项资金，解决影响退耕农户长远生计的问题。专项资金主要用于西部地区、京津风沙源治理区和享受西部地区政策的中部地区退耕农户的基本口粮田建设、农村能源建设、生态移民和补植补造，并向特殊困难地区倾斜。中央财政按照退耕还林面积核定各省（区、市）巩固退耕还林成果专项资金总量，并从 2008 年起按 8 年集中安排，逐年下达，包干到省。三是调整退耕还林工程规划，继续安排荒山荒地造林计划，并按情况适当提高种苗造林费补助标准。

国家实施退耕还林工程取得了生态改善、农民增收、农业增效和农村发展的显著效益。①

① 国家统计局农村社会经济调查司编：《中国农村贫困监测报告》（2010），中国统计出版社 2011 年版，第 120—122 页。

第一，占国土面积82%的工程区省（区、市）森林覆盖率平均提高3个多百分点，水土流失和风沙危害明显减轻。据长江水文局监测，年均进入洞庭湖的泥沙量由2003年以前的1.67亿吨减少到2010年的0.38亿吨，减少77%。我国沙化土地由20世纪末每年扩展3436平方公里转变为2010年前后每年减少1283平方公里；这是新中国成立以来首次实现沙化逆转。

第二，退耕农户生活得到改善。退耕还林工程已使3200万农户、1.24亿农民从国家补助粮款中直接受益，退耕农户户均获得补助5000多元。退耕还林成为迄今为止我国最大的惠农项目。退耕后发展的经济林、用材林、竹林以及林下种植、养殖业，已经陆续取得较好的经济效益，成为农民增收的重要途径。

第三，保障和提高了农业综合生产能力。据国家统计局统计，2008年全国粮食作物播种面积比1998年下降6.3%，但2008年全国粮食总产量比1998年增产1642万吨，其中25个退耕还林省（区、市）增产3652万吨。

第四，促进了农村产业结构的调整。生产方式由小农经济向市场经济转变，生产结构由以粮为主向多种经营转变，粮食生产由广种薄收向精耕细作转变，畜牧生产由自由放牧向舍饲圈养转变。

第五，促进了农民思想观念的转变和生态意识的提高。随着生态环境的逐步改善，工程区广大干部群众看到了改变现状的希望和契机，使其生存、生活和发展的观念发生了根本性的变化，生态保护意识明显增强。

第六，对全球生态环境贡献巨大，提升了中国政府的形象。按我国人工林平均每公顷蓄积量46.5立方米测算，退耕还林工程造林成林后，林分蓄积量将达13亿立方米，能固定二氧化碳近10亿吨，将为应对全球气候变化、解决全球生态问题作出巨大贡献。

2. **国家实施草原保护建设利用系统工程及成效**

我国是一个草原大国，拥有各类天然草原4亿公顷，其中可利用面积3.13亿公顷，草原面积仅次于澳大利亚，居世界第二。草地面积占国土面积的41.7%（其中可利用草地占国土面积的32.64%），是耕地面积的3.2倍、森林面积的2.5倍，在我国农田、森林和草原等绿色植被生态系统中占到63%。

长期以来，由于多方面的原因，草原在维护国家生态安全和食物安全、促进经济社会发展中的重要地位和作用未引起社会的足够重视，保护和建设草原的责任意识不强；未将草原保护建设列入国民经济社会发展和生态建设的全局予以统筹考虑和积极支持。20世纪50年代以来，我国累计开垦草原约2000万公顷，其中近50%已被撂荒成为裸地或沙地。一些地方不合理开采草原水资源，致使下游湖泊干涸，绿洲草原及其外围植被不断消失。长期不合理的开发利用，导致草原不断退化，沙尘暴、荒漠化、水土流失等危害日益加剧，已成为制约我国社会经济可持续发展的重要“瓶颈”。与此同时，牧区人口成倍增长，北方干旱草原区人口密度达到11.2人/平方公里，为国际公认的干旱草原区生态容量5人/平方公里的2.24倍。草原超载过牧问题日益突出。2007年，我国北方草原家畜平均超载达36%以上。草原长期得不到休养生息，草原质量和生产能力不断下降，平均产草量较上世纪60年代初下降了1/3—2/3。[①]

① 《农业部关于印发〈全国草原保护建设利用总体规划〉的通知》，2007年4月4日。http://www.moa.gov.cn/govpublic/XMYS/201006/t20100606_1534928.htm

进入21世纪，国家对草原保护建设的政策和投入不断增加。2002年9月，《国务院关于加强草原保护与建设的若干意见》，对加强草原保护与建设做出了一系列明确规定，提出了一系列支持保障政策。2007年4月，国家农业部印发《全国草原保护建设利用总体规划》。

为遏制西部地区天然草原加速退化的趋势，促进草原生态修复，从2003年开始，国家在内蒙古、新疆、青海、甘肃、四川、西藏、宁夏、云南8省区和新疆生产建设兵团启动了退牧还草工程。截至2010年，中央累计投入基本建设投资136亿元，安排草原围栏建设任务7.78亿亩，同时对项目区实施围栏封育的牧民给予饲料粮补贴。工程惠及174个县（旗、团场）、90多万农牧户、450多万名农牧民，取得了显著的生态、经济和社会成效。①

一是工程区生态环境明显改善。退牧还草任务主要安排在内蒙古东部、蒙甘宁西部、青藏高原、新疆等四大片草原退化严重地区，通过禁牧封育、补播草种等方式，草原植被明显恢复。根据2010年农业部监测结果，退牧还草工程区平均植被盖度为71%，比非工程区高出12个百分点，草群高度、鲜草产量和可食性鲜草产量分别比非工程区高出37.9%、43.9%和49.1%。生物多样性、群落均匀性、饱和持水量、土壤有机质含量均有提高，草原涵养水源、防止水土流失、防风固沙等生态功能增强。

二是草原保护意识得到增强。退牧还草工程调动了广大农牧民保护和建设草原生态的积极性，促进了草原承包经营等各项制

① 龙新：《退牧还草工程8年惠及450万农牧民》，《农民日报》2011年8月5日。

度落实。广大牧民按照以草定畜的要求，调整畜群结构，牲畜出栏率明显提高。

三是草原畜牧业生产方式加快转变。退牧还草工程推行禁牧与休牧相结合、舍饲与半舍饲相结合的生产方式，促进了传统草原畜牧业生产方式的转变。8 省区和新疆兵团退牧还草工程县 2700 多万个羊单位的牲畜从完全依赖天然草原放牧转变为舍饲半舍饲。为推动畜牧业发展，各项目区积极探索建设模式：新疆大力实施区域性人工种草；甘肃、青海部分地区推行“牧区繁殖、农区育肥”发展模式；宁夏从 2003 年起实行全区禁牧封育，加大畜群结构调整和畜种改良，加强人工饲草地建设。主要草原牧区加快生产方式转变步伐，实现了“禁牧不禁养”。

四是农牧民收入稳定增长。截至 2010 年，中央财政累计下拨饲料粮补助资金 73 亿元，有效增加了农牧民现金收入。工程实施还推动了特色农牧产业及其他优势产业的发展，形成了一批乳、肉、绒等生产加工基地，增加了农牧民收入。各地积极扶持引导牧区富余劳力转产转业。随着工程的持续开展，15 万退牧户转而从事其他产业，近 20 万退牧户人口外出务工。内蒙古、新疆、西藏等牧区大力发展绿色第三产业，草原旅游业快速兴起，进一步拓宽了牧民增收渠道，牧区牧民人均纯收入由 2000 年的 1712 元提高到 2009 年的 4194 元。①

2011 年 5 月 12 日，温家宝同志主持召开国务院常务会议，决定建立草原生态保护补助奖励机制、促进牧民增收，中央财政每年安排资金 134 亿元。2011 年 8 月 22 日，国家改革委、农业部、财政部印发《关于完善退牧还草政策的意见》，提出了进一

① 中国新闻网：《农业部：中国西部地区退牧还草工程成效显著》，2011 年 8 月 4 日。http://www.china.com.cn/policy/txt/2011-08/05/content_23145722.htm

步完善退牧还草政策的若干重要举措。①

一是合理布局草原围栏。对禁牧封育的草原，不再实施围栏建设，重点安排划区轮牧和季节性休牧围栏建设，并与推行草畜平衡挂钩。按照围栏建设任务的30%安排重度退化草原补播改良任务。逐步扩大岩溶地区草地治理试点范围。

二是配套建设舍饲棚圈和人工饲草地。在具有发展舍饲圈养潜力的工程区，对缺乏棚圈的退牧户，按照每户80平米的标准，配套实施舍饲棚圈建设，推动传统畜牧业向现代牧业转变。在具备稳定地表水水源的工程区，配套实施人工饲草地建设，解决退牧后农牧户饲养牲畜的饲料短缺问题。

三是提高中央投资补助比例和标准。围栏建设中央投资补助比例由现行的70%提高到80%，地方配套由30%调整为20%，取消县及县以下资金配套。青藏高原地区围栏建设每亩中央投资补助由17.5元提高到20元，其它地区由14元提高到16元。补播草种费每亩中央投资补助由10元提高到20元。人工饲草地建设每亩中央投资补助160元，舍饲棚圈建设每户中央投资补助3000元。按照中央投资总额的2%安排退牧还草工程前期工作费。

四是饲料粮补助改为草原生态保护补助奖励。对实行禁牧封育的草原，中央财政按照每亩每年补助6元的测算标准对牧民给予禁牧补助，5年为一个补助周期；对禁牧区域以外实行休牧、轮牧的草原，中央财政对未超载的牧民，按照每亩每年1.5元的测算标准给予草畜平衡奖励。②

---

① 人民网：《国家发改委等三部委发布完善退牧还草政策意见》，2011年8月31日。http://finance.people.com.cn/GB/15556566.html

② 陆娅楠：《退牧还草新政致力补“短板”》，《人民日报》2011年9月2日。

国家改革委、农业部、财政部要求各地进一步加强组织领导：在国家统一政策指导下，退牧还草工程实行目标、任务、资金、责任“四到省”；省级人民政府对退牧还草工程负总责，逐级落实责任制。工程区所在地县级人民政府要将退牧还草工程纳入改善民生、保护生态、发展现代农牧业中统筹考虑，把退牧还草各项措施落到实处。

第二章

西部民族地区农牧区发展困境研究

一般而言，西部民族地区农牧区，包括西部民族地区农牧区城乡，是以土地、草原及其生态、文化景观作为直接劳动对象的区域。农牧区的（县、镇）城市经济，不可能发展成以制造业为重点的城市经济，不可能成为独立于农牧区发展的城市经济；其工业原料来自农村、牧区，企业产品与市场一般也是面向农牧区。农牧区的城市只能是服务于广袤农牧区、广大农牧民的城市，只能是服务于生态农牧业、生态民族文化旅游业的城市。

西部民族地区农牧区在相当长时间内，传统的以高度分散为特征的小农生产方式仍将占统治地位；西部民族地区农牧区的城镇化、工业化应是农牧区社会生产力发展到一定阶段的自然结果。利用国家建设项目征地推进的农牧区的城镇化、“去农化”，始终不是发展的主流；对于广袤的西部而言，以消除农牧区、农牧民的方式来推进农牧区的发展，本身就是一个悖论。

第一节　西部民族地区农牧区普遍存在的发展困境研究

下述研究，从不同方面揭示了西部民族地区农牧区普遍存在的发展困境。

一、自然环境与经济环境非良性循环模式

吴映梅的《西部少数民族聚居区经济发展与机制研究》一书，主要研究川滇藏民族交接地带经济发展机制问题；在综合评价地带自然地理环境、自然资源背景和社会人文条件的基础上，通过揭示各驱动因子与经济发展机制间的具体互动关系，寻找因民族特性导致的民族地区经济成长特征及其与经济发展机制间的特殊关系，探索民族经济持续和谐发展的对策。该书给出了图2－1表征少数民族地区自然环境非良性循环模式和经济环境非良性循环模式；提出“少数民族聚居区自然环境的严酷状态和这种基础本底改善的代价或‘门槛’过高，从而使得当地经济发展在外部发展环境发生不断变化的条件下依然很难摆脱自身传统生产力水平低下的基本生存模式”之观点。①

① 吴映梅：《西部少数民族聚居区经济发展与机制研究》，人民出版社2006年版，第2页。

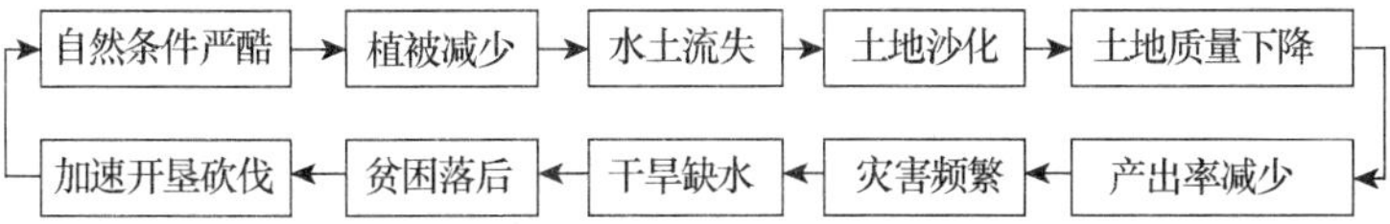

(a) 少数民族地区自然环境非良性循环模式

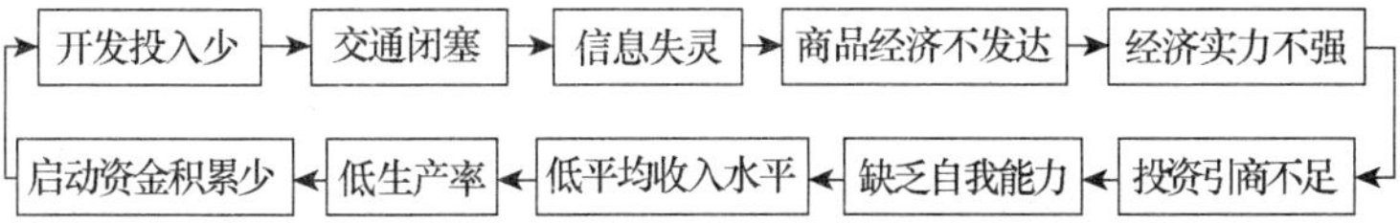

(b) 少数民族地区经济环境非良性循环模式

图 2－1　西部少数民族聚居区自然环境与经济环境非良性循环模式

资料来源：吴映梅：《西部少数民族聚居区经济发展与机制研究》，人民出版社 2006 年版，第 2 页。

二、贫困乡村空间格局导致资本、人才积累困境与劳动分工困境

图 2－2 来源于江曼琦等的专著《少数民族经济发展与城市化问题研究》，表征着贫困乡村空间格局导致资本积累困境、人才积累困境、劳动分工困境。①

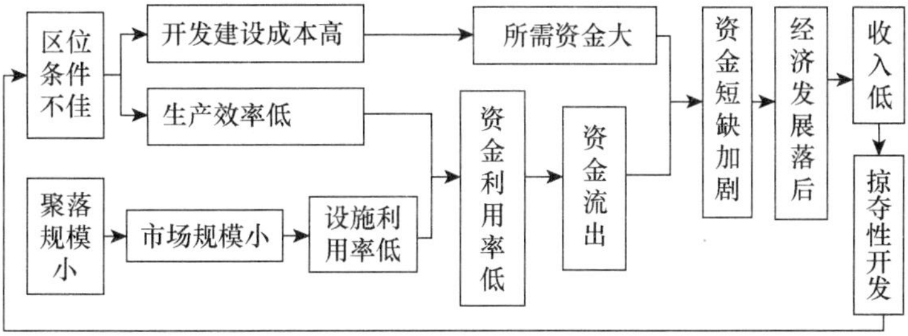

(a) 少数民族地区空间格局导致资本积累困境

① 江曼琦等：《少数民族经济发展与城市化问题研究》，经济科学出版社 2009 年版，第 104、115、119 页。

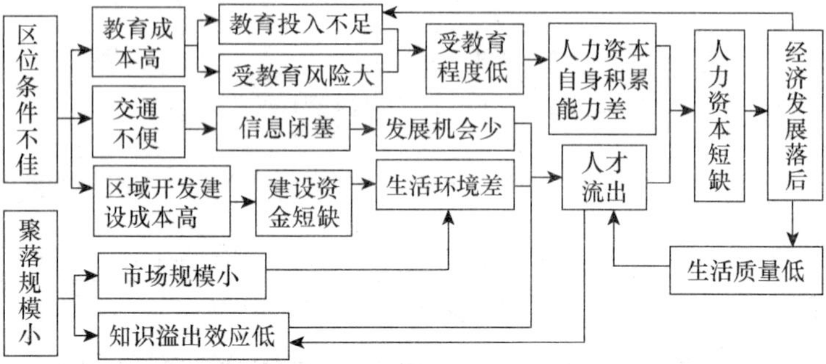

(b) 少数民族地区空间格局导致人才积累困境

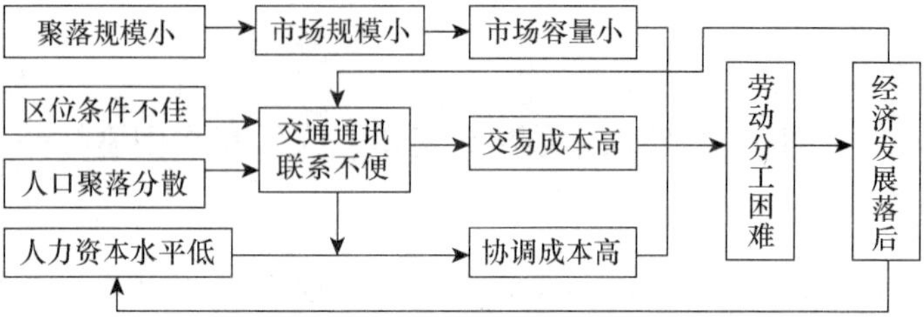

(c) 少数民族地区空间格局导致劳动分工困境

图 2－2　少数民族地区空间格局导致资本、人才积累困境与劳动分工困境

资料来源：江曼琦等：《少数民族经济发展与城市化问题研究》，经济科学出版社 2009 年版，第 104、115、119 页。

江曼琦等的研究指出：从传统增长理论中所强调的劳动、资本、自然资源等较“硬”的动力因素，到新增长理论强调人力资本、分工、贸易、制度等“软”的动力因素，几乎所有经典的经济增长模型，都是建立在“孤岛”或“孤立国”基础之上的，“空间”要素一直被排斥在促进经济增长的影响因素之外；经济活动中不存在交通成本，生产要素的流动可以瞬间完成，交易活动同样也可以瞬间完成，并且假定经济活动中不存在聚集经济效应。但是，现实中，空间是物质存在的基本形式，是人类一切活动所需要的经济要素，一切经济活动均不能脱离空间区位而存在。不同的空间质量，不仅会直接影响生产要素的产出，会对经济活动的速度、质量、规模产生不同的经济效果，而且会间接地影响到其他生产要素的积累和对经济增长发挥促进作用。与经济活动相关的空间因素包括区位、距离、规模、形状、通达性和集聚性等方面，它们共同构成了空间的质量。区位是由自然地理位置、交通条件和经济条件相互作用而构成的综合条件。区位条件的优劣主要取决于其交通、信息和经济地理位置的优劣。区位条件优越的地区，对外联系便捷，信息传播迅速；区位条件不佳的地区表现为交通不便，信息闭塞，远离经济活动的中心。区位条件对于经济活动的直接影响，是其建设开发成本和交易活动中的搜寻成本、交通成本的增加，最终导致的是生产效益的低下。在现代交通日益发达、交通成本不断下降的背景下，优越的区位条件可以吸引来本地所稀缺的生产要素，消除本地经济活动中的不利因素。而从间接的影响看，交通不便，信息封闭，不利于新思想、新观念的传播。因此，在区位条件好、自然资源条件也好的区域经济进行投资，发展产业，投资少，运输费用低，可以收到事半功倍的效果。在资源条件不十分有利的区域中，也可以利用优越的区位条件，吸引外部相关的生产要素流入，弥补资源不足的缺陷。资源丰富、交通不便、信息迟缓的地区，也会因为与外部交流的困难，使得资源优势难以转换为竞争优势。人类社会的发展史表明，人类总是先在自然条件、区位条件优越的地区生存繁衍，随着可开发利用的资源的减弱和开发建设成本的增加，才逐步向自然条件较差、区位条件较好的地方转移。①

江曼琦等提出："在传统经济增长观念的影响下，每当人们提到加快民族地区发展的途径时，重点关注的因素往往是如何增加投资和资本积累、提升人力资本的水平、加深劳动分工和产业结构的转换及促进制度创新。国家对民族地区的发展战略也在这些方面采取了众多的措施，但是，实际的收效并不太明显。"应该明确，"经济活动空间格局的质量，会在自我加强的机制下对于相关的经济增长要素产生循环累积的效应，地理位置因素和由此形成的基础设施环境也会影响到生产要素的聚集与分散，从而改变当地生产要素的供给状况，因此，将国家为民族地区提供的民族地区稀缺的生产要素，或出台的改善民族地区稀缺生产要素状况的政策，真正转化为民族地区发展的竞争力对民族地区的经济发展尤为关键。"②

三、PPE 恶性循环与 RAP 恶性循环及耦合

聂华林主持开展的系列研究及其完成的国家哲学社会科学基金重大项目"西部全面建设小康社会中的'三农'问题及对策研究"最终成果《中国西部三农问题通论》一书提出：西部"三农"问题既是西部 PPE 怪圈（"贫困——人口过快增长——环境退化"恶性循环）作用的结果，也是西部 RAP 怪圈（"农村社会发育程度低——农业经济结构单一——农民文化素质低"恶性循

① 江曼琦、翟义波：《西部民族地区经济发展的空间陷阱》，《内蒙古大学学报》（哲学社会科学版），2009 年第 3 期；江曼琦等：《少数民族经济发展与城市化问题研究》，经济科学出版社 2009 年版，第 77—78 页。

② 江曼琦等：《少数民族经济发展与城市化问题研究》，经济科学出版社 2009 年版，第 90—91 页。

环）作用的结果，更突出地表现为 PPE 恶性循环与 RAP 恶性循环耦合作用的结果。如图 2－3 所示。

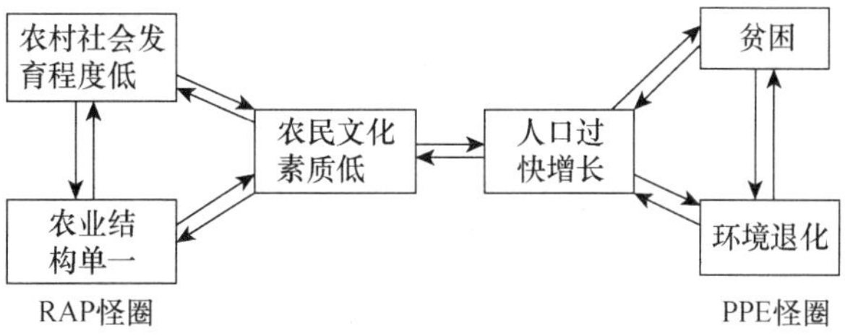

图 2－3　PPE 恶性循环与 RAP 恶性循环耦合机理

资料来源：聂华林等：《中国西部三农问题通论》，中国社会科学出版社 2010 年版，第 48 页。

1. 关于西部农牧区的 PPE 怪圈

PPE 怪圈是戈拉特（Grate，J. P.）1994 年提出的，是分析贫困落后地区贫困与环境退化之间关系的一种理论模式。PPE 怪圈是指贫困（Poverty）、人口（Population）和环境（Environment）之间形成的一种互为因果的关系，更具体地说是指在贫困落后地区存在的广泛而深刻的“贫困——人口过快增长——环境退化”的恶性循环现象及其形成机理。

在西部贫困落后的农村牧区，人口的过快增长以及农牧民的不科学生产方式和生活方式是形成其贫困和生态环境退化的基本动因。理论与实证分析不难发现，当人口的过快增长使人口的规模达到一定程度后，人均的资源量特别是和人的生存紧密相连的土地、淡水的资源量就会显著减少，造成对土地、淡水等资源的需求压力的增大和人均收入的大量减少，使失业人口增多，加之社会发展的基础严重不足，从而导致贫困的发生。尤其在西部贫困农村和牧区，由于人口的过度增加，常常发生对土地的过度开垦、草场的滥放滥牧、森林的乱砍滥伐等，进一步导致生态环境的退化，使土地生产力不断下降，也进一步加剧了贫困。西部生态环境恶化的状况，一方面是和西部恶劣的自然环境相联系的，另一方面是和西部农村的贫困落后相联系的。贫困使人们只能顾及眼前的生存需要，很难顾及长远利益。因为贫困，人们无力解决自己的生态环境问题；因为贫困，人们也难以有效地制止自己对生态环境的破坏行为。同样，因为生态环境脆弱，人们缺乏解决贫困问题的有效途径；因为生态环境恶化，人们生活更加贫困。①

对于西部贫困农村和牧区而言，贫困、人口和生态环境是相互影响和相互制约的。资金的不足和生产能力的低下是其基本经济特征：生产能力的低下，使其发展的资金不足；发展资金的严重不足，又使其陷入贫困落后的境地而不能自拔。

正是由于西部生态环境问题与农村、农业发展之间这种相互影响和相互制约的关系，西部不解决农村的贫困问题，生态环境就难以得到稳固改善；不解决生态环境问题，农村、农业发展就缺乏良好的条件。同样，贫困状况下造成的环境退化，使人口素质很难提高，而低素质的人口要摆脱贫困和改善生态环境就愈加困难。贫困和生态环境退化状况下的人口过快增长，必然进一步加剧贫困和生态环境退化。②

---

① 聂华林、曹颖轶：《构建和谐社会走出“三农”困境》，《西部论丛》2005 年第 8 期。聂华林等：《中国西部三农问题通论》，中国社会科学出版社 2010 年版，第 48—49 页。

② 聂华林、李长亮：《西部农村人力资本投资与“三农”问题的破解》，《中国国情国力》2007 年第 11 期。聂华林等：《中国西部三农问题通论》，中国社会科学出版社 2010 年版，第 49 页。

2. 关于西部农牧区的 RAP 怪圈

所谓 RAP 怪圈，是指因西部农村（rural area）、农业（agriculture）、农民（peasant）这三者各自发展条件不足而形成的相互影响、相互制约的恶性循环现象，即“农村社会发育程度低——农业经济结构单一——农民文化素质低”恶性循环。由聂华林与路万青在《西部“三农”问题的“RAP 怪圈”》[①] 一文中最早提出。该文在指出东、西部地区“三农”问题形成机理不同的前提下，分析论证了西部“三农”问题是由于 RAP 怪圈——农村、农业、农民各自发展条件不足的恶性循环作用的结果，提出了打破西部“三农”问题的 RAP 怪圈的一些思路和对策建议。

西部的大部分农村特别是贫困山区和牧区的农牧经济，是一种封闭和半封闭经济。封闭和半封闭经济是导致其贫困的重要原因之一，而封闭半封闭经济也是由多种原因造成的，社会发育程度低是其中的重要原因。西部的贫困山区和牧区，平均每平方公里的居住人口数量很少，居住十分分散，加之交通和通讯又十分落后，更加固化了人口居住的高度分散化。这种人口居住的高度分散化不利于推动农村的城镇化进程，加大了农村城镇化的成本代价，其结果必然加剧农牧地区的社会分工欠发育，社会分工的欠发育是造成市场经济发育迟缓的症结；而市场经济发育迟缓必然使贫困农村的自给自足的经济状况难以得到有效改善，进而固化了西部贫困农村经济的封闭和半封闭。西部贫困农村的这种经济状态和社会发育不良，一方面使其传统农业的基本经济形态很难得到突破；另一方面加大了农业经济结构调整的难度。因为以

---

① 聂华林、路万青：《西部“三农”问题的“RAP 怪圈”》，《甘肃理论学刊》2004 年第 5 期。

交通、通讯落后为特征的封闭半封闭西部农村经济，从根本上限制了农民从事农业生产和市场交换活动的地域空间。西部贫困农村的封闭半封闭经济所造成的文化封闭，使农民的意识观念落后，也使人际关系、信息交流限制在狭小的范围内，从而进一步强化了贫困农村经济的封闭和半封闭。西部农村由于人口居住的高度分散所造成的社会形态，使西部贫困农民在同一活动区域内采取基本相同的生产方式，而这种基本相同的生产方式带来的必然是基本类似的生活方式和思维模式，又从文化层面上制约了西部贫困农村的社会分工的发育，形成了"封闭—贫困—封闭—落后—封闭—贫困—封闭"的恶性循环现象。因此，西部贫困农村的封闭和半封闭经济也就造成文化教育的落后与低素质的劳动力，贫困和文化教育的落后又造成人口的过度增长，不断扩大低素质的"剩余人口"队伍，使解决贫困的难度又进一步加大。[①]

西部传统农业所占份额大、农业经济结构单一，突出地表现在以种植业为主，农业产业化程度很低，非农产业发展迟缓且结构非常单调。乡镇企业多以建筑业和建材业为主，且大多基础非常薄弱，基本上是手工业生产，缺乏强有力的产业的支持和带动；企图与城市工业争市场争原料，往往以失败告终。西部农村普遍存在第三产业规模小、层次低的问题，尤其在贫困山区，第三产业几乎是空白。西部农业经济的这种状况，一方面制约了社会分工发育和社会发育程度的提高；另一方面使农民收入的增加也十分困难。[②]

---

① 聂华林、路万青：《西部"三农"问题的"RAP怪圈"》，《甘肃理论学刊》2004年第5期。

② 聂华林、曹颖轶：《构建和谐社会走出"三农"困境》，《西部论丛》2005年第8期。

西部贫困农村农民文化素质低、劳动力素质差，既根源于社会分工欠发育，又直接影响了社会发育程度的提高。同时，西部贫困农村农民文化素质差，既制约了农业技术进步，导致传统农业的改造困难重重；又使农业经济结构的调整缺乏内在动力，导致农业生产效率难以提高，增加收入的渠道也变得非常狭窄。

西部农村社会发育程度低，既使农业发展缺乏良好的社会经济环境条件，也使农民素质的提高缺乏良好的社会条件。西部农村由于长期的人力资本投资不足，农民文化素质比较低，科技知识缺乏，农村剩余劳动力中的绝大多数没有进城谋生的劳动技能，同时一些贫困山区和牧区因贫困而导致的辍学的儿童人数一直居高不下，这势必会影响到以后几代农民素质的提高。西部农村这种规模大、质量低、结构不合理的人力资源状况不但影响着农民家庭的实际收入，而且还会给农村社会进步和农业经济发展产生现实的不利影响，更不利于新农村建设和农村的长远发展。①

从上述分析可以看出，西部的农村、农业、农民由于各自发展条件的不足，造成了一种相互制约其发展的恶性循环，使“三农”问题的解决愈加困难。从任何一个方面去入手都是难以奏效的，必须进行综合治理，才能够见成效。既要注意形成这种恶性循环的外部条件的改善，也要注意打破这种恶性循环的关键环节。

---

① 聂华林、张帅：《科学发展观视角下西部新农村建设的思路和对策》，《兰州商学院学报》2006 年第 6 期。聂华林等：《中国西部三农问题通论》，中国社会科学出版社 2010 年版，第 48 页。

3. 关于西部农牧区PPE怪圈与RAP怪圈的耦合

从图4－3可见，西部农村过快人口增长状况下的低素质农民队伍就构成了PPE怪圈和RAP怪圈的耦合节点。一方面，交通和信息的闭塞，农村经济和农业生产的落后，直接影响到教育、文化等社会事业的发展，使西部农村人口的文化素质很难得以提高，特别是分布在西南、西北的一些少数民族地方，农民居住在交通非常不便的高山深山地区，生存条件十分恶劣，教育、文化事业非常落后，造成其文化水平远远低于全国平均水平；另一方面，贫困和环境退化造就了人口的过快增长，使农村产生了大量“剩余人口”，这些“剩余人口”的绝大部分构成了低素质的农民队伍。而低素质的农民队伍一方面制约了农村社会经济发展和农业经济发展；另一方面又会进一步产生大量的农村“剩余人口”，从而加剧了贫困和环境退化。

关注PPE怪圈与RAP怪圈的耦合节点是很重要的；因为西部农村人口过快增长状况下的低素质农民队伍，事实上已成为制约农村和农业经济发展的关键因素，也是造成贫困和环境退化的基本因素。从这一意义上或从长效机制上看，不断提高农民素质和不断减少农民就成为解决西部“三农”问题的关键环节了。从打破PPE怪圈和RAP怪圈的角度来看，首要问题是控制西部农村人口的过度增长，与此同时要千方百计提高农民的文化素质。[①]

---

① 聂华林、马草原：《建设社会主义新农村破解西部“三农”问题》，《兰州大学学报》（社会科学版）2006年第1期。聂华林等：《中国西部三农问题通论》，中国社会科学出版社2010年版，第50页。

第二节　一些研究与实践暴露出的问题与矛盾

一、关于促进民族地区基本公共服务均等化

注重实现基本公共服务均等化，是我国面对社会转型进入关键时期而提出的一个新的改革命题；“十二五”规划把推进基本公共服务均等化作为各级政府的一项重要任务。对于促进民族地区基本公共服务均等化，一种带普遍性的观点是：在目前情势下，基础道路设施、基础教育和基本医疗对于民族地区来说，是最紧要、最基本的，至于文化、社会救济和保障、就业服务、环境保护等公共服务，则是次一级或者针对特定群众的公共服务，可以待经济有所发展、民众生活有所改善后，再行提高。[①] 然而，这种观点是不恰当的。第一，按照给出的相关数据，民族地区铁路、公路的人均里程都大大高于全国和东部水平，而域均里程（公里/万平方公里）大大低于全国和东部水平；得不出进一步提高的紧要性。域均数低，是由西部民族地区农牧区地广人疏、生态脆弱的自然条件所决定。西部民族地区农牧区作为国家生态屏障建设的前沿阵地，如果在基础道路设施方面达到全国或东部的域均水平，生态屏障建设就彻底落空。第二，绝不可低估“贫困文化”对农牧民生活的禁锢，不能不重视文化建设对思想启蒙的

① 陈全功、程蹊：《民族地区的基本公共服务均等化：涵义、现状水平的衡量》，《中南民族大学学报（人文社会科学版）》2008 年第 5 期。

重要作用。第三，认识和理解促进民族地区基本公共服务均等化的重大意义或必要性，不仅要从人权与公平正义原则方面，更要从在贫困恶性循环链条上打开一个缺口、创建科学发展基础方面去实现；明确它是推进西部民族地区农牧区科学发展的引擎、发动机，从“社会—经济—生态—文化”大系统去分析、设计优先顺序。

二、关于扶贫开发的广播电视资源

在第一章中我们曾谈到：2009 年 3 月“两会”期间，全国政协民族和宗教委员会副主任马庆生在全国政协十一届二次会议第四次全体会议上发言时指出：边境地区少数民族群众听不懂广播、看不懂电视现象比较严重；要把边境民族地区广播电视事业由一般的公共文化服务建设，上升到维护国家政治安全和文化安全战略来统筹考虑。由此提出三点建议：一是建立有线、无线、卫星多种形式相结合的有效传输覆盖网络；二是加强少数民族语言广播电视节目的制作和播出；三是采取多种形式加大对边境少数民族地区广电事业发展的扶持。[①]

时隔一年的 2010 年 3 月“两会”期间，全国政协委员、中国科学院院士、嫦娥一号总指挥兼总设计师叶培建在政协小组会议上指出：2008 年 6 月发射升空的“中星九号”广播电视直播卫星，身兼开展中国电视节目直播到户的传输业务，其能力可提供 200—300 套高清电视直播信号，但是至今为止，其全部的 22 个直播转发器中只应用了 4 个，剩余的 18 个一直都在闲置，有的甚至被一些不法组织私用滥用。“这是对国家资源的极大浪费。”他

① 《马庆生委员代表全国政协民族和宗教委员会：大力发展边境民族地区广播电视事业》，http://news.xinhuanet.com/misc/2009-03/09/content_10978299.htm

呼吁国家广电部门应出台相关政策，充分将中星九号的资源用于教育和科普工作，至少不要一直闲置；“要知道卫星都是有寿命的，不要等到15年后‘中星九号’的设计寿命到期了才后悔当初没有好好利用。”①

不难看出，两位政协委员提出的问题表现出深刻的矛盾：前者是需要卫星资源，以解决少数民族群众听不懂广播、看不懂电视现象。后者却指出我国的卫星资源存在极大的闲置和浪费。

三、关于民族区域经济发展与民族经济发展

2010年8月20日《中国民族报》发表中央民族大学杨思远的文章《民族区域经济的繁荣与民族经济的发展》，指出：进入新世纪新阶段，中国少数民族经济发展中的一个重要动向是民族区域经济发展与民族经济发展日益不平衡。在民族区域经济趋于繁荣的同时，民族经济却没有得到相应的发展——“以传统农牧业为基础的藏族经济并没有真正发展和活跃起来。人们对藏族经济发展的特殊性、对广大藏族民众的经济需要和愿望关注不足，而藏族经济发展需要的恰恰是源自藏族的内在动力。”“民族经济差距的客观存在会导致严重的经济、政治后果，它不仅妨碍全面小康社会建设目标的实现，也不利于和谐社会建设，还会成为边疆地区不稳定的经济根源。”②

2011年6月8日，中国民族宗教网“民族理论”栏目编发了题为《“经济发展的速度不一定越快越好”——对话著名人类学

① 《叶培建疾呼“中星九号”存在极大资源浪费》，《卫星电视与宽带多媒体》2010年第6期。

② 杨思远：《民族区域经济的繁荣与民族经济的发展》，《中国民族报》2010年8月20日。

家杨圣敏教授》的文章。杨圣敏讲道："最近10年来，民族地区的发展速度超过了内地，但当地少数民族的发展能力却不高——所以我说，边疆民族地区的经济发展速度不一定是越快越好，而是参与式发展才是最好的。发展太快了有时候还会造成更大的贫富差距，造成社会的不稳定。""发展可以慢一点，不一定要那么大规模的投资，不一定要那么快地开发矿产，而是一定要让当地少数民族参与式发展，让他们一点一点地能够介入进来，培训他们，听听他们的意见，让他们能够跟上发展的步伐，而不是让一部分人被开发和发展甩出去了。"①

杨思远和杨圣敏的言论，直接的层面上表达的是：推进边疆民族地区科学发展，需要处理好民族区域经济繁荣与民族经济发展之间的关系。但是，却让我们更进一步地认识到深入开展"推进西部民族地区农牧区科学发展研究"的必要性和紧迫性。杨圣敏"发展可以慢一点"的议论对我们的教益是：在中央持续、深入地实施西部大开发背景下，必须深入研究"如何使西部民族地区农牧区又好又快地发展起来"这个重大问题。按照通常的理念，当国家制定和实施政策加大对某个区域的国土资源开发力度时，这个区域将实现经济繁荣，人民生活水平和发展能力将得到提高；因为它带来就业岗位的增多，使当地群众的发展机会增多。在西部大开发中，由于西部脆弱的生态环境，矿产开发的环境成本是非常高昂的；如果没有相对完备的资金、技术和人才，不能实现高技术、高起点的开发，不能走"绿色矿业"的道路，从"全国一盘棋"和可持续发展的角度看，就是在干得不偿失的蠢事。因此，"引进外地资金来实现的——大规模引进内地先进

① 郑茜、牛志男：《"经济发展的速度不一定越快越好"——对话著名人类学家杨圣敏教授》《中国民族》2011年第5期。

技术、一流设备和人员”来进行开发，是必需的；我们绝不能像过去那样走“低技术、低资金、破坏环境”的开发道路。在这样的情况下，当地群众由于缺乏大工业的工作技能和要求的素质，暂时不能在工厂参工就业，是可以理解的。我们不应该有这种思想：既然当地群众由于缺乏大工业的工作技能和要求的素质，不能在工厂参工就业，我们就不要进行“高技术、高起点、保护环境”的资源开发，甚至不进行资源开发。因为，当地群众现在不能参工就业不等于今后不能，这一代不能不等于下一代不能；只要激发起学习和追求幸福的热望，产生对未来的梦想。尤其应该看到，区域的开发不仅仅是带来从事新的职业的机会，而且也为农牧业的发展拓展了空间。从经济学的“外部性”概念着眼：内地的企业、资金去边疆少数民族地区发展、投资，将聚集起新的人流、物流；大量的人在当地从事生产、管理、营销活动，他们必须衣、食、住、行，他们必须有社会交往，他们还要培养下一代，这就会产生出对商品和服务的需求；由此不仅会引发农牧业从数量到质量发生大的变化，而且还会产生大量“非农化”岗位。这也是一种“让当地少数民族参与式发展，让他们一点一点地能够介入进来，培训他们”的现实过程。杨圣敏提出“推进边疆少数民族发展，必须着眼其发展能力的提高”是非常重要的。在西部大开发中，政府如何卓有成效地为提高广大农牧民的发展能力服务，需要有系统的创新性改革举措。

四、关于“教育扶贫”等扶贫开发实践中的矛盾与低效率

中国从新世纪伊始就不断加强着教育扶贫工作，努力消除知识贫困和能力贫困。例如，从 2001 年起四川就大力实施了“四川民族地区教育发展十年行动计划”。但是，不少农牧民子女完

成大中专学业后无处参工就业，处于闲置与半闲置状态；呈现出更深刻的矛盾：一方面，经济社会发展需要教育培养人才，另一方面，本土的教育资源却不能有效地为地方经济发展服务，要么是培养出的青年人才服务他乡，要么是家长不愿送青少年到校读书，因为读了书既不能参工就业，又不愿务农、放牧，反而成了什么也不能做的人了；从而使教育发展步履维艰，使科教兴农（牧）、人才兴农（牧）的设计失败。①

2009年，四川省出台了在少数民族地区实施“9+3”免费中等职业教育计划的政策，每年组织万名左右藏区学生到内地免费接受中职教育，帮助其学成后实现就业。其中“9”指九年义务教育，“3”为三年职业教育。2010年，教育部借鉴四川省“9+3”经验，与发改委、财政部联合发文，决定在内地部分省市举办西藏中职班，从而使四川省此项工作探索经验上升到了国家政策层面。② 目前，四川相关方面通过制定优惠政策，鼓励企业，尤其是国有企业、中小企业吸纳少数民族学生就业，使毕业的学生基本上已在内地就业。这种做法，在特定的阶段上是有一定意义的，因为它使受教育的学生找到了工作，令他们可能有光亮的未来，从而使农牧民家庭重视到校读书，而不是把子女送到寺庙。但是，这种做法决不可以看成教育扶贫的科教兴农（牧）、人才兴农（牧）、科教兴州（区）、人才兴州（区）的主体工程；因为，少数民族农牧区的社会经济并没有因为这种教育与人才使用机制而真正发展和活跃起来。在相当长的时期内，出现的情况

① 郝勇：《破解民族地区人才矛盾——与省社科院文兴吾研究员谈民族地区人才开发》，《四川日报》2005年11月7日。

② 四川省教育厅：《改革发展的四川职业教育》，2010年12月7日。http://www.scedu.net/chushi/web/1358841512.shtml

将是：人才不断地培养出来并输送到外地，本土传统的生产和生活方式、落后的社会基础结构却未得到改变，仍然保持人口素质低下的状况，并不断再造出素质低下的人。

以下情况，从不同方面同样说明当前中国西部农牧区的扶贫开发工作存在着深刻的矛盾，存在着严重的低效率。①

其一，国家实施广播电视“村村通”工程，但对于西部民族地区农牧区步履维艰，面对着如此尴尬：不通广播电视，农牧民当然就无法接触广播电视；但是通了广播电视，同样没有解决多大实际问题——对于收听收看到的外地节目，由于语言问题而难于受益。不少农牧民通过通过 VSAT（卫星小站）设备收看到省内外及境外节目，但就是看不到州、县政府指导他们如何科学地种养殖、科学地防病治病的节目；而这些又是地方科技部门长期致力的项目。此外，由于缺乏制度建设和人员培训，已经建成的乡、村级通讯设施不能得到有效的运用，经常是工程建成数月后即闲置、废弃。信息技术通过远程教育对民族教育事业发挥了作用，但是由于没有体制支撑，对医疗卫生等发挥作用甚小。

其二，国家推进“通村公路”建设，而通村公路建设又受资金巨大、生态脆弱、人口聚集度低、产业未发育等方面的限制，要么是迟迟不能修建，要么是修建后由于人力资源能力低下、无产业支撑等问题而闲置，最终因气候恶劣和缺乏养护能力而废弃；成为发展中的“鸡肋”。

其三，国家为解决农牧民缺医少药问题，大力推进乡村卫生站建设，另一方面则是许多乡村卫生站建起后，由于没有合理的

① 文兴吾、何翼扬：《西部农牧区反贫困科学发展基本问题研究》，《农村经济》2013 年第 1 期。

运行机制、人员能力建设机制而缺乏行为能力，卫生人员无所事事，卫生站门可落雀。

五、关于中国新农村建设的顶层设计

温铁军在其主持的国家社会科学基金重点项目“建设社会主义新农村目标、重点和政策建议研究”的最终成果《中国新农村建设报告》一书中，深刻地阐明了“新农村建设的国家战略意义”：它既是解决中国农民权益、农村治理和农业可持续发展问题的农村发展战略，也是为以“三农”发展来维护国家稳定、促进国民经济向内需拉动增长方式转变而提出的重大的综合性国家战略。[①] 该书提出：在新农村建设中，最为关键的是如何提高农民的组织化程度，并使之发挥建设性的积极作用，否则，既不可能降低政府使用“看得见的手”的时候与高度分化的 2 亿多农户、8 亿多农民之间必然发生的“交易费用”，也不可能化解长期以来被单独追求 GDP 的发展导向和市场主义改革所忽视但却实际上已发挥了巨大负面作用的“制度成本”[②]。只有以国家战略的名义构建覆盖传统兼业小农的农村综合性合作社，才能在降低政府交易成本的同时贯彻新农村建设的“普惠”理念；政府凭借强大的体制资源优势，在“政府主导”和“农民主体”的互动中属于矛盾的主要方面。[③] 然而，该书的主报告的结语写道：“主报告所讨论的，仍然主要是全球化大背景下任何后发工业化国家都不可能超越的发展主义道路上的发展问题。……新农村建设同样需要生态主义的视角。传统的发展主义正是建立在对资源和环境的

① 温铁军：《中国新农村建设报告》，福建人民出版社 2010 年版，第 17 页。
② 温铁军：《中国新农村建设报告》，福建人民出版社 2010 年版，第 4 页。
③ 温铁军：《中国新农村建设报告》，福建人民出版社 2010 年版，第 6 页。

巨大消耗和破坏的基础之上；当我们试图解决农村发展不足的问题时，是要把这样的发展主义复制到农村吗？所谓现代化的消费方式进入农村，似乎是我们所希望看到的新农村建设拉动农村消费需求增长从而促进国民经济结构调整，但是由此产生的资源能源消耗以及现代垃圾，是否在将本已脆弱的资源和生态环境承载推向加速崩溃的边缘呢？看一看村边路旁花花绿绿的垃圾堆和臭水沟，农村的环境做好准备了吗？退一步讲，当我们想推进工业化产品下乡的时候，其实大多推进的是按城市的模式生产出来的产品，乡土中国的消费特点和客观上的环境需求，在产品开发设计中体现了多少？当农民们准备掏腰包的时候，城市中的生产者准备好了吗？或许，我们需要借助新农村建设这一国家战略来解决的，是三个维度上'并发'的问题；当沿用以往的'继发'的思路，就不仅在实践中不断产生上述一系列追问，而且在'天怒人怨'的自发表达中一次次陷入被动"。[①] 这样的结语不外乎告诉人们：中国新农村建设的顶层设计，尚需要更全面、更深刻、更系统的研究。既然对中国新农村建设的一般情况尚是如此，那么对于生态脆弱、人口居住分散、承担着国家生态屏障建设重任的西部民族地区农牧区，就更令人窘迫。

---

① 温铁军：《中国新农村建设报告》，福建人民出版社 2010 年版，第 117 页。1996 年温铁军就发表论文《制约三农问题的两个基本矛盾》（《战略与管理》1996 年第 3 期），针对一段时期以来将"三农"问题简化为农业问题，又将农业问题简化为粮食问题的倾向，提出：中国农村经济基础领域的问题不是农业经济问题，而可被归纳为在城乡二元结构社会这个主要体制矛盾的制约下包括农民、农村和农业的三个维度的"三农"问题。"并发"与"继发"，从词面上解释：并发即一并发生，继发即后继发生。在医学上，并发症是指病人由患一种疾病合并发生了与这种疾病有关的另一种或几种疾病，合并发生的几种疾病间没有必然联系；继发症是指在原发疾病的基础上，继而发生新的疾病。即是说，继发病首先有原发疾病，并且所产生的新的疾病与原发病在病理上有密切联系。

中国社会科学院的一项研究成果曾这样写道：“到现在，可以说，还没有成功摸索出适合中国偏远地区具体情境的制度安排或政策框架，各偏远山区和少数民族地区更多地是以沿海或大城市前一段的发展（或更准确地说，‘大开发’）为模式和榜样，而在‘模仿’和‘追赶’的过程中，常常出现为增长而增长、为发展而发展的盲目开发或破坏性开发；在此过程中，越是边远的地区，越是急于追赶或仿效沿海和大城市的发展速度或模式，就越要付出更高的环境成本、社会成本和健康成本”。[①]

① 王洛林、朱玲：《后发地区的发展路径选择——云南藏区案例研究》，经济管理出版社2002年版，第160页。

第三章

解析西部民族地区农牧区的科学发展

“科学”一词，现已有两种用法，既作为名词，也作为形容词。作为名词，依据著名科学学家贝尔纳的观点及当代学者的相关研究成果，我们可以作出如下界定：科学是由人类对认识客体（自然界、社会界、思维过程及其它各种事物）的知识体系、产生知识的活动、科学方法、科学的社会建制、科学精神……等按一定层次、一定方式所构成的一个动态系统。科学以追求真理作为其发生学的和逻辑的起点；是理性的代表或化身，理性方法的典范，理性精神的用武之地。[①] 作为形容词，“科学”一词有正确、合理、符合客观规律等意思，例如：这种方法很科学，科学决策、科学社会主义、科学发展观等用语。诚如雅赫尔所说：“科学是人类活动的特殊形式，凭藉相应方法获得新知识的创造性过程，创造客观反映世界并被实践检验的新思想。在自己漫长而艰难的道路上，科学收集了许多事实，得出了许多设想和理论，发现了规律性，并逐渐变成严整、完美的产物。这是人类最美好的成就之一。”[②]

---

① 文兴吾、何翼扬：《提高全民科学素质与大学通识教育》，《中华文化论坛》2007 年第 4 期。

② ［保］雅赫尔：《科学社会学——理论和方法论问题》，顾镜清译，中国社会科学出版社 1981 年版，第 3 页。

当代自然科学、社会科学、人文学科都是科学。首先，它们都是通过已知探求未知的人类认知活动。第二，它们总的研究程序及方法相似。都是在取得感性资料（或科学事实）基础上，用理性的方法对感性资料进行分析加工，形成理论；都要通过实践来检验理论的真理性。第三，它们在基本的社会功能方面是一致的。自然科学认识自然，为的是适应与改造自然（人工自然），使人类在自然中生活得更好；人文社会科学认识人及社会，为的是适应与改造社会（使社会不断进步），使人类在社会中生活得更好。当然，自然科学、社会科学、人文学科也存在着许多不同之处，但是它们的本质是一致的；归结到一点就是认为，世界是物质的，物质是不断运动的，物质世界的运动发展是有规律的，而这种规律又是可以被认识和利用的。

推进事物科学发展，就最一般的意义而言，应该是指：重视科学研究的理论成果，在把握事物运动变化客观规律的基础上，以符合事物客观规律的方式推进事物的运动变化。与其相反的是：不重视科学研究的理论成果，不尊重事物运动变化客观规律，按其主观自由意志推进事物的运动变化。因此，推进西部民族地区农牧区科学发展，必须坚持以马克思列宁主义、毛泽东思想、邓小平理论为指导，坚持三个代表重要思想与科学发展观；必须高度重视既有的科学理论研究与实践成果，高度重视国内外反贫困发展的理论与实践；以科学的态度、科学的精神，探索与选择西部民族地区农牧区又快又好发展与全面、协调、可持续发展的路径。

本章旨在明确“推进西部民族地区农牧区科学发展”的基本内涵、基本的方法论。

第一节　一个基本问题的提出

一、来自“顶层设计”的思考

“顶层设计”，是一个系统工程学术语。2010 年 10 月中国共产党十七届五中全会通过的《中共中央关于制定国民经济和社会发展第十二个五年规划的建议》中使用了该词，当时的表述是“重视改革顶层设计和总体规划”，在其后的中央经济工作会议上，又明确提出了加强改革顶层设计，在重点领域和关键环节取得突破。在 2011 年“两会”上，温家宝同志所作的政府工作报告和通过的“十二五”规划纲要中均强调“要更加重视改革顶层设计和总体规划”。

所谓“顶层设计”，本意是指“自高端开始的总体构想”。通俗地讲，就是指价值理念与操作实践之间的蓝图。这一概念运用到社会改革领域，就是要加强对改革全局的整体战略谋划，使我国的改革沿着实现社会主义基本价值的目标迈进，全面落实科学发展观。①

全国政协委员、中央社会主义学院党组书记叶小文说，“中国改革走到现在，需要理性、需要统筹、需要全局观，必须进行自上而下的‘顶层设计’。‘顶层设计’是当今中国经济社会转型

① 《何为“顶层设计”》，《光明日报》2011 年 3 月 24 日。

的必要性和必然性所决定的”。[①]

“十二五”规划草案的主要执笔者之一、中央财经领导小组办公室副主任刘鹤曾解释说，“顶层设计”指的是主体结构和主要模式。“在过去的发展模式不可持续和面临各种各样新的重大改革议题条件下，转变经济发展方式，就要经济、社会、政治体制改革稳步协调推进。在这种情况下，必须有一个顶层设计，包括主要目标以及先后顺序。”[②]

循着“要更加重视改革顶层设计和总体规划”的理念，思考“十二五”时期如何推进西部民族地区农牧区科学发展问题，一个基本问题被揭示出来，这就是：推进西部民族地区农牧区科学发展的基本内涵是什么？

国家“十二五”规划纲要的第一篇是“转变方式，开创科学发展新局面”。很显然，不明确“推进西部民族地区农牧区科学发展的基本内涵是什么”，西部民族地区农牧区“十二五”时期“以科学发展为主题，以加快转变经济发展方式为主线”的发展就无从设计、实施和检验。通常的说法有两种。其一是：推进西部民族地区农牧区科学发展，也就是全面落实科学发展观的发展。其二是：按照“生产发展、生活宽裕、乡风文明、村容整洁、管理民主”的建设社会主义新农村20字方针总要求推进的发展。但是，这些认识并没有把握“推进西部民族地区农牧区科学发展”的基本内涵，因为它们都没有顾及“推进西部民族地区农牧区科学发展”的特殊性。

---

① 新华网：《“顶层设计”：政治新名词反映中国未来改革路向》。http://news.xinhuanet.com/politics/2011-03/13/c_121181278.htm

② 新华网：《“顶层设计”：政治新名词反映中国未来改革路向》。http://news.xinhuanet.com/politics/2011-03/13/c_121181278.htm

胡锦涛同志讲道："树立和落实科学发展观，必须在经济发展的基础上，推动社会全面进步和人的全面发展，促进社会主义物质文明、政治文明、精神文明协调发展。经济发展、政治发展、文化发展和人的全面发展是相互联系、相互影响的，没有政治发展、文化发展和人的全面发展的不断推进，单纯追求经济发展，不仅经济发展难以持续，而且最终经济发展也难以搞上去。要坚持抓好经济建设这个中心，同时又要切实防止片面性和单打一，全面推进社会主义物质文明、政治文明、精神文明建设，防止出现因发展不平衡而制约发展的局面。"①

另一方面，众所周知，沃尔特·罗斯托在20世纪60年代提出了经济起飞理论。为了突破经济停滞状态，发展中国家必须摆脱拉格纳·纳克斯所说的"贫困的恶性循环"困境，或者如哈维·莱宾斯坦所说的用"最小临界努力"突破落后经济的"低水平均衡陷阱"状态；罗斯托把用"最小临界努力"摆脱"恶性循环"或"低水平均衡陷阱"的过程，称为经济起飞过程。罗斯托认为，一个国家的经济发展要经过六个阶段，这六个阶段分别是：传统社会阶段；为"起飞"创造前提阶段；"起飞"阶段；向成熟推进阶段；群众性高消费阶段；追求生活质量阶段。他指出，"起飞"的突破过程是关键性的，是"近代社会生活中的大分水岭"。

一当把胡锦涛同志关于科学发展观的论述与罗斯托的理论联系起来，也就能够看到：由于我国地域辽阔，经济社会发展的不平衡，用科学发展观指导各地发展中存在着两种截然不同的情况。其一是如何用科学发展观的理论和方法推进落后地区打破

① 《科学发展观重要论述摘编》，中央文献出版社2008年版，第33—34页。

"低水平均衡陷阱"而实现"经济起飞"（没有"经济起飞"也就无所谓"经济增长"）。其二是如何用科学发展观的理论和方法指导已实现"经济起飞"的地区实现持续"经济增长"。很显然，对于绝大多数西部民族地区农牧区而言，以科学发展观的理论和方法推进科学发展，当属第一种情况。对应图 3－1 和图 3－2，可以给出很明确的说明。

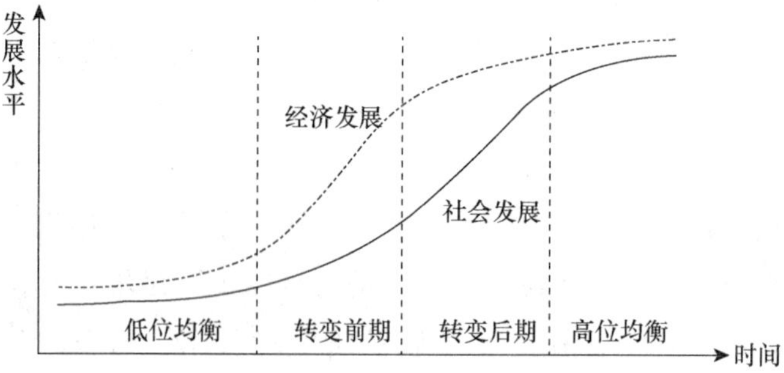

图 3－1　经济社会发展的变迁阶段

资料来源：杨云彦等：《社会变迁、介入型贫困与能力再造》，中国社会科学出版社 2008 年版，第 2 页。

图 3－1 可用以表明，如果将社会变迁的主要力量概括为经济因素和社会因素的话，则大致可以将社会变迁的过程归纳为四个阶段。第一和第四阶段对应两种水平的稳态，第二和第三阶段则是社会变迁速度较快和特征改变较明显的两个连续阶段，分别称其为"转变前期"和"转变后期"。[①] 一般认为，中国的经济社会整体发展已在 1977—1987 年间实现了起飞，目前已进入罗斯托理论中的"走向成熟阶段"，对应于图 3－1 中的"转变后期"

① 杨云彦等：《社会变迁、介入型贫困与能力再造》，中国社会科学出版社 2008 年版，第 1—2 页。

阶段。而西部民族地区农牧区的大部分地区，仍处于罗斯托理论中的“传统社会阶段”或“准备起飞阶段”，对于图 3－1 中的“转变前期”之前的阶段，即“低位均衡”阶段。

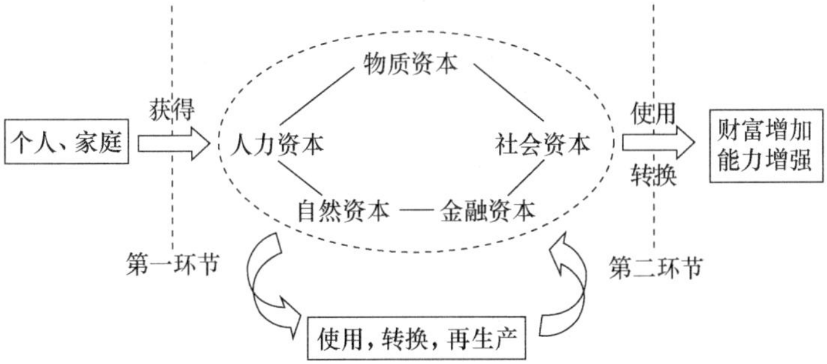

图 3－2　可持续发展能力形成的内在机理

资料来源：杨云彦等：《社会变迁、介入型贫困与能力再造》，中国社会科学出版社 2008 年版，第 27 页。

在中国的农村，农户是小的但结构完整的基本生产单位。图 3－2 可用以表明：农户家庭的经济发展需要综合利用“生计资本”——物质资本、人力资本、自然资本、社会资本和金融资本——以组织有效的生产或经营；在市场、制度政策以及自然因素等造成的风险性环境中，利用财产、权利和可能的策略去提升生计水平。现实中，一些家庭之所以陷入贫困的恶性循环中，往往是因为以上五项资本中某一项先天不足，或者后天发生了缺损。因此，要消除贫困，就必须获得能够推进“脱贫、致富、奔小康”的“生计资本”。如何获得足够质量的“生计资本”并拥有运用它们实现资本增殖的一定能力，是当前西部民族地区农牧区的大部分地区亟待解决的问题。因为只有获得足够质量的“生计资本”并具备运用它们实现资本增殖的一定能力，才可能进入

"财富增加、能力增强"的良性循环。

聂华林课题组通过"东西部'三农'问题特征的比较分析"指出：不可否认，东部和西部的"三农"问题有共性的一面，即都是在21世纪的中国历史形成的二元社会中，由城市现代化，第二、三产业发展，城市居民的殷实，衬托出农村的进步、农业的发展、农民的小康相对滞后的问题；或者说都存在农村发展与城市不同步问题、结构不协调问题。但鉴于西部地区特殊的自然生态环境和社会经济发展条件，西部"三农"问题不同于东部发达地区的"三农"问题；是两类性质完全不同的"三农"问题——西部是发展不足状况下的"三农"问题，而东部是相对发达状况下的"三农"问题。

聂华林等指出，改革开放在促进东部地区经济快速发展的同时，也深刻地改变着当地的广大农村的产业结构、农民的就业结构和生活观念，一切都发生了巨大的变化。"相对于西部地区而言，东部地区农民已经基本实现了小康。无论是人均住宅面积、恩格尔系数，还是家庭电话或是是其他家用电器的拥有率都远远优于西部地区。因此，东部地区的农村也出现了不同于西部农村的新现象：一是农村产业结构出现新局面。大量土地被征用为建筑或是工业用地。土地已经不再是东部地区农民的'衣食父母'、'生存之本'了。种植的也不再是单一的粮食作物，取而代之的是大量的园艺等经济作物。随着经济的发展，东部地区绝大部分农村的温饱问题早已解决，乡镇企业、个体私营、民营经济的发展，使农民早已不愿意再被束缚在农田里。以浙江为例，浙江的广大农村出现了一半农民离开土地，一半土地离开粮食生产的新局面。除了一些种粮大户，一般的家庭将原本可以两年五熟的耕地变为一年只种一季水稻，保证自家自给自足就不愿再种了，收入高的家庭甚至连一季都不种了。二是农民的就业结构发生了巨大变化，从事非农产业的人数大大增加。东部地区坚定而持续地实行改革开放和大力发展个体、民营经济的政策深刻地改变着该地区农民的就业结构。数据显示，已经有超过一半的浙江农民在非农产业中就业。与此同时，东部地区农民外出打工的相对较少。目前东部各大城市涌入的大量打工农民，绝大部分来自中西部，本地农民少之又少。究其原因，一方面是由于当地农村存在一定的就业机会，对当地农民来说外出打工的‘成本’大于‘收益’；另一方面，东部地区绝大部分农民的基本生活早已不成问题了，农民不愿承受外出打工的艰辛。三是随着农民收入水平的不断提高，农民的观念和生活方式有了巨大改变。物质生活水平的提高，必然影响着人的观念、思维方式。东部地区农民亲历了改革开放、市场经济带来的深刻变化，充分认识到知识经济的重要性，深刻地理解知识就是生产力的内涵，因此十分重视子女的教育问题。近年来，该地区农民教育经费支出不断上升，即使收入属于最低层次的农民对于子女的教育问题也不敢懈怠。在生活方式方面，东部地区绝大部分农村早已结束‘新三年，旧三年，缝缝补补又三年’的生活，‘砍柴做饭’的日子也已不复存在，大部分家庭用上了液化气、电饭煲。农民开始追求精神享受，对娱乐、餐饮等服务性行业有了更多的要求。”①

从上可见，东部“三农”问题是相对发达状况下的“三农”问题，呈现出“过渡性”的特点：①农村迟早会变成城市。近些年，随着城市工业（国家级、省级工业开发区）和农村工业（乡镇和村办工业园区）的双重带动，东部农村城市化、城镇化的步

① 聂华林等：《中国西部三农问题通论》，中国社会科学出版社 2010 年版，第45—46 页。

伐显著加快。许多市县已经出现工业建设用地不足，缺少征地指标的难题。随着工业化带动城市化的快速推进，农村迟早将会全部变为城市。②农民迟早变成市民。即使农民中的一部分人今后仍然从事农业生产，但他们在社会福利、社会保障等待遇上已经与市民无异。③农业迟早会变成非粮业。随着城市化的推进，农业产生了一个新名词——非粮业。在农田面积大量减少的同时，通过结构调整，不少镇、村已经不生产粮食。目前随着城市群的崛起，东部正在形成三种新型农业：充当城市“菜篮子”的城郊农业，充当城市空调器的都市农业，充当城市连接载体的城际农业。①

聂华林课题组指出：国内对“三农”的研究绝大多数集中在“全国性”层面，对于西部“三农”的特殊性并未进行重点研究。事实上，西部农村的基础设施更差，社会发育程度更低；西部农民的市场意识更加淡薄，自我经济发展能力更差；西部农业的自然条件更加恶劣，农业发展所必需的资金、技术、政策供给更加匮乏；等等。西部“三农”问题的形成机理与东部是不完全相同的，是性质完全不同的另一类“三农”问题；也就是说，西部是欠发达状态下的“三农”问题。西部“三农”问题的特殊性，是由于西部存在着特殊的自然生态环境条件和社会经济发展条件；大大增加了破解的难度。只有正确认识西部“三农”问题的形成机理，才能够找到解决西部“三农”问题的有效途径。②

---

① 聂华林等：《中国西部三农问题通论》，中国社会科学出版社 2010 年版，第 46 页。

② 聂华林等：《中国西部三农问题通论》，中国社会科学出版社 2010 年版，绪言，第 2 页。

二、“反贫困科学发展”问题鲜有研究

自中国共产党中央领导集体于 2003 年提出“科学发展观”思想以来，科学发展观不断深入人心，家喻户晓，耳熟能详；成为我国举国上下、各行各业推进发展的基本指南和行动纲领。既然如此，关于中国农村反贫困发展的理论与实践研究理应提出这样的问题：西部农村反贫困科学发展的基本内涵是什么？不明确这个问题，就不可能有效地推进反贫困科学发展，就只能是头痛医头、脚痛医脚，结果不仅不能解决和消除贫困，反而会出现各种贫困此消彼长的现象，陷入恶性循环之中。

为阐明“推进西部民族地区农牧区科学发展”的基本内涵，本课题率先提出“反贫困科学发展”研究。2012 年 10 月 1 日，课题组输入“反贫困科学发展”术语，对“中国知网”的中国期刊全文数据库、中国博士学位论文全文数据库、中国优秀硕士学位论文全文数据库、中国重要会议论文全文数据库、中国重要报纸全文数据库进行“主题”、“篇名”、“全文”的“精确”检索，未发现一篇文献。用“百度一下”对“反贫困科学发展”进行自动搜索，也是“零结果”。这说明“反贫困科学发展”在我国学术界尚未成为一个科学术语。鉴于“反贫困科学发展”术语一定意义上可以用“扶贫开发科学发展”、“科学地扶贫开发”、“扶贫开发科学化”等术语代换，我们又用代换术语进行相应查询，查询到肖云等的《新时期扶贫开发科学发展的十大长效机制设计》[《重庆邮电大学学报（社会科学版）2012 年第 4 期]、阿木的《以科学发展推进扶贫开发》（2012 年 7 月 11 日《人民日报》，第 7 版）、张涛等的《科学推进扶贫开发》（《老区开发》2010 年第 3 期）、慈延祯的《开展解放思想大讨论促进扶贫开发

科学发展》（2008 年 5 月 23 日《民族日报》第 2 版）等屈指可数的几篇文章。这些文章均未对“扶贫开发科学发展”作出界定。

“扶贫开发科学发展”、“反贫困科学发展”、“扶贫开发科学化”、“科学地扶贫开发”，本身都是非常值得沉思的观念、概念。但是，却被人们把它们当作一种自明的、无需说明的东西。正如黑格尔所言：熟知非真知。“一般说来，熟知的东西所以不是真正知道了的东西，正因为它是熟知的。有一种最习以为常的自欺欺人的事情，就是在认识的时候先假定某种东西是已经熟知了的，因而就这样地不去管它了。这样的知识，既不知道它是怎么来的，因而无论怎样说来说去，都不能离开原地而前进一步。”① 正是对“扶贫开发科学发展”、“反贫困科学发展”等缺乏研究，许多非常重要的问题未得到重视和深究。例如，对于“扶贫开发科学发展”的创新研究，长期缺乏自然科学技术的创新与社会科学技术的创新相融合的研究，未能很好地以大科技时代的视阈去思考、探索和立论，缺乏让西部农牧区反贫困发展在现代科技条件下迈上一个新台阶的谋划；“当许多企业都已经在用卫星电视、虚拟数字技术、IPTV、SaaS 等服务于管理、营销时，我国的大多数地区（广大的农村，落后、边远地区，少数民族地区）的扶贫工作、科普工作还沿袭着‘人拉、马驮、车运’的送书下乡、送戏下乡、送知识下乡的‘杯水车薪’的原始方式；这是需要深刻反省的。传统的许多做法可以继续存在，但是应该以新的技术条

① ［德］黑格尔：《精神现象学》上卷，贺麟、王玖兴译，商务印书馆 1979 年版，第 20 页。

件下费省效宏的工作为主导。”[①] 具体地讲，对于“扶贫开发科学发展”的创新研究，一般都集中在社会科学技术的创新方面，集中在制度的研究方面。例如肖云等的《新时期扶贫开发科学发展的十大长效机制设计》一文，提出了：健全扶贫开发组织保障机制、准确确定各地扶贫标准、完善贫困户识别机制、健全扶贫对象瞄准机制、增强扶贫开发动态监测机制、创新产业化扶贫机制、构建扶贫开发多渠道合作机制、强化扶贫开发的法律保障机制、抓好扶贫开发资金与项目监管机制、构建扶贫开发绩效考核评估与奖惩激励机制。[②] 又如阿木的《以科学发展推进扶贫开发》一文，提出了转变观念谋划扶贫开发、务实发展促进扶贫开发、加大投入保障扶贫开发。我们的看法是：制度红利，究竟有多大空间，这可以探讨；但是，长期缺乏让扶贫开发工作在现代科技条件下迈上一个新台阶的谋划，是很不应该的。马克思指出“手推磨产生的是封建主的社会，蒸汽磨产生的是工业资本家的社会”，列宁指出“共产主义是苏维埃加电气化”；这些论断都阐明了自然科学技术的广泛运用对社会发展的重大意义。

---

① 文兴吾、何翼扬：《西部农牧区反贫困科学发展基本问题研究》，《农村经济》2013 年第 1 期。

② 肖云等：《新时期扶贫开发科学发展的十大长效机制设计》《重庆邮电大学学报（社会科学版）2012 年第 4 期。

第二节　西部农村反贫困科学发展的基本内涵研究

厘清西部农村反贫困科学发展的基本内涵，先要明确科学发展的基本内涵。

一、关于科学发展的研究

1. 对发展概念的分解：自然发展与人为发展

对于发展，在我国的教科书中通常给出的定义是："发展是向前的、上升的、进步的运动。发展的本质是新事物的产生和旧事物的灭亡，即新陈代谢，指新事物代替旧事物"等等。《辞海》在"发展"词条下有两个解释：一是"哲学名词，指事物由小到大，由简到繁，由低级到高级，由旧质到新质的运动变化过程"。二是"特指团体吸收新成员"。这里的第二个解释实际是发展的延伸意义。袁诗弟、刘华桂在《何谓科学？何谓发展？——对科学发展的深层解读》一文中指出：这些定义并不准确。因为小大、简繁、低高、旧新、向前、向上等等皆是缺乏确定性的相对的范畴。比如由小到大，由简到繁是发展，难道反过来就不能是发展吗？那我们又如何解释如精简机构，电子产品的微型化，工艺技术、操作行为和程序的简略化等这类相反的进步呢？由低到高，由旧到新，虽然指出了发展的向前、向上、新陈代谢的运动特质，使发展与一般运动区分开来，但是低、高，旧、新，后、前，下、上，都缺乏明确的客观规定性，它们往往与人的主观立场、价值取向相关；这样一来发展不就成为说不清、道不明的东西了吗?①

袁诗弟、刘华桂认为，对于发展这一范畴，应摆脱这些缺乏明确规定性的、相对的概念，给予一个明晰的定义；提出发展可分为两个方面。一是自然的发展，也叫自在或自发的发展。这是指任何存在由于其自身内部的矛盾所引起的变化，即其潜能的展示与实现的过程。如生命的过程，生物的成长和进化，社会形态的更替，自然事物自身的变化等等。二是人为的发展，也叫自觉或自为的发展。即人在对自然发展认识的基础上，从人自身的需要出发，确定发展的目标，并通过自身的活动所引发的客观存在的变化。一如常说的：发展自己、发展经济、发展政治、发展科学、发展文化、发展社会，等等。自然的发展是自发的，是由其自身内在的矛盾、潜能所引起的发展，这种发展无论人们的认识与否，也无论人们的喜怒好恶，它都以其自身固有的规律进行，实现或展示自身。但人为的发展则不一样，它通常与人们的认识水平、价值取向、实践能力等相关。因此，人为的发展又可分为两个不同的层次：①主观发展。这主要指人们对发展的认识、理解、看法与观念，即通常所说的发展观。它包括人对自然发展的认识、认同与对人为发展的规划、设计等。②客观改变。这主要指人们在主观发展层面下所进行的客观活动及其成果，即通常所谓的发展的实践过程及其客观结果。人为发展的这两个方面既密切联系，又有一定的差异；有什么样的发展观，就会有什么样的

① 袁诗弟、刘华桂：《何谓科学？何谓发展？——对科学发展的深层解读》，《天府新论》2011 年第 4 期。

发展的实践活动；但实践的实际结果又不一定符合预期的发展目标。①

2. 科学发展是遵从科学规范、运用科技知识推进的“人为的发展”

袁诗弟、刘华桂在《何谓科学？何谓发展？——对科学发展的深层解读》一文中指出：科学发展，一要讲发展，二要讲科学。自然的发展，体现的是事物客观的规律，是一种必然的趋势，不以人的意志好恶为转移，因此科学的发展只能指人为的发展，即人在对自然发展认识的基础上，从人的利益出发，把有利于人的自然发展称之“发展”，并作为自己活动的目的，通过人自身的活动来干预、促进该发展，以满足人的需要的过程。

作为人为的发展，从其主观意图（主观发展）而言，它一定是以人自身的需要作为其出发点的。由此，人为发展就有了主观、功利的特征。但人的主观发展、预期目的并不一定会实现，这取决于对自然发展的认识是否正确完备、价值取向是否与自然发展规律相一致、实践活动（客观改变）是否符合客观实际（条件、手段）等等。因此人为的发展要想获得预期的成功，就必须强调科学。这里所谓的科学，包括科学的态度，科学的方法和活动、科学知识的应用几个方面。②

3. 科学发展是在科学发展观指引下推进的“人为的发展”

袁诗弟、刘华桂在《何谓科学？何谓发展？——对科学发展的深层解读》一文中同时指出：发展的科学性首先必须要解决的

---

① 袁诗弟、刘华桂：《何谓科学？何谓发展？——对科学发展的深层解读》，《天府新论》2011 年第 4 期。

② 袁诗弟、刘华桂：《何谓科学？何谓发展？——对科学发展的深层解读》，《天府新论》2011 年第 4 期。

就是主观发展的问题，即发展观的问题。具体什么样的发展观才是真正科学的发展观呢？这对于不同的人、在不同的地方、不同的时代，其内涵都是大不一样的。胡锦涛同志在中国共产党“十七大”报告中讲道：“科学发展观，第一要义是发展，核心是以人为本，基本要求是全面协调可持续，根本方法是统筹兼顾”①，道出了在科学发展观指导下我国当前科学发展的主要特点，要求我们要有整体的意识、全面的眼光、缜密的思路、理性的决策、灵活的方法去面对发展。②

贾旭东在《中国经济文化的重构》一文中指出：按照迈克尔·波特对经济文化的理解，“经济文化，是指那些对个人、单位及其他机构的经济活动有影响的信念、态度和价值观”③，科学发展观的提出就是中国经济文化中具有里程碑意义的变革。首先，科学发展观强调“以人为本”，第一次赋予发展以科学的价值取向。发展本身并不是目的，促进人的自由和全面发展才是发展的根本目的；脱离了“以人为本”这个核心的发展，不仅是无意义的，而且是有害的。其次，科学发展观以发展为主题，摆正了经济发展的位置。过去一直强调以经济建设为中心，这是正确的，但是人们却常常有意无意地将中心作为全部，而忽略或无视非中心的那些部分的发展。在科学发展观中，经济发展仍然居于十分重要的位置，但不再是发展的全部目的，而是发展的一个极为重要却非惟一的内容，是发展的前提和基础。在科学发展观中，发展始终是以人为核心的。第三，科学发展观特别强调发展

---

① 《科学发展观重要论述摘编》，中央文献出版社2008年版，第5页。

② 袁诗弟、刘华桂：《何谓科学？何谓发展？——对科学发展的深层解读》，《天府新论》2011年第4期。

③ ［美］塞缪尔·亨廷顿、劳伦斯·哈里森主编：《文化的重要作用——价值观如何影响人类进步》，程克雄译，新华出版社2002年版，第43页。

的全面、协调和可持续性。发展不仅仅是经济发展，而是经济、政治、文化、社会、环境和人的全面发展。因此，要统筹城乡发展、统筹区域发展、统筹经济社会发展、统筹人与自然和谐发展、统筹国内发展和对外开放。①

4. 科学发展是追求“真、善、美”的发展

邱耕田在《科学发展观与科学发展》② 一文中指出：科学发展是倡导以人为本、通过统筹兼顾的方法实现全面协调可持续发展目标的具有新质的发展模式。科学发展的根本特征是“科学性”。所谓科学性，即正确性、合理性之义。要把握这种科学性，需要从真、善、美三个方面入手。

——凡科学发展，一定是求真的发展。“真”之范畴，既是一个认识论的范畴，又是一个实践论的范畴。作为认识论范畴的“真”，是对客观事物（包括发展存在）的本来面目及其内在本质和运动规律的科学认识；作为实践论范畴的“真”，是指人们以对客观事物的内在本质和运动规律的科学认识为指导从事科学的实践活动或科学的发展活动。科学的发展，必须是求真、循真的发展。发展的求真性是一种发展是否为科学发展的基本的要求和客观的“身份标志”。

——凡科学发展，一定是趋善的发展。科学发展既有对真的追求和遵循，又有对善的追逐和向往。发展是人的生存方式，是发展主体实际地追求善的活动。趋善是人的内在固有的功利尺度在发展中的运用。如果说求真、循真是科学发展的外在客观要求的话，那么，趋善就是科学发展的内在宗旨。凡是满足了或较好

① 贾旭东：《中国经济文化的重构》，《哲学研究》2007 年第 3 期。

② 邱耕田：《科学发展观与科学发展》，《理论视野》2011 年第 9 期。

地满足了最大多数人的需要、实现了他们的利益的发展活动，都是好的或是成功的，反之，则是坏的或失败的。改革开放前，我们党在建设中国特色社会主义道路的艰辛探索中，遭遇了比较严重的挫折和失误，一个根本的表现就是我们没有解决好社会主义发展的物质功利问题即没有解决好老百姓的基本温饱问题。“我们太穷了，太落后了，老实说对不起人民。我们现在必须发展生产力，改善人民生活条件”①，这是1978年9月邓小平在“北方谈话”中发出的肺腑之言。一种不解决善的问题或不追求善的发展，就一定不是科学的发展，或者说，这样的发展压根就和科学发展不沾边。

——凡科学发展，一定是具有审美意义的发展。社会发展是一种物质性活动；其过程，特别是结果，是人的发展目的和发展愿望的对象化。在社会发展中存在着审美的意蕴和尺度，即人们通过审美观照来把握和评判社会进步的一种尺度。把审美尺度运用于科学发展具有重要的“纠偏”意义。长期以来我们关于社会发展的内在尺度或原则的把握，存在着明显的不足。就“趋善”尺度而言，人们更多的是从物质功利的角度对社会发展进行把握和理解；这是一种“形而下”的物质功利性的衡量尺度。受这种评价标尺的驱导，人们着眼的或追求的只是发展的“速度”、“规模”、“效益”，只是“更多”、“更快”、“更好”的发展。这种发展的主体主要是经济人或工具人，而不是审美人或自由全面发展的人；其价值趋向或文化理念主要是一种“物质”的目标和唯经济主义的文化理念，它所导致的是一种物质功利的价值选择。由于审美尺度具有超功利性，这种超功利性就使得审美尺度能以无

① 《邓小平年谱》（1975—1997），中央文献出版社2004年版，第381页。

限目的匡正有限目的，能以情感尺度制约功利尺度，从而能克服或避免发展实践中的急功近利性，使当下利益和长远利益结合起来，从而增强发展实践的自由自觉性和可持续性。因此，将审美尺度运用于社会发展中，无疑会使传统意义的发展走向科学意义的发展。

5. 科学发展是低代价、有效率的发展

邱耕田在《科学发展观与科学发展》一文中还指出：传统的发展形态或发展道路，在推动着发展的同时，又滋生了大量的代价和问题，呈现出了一种高代价发展的态势。这样一种高代价发展，直接拉高了“人类生存的紧张指数”，加大了“人类发展的风险系数”，已经将人类社会逼入了发展的困境。贯彻落实科学发展观，需要走具有低代价性的科学发展之路。

袁吉富在《辩证理解科学发展与代价的关系》① 一文中指出：代价是指发展主体在发展过程中所付出的成本以及所承受的负面效应。就是说，如果我们把发展看作收益的话，那么，与之相对应的一切付出都可以称之为代价。要发展就需要付出代价，不付出代价的发展是不存在的；所付出的代价既包括发展主体主动付出的成本，也包括必须承担的消极后果。从社会发展的大视野看，在发展成为时代主题的同时，发展自身凸现出种种问题，例如资源问题、生态问题、人口问题、公平问题、社会稳定问题、价值失范问题等等；这些问题都可以用社会发展的代价这个范畴来加以概括。某种程度上说，科学发展观就是解决发展的高代价问题的科学理论。

从代价论的角度考察科学发展问题，实际上超出了“就发展

① 袁吉富：《辩证理解科学发展与代价的关系》，《党建》2007 年第 5 期。

讨论发展”的狭窄视野，而是要求围绕科学发展与代价的辩证关系来考察科学发展问题。这一思维方式告诉我们，科学发展是一种把人为失误的代价降低到最小程度的发展，是一种综合效益最大化的发展，是一种把负面效应尽可能降低到最小程度的发展，是一种照顾到方方面面的全面的发展和又好又快的发展。

既然科学发展是一种把人为失误的代价降低到最小程度的发展，是一种综合效益最大化的发展，这就与体现人类的求效思维的技术实践相关联。刘道兴在《技术精神、求效思维与人类价值体系的四维结构》[①] 一文中指出：科学是人类认识世界、解释世界的认知活动及其形成的系统的知识体系，技术是人类在生产生活实践中为了达到一定的目的、实现一定的目标而采用的技能、技巧、方法、手段以及相应的逻辑体系。在科学过程中，人们的任务和使命是认识世界；在技术过程，最突出特征是追求效用，也就是说，在使用技术客体的过程中，怎样才能更省力、更省时、更节约、更耐用、更美观、更方便、更舒适、更人性化等等，是一切技术过程追求的共同特点。如果说科学过程的精神实质是“求真”，则技术过程的精神实质就是“求效”；目的明确、追求效用、永不满足、反复比较、不断改进、勇于创新、精益求精、注重功利、有限传播等，是技术精神的基本内容和突出特征。技术思维方式的突出特点，就是在思想认识符合实际的前提下，也就是在对事物、过程和环境、条件的认识做到实事求是的基础上，强调目的的明确性、方法的有效性和操作的可行性，追求成本、代价的最低和最终效果的最佳。这种思维方式把认知阶段推向实践阶段，把科学阶段推向技术、技能、技巧、绝招、艺

① 刘道兴：《技术精神、求效思维与人类价值体系的四维结构》，《中州学刊》2009 年第 6 期。

术阶段，把求真、求是阶段推向求效阶段，把思想认识路线推向工作路线、操作路线阶段，因而可以把这种技术性思维方式概括为求效思维。在人类一切活动中，凡事都有成本，都要耗能，都有过程，都有结果。追求有效性，追求最佳效益，可以说是人类一切实践活动包括一切认知活动共同的努力方向和共同的价值追求。于是，需要对长期以来形成的人类思维方式和价值追求的最高概括“真善美”再加上一维，发展到“真效善美”四维复合系统。

二、当代中国马克思主义科学技术观与科学发展观

长期以来，学术界关于科学发展观与科学发展的研究，对“当代中国马克思主义科学技术观与科学发展观的辩证统一”，明显关注不够；这是很不恰当的。我们曾经指出：“毛泽东、邓小平和江泽民三代中共领导人的科技思想，历经半个世纪的衍变、深化，已经形成了一个博大精深的理论体系。进入21世纪，以胡锦涛同志为总书记的党中央明确提出：坚持以科学发展观指导科技工作，提高自主创新能力，建设创新型国家。这既是历史的传承和延伸——‘第一生产力论’与‘科学技术动力观’结下的丰硕成果；又是与时俱进的新发展。”①

1. 当代中国马克思主义科学技术观与科学技术动力观

众所周知，1988年，邓小平作出了“科学技术是第一生产力”的著名论断。1994年，江泽民同志指出“科学技术是生产力发展的重要动力，是人类社会进步的重要标志。”2006年，胡锦涛同志在全国科学技术大会上的讲话中强调：“当今世界，科学

① 文兴吾：《现代科学技术概论》，四川人民出版社2007年版，第50页。

技术成为‘第一生产力’，成为经济发展与社会进步的决定性力量，成为衡量一个国家、一个民族的社会文明水平的主要标志。”由于这些论述继承和发展了马克思主义经典作家关于“科学技术是生产力”、“科学是一种在历史上起推动作用的、革命的力量”等重要思想，并且引导着当今中国的社会主义现代化建设实践，故称为“当代中国马克思主义科学技术观”。[①]

我们提出“当代中国马克思主义科学技术观”的核心是“科学技术动力观”。1991 年，江泽民同志在中国科协第四次全国代表大会上讲道：“当今世界，科学技术飞速发展并向现实生产力迅速转化，愈益成为现代生产力中最活跃的因素和最主要的推动力量。”[②] 在 1994 年的《用现代科学技术知识武装起来——〈现代科学技术基础知识〉（干部选读）序》一文中，江泽民同志指出：“科学技术是生产力发展的重要动力，是人类社会进步的重要标志。纵观人类文明的发展史，科学技术的每一次重大突破，都会引起生产力的深刻变革和人类社会的巨大进步。本世纪以来，特别是二次世界大战以后，以电子信息、生物技术和新材料为支柱的一系列高新技术取得重大突破和飞速发展，极大地改变了世界的面貌和人类的生活。科学技术日益渗透于经济发展和社会生活各个领域，成为推动现代生产力发展的最活跃的因素，并且归根到底是现代社会进步的决定性力量。”[③] 这些观点很鲜明：科学技术是生产力发展的动力，并且不是一般的动力，而是“重要动力”、“最主要的推动力量”；科学技术“是人类社会进步的

① 文兴吾：《论当代中国马克思主义科学技术观：科学技术动力观》，《社会科学研究》2012 年第 2 期。

② 江泽民：《论科学技术》，中央文献出版社 2001 年版，第 20 页。

③ 江泽民：《论科学技术》，中央文献出版社 2001 年版，第 42 页。

重要标志”，“归根到底是现代社会进步的决定性力量”。可以概称为“科学技术动力观”。[1]

我们曾经深入论述过“科学技术动力观”是纵观人类文明发展史确立起的社会发展观；它全面地、深刻地突出了科学技术的社会价值，完整地把握了科学技术“认识自然、利用自然、改造自然、保护自然”的多重职能，树立起“科学当然包括社会科学”的大科学观；是唯物史观的现代拓深形式。[2]

2. 科学技术动力观与科学发展观的辩证统一

2004 年 6 月，胡锦涛同志在中国科学院第十二次院士大会和中国工程院第七次院士大会上发表重要讲话；科学地总结了改革开放以来我国科技事业对经济社会发展的重大贡献，深刻地阐明了我国科技工作面临的机遇和挑战，作出了“坚持以科学发展观指导科技工作”的重要论断。[3]

“坚持以科学发展观指导科技工作”，意义是十分重大和深远的。科学巨匠爱因斯坦曾经说过：“科学是一种强有力的工具。怎样用它，究竟是给人带来幸福还是带来灾难，全取决于人自己，而不取决于工具。刀子在人类生活上是有用的，但它也能用来杀人。”他告诫人们：“如果你们想使你们一生的工作有益于人类，那末，你们只懂得应用科学本身是不够的。关心人的本身，应当始终成为一切技术上奋斗的主要目标；关心怎样组织人的劳动和产品分配这样一些尚未解决的重大问题，用以保证我们科学

① 文兴吾：《论当代中国马克思主义科学技术观：科学技术动力观》，《社会科学研究》2012 年第 2 期。

② 文兴吾：《与时俱进的“科学技术动力观”》，《光明日报》2003 年 4 月2 日。

③ 胡锦涛：《在中国科学院第十二次院士大会、中国工程院第七次院士大会上的讲话》，《人民日报》2004 年 6 月 3 日。

思想的成果会造福于人类，而不致成为祸害。”[①] 当今时代，随着科技的迅猛发展，科技与伦理的疏离、理性与价值的分裂，在当代西方社会表现得尤为突出。西方发达国家今天所面临的科技异化问题，也是发展中国家明天所要着力避免的问题。以胡锦涛为总书记的党中央提出了“坚持以人为本，树立全面、协调、可持续的发展观，促进经济社会和人的全面发展”之科学发展观，继之强调“坚持以科学发展观指导科技工作”，这就奠定了避免科技异化的政治基础，推进着科技发展与人的发展和谐统一。[②]

2006 年 1 月，胡锦涛同志在全国科学技术大会上向全党和全国人民发出了建设创新型国家的动员令。胡锦涛同志指出：“党中央、国务院作出的建设创新型国家的决策，是事关社会主义现代化建设全局的重大战略决策。建设创新型国家，核心就是把增强自主创新能力作为发展科学技术的战略基点，走出中国特色自主创新道路，推动科学技术的跨越式发展；就是把增强自主创新能力作为调整产业结构、转变增长方式的中心环节，建设资源节约型、环境友好型社会，推动国民经济又快又好发展；就是把增强自主创新能力作为国家战略，贯穿到现代化建设各个方面”。[③]

胡锦涛同志在全国科学技术大会上还深刻地讲道：“建设创新型国家是惠及广大人民群众的伟大事业”，“要在全社会广为传播科学知识、科学方法、科学思想、科学精神，使广大人民群众更好地接受科学技术的武装，进一步形成讲科学、爱科学、学科

---

① 《爱因斯坦文集》第 3 卷，许良英等编译，商务印书馆 1979 年版，第 56、73 页。

② 何翼扬、文兴吾：《科学发展观视野下的科技发展观》，《毛泽东思想研究》2009 年第 3 期。

③ 胡锦涛：《坚持走中国特色自主创新道路为建设创新型国家而努力奋斗——在全国科学技术大会上的讲话》，《求是》2006 年第 2 期。

学、用科学的社会风尚。”[①] 这就是说，我国的科技进步不仅要“顶天”，在科学前沿和高技术领域有所创造、有所作为，而且还要“立地”，让广大人民群众认识科技、理解科技、运用科技，充分享用科学技术带给人类的巨大恩惠。因此，加强自主创新、发展高科技、占领科技制高点、推进跨越式发展，是国家目标；加强科学技术普及工作、提高全民科学素质、实现科技富民，同样也是国家目标。换言之，以加强自主创新为主导的“科学技术创新发展方略”和以全民科学素质建设为主导的“科学技术普及发展方略”，是建设创新型国家的两个基本方略，是“一体两翼”。[②]

三、科学发展的核心要义

强调科学技术动力观与科学发展观的辩证统一，汲取学术界关于科学发展和技术精神研究的有益成果，我们可以较为完备地阐述出科学发展的核心要义。

1. 科学发展是贯彻落实科学发展观的发展

从逻辑上讲，贯彻落实科学发展观，就会出现“在科学发展观指导下的实践活动”；满足科学发展观要求的科学发展，一定是以人为本的，是全面的、协调的、具有可持续性的发展。因此，“科学发展是贯彻落实科学发展观的发展”。但是，贯彻落实科学发展观的实践活动，并不一定是“科学发展”，因为“实践的实际结果又不一定符合预期的发展目标，这通常又会涉及到人

---

① 胡锦涛：《坚持走中国特色自主创新道路为建设创新型国家而努力奋斗——在全国科学技术大会上的讲话》，《求是》2006 年第 2 期。

② 文兴吾、何翼扬：《论我国建设创新型国家的基本方略》，《中国科技论坛》2009 年第 4 期。

为发展与自然发展的关系。”因此，粗略地谈论“科学发展观是科学发展的观念形态，科学发展是科学发展观的实践形态”① 没有什么不对，但是，必须明确：贯彻落实科学发展观与实现科学发展之间，并没有“前者存在，后者就必然存在”的逻辑关系。如下例子可作类比把握。在20世纪初，马克思列宁主义传入中国，中国共产党人力图把马克思列宁主义的发展理论与中国的革命实践相结合，以马克思列宁主义的发展理论指导中国的革命实践，出现了“陈独秀的实践”、“王明的实践”、“毛泽东的实践”；在这些追求“科学发展”的实践中，只有“毛泽东的实践”才真正将马克思列宁主义的发展理论与中国的革命实践有效结合，推进了中国革命的“科学发展”。

2. 科学发展是追求“真、效、善、美”的发展

科学发展的根本特征是“科学性”，而所谓科学性，即正确性、合理性之义，把握科学性需要从真、善、美三个方面入手：“科学发展，一定是求真的发展，因为遵循客观规律是科学发展的前提；一定是趋善的发展，因为追求和拥有善是科学发展的核心；一定是审美意义的发展，因为审美是科学发展的重要属性”②；这些都是非常重要的。同时，科学发展是低代价的发展。

应该明确，20多年前，在中国整体“经济起飞”的过程中，邓小平既反对急于求成、盲目求快的倾向，又主张经济社会发展要有适当的、较高的速度。1987年10月，邓小平指出：“就我们国家来讲，首先是要摆脱贫困。要摆脱贫穷，就要找出一条比较快的发展道路。贫穷不是社会主义，发展太慢也不是社会主

① 邱耕田：《科学发展观与科学发展》，《理论视野》2011年第9期。

② 邱耕田：《科学发展观与科学发展》，《理论视野》2011年第9期。

义。”[①] 邓小平不仅论证了加快经济发展的必要性，而且对如何加快发展提出了全面、科学的思路。他指出：“看起来我们的发展，总是要在某一个阶段，抓住时机，加速搞几年”[②]，“总要力争隔几年上一个台阶”[③]。这些对于我国社会主义经济社会发展问题的十分精辟的论断，对我们理解科学发展有重要的指导意义。这就是说，推进科学发展，不能不讲速度，不能不讲效率。不讲速度，不讲效率，耽误了时间，也是一种代价。

我国尚处在社会主义初级阶段，我们正承受着发达资本主义国家在经济和科技上占优势的压力。这种落后，不可能在较短的历史时期内完全消除，我们要有长期奋斗的准备。但是，作为拥有世界上最多人口的社会主义大国，作为一个包袱沉重的发展中国家，中国能否成功地回应当代科技革命的冲击，成功地在21世纪实现伟大复兴，不但对中华民族本身意义重大，而且对马克思主义和社会主义的前景也具有特殊的意义。很显然，如果经济发展主导权和先进的科学技术为资本主义发达国家所垄断，那就谈不到社会主义的兴旺发达，社会主义就不可能在与资本主义的竞争中取得比较优势而让广大人民群众所坚执。[④] 推进社会主义建设又好、又快地发展，始终是具有战略意义的紧迫任务，始终应是推进科学发展的主题。因此，科学发展就不仅仅是追求“真、善、美”的发展，而应是追求“真、效、善、美”的发展——“在人类一切活动中，凡事都有成本，都要耗能，都有过程，都有结果。追求有效性，追求最佳效益，可以说是人类一切

① 《邓小平文选》第3卷，人民出版社1993年版，第255页。

② 《邓小平文选》第3卷，人民出版社1993年版，第377页。

③ 《邓小平文选》第3卷，人民出版社1993年版，第375页。

④ 文兴吾、何翼扬：《论我国建设创新型国家的基本方略》，《中国科技论坛》2009年第4期。

实践活动包括一切认知活动共同的努力方向和共同的价值追求。”①

3. 科学发展是充分依靠科技进步推进的发展

在关于科学发展的讨论中，一个最基本、最核心的观点始终不曾明确地表达出来，这就是：科学发展是充分依靠科技进步推进的发展。2012 年 7 月，党中央、国务院召开全国科技创新大会提出了创新驱动发展的战略要求；2012 年 11 月，实施创新驱动发展战略明确写入党的十八大报告——充分表明了我们党依靠创新实现经济社会更好更快发展的坚定决心和对科技创新的高度重视。我国实施创新驱动发展战略，本质上是依靠知识求发展，是充分依靠科技进步推进科学发展。

（1）应该明确，“科技进步”不是从纯科技角度理解的科学技术的发展，而是从科学技术对人类社会发展，特别是从经济发展的角度，来认识的科技水平的提高。“科技进步”包含科学发现、技术发明与进展及其在经济、社会的各个领域应用中的进步；既包含自然科学技术方面的进步，也包含社会科学技术方面的进步。《中共中央、国务院关于加速科学技术进步的决定》、《中华人民共和国科学技术进步法》等，都是按如此含义理解、把握、运用着“科技进步”概念。由此，一个国家或区域的科技进步能力，也就是一个国家或区域依靠科技知识的创造和科技知识的创造性运用，推进经济发展和社会进步的能力。②

（2）当代中国，“科学当然包括社会科学”③。因此，在充分

① 刘道兴：《技术精神、求效思维与人类价值体系的四维结构》，《中州学刊》2009 年第 6 期。

② 文兴吾：《关于科技进步整体性能力建设》，《理论前沿》2004 年第21 期。

③ 《邓小平文选》第 2 卷，人民出版社 1994 年版，第 48 页。

依靠科技进步推进发展的理论研究与实践中，必须高度重视自然科学与人文社会科学的统一，必须树立大科学观；应十分强调科学的人文主义。科学的人文主义是这样一个概念：它是人文主义的，因为它的目的主要是关心人；它又是科学的，因为它的人文主义的内容还要通过科学对人与世界的知识领域继续不断地作出新贡献而加以规定和充实。科学的人文主义不像传统的二元论，将科学与人文对立，而是强调二者的相互依存。传统的文化观念把人文学与科学分开，认为人文学不是科学，科学是非人文主义的。科学的人文主义认为，对科学的无知就是对现代化的无知，教育应以科学技术的训练为基础，但是科学与技术训练本身并不是目的，它们的真正目的是为人类服务。科技文化与人文文化的结合，从学科形态上看是自然科学与人文社会学科的结合，从社会形态来看是科技文化与民族传统文化的结合，它与世界上多样的民族传统文化的结合将获得它在新时代的多元形态。① 在科学的人文主义视阈中，仅仅以实证性和功利性为主要特征的所谓科学主义科学观是片面的非科学的科学观；仅仅把非理性等同于人性、把伦理精神等同于人文精神的所谓人文主义精神，也是片面的非正确的人文精神。科学的人文主义把科学理解为大科学，视科学为人类把握自然和社会的基本方式、人类文化系统的一个子系统、人类由不知到知和从假知到真知的演进过程；它把人文视为人之为人的一种理性意识、情感体验、生命追求、理论阐释、评价体系、伦理观念和实践规范，人文精神就是人类以文明之道大化于天下的生命智慧和以对人的终极关怀统摄世界的理念。

（3）树立“科学发展是充分依靠科技进步推进的发展”理

① 施若谷、刘德华：《历史进程中科技文化的多元形态》，《自然辩证法研究》2002年第10期。

念，需要正确认识科学技术与可持续发展的关系。①

一般认为，20 世纪是科学技术在开发和改造自然的征途上凯歌高奏、所向无敌的时代，也是科学技术给人类带来严重忧患和巨大灾难的危机时代。自然科学的发展本来是为了谋求人类生存环境的改善、生活水准的提高，但核力量在军备竞争中的应用潜伏着毁灭人类的危险；森林的过度砍伐、可燃矿物的大量燃烧，以及对自然资源的破坏性开采等等，使人类社会面临着一系列新的威胁。资源匮乏、环境污染、生态失衡、人口爆炸已成为当今人类生死攸关的全球问题。科学技术空前放大了人类征服和改造自然的力量，同时也空前放大了人类破坏生态和毁灭自身的力量。这表明：单纯的自然科学技术发展本身是一把双刃剑，它既可打开天堂之门为人类造福，也可推开通向地狱之门。20 世纪 80 年代后期以来，人们开始重视人文社会科学与自然科学的合作，运用科学技术的力量调节人与自然的紧张关系，发挥科学技术保护社会生产力和人类福利增长的生态基础的职能，现代科学技术出现了“生态学化”的新趋势，形成了一系列人文社会科学与自然科学相融合的边缘性新学科，如生态学、环境科学等等；人文社会科学通过提供新的生态意识和发展观，努力引导社会生产力在良好的生态基础上持续发展。1997 年联合国教科文组织（UNESCO）受联合国可持续发展委员会（CSD）委托，在以秘书长名义评价联合国环境与发展大会 5 年来的全面进展的报告《科学促进可持续发展》中指出：“没有科学就没有可持续发展，这样的说法并不夸张。对于当今的许多主要的环境和发展问题来说，科学（包括人文科学）在探索和分析问题、找出解决方法以

① 文兴吾、何翼扬：《论科技文化是第一文化》，《中华文化论坛》2012 年第 1 期。

及确保采取科学的行动等方面都是起着重要的作用，这在臭氧层损耗方面尤其显著，对其他诸如气候改变、生物多样性锐减以及水和沿海污染等问题方面的重要性也日益显著。事实上，在可持续发展方面所取得的一切进展，科学无时不发挥着重要的作用。科学是可持续的农业和工业发展以及满足全世界日益增加的能源需求的基础。”①

以上讨论表明：即使是科学技术发展导致的问题，最终也是通过科技文化的发展来得到解决。以“大科学观”为基础的当代科技文化，内在地包含着为人类的美好生活求真、求善、求美、求效率的孜孜不倦追求。“我们不能因为科学技术的运用在历史上曾导致过‘生态危机’和‘环境问题’，在资本主义条件下出现了技术异化现象，就否认在人类发展的历史长河中‘科学技术是一种进步的、革命的力量’”，不能否认“‘科学技术是生产力发展的重要动力，是人类社会进步的重要标志’等马克思主义的基本观点。”②

（4）当代世界，伴随着科技的迅猛发展，新发明、新思想、新学科不断地涌现，科技、文化、思想在现代社会条件下频繁地进行碰撞与交换，科技文化使人类知识和行为领域急剧地扩展。当代科技文化已经超越原生态的科学知识，它不仅处理了事实层面的问题，同时也处理了价值层面人的精神问题。科技文化使用事实、规律、要素、原因等概念揭示了客观现象的内在联系、本质特征，并通过语言的概括显示其有目的的活动和意向性；它将

① 甘师俊主编：《可持续发展——跨世纪的抉择》，广东科技出版社、中央党校出版社 1997 年版，第 193 页。

② 文兴吾：《对“传统的历史唯物主义叙述体系”批判的批判》，《中国社会科学》2012 年第 10 期。

科技知识、科学思想、科学方法、科学规范结成一体，相互交织、相互贯通，成为强大的精神力量，激励着人们摆脱愚昧、迷信和宗教，求实创新，不断推动着社会的发展和全面进步。科技文化是“愚昧的天敌、教条的对头、迷信的克星”。作为科学泰斗的爱因斯坦曾明确指出：“科学对于人类事务的影响有两种方式。第一种方式是大家都熟悉的：科学直接地、并且在更大程度上间接地生产出完全改变了人类生活的工具。第二种方式是教育性质的——它作用于心灵。尽管草率看来，这种方式好像不大明显，但至少同第一种方式一样锐利。”① 回顾世界各国近现代发展历程，伴随科技革命而生的理性、规范、批判、创新、效率、公平、宽容、协作等价值观念，一直是推进各国工业化、现代化变革的基本文化因素。由于科学技术作为第一生产力所具有的革命性、开拓性作用，伴随科技创新的先进科学文化观念不断涌现，从而成为先进文化的引导力量。

四、西部农村反贫困科学发展的基本内涵

摆脱贫困、寻求发展，是当今世界共同面临的严峻挑战和必须解决的重大人类课题。反贫困发展是人为的发展，是自觉或自为的发展。1980—2000 年，世界银行每隔 10 年出版了一本以“贫困”为主题的报告。世界银行诠释“贫困”是一种人们想逃避的生存状态：贫困就意味着饥饿，意味着没有栖身之地；贫困就是缺医少药，没有机会上学也不知道怎样获得知识；贫困就是失业，害怕面对未来，生命时常受到威胁；贫困就是因为缺少清洁的饮用水而导致儿童生病甚至死亡；贫困就是权力和自由的丧

① 《爱因斯坦文集》第 3 卷，许良英等编译，商务印书馆 1979 年版，第135 页。

失。进而言之：贫困是对人类一种生存状态的描述，是指满足特定人群生存所需的物质供给、技能保障、意识引导，与社会平均水平相比处在匮乏乃至严重匮乏状态，甚至不足以维持基本生存。

1968 年，瑞典发展经济学家缪尔达尔在《亚洲的戏剧：对一些国家贫困问题的研究》一书中指出：“‘发展’意味着从‘不发达’中解脱出来，消除贫困的过程”，“‘发展’意味着整个体系的向上运动。”① 此后，迈克尔·P·托达罗在《第三世界经济发展》一书中将发展定义为“一个社会或社会体系向着更加美好和更为人道的生活的持续前进”。他说，“所谓经济发展，必须达到以下三个标准：第一，增加能够得到的诸如食物、住房、卫生和保护等基本生活必需品的数量，并扩大对生活必需品的分配；第二，提高生活水平，除了获得更高的收入外，还应提供更多的工作、更好的教育，并对文化和人道主义给予更大的重视；第三，通过把人们从奴役和依附中解放出来，来扩大个人和国家在经济和社会方面选择的范围”。②

综合这些论述，联系到“低水平均衡陷阱”理论、“贫困文化的恶性循环”理论、“经济起飞”理论等，反贫困发展的定义就是：创造更合理的物质、精神生存方式，使贫困地区或个人、家庭走出“低水平均衡陷阱”和“贫困文化的恶性循环”，从贫困中解脱出来。③

---

① ［瑞典］缪尔达尔：《亚洲的戏剧：对一些国家贫困问题的研究》，谭力文、张卫东译，北京经济学院出版社 1992 年版，第 305 页。

② ［美］托达罗：《第三世界的经济发展》（上），于同申等译，中国人民大学出版社 1988 年版，第 124—126 页。

③ 文兴吾、何翼扬：《西部农牧区反贫困科学发展基本问题研究》，《农村经济》2013 年第 1 期。

把业已明确的科学发展的核心要义——科学发展是贯彻落实科学发展观的发展，是充分依靠科技进步推进的发展，是追求“真、效、善、美”的发展——与反贫困发展的定义“创造更合理的物质、精神生存方式，使贫困地区或个人、家庭走出‘低水平均衡陷阱’和‘贫困文化的恶性循环’，从贫困中解脱出来”相统一，我们把西部农村反贫困科学发展的基本内涵表达为：在科学发展观指引下，充分依靠科技进步，推动贫困地区或个人、家庭走出“低水平均衡陷阱”与“贫困文化的恶性循环”，进入财富增加、能力增强的良性循环的发展进程。（如图3－3所示）简言之，“反贫困科学发展”即：落实科学发展观，充分依靠科技进步的反贫困发展。

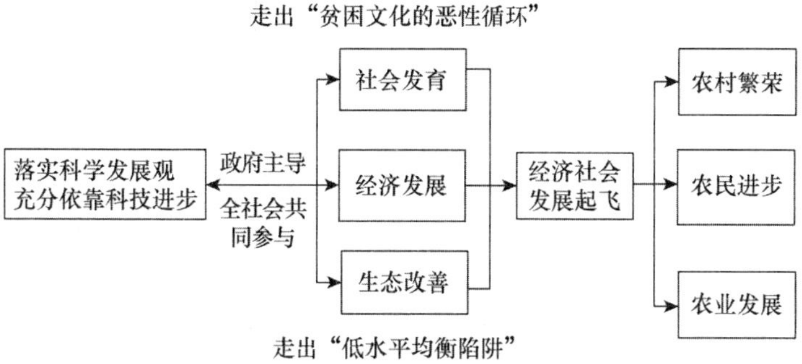

图3－3 西部农牧区反贫困科学发展理论逻辑示意图

资料来源：文兴吾、何翼扬：《西部农牧区反贫困科学发展基本问题研究》，《农村经济》2013年第1期。

阐明西部农村反贫困科学发展的基本内涵，最重大、最直接的意义就是：它使深入开展西部农牧区创新驱动发展战略研究，成为一种现实的、紧迫的需要。

为何要实施创新驱动发展战略？一般而言，是从“打造中国经济的升级版"在阐述。"经济学认为，国家竞争优势的发展可分为四个阶段，即要素驱动阶段、投资驱动阶段、创新驱动阶段和财富驱动阶段。创新驱动是相对于要素驱动、投资驱动的更高级的发展阶段。改革开放30多年来，我国主要依靠廉价劳动力投入、大量资源消耗和大规模投资实现了经济高速增长。然而，随着经济发展方式和要素结构的转变，原有的人口红利、土地红利等优势开始减弱，使得原本依靠要素驱动和投资驱动的外延式、外生性发展模式难以为继。""打造中国经济的升级版，需要转换经济增长的动力机制，加快形成新的经济发展方式，着力增强创新驱动发展新动力。"[①] 这些论述是十分正确的。于是，也就存在一个似是而非的问题：既然创新驱动发展是社会经济发展的较高级阶段，那么谈论在经济社会发展十分落后的西部农牧区实施创新驱动发展战略，似乎是悖理的，抑或是"附庸风雅"。回答是否定的。

第一，西部农牧区没有区位优势，人力资源优势，处于对内对外双重封闭之中；第二章论及的"自然环境非良性循环模式"、"经济环境非良性循环模式"、"贫困乡村空间格局导致资本积累困境"、"贫困乡村空间格局导致人才积累困境"、"贫困乡村空间格局导致劳动分工困境"，已经深刻地表明了：不可能出现在市场机制作用下的要素驱动发展或投资驱动发展，不可能以资源、环境、土地等为代价的要素驱动模式实现经济的起步与腾飞。然而，西部农牧区又必须要发展，否则我国在2020年全面建成小康社会的宏伟目标就要落空，我国的生态安全、可持续发展就得不到保障。因此，西部农牧区的发展必须在中央政府的统筹下走

① 辜胜阻：《有创新驱动，才能击水中流——打造中国经济升级版之二》，《人民日报》2013年3月28日。

创新驱动发展的道路，依靠科技进步与创新的力量走出“低水平均衡陷阱”与“贫困文化的恶性循环”。

第二，对于一个国家竞争优势的发展，一般而言，要经历由低级到高级的要素驱动、投资驱动阶段才到创新驱动阶段；创新驱动发展，是对过去依靠生产要素的大量投入和扩张实现的粗放型发展方式的超越，是对强调生产要素质量及利用率实现的集约型发展的升级。但是就一个国家的地区的发展而言，情况就不一定是这样的了。“地区经济社会的发展有两种方式：一是依靠系统内部促变因素的缓慢积累，达到足以打破系统的稳定时引起变革或革命；这是一个缓慢的渐变过程。另一种情况则是由于环境的变化，受到外因的激发或推动而打破系统的稳定，导致变革或革命；这是一个快速的激变过程。对于不发达地区，往往因为其经济、社会系统的内在促变因素薄弱，或者系统的稳定性太大，致使它的现代化进程、跨越式发展，外因的促进或推动十分重要，不能不变成外源性变革与内源性变革交互作用、外源起极大作用的过程。西部农牧区的发展状况就是这样。当前，中央实施西部大开发战略、推进全面小康社会建设，已为西部农牧区‘充分利用外力推进社会发展’创造了现实的良好条件。”① 而对于西部农牧区这个特殊的“社会—经济—生态”发展系统，在中央政府的统筹下走创新驱动发展的道路，有其客观的必然性。因为西部农牧区“只有依靠科技进步才能真正解决经济发展与生态环境保护的矛盾。引进和采用高新技术，可以通过‘技术跨越’来实现经济发展的‘产业跨越’和‘效益跨越’，这就是高新技术的‘后发优势’。同时，高新技术作为对人类与环境关系深刻反思的

① 何翼扬、文兴吾：《以信息技术推进西部民族地区农牧区发展研究》，西南财经大学出版社2011年版，第72—73页。

结晶，它充分考虑了环保的需要，具有突出的‘环保优势’。只有紧紧抓住高新技术的‘后发优势’和‘环保优势’，才能真正实现经济建设与环境保护的统一，完成由外延型粗放增长向内涵型集约增长的转变。”①

第三，西部农牧区创新驱动发展战略有其自身特殊的内涵。我们曾在多篇论著中指出：“一个区域的‘科技进步能力’，需要从‘科技供给能力’、‘科技吸纳能力’和‘科技贡献能力’三个方面来把握”；而“‘科技贡献能力’的强弱，不只是由本区域拥有的科技资源的‘科技供给能力’所决定，更主要是由区域拥有的吸纳和运用人类已有科技知识的能力所决定。”② 因此，西部农牧区的创新驱动战略，在相当长时期内，最重要的是能利用多少科技资源，而不是拥有多少科技资源；要高度重视整合各种科技资源为区域所用的能力培养，充分利用外部的知识与技术谋求发展；经过日积月累，最终形成具有自身特色的“科技供给能力”。

① 文兴吾：《县域科技进步的社会建构》，《经济体制改革》2005 年第 1 期。

② 文兴吾：《知识经济与创新体系建设研究》，巴蜀书社 2008 年版，第 208—209 页；文兴吾：《关于科技进步整体性能力建设》，《理论前沿》2004 年第 21 期；何翼扬、文兴吾：《科学发展观视野下的科技发展观》，《毛泽东思想研究》2009 年第 3 期；文兴吾、何翼扬：《论我国建设创新型国家的基本方略》，《中国科技论坛》2009 年第 3 期。

第三节　以“社会工程”理念谋划西部民族地区农牧区的科学发展

明确了西部农村反贫困科学发展的基本内涵：在科学发展观指引下，充分依靠科技进步，推动贫困地区或个人、家庭走出“低水平均衡陷阱”与“贫困文化的恶性循环”，进入财富增加、能力增强的良性循环的发展进程；这为推进西部民族地区农牧区科学发展奠定了思想、理论基础。但是，一如贯彻落实科学发展观与实现科学发展之间没有“前者存在，后者就必然存在”的逻辑关系，以西部农村反贫困科学发展的基本理念处理西部民族地区农牧区科学发展问题，必须以“社会工程”理念谋划和推进西部民族地区农牧区科学发展；这是具体推进西部民族地区农牧区科学发展的方法论问题。

一、社会工程概说

一般认为，科学是纯粹的理论，技术是纯粹的工艺方法，它们都是人类创造的精神财富。工程，而且正是工程，承载了科学和技术的精神能力，因而能够按照社会的需求向社会提供人类生存发展所需要的各种实际条件，满足人们各种实际的利益需求。图 3－4 表达出了科学、技术、工程、社会之间的相互关系。

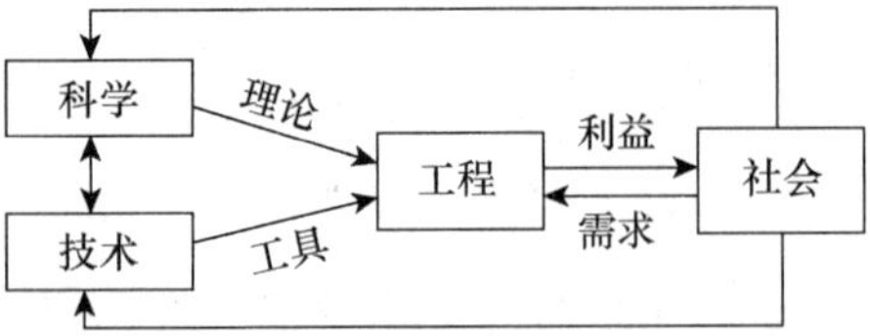

图3-4 科学、技术、工程、社会的关系

资料来源：钟义信：《社会动力学与信息化理论》，广东教育出版社2007年版，第10页。

工程作为一个哲学范畴，是一个大概念，作为人们改造世界的活动，工程合乎逻辑地应当包括“自然工程”（狭义的工程，即造物的工程）和社会工程等。德国社会学家马克斯·韦伯在1922年就使用过“社会工程”概念，卡尔·波普尔20世纪40年代就对“社会工程”、“社会工程师”、“社会工程态度”、“社会工艺”等进行了比较系统的研究，认为“正像物理工程的主要任务是设计机器，是改造机器，并为之服务一样，逐步的社会工程的任务也是设计社会机构，重建和操作现存的社会机构”①。

钱学森是在中国最早提出“社会工程”思想的科学家；1979年他发表论文《组织管理社会主义建设的技术——社会工程》②，随后又在其他论著中进一步阐述和深化其社会工程主张。钱学森的社会工程思想的形成、发展过程，与其科学技术生涯是紧密联系的。他提出：“实现社会主义现代化，需要一门新的系统工程，我们把它叫做社会系统工程或社会工程，它是改造社会、建设社会和管理社会的科学。它的一个目的，就是把社会科学和其他科

① ［英］戴维·米勒编：《开放的思想和社会——波普尔思想精粹》，张之沧译，江苏人民出版社2000年版，第337页。

② 钱学森、乌家培：《组织管理社会主义建设的技术——社会工程》，《经济管理》1979年第1期。

学结合起来。这是一门实际的技术，采用这门技术，就可以设计出社会主义现代化的蓝图，如同现在的工程师们设计一个产品、一项工程一样”①，“社会工程也因此是比较艰深的一门系统工程，它要用科学方法改造客观世界，组织、计划、规划、管理整个社会主义建设。”②

近年，社会工程的哲学研究，受到我国学术界的重视。田鹏颖提出：“所谓社会工程，即以社会科学为理论基础，以社会发展规律为基本前提，以工程思维为方法论导向，生产社会关系、创新社会体制、改造社会的对象性活动，是人实现自我控制、自我完善、自我提升进而实现社会关系生产从自觉阶段向自为阶段转变的基本载体”③，“社会工程思维方式是整体性、结构性、综合性、择优性、可控性的思维方式，它适应现代社会对思维方式发展的要求，同时为解决现代性问题提供指导与支持。”④“钱学森的‘社会工程’理论作为一种具有指导性的思想，能够合理而有效地利用已有的社会资源，解决社会的经济结构、政治体制、人们的社会关系、生活方式甚至思想观念等一系列因素导致的社会矛盾和冲突，从而保证社会的有序发展，促进社会资源的有效整合，实现社会可持续发展。”⑤

---

① 钱学森、吴义生：《社会主义现代化建设的科学和系统工程》，中共中央党校出版社 1987 年版，第 16 页。

② 钱学森：《关于在国民经济中运用“社会工程”方法的设想和建议》，《经济学动态》1989 年第 9 期。

③ 田鹏颖：《社会工程视域下“社会关系生产”的新形态》，《中国社会科学》2012 年第 10 期。

④ 田鹏颖主编：《社会工程哲学教程》，社会科学文献出版社 2012 年版，第 140 页。

⑤ 田鹏颖主编：《社会工程哲学教程》，社会科学文献出版社 2012 年版，第 39 页。

二、社会工程对推进西部民族地区农牧区科学发展的方法论意义

在第一章我们就指出：西部民族地区农牧区的发展问题，从根本讲，也就是如何实现建设西部生态屏障与“脱贫、致富、奔小康”的统一。长期以来，西部民族地区农牧区都面对着“发展和如何发展”这个基本问题；一方面是发展不足的贫穷问题，另一方面是发展方式不当的掠夺性的粗放型开发方式问题。后果表现为森林过伐，水土流失严重，草原退化、沙化，物种减少，自然灾害加剧，人民群众贫困；不仅给其他地区带来灾难，也使自身社会、经济发展陷入致命的困境。建设西部生态屏障与实现西部民族地区农牧区“脱贫、致富、奔小康”的统一，其间的科学问题可以归结为三个层次：一是认识论，如何系统地辨识区域社会、经济、环境间复杂的耦合关系；二是方法论，如何从技术、体制、行为三方面去控制区域的生产、生活与生态功能；三是技术手段，如何将生态学原理（包括社会生态学原理）运用到区域产业、社区及景观设计、规划和建设中去，促进区域的协调持续发展。另一方面，西部民族地区农牧区地处偏僻，远离政治文化中心，加之高山深沟的阻隔，交通不便和外界缺少联系，信息闭塞；同时受不同宗教信仰、风俗习惯、生活禁忌的影响，导致并强化了传统文化的封闭和思想观念的守旧，形成了特定的“封闭区域、封闭文化、封闭经济和封闭人口”特征；许多地方处于绝对贫困、与现代文明绝缘的状态，并被贫困文化所笼罩。在这样一个社会环境里，经济上合理的生活模式将遭到最严重的内在困境。

凡此种种，无不表明推进西部民族地区农牧区科学发展涉及

到人与自然、人与人、人与社会的许多重大问题，都不是简单地表现为经济、政治、文化等某一领域、某一方面的问题，而是综合表现为社会运动和人类生存的深层次问题，表现为人的活动方式、生存方式、情感方式、社会动力和平衡机制以及社会活动图式的问题；是十分复杂的系统工程。

此外，西部民族地区农牧区作为我国发展最落后的地区，在今天中国的政治、经济、历史条件下——贯彻落实科学发展观、全面建设小康社会、中央深入实施西部大开发战略、建设社会主义新农村、扩大内需（缓解因长期投资拉动增长造成的生产能力过剩压力。中国已成为世界上最大工业生产基地，诸如最大的电子信息硬件产品生产国，等等），也面临着巨大的发展机遇，面临着加快发展、又快又好发展、跨越式发展的种种可能。如何把握机遇，实现经济社会起飞，这也是十分复杂的系统工程。

正如钱学森所指出："社会工程是从系统工程发展起来的，社会工程的对象是整个社会、整个国家。"① 社会工程这种思维方式具有整合性、整体性和系统性，因此对于发展中面临诸多困境和机遇时，社会工程作为一种思维方式，其价值必然得以凸显。而以简单的线性思维，比如单纯从经济学、社会学、政治学或伦理学视角，或者单纯从形上维度争论本体论问题，或者在科学与人文之间左右摇摆、各执一端，去分析和讨论问题都可能是徒劳的。社会工程通过社会规划、社会设计整合社会科学思维和社会技术思维。没有这种整合，人们的社会科学思维就总是停留于"批判的武器"上，难以实现"问题是改变世界"的哲学宿愿。另一方面，许多实际工作者对纷繁复杂的社会矛盾和问题往往满

① 上海交通大学编：《智慧的钥匙——钱学森论系统斜学》，上海交通大学出版社 2005 年版，第 191、187 页。

足于感性活动，长于就事论事，在现代社会改造和建构中，追求短、平、快，凸显一时政绩，结果劳民伤财，事与愿违。

社会工程创造性地运用自然科学技术、自然工程的思维和逻辑于现代社会改造之中，把社会工程设计的理念与思维嵌入人类改造和建构现代社会的实践过程，让设计、规划、创新的理念引导和推动现代社会转型，使现代社会的发展更加富于理性、主体性和创造性。就其本质而言，这种建构是社会科学技术与自然科学技术的综合运用和系统提升，是人类对现代社会诸多矛盾和问题的一种理性自觉。这种理性自觉关注的是对现代社会现存事物的解释，对现存事物的应然化的认识和对未来形成的社会状态、社会结构或社会活动的超前认识与把握。①

三、以系统工程方法夯实科学决策基础

社会工程以系统工程方法为基础。系统工程方法的首要特点是程序化，通常要完成7个步骤：①问题定义，明确问题或矛盾所在，阐述其实质和发展、变化过程。②目标选择和评价标准的确定。提出解决问题需要达到的目标及衡量达到目标的评价标准。③系统综合。对要解决的问题或达到目标的方案进行选择和综合，形成可能的系统方案。④系统分析。建立模型，对需要实现的目标、解决的问题进行模拟，把方案与系统的评价目标联系起来，以进一步说明其性能、特点以及与系统的关系。⑤系统评价。即方案优化。从各种可能的方案中，选择最能满足目标需要的可行方案，使系统具有最优功能，表现最优行为。⑥决策。即最优系统的选择。优化方案往往有多个，这就要全面衡量利弊得

① 田鹏颖：《社会工程——现代社会把握世界的基本方式》，《中国社会科学》2008年第4期。

失，进行决策，从中选出综合最优。⑦计划实施。根据最后确定的优化方案，制定实施计划，并在实践中进一步验证和修正计划，直至达到预期的最优目标。[①]（参看图3－5）

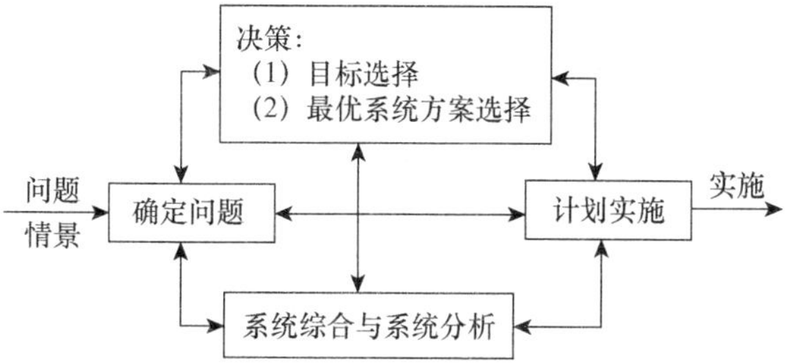

图3－5　系统工程方法示意图

资料来源：张华夏：《论系统工程方法与科学认识的程序学说》，《系统辩证学学报》1994年第3期。

第四节　以“世界眼光”和“机遇意识”建构西部民族地区农牧区的科学发展

本项研究践行以“社会工程”理念谋划西部民族地区农牧区科学发展。如前所述，系统工程方法逻辑维的第一个步骤就是定义问题或明确问题；包括两件事：①查明一种需要；②查明达到这种需要的环境条件和可行条件。前者叫做需要研究，后者叫做

① 张华夏：《论系统工程方法与科学认识的程序学说》，《系统辩证学学报》1994年第3期。

环境研究。环境研究包括技术环境和自然环境的研究、经济环境和政治环境的研究，以明确达到某种需要的技术条件、资源条件、资金、人力、投资环境等是否具备。[①] 那么按照系统工程方法的“定义问题”程序，本项研究的“问题”是什么呢？“问题”就是：在落实科学发展观，充分依靠科技进步的条件下，西部民族地区农牧区如何实现第一章提出的“建设西部生态屏障与‘脱贫、致富、奔小康’的统一”，如何按照“生产发展、生活富裕、乡村文明、村容整洁、管理民主”20字方针扎实推进社会主义新农村新牧区建设。相应的“需要研究”，在第一章和第二章中已开展，包括：西部民族地区农牧区的生态环境问题（第一章），西部民族地区农牧区的经济社会发展问题（第一章），西部民族地区农牧区普遍存在的发展困境研究（第二章），等等。相应的“环境研究”，逻辑上分为内部环境和外部环境两个方面的研究。这里论及的“世界眼光”和“机遇意识”，是与外部环境研究紧密相关的。

一、关于“世界眼光”与“机遇意识”

党的“十五大”报告写道，“世界变化很大很快，特别是日新月异的科学技术进步深刻地改变了并将继续改变当代经济社会生活和世界面貌，任何国家的马克思主义者都不能不认真对待。邓小平理论正是根据这种形势，确定我们党的路线和国际战略，要求我们用新的观点来认识、继承和发展马克思主义，强调只有这样才是真正的马克思主义，墨守成规只能导致落后甚至失败。这是邓小平理论鲜明的时代精神”，“要充分估量未来科学技术特

① 张华夏：《论系统工程方法与科学认识的程序学说》，《系统辩证学学报》1994年第3期。

别是高技术发展对综合国力、社会经济结构和人民生活的巨大影响”。[①] 在这里，强调的正是“世界眼光”和“机遇意识”。党的“十七大”报告再次重申了“世界眼光”和“机遇意识”的重要性：“统筹国内国际两个大局，树立世界眼光，加强战略思维，善于从国际形势发展变化中把握发展机遇、应对风险挑战，营造良好国际环境。”应该明确，国家的发展需要树立“世界眼光”和“机遇意识”，区域的发展同样也需要树立“世界眼光”和“机遇意识”。

所谓世界眼光，就是要科学地把握时代特征，从当代世界发展的制高点上认识、思考和指导本地区、本部门的工作，并根据世界大趋势的变化，及时调整发展战略和工作思路。由此可见，世界眼光并非眼光只盯着“世界”，而是思考问题、从事工作都要放眼于世界，且立足于本国、本地，落脚于本职。

机遇，即契机、时机或机会，通常被理解为有利条件和环境。改革开放以来，我们之所以创造出举世瞩目的“中国速度”，显示出令人惊叹的“中国力量”，很重要的就在于正确认识和把握了机遇。机遇与挑战是对立统一的，并在一定条件下互相转化；看不到挑战固然会盲目乐观，看不到机遇则会丧失信心。增强机遇意识，就要辩证地看待挑战，挑战无疑是一种不利条件，但同时也可以激发人们的斗志和勇气。只有以科学发展观武装头脑，指导实践，才能站得高，看得远，顺时而动，因机而发，不断增强捕捉机遇的敏锐性，提高把握机遇的自觉性，从而用好机遇、创造机遇、延长战略机遇期。

---

① 《中国共产党第十五次全国代表大会文件汇编》，人民出版社 1997 年版，第 12、28 页。

二、关于“世界已进入知识经济时代”

一般认为，人类经历了数千年的农业社会和几百年的工业社会阶段之后，在20世纪末期进入了知识经济时代。

知识经济——“以知识为基础的经济”，是作为术语而不是定义提出来的。但是，纵观知识经济的讨论文章，我们至少可以把知识经济的本质表达为：把经济活动建立在最广泛地应用现代科学技术知识和依靠其发展的基础之上。当今世界，科学技术成为“第一生产力”，成为经济发展与社会进步的决定性力量，成为衡量一个国家、一个民族的社会文明水平的主要标志。当代经济和社会的发展越来越依赖于知识创新和知识的创造性应用。一方面，知识在决定一国国民经济增长能力和国际竞争能力中地位不断提高；另一方面，人类社会在工业经济范围内寻求发展的可能性已经十分有限，或者说，工业经济增长的容纳空间已经饱和。新的竞争优势，取决于开拓新的社会经济形态的能力。

知识经济与此前的一切社会经济形态下人类生产和再生产过程最深刻的区别，在于知识作为一种独立于资本和劳动的生产要素，它的地位不断提升，并最终取代资本在生产要素构成中的主导地位，而成为社会财富生产和再生产的主导要素。当然，这不意味着资本和劳动在经济过程中失去意义，更不意味着制造业及工业经济时代生产内容的消失，而只意味着资本、劳动地位由相对到绝对地下降，意味着资本、劳动对知识要素依附关系的形成和增强。通常说：工业经济时代是利用少量的知识结合大量的资源生产财富，而知识经济时代是利用大量的知识结合少量的资源生产财富；讲的就是这种体现在生产要素构成上的特征。

说知识经济形态的形成与发展，把世界带入了一个新的时代，这是就世界范围内而言的。18 世纪英国等少数欧洲国家开始产业革命的时候，世界其他地方还停留在封建的农业经济时代；但这些国家工业革命的成功，就标志着世界进入了工业经济时代。今天讲世界进入知识经济时代，也是这样一个局面，即少数先进国家的知识经济成为其经济主导，而不管世界上还有许多国家仍停留在农业经济、工业经济时代的水平上。对发达国家来说，现在面临的是进入知识经济形态的问题，对发展中国家来说，面临的则是如何应对世界进入知识经济时代所带来的机遇与挑战问题。

从历史形态看，知识经济是和农业经济、工业经济相对应的一个概念。我们说世界将进入一个知识经济时代，并不等于说农业经济和工业经济将不存在了。可以这样说，自人类有历史以来，三种经济形态一直共存着，但三者所占比重在不同历史阶段并不相同。在农业经济时代，农业占整个经济比重最高，工业次之，知识经济成份微乎其微；在工业经济时代，工业占整个经济中的比重最高，农业所占比重仍很高，但在工业化的过程中农业经济的比重越来越少；到知识经济时代，知识经济的比重将最大，工业次之，最低是农业。在发达国家中，服务业（包括教育、医疗保健、娱乐、社会服务）体现了更多的知识经济成份，因此，可从这一产业的发展中看出知识经济的增长。

知识经济，就其时代特征，对农业经济和工业经济既是一种否定、又是一种提升。所谓否定，是否定它们的主导地位和时代特征地位，但农业经济和工业经济所完成的社会任务将保持下来，不然人们的衣、食、住、行靠什么？所谓提升，是提升它们的内在素质和水平，使农业经济和工业经济靠知识经济增添了新的腾飞的翅膀。

"按照马克思的观点，劳动资料是确定社会经济形态的根本标志。各种经济时代的区别，不在于生产什么，而在于怎样生产，用什么劳动资料生产。机器是工业经济特有的劳动资料，而电子计算机则是知识经济特有的劳动资料。此外，在现代充分发达的市场经济条件下，怎样交换与流通，用什么劳动资料进行交换与流通，也是确定社会经济形态的一个重要的标志。20世纪70年代以后，光纤通信与通信卫星已经成为孕育中的知识经济不同于工业经济的通信手段，大大缩短了交换与流通的时间，扩展了其空间。在知识经济时代，生产、交换与流通的劳动资料——电子计算机工业与通信工业，成为知识经济的主导产业"①：信息产业。

按照国家工业和信息化部2013年2月发布的《2012年电子信息产业统计公报》：2012年，我国手机、计算机、彩电、集成电路等主要产品产量分别达到11.8亿部、3.5亿台、1.3亿台和823.1亿块，手机、计算机和彩电产量占全球出货量的比重均超过50%，稳固占据世界第一的位置。"国内外实践表明，信息化及信息产业的发展已成为推动经济社会发展的主要动力，是衡量一个国家和地区的国际竞争力、现代化程度、综合经济实力和经济成长的重要标志。"②

三、知识经济发展对西部民族地区农牧区发展的重大意义

"世界已进入知识经济时代"对于西部民族地区农牧区的发

① 文兴吾：《四川电子信息产业的发展及其科技哲学视野》，《经济体制改革》2007年第4期。

② 文兴吾：《四川电子信息产业的发展及其科技哲学视野》，《经济体制改革》2007年第4期。

展，既是深刻的挑战也是重大的机遇。当今世界，电信、电视广播、互联网的迅速发展，为我们提供了空前的、使用低成本的传播知识和交流知识的现代手段；由此也就奠定了以知识推进发展、以知识促进落后地区经济起飞的物质基础。①

1. 当代信息技术产业为贫困农牧区通过增强交往活动促进经济社会发展创造了条件

从人类实践活动的横向结构来看，实践活动可分为生产活动和交往活动两个互为前提、互为媒介的侧面。马克思曾经指出：生产本身是以个人彼此之间的交往为前提的，这种交往的形式又是由生产决定的。理论与实践的许多研究都表明：落后地区的经济发展差距、人类发展差距、知识发展差距，根源于信息贫困与交往活动贫乏。当代信息技术产业提供的信息传播体系，极大地扩大了人们的视野，有助于破除狭隘地域性观念，有助于世界各地人们的交流；为落后地区通过消除信息贫困、增强交往活动、促进社会经济发展，提供了强有力的手段。

20 世纪 90 年代，伴随着计算机网络在生产、生活中的普遍应用，远程通讯有了新的含义。以前远程通讯被认为是“经由收音机、电话、电报及电视的通讯”，而如今被认为几乎是专指经由计算机网络的电子信息传输。互联网，尤其是有了网络的多媒体能力，等于是把电话、传真、计算机、无线电和电视等所有一切都汇成了一种业务。但是，互联网超出了它各部分的加总；它是不同的应用和服务以一种廉价、方便和妙趣横生的方式结合在一起供人使用的。“的确，使用互联网时，你感到压根不像在使

① 文兴吾：《四川电子信息产业的发展及其科技哲学视野》，《经济体制改革》2007 年第 4 期。

用一项‘技术’；那种感觉就像在玩一件玩具、做游戏或使用一台超功能的电视机。”①

远程通讯网络在区域社会生活中的使用，必然会影响到人们的生活、生产、学习、交往及娱乐方式；这些变化是通过改变人们的时间和空间以及速度观念而出现的。远程通讯的迅速发展，正日益创造出信息时代的新的空间形式。

2. 信息高技术产业变革着贫困农牧区的空间结构，创造出新的生存与发展方式

对于信息时代的空间形式，一些学者进行了深入的研究。人们已经深刻地感受到：人类所生存的空间由于互联网的介入，已经出现了根本性的变化，所从事的各项活动已经不一定在一个具体的空间场所中完成了；无论是在生产还是生活中，我们已经不得不在地理空间和网络空间中同时做出选择。也就是说，时空同步与时空异步、物质活动与虚拟活动将同时进行。

传统的地理学意义上的空间是实空间，虚空间是作为信息存在及流动的空间。电子技术的发展给信息的传输提供了一条最便捷的途径，减弱了时空对人类社会的限制，这使得信息无时、无处不在，各种活动都有发生的可能性。而作为虚空间与实空间的有机融合，灰空间的产生与出现标志着空间向知识化与智能化的转型。灰空间由物质场所、可上网的固定计算机或移动设备（移动电话或掌上电脑等）以及网络设施所构成。当然，这个空间也不能缺少人及相应的组织机制的存在。也正是因为人的存在，灰空间的存在才具有实际意义。从空间范围上讲，灰空间可以是一

① 国际电信联盟：《网络的挑战——互联网对发展的影响》，汪向东、刘满强译，中国友谊出版公司2000年版，第3页。

个建筑、居住区。在这样的空间中，其空间组织以智力活动为核心，主要从事智能化、数字化的活动，知识产业、知识工人成为普遍现象，从而使得这些新的空间可能成为信息时代空间增长的单元。①

表3－1给出了三种空间形态的比较。可以看出，灰空间在空间性、空间构成、时间观念及产业活动方面都表现出了实空间与虚空间的高度融合。

表3－1　实空间、虚空间及灰空间比较

实空间	灰空间	虚空间
强烈的空间感	不同空间感共存	强烈的反空间性
各种地理要素及人类活动	物质流和数字流混合	各种数字化流（包括人的意识）
时间和空间的统一	时空同步、异步共存	时间和空间的脱离
物质活动	信息（知识）活动	基于数字技术的多样化活动
固定	固定或流动	流动
根植性	根植性与非根植性	非根植性
基于地域	基于地域及网络	网络
物质的	物质与非物质	非物质的

资料来源：甄峰：《信息时代的空间结构》，商务印书馆2004年版，第56页。

信息时代的空间变革，通讯网络在区域社会生活中的广泛使用，极大地变革着人们的生活、生产、学习、交往及娱乐方式。

——对社会关系网络的影响。比如聊天室、BBS等的出现，人们可以跨越时空进行交谈，或就某一个感兴趣的热点问题发表自己的真实想法。通过远程通讯网络在线互动的学习、工作方式，使社区网络组织化程度加强。

① 甄峰：《信息时代新空间形态研究》，《地理科学进展》2004年第3期。

——新的教育模式与文化。远程通讯网络技术使得图像、声音的互动传输成为可能，打破了传统的基于场所的面对面教育模式。远程教育对于一些偏远地区及人口分散的地区而言非常重要。

——新的社会服务。远程通讯网络技术还可以向缺少医生和医疗设备的地区提供医疗服务。对某个偏远地区的病人，可以就其病情进行网上专家会诊；而这些专家不仅来自国内，还可能包括国际的权威专家。

——对产业结构与组织的影响。“电子商务不仅能使发展中国家从全世界以更有利的价格购买产品和服务以支持其生产过程，更重要的，是他们还能以卖者的身份、以从前不可能的方式参与全球市场。新的出口机会将吸引新的外国和国内投资，这将促进这些国家的经济增长。”① 伴随着远程通讯技术在生产、销售与管理中的广泛应用，虚拟组织、网络组织、战略合作联盟等新的网络化产业组织出现了。此类组织一个非常重要的方面是其无边界的特性；这个特征对于落后地区充分利用外部科技与人才资源、促进产业发展，尤为重要。

——对区域公共管理的影响。基于扩展的网络连接，新的互动渠道在政府和公民之间打开，提高了透明度，更接近于民主的参与形式。网络通过加强区域内部组织管理模式，实现区域的一体化，为区域协调发展提供了一个有益的电子组织和技术平台；出现了所谓的电子政府或电子政务。电子政府是一个建立在信息技术基础上的实在与虚拟相结合的网络平台，是全新的在线管理与服务模式。

---

① 国际电信联盟：《网络的挑战——互联网对发展的影响》，汪向东、刘满强译，中国友谊出版公司2000年版，第75页。

3. 信息技术是冲破贫困文化笼罩最有效的手段

以当前信息技术中最普通的电视为例。当电视机深入到农牧区的家家户户，将直接推动贫困地区人口的观念更新。广大农牧民将看到许多因穷山恶水而被阻隔在家乡外头的新鲜事。更神奇的，这些外头新鲜事近如咫尺，就在他们眼前。电视将开拓他们的视野，激起他们的雄心，编织他们对未来的梦想。由此，从根本上消除贫困文化的禁锢。

以电视机对抗贫困文化，是一个“时间移民”过程。传统的移民是一种空间运动，作为主体的人从一个地理、文化空间（环境）进入另一个地理、文化空间（环境）。如果从文化变更的角度来看，随着看电视行为在时间上的持续，作为主体的人从一个文化空间（环境）进入另一个文化空间（环境）；其存在的地理位置并未改变，但从思维、情感等方面看，他已进入另一个空间，与其中的环境融为一体，感受着环境中的人物的喜怒哀乐，用环境中人的眼光、观念去思考去分析去对待各类发生在该环境中的事。于是，主体完成了他的角色转换，在精神方面成为另一文化空间的“居民”。这种状态，称之为“时间移民”。[①]

当一个人每天用两个多小时进行“时间移民”的精神活动，这“另一环境”必将“旦旦而聒之，月月而浸润之”。这种影响有时是情感上的，有时是认知上的，有时表现在人生态度上，有时表现在价值观、世界观上。总体说来，是“文化”的。如果这种展示于大众传播媒介中的“文化”，昭示着一种新鲜的行为、新颖的生存方式与生存空间，别样的一种理念，那么它就是一种

① 文兴吾、何翼扬：《西部农牧区社会信息化发展战略研究》，《经济体制改革》2013 年第 3 期。

召唤，就是一种比自身生活更令人向往和追求的文化示范。由此，沉重的贫困文化禁锢将被消除。①

上述讨论表明，“世界进入知识经济时代”对西部民族地区农牧区反贫困科学发展——在科学发展观指引下，充分依靠科技进步，推动贫困地区或个人、家庭走出“低水平均衡陷阱”与“贫困文化的恶性循环”，进入财富增加、能力增强的良性循环——提供了全新的契机。图 2－2 所示的“贫困乡村空间格局导致资本积累困境”、“贫困乡村空间格局导致人才积累困境”、“贫困乡村空间格局导致劳动分工困境”，可望在信息时代的空间形式中得到有效的解决。

① 方晓红：《大众传媒与农村》，中华书局 2002 年版，第 143—144 页。

第四章

解析西部民族地区农牧区科学发展的目标

系统工程方法逻辑维的第二个步骤“目标选择和评价标准的确定”，是一个关键环节；它引导各种达到目标的替代性方案的研究，即指导后续的系统综合和系统分析的工作，它为优化、评价和选择替代性方案制订价值标准。目标的选择，比方案的选择更为重要：方案选错了，只是搞了一个并非最优的系统，而目标选错了，就是搞错了方向，就会造成正误混淆与是非颠倒。

在社会主义市场经济条件下，以什么样的生产、生活方式推进西部民族地区农牧区的科学发展与和谐社会建设，是需要进一步辩明的。本章将阐明“生活型社会”建设应是西部民族地区农牧区推进科学发展、构建社会主义和谐社会的基本价值取向。①

① 文兴吾、何翼扬：《西部民族地区农牧区发展文化变革：“生活型社会”建设研究》，《中华文化论坛》2013 年第 11 期。

第一节　建设“生活型社会”的相关理论研究

1883 年，恩格斯在马克思墓前的讲话中指出：“正像达尔文发现有机界的发展规律一样，马克思发现了人类历史的发展规律，即历来为纷繁芜杂的意识形态所掩盖着的一个简单事实：人们首先必须吃、喝、住、穿，然后才能从事政治、科学、艺术、宗教等等。所以，直接的物质的生活资料的生产，从而一个民族或一个时代的一定的经济发展阶段，便构成基础；人们的国家制度，法的观点，艺术以至宗教观念，就是从这个基础上发展起来的。因而，也必须由这个基础来解释，而不是像过去那样做得相反。”① 这一论断既表明了人类所从事的生产活动构成人类生活活动的条件和基础，也表明了人类所从事的生产不是“为生产而生产”，生产活动只是保障人们生活的手段，生活才是目的。近年学术界关于生产型社会与生活型社会、国民幸福指数与幸福经济学等研究，为我们阐明“生活型社会”建设是西部民族地区农牧区推进科学发展、构建社会主义和谐社会的基本价值取向，提供了较丰富的思想资源。

一、关于“生产型社会”与“生活型社会”

近年，我国学术界逐步开展起“生活型社会”研究。“生活

① 《马克思恩格斯选集》第三卷，人民出版社 1995 年版，第 776 页。

型社会”是作为对“生产型社会”、“消费型社会”与时俱进的否定模式提出的。

王雅林在《从“生产型社会”到“生活型社会”》[①] 一文中指出：人类生存方式是由生产方式和生活方式两大活动方式构成的。从生产方式和生活方式关系的视角，人类社会形态宏观变迁脉络可以作下述概括：自然经济时代由于生产力不发达，生产和生活、生产方式和生活方式并没有区分开来，并以生产“吞没”生活的方式体现出来。在工业时代，生产和生活分离，生活方式真正成为一个独立的领域；这是人类在资本主义工业时代取得的巨大进步，但生产往往以异化的形态出现。在以知识为基础发展的和未来的时代，生产和生活将在否定之否定的基础上归于一体化。如果说第一阶段体现的是生产吞没生活的话，那么到了新的第三个阶段将体现为生活方式涵盖生产方式。也就是说，当社会的物质生产力不发达的时候，人类生活的主要内容是为解决生存问题而进行“物”的生产，我们可以把这样的社会定义为“生产型社会”。生产型社会同时也是以“生产主义”为原则，以生产和制造为中心的社会；这样的社会更多面对的是“人对物”的关系。当解决生存问题的“物”的生产已经作为前提而存在的时候，人类才开始了“真正的生产”，即“生活的生产”、人的全面“生产”，我们可以把这样的社会定义为“生活型社会”。这样的社会更多面对的是“人对人”的关系。人类社会的发展就是从“生产型社会”向“生活型社会”转型的过程。社会变迁的脉络表明：不同生产力发展水平下社会的“属人性”、“属生活性”是不同的，人的基本生存需要越是得到充分满足，社会发展的“属

① 王雅林：《从“生产型社会”到“生活型社会”》，《社会观察》2006 年第 10 期。

人性”、“属生活性”越突出，人自身的发展问题、生活质量问题也就日益成为社会主要解决的问题。21世纪人类已进入了信息时代，人的生存模式已由单纯注重经济增长转变为更加注重生活质量和生活幸福。我国虽然尚未完成工业化，但在当代全球化的发展趋势下，必须自觉地把构建能使人生活幸福的生活方式的任务提到日程。中国现代化的超越性质，也自然体现在更加自觉地提出生活方式的建设任务。无论是社会的全面发展还是人的全面发展，都离不开生活方式发挥价值导向功能。平衡生产与生活、人与物的关系，正是构建和谐社会的重要基础。

二、关于国民幸福指数与幸福经济学

国民幸福总值（Gross National Happiness，缩写GNH）术语，最早由南亚的不丹王国的第四任旺楚克国王（吉格梅·辛格·旺楚克国王）于20世纪70年代提出。他认为人生基本的问题是如何在物质生活和精神生活之间保持平衡；国家政策的制定应当考虑在实现现代化的同时，不要失去精神生活、平和的心态和国民的幸福。在这种执政理念的指导下，不丹研究院创造性地提出了由政府善治、经济增长、文化发展和环境保护四大支柱组成的“国民幸福总值”（GNH）指标，并以此作为衡量国民财富的新标准，这也是该国“九五计划”（2002—2007年）的核心所在。“国民幸福总值”（GNH）往下再分为九个领域，内容包括：①心理的幸福，②国民的健康，③教育，④文化的多样性，⑤地方的活力，⑥环境的多样性和活力，⑦时间的使用和分配，⑧生活水平和收入，⑨好的统治；最后开发出涵盖国民生活的72个“幸福指示器”，其指标更为具体，如：“家庭成员是否相互帮助”、“睡眠时间”、“到医院的距离”等等。从这些内容来看，不丹提倡的国民幸福总值，并不是单纯的心理感受，而是一个经济社会发展的综合指标。值得注意的是，GDP 只占幸福总值的 1/72。换言之，如果说"生产总值"体现的是物质为本、生产为本的话，"幸福总值"体现的就是以人为本。

在不丹，工业项目并没有成为首选，政府更重视的是农业、观光和水利发电。在农业方面，不丹也没有一味地追求产量的增长，而是重视发展有机农业，尽量不用化肥和农药；这既保护了环境，也保护了国民的健康。关于旅游，不丹不是"来者不拒，多多益善"，而是采取了一种限制规模的旅游发展模式。外国游客在不丹旅游必须由国内旅行社全程陪同，实行"高质量、高价格、全包价"的做法。通过这种方式，既限制了外国游客的数量，又增加了外汇收入。不丹生态优美，森林覆盖率达 72%，被誉为"森林之国"、"花卉之国"。

2011 年，不丹的人均 GDP 只有 1870 美元，相当于中国的三分之一，但是居民的基本衣食住行似乎没有太大问题。行走不丹，虽无现代化的高楼大厦，但城乡整洁的街容、居民素雅的着装和温和的面孔，让人感到平和与安详。[①]

不丹的实践已经引起全世界瞩目，世界上不少著名的经济学家把目光投向这个南亚小国，认真研究"不丹模式"。2005 年全国"两会"期间，中国科学院院士程国栋向会议提交了一份题为《落实"以人为本"，核算"国民幸福指数"》的提案。程院士认为，只要人们理解幸福与消费之间没有直接联系的观点，就能改变人们对真正是什么增加或提高了幸福程度的认识，从而创造一个可持续的社会。并建议从国家层面上，以政治自由、经济机

① 刘德强：《不丹"国民幸福总值"理念及其对中国的启示》，《新视野》2012 年第 4 期。

会、社会机会、安全保障、文化价值观、环境保护六类构成要素，组成我国的国民幸福核算指标体系。2006年，不丹被评为全世界“幸福指数最高的国家”之一，“幸福指数”亚洲排名第一，世界排名第十三。2009年11月，国民幸福总值第五届国际会议在巴西伊瓜苏市举行，巴西总理吉格米廷雷出席并致辞。现在，世界上很多国家，都在以不同方式尝试制定诸如国民幸福总值、国内幸福指数、可持续经济福利指数、国内发展指数等发展标准，旨在寻找一种弥补GDP单一经济指向的发展目标和手段。

近些年，幸福学经济学研究也蓬勃开展。加拿大学者马克·安尼尔斯基所著《幸福经济学：创造真实财富》是一部得到中国官方和知名学术机构重视的书。2009年11月，时任国家发展和改革委员会副主任的解振华为该书的中文版作序，写道：“作者相信，只要信奉原始感觉，回归人类善良本性，我们就能够创造一个和谐、幸福、可持续发展的世界。这个世界不是以一个人占有物质财富的多寡来评价其是否成功和幸福，而是以是否实现了人类之间的爱，是否实现了家庭、邻里、社区、城市、国家的和谐，是否使自然生态和环境得到保护等来评价我们的幸福。”“作者的信念来自于他运用‘真实进步指数’（GPI）对美国以及加拿大艾伯塔省的评价结果：1960—1999年，加拿大艾伯塔省的GDP平均每年增加4.4%，而考虑更全面因素的GPI（真实进步指数）却以年均0.5%的速度下降。从20世纪70年代中期开始，美国经济福利持续下滑，甚至在美国股市处于大牛市时，其下滑的趋势也没有停止。20世纪90年代，人均GDP年均增长率为1.4%，而GPI却在以年均2.7%的速率不断下降。1957年，英国有52%的人表示自己感到非常幸福，到2005年，这样的人只剩下36%。而在这段时间里，英国国民平均收入提高了3倍。”“本书能让我们更好地明白发展尤其是增长的目的是什么，它对改进政府业绩评价指标……具有很重要的参考价值。”[①]

安尼尔斯基则在中文版的引言中写道：“‘和谐发展’，这个出现在中国人意识当中的新术语，不同于可持续发展。和谐发展意味着全部所有的发展，在经济、环境和社会各个方面普遍综合平稳，亦即处于‘和谐’的平衡状态。这表示：在人类福祉与自然之间达到和谐平衡、在中国城乡和不同地区人民的需要和福利供给之间保持平衡。”“中国有机会按照小康社会与和谐发展的思路，率先建立一个新的经济发展模型。在这个模型里，把满足所有中国人基本生活需要的想法作为根本目标，而不是仅仅关注物质财富的积累。”“换言之，小康社会要关注所有公民在经济、社会和环境福利方面的改善和持续发展。小康发展模型要‘以人为本’，围绕消灭贫困、促进教育、改善健康，以及环境保护等方面而发展。[②]

三、关于超越“资本的文明”的“生活型社会”理念

王庆丰在《超越“资本的文明”：“后改革开放时代”的中国道路》[③] 一文中写道：30 多年的改革开放，我国着力于以经济建设为中心、解放生产力、发展生产力，实现了经济又快又好地发展。具体而言，中国经济改革开放的目标主要有两个，对内是所有制的改革或市场经济体制的建立，对外是扩大国际贸易或融

① ［加］马克·安尼尔斯基：《幸福经济学：创造真实财富》，林琼等译，社会科学文献出版社 2010 年版，第 7、7—8、11 页。

② ［加］马克·安尼尔斯基：《幸福经济学：创造真实财富》，林琼等译，社会科学文献出版社 2010 年版，第 25—26、26、26—27 页。

③ 王庆丰：《超越“资本的文明”：“后改革开放时代”的中国道路》，《社会科学辑刊》2013 年第 1 期。

入世界经济体系，这两个目标实际上也是合二为一的。现在，这两个目标都已基本实现，因而在“后改革开放时代”，我们所关注的、所需要解决的问题已经与此前完全不一样了。在“后改革开放时代”，我们所面临的最大问题就是改革开放自身所带来的问题：两极分化日趋严重，民生问题渐次凸显，权钱崇拜成为全社会的价值取向；这就是当代中国所面临的现代性问题。“后改革开放时代”相对于改革开放时代而言虽说是一种断裂，但同时又是延续，是进一步深化和拓展。当代中国应该研究“后改革开放时代”的社会问题和对策，探讨“后改革开放时代”的中国道路，这样，改革和开放方能健康持久地发展下去，社会主义的价值和目标也才能实现。

王庆丰指出：我国建立中国特色社会主义市场经济体制，引入市场或资本这一现代社会最有效的资源配置方式和扩大再生产的手段，就不可避免地要面对资本逻辑的支配力量以及其所带来的种种恶果。如果说前30年改革开放时期是利用、彰显和建构资本增殖的逻辑，达到推进国民财富的增长和提高人民生活水平的目的，那么，“后改革开放时代”就是要制约、驾驭和驯服资本增殖的逻辑，实现财富的合理分配和社会的公平正义，让资本为民生服务。因此，当代中国的问题，一言以蔽之，就是“社会主义对资本力量”的问题。从总体上说，只有当社会主义力量足够强大，能够引导、利用、驾驭、制约私人资本力量，才有可能斩断马克思所揭示的“资本之链”，才有可能保持和发展我国的社会主义制度，才能建立起真正的社会主义市场经济。[①]

① 王庆丰：《超越“资本的文明”：“后改革开放时代”的中国道路》，《社会科学辑刊》2013年第1期。

另一方面，王雅林则分析指出：经过30多年的改革开放，我国已经走出了“匮乏经济”时代，社会商品供应充足，甚至在日渐增多的领域出现了产品过剩的局面。与此同时，我国已经有几亿人口的社会阶层拥有了很大消费能力，消费已经成为拉动经济增长的重要因素。于是，国内一些学者在对照国际经验的基础上，提出我国应借鉴西方“消费社会”模式，实现从“生产型社会”向“消费型社会”（即“大众消费社会”）转型。然而，2008年由美国次贷危机引发全球金融风暴后不久，日本早稻田大学榊原英资教授在《福布斯》杂志上发表文章称：这场由美国金融泡沫破灭引发的危机标志着20世纪“大量生产、大量消费”的高消费时代的终结，为“物”时代画上了句号，也许意味着人类进入了重视“身心”价值的新时代。此外，英国牛津大学默顿学院研究员葛凯写道“伴随着中国消费者追赶甚至超过其他主要消费大国的步伐越迈越大，产生的后果也正在颠覆他们的社会及至整个世界”，“无论是中国的未来还是世界的未来，其发展进程都将会因为今天中国朝着消费主义的这场冲刺而发生改变”①；并提出“直至今日，消费至上的经济思想在美国还占据着主导地位，一开始这对于中国来说可能是一个值得学习的模式，但现在这更像是一个充满警示意味的先例——中国或许需要寻找或创造一个全新的模式?”② 那么，以“带领全国各族人民创造自己的幸福生活”（胡锦涛在庆祝中国共产党90周年大会上的讲话）为现代化发展目标的我国，什么样的发展模式、社会模式能使中国人

---

① ［英］葛凯：《中国消费的崛起》，曹槟译，中信出版社2011年版，前言：第XV、XXVII页。

② ［英］葛凯：《中国消费的崛起》，曹槟译，中信出版社2011年版，中文版序：第XI页。

处于良好的生存状态和可以成为承载中国人通往幸福伊甸园的方舟，从而获得普遍的自主。王雅林提出：我国的现代化必须利用新的历史条件和机遇，充分发挥社会主义制度选择的比较优势和“后发展”优势以及历史的首创精神，实现历史的超越，走出一条新路。我们在实施扩大内需政策过程中，不能陷入“全球化消费社会”陷阱，而应立足中国国情，以人的尺度和生活幸福为社会价值标准，以汇聚人民生活需求为出发点，探索建立中国特色“生活型社会”。[①]

在《探索中国特色“生活型社会”》[②] 一文中，王雅林阐明了以下思想。

第一，“生活型社会”为我国发展提出了一个具有历史超越性和现实实践基础的全新社会发展模式。“生活型社会”，是以人为本、奉行“人民生活至上”原则；遵循的不应是“资本支配社会”逻辑，而是充分满足人的物质和精神共同需要为旨归的“生活的逻辑”。在社会价值标准上，“生活型社会”抛弃物的尺度和GDP主义，主张人的尺度和生活幸福。“生活型社会”倡导建立一种既充分发挥市场机制活力，又使得生活的价值和人的尊严高于市场价值的社会体制，不以GDP和利润为衡量一切的标准，而是正视手段效应，通过普遍提高消费能力去满足人们的真实需要，从而实现人民幸福、国家富强的目标。

第二，“生活型社会”必然是“生态型社会”，是可持续发展的社会。在“生活型社会”中，“真实财富”和“生活资本”不

① 王雅林：《“生活型社会”的构建——中国为什么不能选择西方“消费社会”的发展模式》，《哈尔滨工业大学学报（社会科学版）》2012年1期。

② 王雅林：《探索中国特色“生活型社会”》，《中国社会科学报》2012年10月24日。

应再被狭隘地定义为物质财产，还应囊括有助于提高人民生活品质的一切非物质的、无形的事物。社会发展不应再刺激人们对物质财富占有的贪欲，而是从根本上抛弃大量浪费性生产、消费与不健康的生活习惯。从这个意义上说，“生活型社会”就是“生态型社会”和可持续发展的社会。

第三，“生活型社会”发展模式将为我国社会改革、社会建设和社会政策的制定提供基本出发点和社会体制架构。人民生活至上性的“生活型社会”发展模式，内在要求一切社会建构和政策的出发点都是“汇聚人民生活需求”。这样的社会模式必然是重视生活者意愿和能动性、创造性的体制；必然是重视生活的实践性，“百姓得实惠、社会得发展”的体制；必然是稳步推进，减少瞎折腾和社会代价的体制；必然是把握生活的脉动，在发展策略选择上把“顶层设计”和“摸着石头过河”结合起来的体制。

第二节　西部民族地区农牧区建设“生活型社会”的必要性与可行性研究

“生活型社会”，是学术界对可持续发展深入研究提出的新思想、新观念，是用马克思主义哲学思想探索解决现代生态危机的新的理论建树。“生活型社会”奉行满足人类基本需要的“人民生活至上”原则，坚持“适度生产”与“适度消费”的理念，遵循的不是“资本支配社会”逻辑，而是充分满足人的物质和精神共同需要为旨归的“生活的逻辑”；“生活型社会”是“生态型社会”，是可持续发展的社会。“生活型社会”倡导建立一种既充分发挥市场机制活力，又使得生活的价值和人的尊严高于市场价值的社会体制；不以GDP和利润为衡量一切的标准，而是正视手段效应，通过普遍提高消费能力去满足人们的真实需要，从而实现人民幸福、国家富强的目标。然而，“生活型社会”是作为对“生产型社会”“与时俱进的否定模式”提出的，如前所述：当社会的物质生产力不发达的时候，人类生活的主要内容是为解决生存问题而进行“物”的生产，这样的社会被定义为“生产型社会”；当解决生存问题的“物”的生产已经作为前提而存在的时候，人类才开始了“真正的生产”，即“生活的生产”、人的全面“生产”，这样的社会被定义为“生活型社会”。为此，我们需要辩明这样一个问题：当前规划西部民族地区农牧区“落实科学发展观，充分依靠科技进步的反贫困发展”的科学发展，从一开始就必须着眼于“生活型社会”建设，而不是先着眼于“生产型社会”建设，尔后再向“生活型社会”过渡。即是说，必须阐明着眼“生活型社会”推进西部民族地区农牧区科学发展与建设和谐社会的必要性与可行性。①

一、“过量消费”与“被迫消费不足”都对生态环境构成巨大威胁

当今世界，人类的生活方式在生态环境问题上面临着严重的双重挑战。一方面，占世界人口少数的富人，依仗他们优势的财

① 文兴吾、何翼扬：《西部民族地区农牧区发展文化变革：“生活型社会”建设研究》，《中华文化论坛》2013年第11期。

富和权力，恣意挥霍和浪费地球资源，对地球生命维持系统带来巨大的压力；另一方面，占世界人口多数的穷人，贫困迫使他们加剧对自然资源的开发，也对地球带来巨大的压力。这种畸型的消费方式，直接威胁着人类生存和人类的未来。

消费文化是工业化的产物，首先在实现工业化的西方国家出现。他们按资本主义生产方式制造出无比丰富的商品，这些商品必须通过市场消费掉，生产才能持续和不断发展下去。于是，他们把增加消费作为经济政策的主要目标，用各种途径鼓励消费，通过种种传播媒介的商业广告和社会教育途径兜售消费主义。这种消费主义生活方式的哲学是物质第一主义。它是在工业社会的价值观指导下形成的，要点是："充分享受丰富的物质即是美"，"消费更多的物质是好事"，"拥有和增加更多的物质财富就是拥有更多的幸福"。它不是为满足基本生活需要而消费，而是"为地位而消费"。在那里，消费水平被看作是社会地位的源泉和象征。高消费者，大量占有高档商品和高级奢侈品，不仅表示他们有钱和体面，而且用以表示他们的价值。富裕阶层，也就是消费大量物质财富的人，他们受到社会的尊敬和羡慕。这样，无限制的追求物质享受和消遣成为时尚。这是一种畸型的消费方式，是过量消费。世界首富美国是这种消费方式的典型代表。美国人口占世界人口的比例不到4.5%，但他们消费掉全世界1/3的资源。一个美国人使用的汽油量超过一个卢旺达公民使用量的1000倍。一个美国人一生中总需求量比一个印度人的总需求量大60倍。这种高消费已经表现出严重的生态后果。一是为了满足高消费的需求，大量开采和消耗世界资源，耗尽森林、草地、土地和矿藏，大大超出自然界的支付能力，造成世界环境污染和生态破坏。二是为了支持高消费必须努力工作，拚命赚钱，加快生活节奏，减少闲暇时间，人人感到疲惫不堪，不仅对身心造成巨大的压力，而且不利于人的个性的全面自由发展。[①]

同发达国家过量消费的生活方式形成鲜明对比，许多发展中国家大多数居民是“被迫消费不足”。1980 年《勃兰特报告》指出：“穷国中有亿万人民一心想的是生存和基本需求。对他们来说，常常找不到工作，或者即使有工作，报酬也非常低，工作条件往往无法忍受。住房是用非永久性材料建成的，既没有自来水，又没有卫生设施。电成了奢侈品。医疗设施很稀少……营养不良、文盲、疾病、高出生率、失业以及低收入。这一切联合起来断绝了人的一切出路。当其他集团的人说话越来越多时，穷人和文盲却常常为省惹麻烦而沉默寡言。”[②] 不少有见识的美国学者也讲道这种“代内不公”。例如杜宁在《多少算够——消费社会与地球的未来》一书中就用许多事实说明，世界上最富有的 1/5 的人追求的是购买更多的东西，“多多益善”，而最贫穷的 1/5 的人却只有一个目的：活过明天，觅到一点食物，拾到一些柴薪，为他们的孩子遮衣蔽体。[③] 在这里，贫穷是生态环境破坏的根源。

贫困状态从两个方面对生态环境形成巨大威胁。一方面，生活在贫困状态下的人们会更多地关心当前的生存问题，对保护生态环境以供未来之用不感兴趣，换言之，这样的社会中会存在很

① 余谋昌：《创造美好的生态环境》，中国社会科学出版社 1997 年版，第 147—149 页。

② 余谋昌：《创造美好的生态环境》，中国社会科学出版社 1997 年版，第 150—151 页。

③ ［美］艾伦·杜宁：《多少算够——消费社会与地球的未来》，毕聿译，吉林人民出版社 1997 年版。

高的社会贴现率，从而导致广泛的掠夺性开发和普遍的短期行为。另一方面，贫困状态下的人口缺乏人力资本，这使他们缺乏以保护生态环境的方式开发利用自然资源的能力。①

二、中华民族的整体利益与可持续发展要求西部民族地区农牧区建设“生活型社会”

第一，对当今的人类来说，最主要的目标或许就是消除生态危机、推进可持续发展。生态危机，指的是由于人为的不合理开发、利用，引起人类赖以生存和发展的生态环境退化和生态系统严重失衡的状态。然而，在工业社会产生前的农业社会时期，人与自然的矛盾尖锐化导致的生态危机，就已经使得一些文明古国和地区衰亡。四大文明古国中的古巴比伦、古印度、古埃及，一段文明的零落成泥，有多少是自然之力的游戏？有多少是自食苦果的悲歌？前事不忘，后事之师；西部民族地区农牧区科学发展的首要任务是：在生态文明建设中，在避免生态恶化的前提下，实现反贫困发展。

第二，我国是统一的多民族国家，民族国家无一例外地都要面对和处理民族问题；当前，卓有成效地推进西部民族地区社会主义新农村新牧区建设，不仅关乎我国新农村建设的全局，而且关系到各民族团结奋斗、共同繁荣发展的全局，关系到国家的统一和长治久安。另一方面，西部民族地区农牧区既是我国生态屏障建设的前沿阵地，也是经济社会发展十分落后的地区，许多地方还处于绝对贫困、与现代文明绝缘的状态，并被贫困文化所笼罩。在全面建设小康社会的新时期，如何卓有成

① 龙远蔚等：《中国少数民族经济研究导论》，民族出版社2004年版，第312页。

效地促进和加快西部民族地区农牧区发展，是亟待解决的重大问题。这就从政治和经济两个方面阐明了：不加快西部民族地区农牧区发展，中国的长期发展是没有保障的，由此也是没有效率的。长江上中游山丘地区的水土流失与中下游平原地区的洪水灾害，就是一个侧面的写照。而生态危机一旦爆发，将变成难以逆转的民族灾难。

第三，长期以来，西部民族地区农牧区都面对着“发展和如何发展”这个基本问题。在我国实施可持续发展战略和建设生态文明社会背景下，西部民族地区农牧区必须在保护生态的前提下推进农牧业发展，这是一个必须依靠科技、运用知识求发展的过程。然而，西部民族地区农牧区穷，正是由于知识贫困和能力贫困。即是说，让缺乏知识和能力的群体，充分运用知识求发展，是一个明显的矛盾。破解这个矛盾，必须加快西部民族地区农牧区社会发展。应该明确，西部民族地区农牧区的经济不发展制约着社会发展，而社会不发展又同样制约着经济发展，这是一种恶性循环；在西部大开发、全面建设小康社会的背景下，加快社会发展是西部民族地区农牧区摆脱恶性循环、实现经济起飞的有效手段。在这里，优先加快社会发展的目的是为西部民族地区农牧区“无破坏的发展”奠定基础，它将率先推进“生活型社会”建设而非“生产型社会”建设。换言之，不创造西部民族地区农牧区良好的生活与学习环境，也就不可能出现有效率地创造财富的生产活动。[①]

① 文兴吾、何翼扬：《西部民族地区农牧区发展文化变革：“生活型社会”建设研究》，《中华文化论坛》2013年第11期。

三、中国生态文明发展要求西部民族地区农牧区建设“生活型社会”

2012年11月召开的中国共产党“十八大”庄严宣告：“建设生态文明，是关系人民福祉、关乎民族未来的长远大计。面对资源约束趋紧、环境污染严重、生态系统退化的严峻形势，必须树立尊重自然、顺应自然、保护自然的生态文明理念，把生态文明建设放在突出地位，融入经济建设、政治建设、文化建设、社会建设各方面和全过程，努力建设美丽中国，实现中华民族永续发展。”“要按照人口资源环境相均衡、经济社会生态效益相统一的原则，控制开发强度，调整空间结构，促进生产空间集约高效、生活空间宜居适度、生态空间山清水秀，给自然留下更多修复空间，给农业留下更多良田，给子孙后代留下天蓝、地绿、水净的美好家园。”①

中国共产党“十八大”对“生态文明”观念的高扬，绝不只是强化环保意识、增加环保力度、扩大环保范围，而是要从观念制度到行动规范做深刻全面的系统变革。生态文明是一种社会文明形态，需要通过观念、制度、文化及社会生产和社会生活等各个层面综合反映。因此，生态文明建设必然是持久的系统工程，观念是前提，制度是保障，文化是环境，社会生产和生活方式展现的是过程和结果。

生态文明社会建设是对中国实施可持续发展战略的深化。许多文献在论述可持续发展的基本原则时，几乎都讲到三条，即公平性原则、持续性原则和共同性原则，并都把公平性原则作为第

① 胡锦涛：《坚定不移沿着中国特色社会主义道路前进为全面建成小康社会而奋斗——在中国共产党第十八次全国代表大会上的报告》，2012年11月8日。

一原则。可持续发展要求的公平性原则，既指代内公平，又指代际公平。前者是空间上的公平，当代人之间的横向公平，后者是时间上的公平，人们世代间的纵向公平，这两者紧密相关、互为前提、统一共存。代内公平的重要意义在于：代内公平乃是代际公平的前提和基础，只有实现代内公平才有可能来谈论和促成代际公平；不可能设想，如果人们对同代人之间的公平都想不到、做不到，却能够真正关心与后代人的平等。2012 年 11 月 15 日，习近平总书记在党的第十八届中央政治局常委首次中外记者见面会上说："我们的人民热爱生活，期盼有更好的教育、更稳定的工作、更满意的收入、更可靠的社会保障、更高水平的医疗卫生服务、更舒适的居住条件、更优美的环境，期盼着孩子们能成长得更好、工作得更好、生活得更好。人民对美好生活的向往，就是我们的奋斗目标。"① 这些话既是对民生建设的中国梦的概括，也是对憧憬现代化的中国人民的生存权和发展权的宏观表达。面对习近平总书记的十个"更"，面对中国全面建设小康社会进程中大多数西部民族地区农牧区还处于深刻的贫困之中，而一如诺贝尔经济学奖获得者阿马蒂亚·森所指出，贫困从来就是一种权利现象而非资源问题，它是社会权利结构运转的结果；我们就理应加大在西部民族地区农牧区实施满足人类基本需要的反贫困发展战略的力度，更加注重对农村贫困人口提供基本商品和服务，包括基本食物、水与卫生设施、健康服务、初级教育和非正规教育以及住房等。很显然，对西部民族地区农牧区实施满足人类基本需要的反贫困发展战略，遵循的"生活的逻辑"而非"资本支配社会"逻辑，其基本价值取向是"生活型社会"。事实上，广

① 新华网：《习近平：人民对美好生活的向往就是我们的奋斗目标》。http://news.xinhuanet.com/18cpcnc/2012-11/15/c_123957816.htm

大西部民族地区农牧区只有满足了人类基本需要，才可能进行有效的生产活动。

通常人们都说，经济发展是社会发展的基础；没有经济的发展，哪来社会的发展。从终极的意义上讲，这是正确的；就一个国家的整体发展而言，或者从一个封闭系统的自我发展来讲，也都是正确的。但是就一个国家的地区的发展而言，或者从一个开放系统的发展来讲，情况就不一定是这样的了。西部民族地区农牧区实施社会优先发展方略的“生活型社会”建设，既要通过调整产业结构、发展生态经济来实现，又要在为国家生态安全作出贡献中，通过国家加大生态转移支付力度来实现。

四、主体功能区规划与西部民族地区农牧区建设“生活型社会”

1. 主体功能区发展战略

2010 年 12 月，国务院印发了《全国主体功能区规划》。2011 年 3 月全国“两会”上通过的“十二五规划”，正式将“主体功能区建设”上升为国家战略。2012 年 11 月，中国共产党“十八大”报告在单篇论述生态文明时指出：“优化国土空间开发格局。国土是生态文明建设的空间载体，必须珍惜每一寸国土”，“加快实施主体功能区战略，推动各地区严格按照主体功能定位发展，构建科学合理的城市化格局、农业发展格局、生态安全格局。”

主体功能区建设是指从资源环境承载能力、现有开发密度和发展潜力、主体功能定位调整、空间开发秩序、空间开发结构的完善等角度，依据区域人口分布、经济布局、国土利用和城镇化格局进行区域功能定位，以形成区域经济发展和生态环境保护相协调的开发格局。《全国主体功能区规划》将国土空间划分为优化开发、重点开发、限制开发与禁止开发四类，并赋予城市化地区、农产品主产区及生态功能区三类具体内容。不同的主体功能区只能从事与自身的资源环境承载能力相适应的经济活动，以构建高效、协调、可持续的国土空间开发格局。主体功能区分类及其功能，参见图4－1。

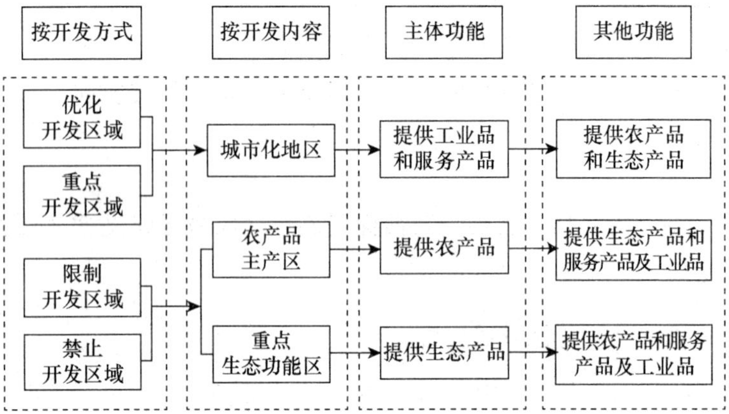

图4－1　主体功能区分类及其功能

资料来源：《全国主体功能区规划——构建高效、协调、可持续的国土空间开发格局》，2010年。

各类主体功能区，在全国经济社会发展中具有同等重要的地位，只是主体功能不同，开发方式不同，保护内容不同，发展首要任务不同，国家支持重点不同。对城市化地区主要支持其集聚人口和经济，对农产品主产区主要支持其增强农业综合生产能力，对重点生态功能区主要支持其保护和修复生态环境。

2. “不开发的发展”与西部民族地区农牧区建设“生活型社会”

按照现行的规划，所谓开发就是进行大规模的工业化和城镇化活动。国家“十二五”规划纲要明确指出，“对影响全局生态安全的重点生态功能区，要限制大规模、高强度的工业化城镇化开发。对依法设立的各级各类自然文化资源保护区和其他需要特殊保护的区域要禁止开发”。对此，中国社会科学院西部发展研究中心主任魏后凯指出：从社会主义的本质要求出发，对于任何一个较大范围的地区而言，我们可以限制或者禁止其开发，但不能限制或禁止其发展，更不能限制或禁止其富裕和繁荣。也就是说，我们可以依法剥夺其开发权，但不能剥夺其发展权。共同发展是社会主义的本质要求。在社会主义制度下，要求各个地区在发挥各自优势的前提下，实现共同发展、共同富裕，而不是一少部分地区高度发达、高度富裕，另一部分地区却贫穷落后，被“边缘化”。由此就产生了一个重要问题：对于限制和禁止开发区域，在不开发的条件下，如何实现发展、富裕和繁荣，即“不开发的发展”、“不开发的富裕”、“不开发的繁荣”。这是一种新的发展模式，需要在今后实践中不断探索。①

魏后凯提出，从社会公平的角度看，这里就有一个利益补偿问题，即对限制和禁止开发区域因保护耕地和生态环境而牺牲的经济利益应给予相应补偿。与此同时，在资源环境承载能力许可的范围内，要鼓励限制开发区域发展特色产业和生态产

---

① 魏后凯：《限禁开发区域的补偿政策亟待完善》，《人民论坛》2011 年第 17 期。

业，积极探索新型的绿色发展之路，实现地区经济发展的绿色转型。

对于建立科学合理的生态补偿机制，国家行政学院经济学部教授董小君提出：首先必须抛弃传统的生态无价的观念，明确生态系统的资本价值。中央及东部地区要认识到，经济发达地区对相对贫困地区的补给，不单纯是“扶贫”，更不是“恩赐”，而是利益回归。对西部生态补偿不是支援的问题，而是责任和义务的问题，是一种社会分工和利益互补。要将“西部生态补偿机制”置于国家战略的地位来考虑。西部是整个国家的西部，生态补偿不仅是对西部补偿，也是对全国资源环境的整体补偿；不仅是环境问题，也是政治问题。①

“不开发的发展”，是在“开发就是进行大规模的工业化和城镇化活动”的语境下表达的，是不进行大规模工业化和城镇化活动的区域的“新的发展模式”；很显然，西部民族地区农牧区是该术语对应的最基本、最典型的区域。“不开发的发展”，理应遵从“生活的逻辑”而非“资本的逻辑”；它将通过“生活型社会”的建设，实现西部民族地区农牧区的“脱贫、致富、奔小康”。②

① 董小君：《建立生态补偿机制实现西部“不开发的发展”》，《中国经济时报》2007年7月23日。

② 文兴吾、何翼扬：《西部民族地区农牧区发展文化变革：“生活型社会”建设研究》，《中华文化论坛》2013年第11期。

第三节　以生态为纲，推进西部民族地区农牧区“生活型社会”建设

纲，事物的关键部分，事理的要领。有言道：纲举目张。

“生态为纲”，强调生态环境的保护与建设是西部民族地区农牧区发展之源泉，安身立命之根本，“生活型社会”建设的现实基础；要在国家的统筹部署下，将西部民族地区农牧区潜在的生态资源比较优势转变为现实的发展优势。

一、英国农村的“生活型社会”建设及启示

今天的英国农村，当属农村“生活型社会”建设的先行者。英国农村“生活型社会”建设，伴随着英国农村的城镇化历程。英国农村的城镇化，是就地城镇化，即改造村庄、村镇的自然环境和人文环境，让乡村变得美丽、舒适，具有现代城市的生活居住条件，供全体国民旅游、度假、居住等。如今居住在英国乡村的居民除极少量务农者外，主要包括继承祖业（房地产）出租房屋者、在城市工作而在乡村购房或租房居住者、自由职业者、在城市退休后的老人等。英国乡村改造最为典型者，当属英格兰中西部的科茨沃兹山区。这里原本是盛产优质呢绒的地区，但随着工业革命的进行，原有的乡村毛纺业衰落，迫使该地区不得不转向农牧业商品化，同时对乡村环境进行改造。科茨沃兹地区现在

被认为是英国最美乡村，是旅游热点地区。[①] 英格兰89%的乡村人口不愿意离开农村，而51%的城市人口希望住到农村去。[②]

第二次世界大战后的英国乡村发展可分为三个阶段，分别是：生产主义阶段、分化重组阶段和新发展阶段。[③]

1. 生产主义阶段：20世纪40年代—20世纪70年代

1947年英国颁布了农业法，确立农业补贴政策。该法案前言中写道：国家粮食具有持续和有效的生产能力是国家利益的一部分，英国需要大量生产，使产品达到最低价格，要保证农民和农业工人拥有合理的报酬，并足以转而进行工业投资。这种以“生产”为核心的态度确定了乡村地区的首要功能是保证“粮食供应安全”。政府加大了对农业部门的直接经济补贴等，通过提高产量和降低农产品价格参与国际市场竞争，尤其侧重于通过改进农业机械和化学试剂来提高农作物和牲畜的产量。然而，英国乡村在“生产主义”策略下仅仅经历了短暂的黄金时期后又开始走向衰落，产生的社会和环境矛盾使政府不得不重新审视农业生产模式与乡村发展前景。首先，农业补贴政策在战后初期确实取得了很大的成功，英国农业产量有了大幅提高，农民收入也有所增加，也鼓励了农民对基础设施和技术的投资，刺激了农业机械化生产和农场规模的扩大。但是随着农业生产的进一步集约化，同样的逻辑却变成了问题。由于英国农业的先天条件不足，在国际上的竞争力仍然处于弱势，出口的不足造成了国内农产品的过剩现象。尤其是20世纪50年代，各国政府的保价体系造成了世界

① 刘景华：《欧洲农村城镇化道路的历史思考》，《中国社会科学报》2013年7月10日。

② 陈统奎、吴英燕：《揭开欧洲乡村神秘面纱》，《新民周刊》2006年27期。

③ 闫琳：《英国乡村发展历程分析及启发》，《北京规划建设》2010年1期。

粮价的下跌和随之的成本上涨，使英国国家财政不堪重负，仅仅10年间，政府不得不开始缩减对农业的补助。1957年农业法修订的核心是限制农业方面的高额公共支出。第二，环境与生产的矛盾突出。英国农业发展报告指出，大机械农业生产破坏了英国乡村的重要景观特征和动植物种类；集中耕种增加了化肥和杀虫剂的使用，造成土壤质量的下降，也成为地表水（如河流和湖泊）的主要污染源之一；在“优质耕种”理念下的“害虫控制”、“种子淘汰”等做法，也间接破坏了生物的多样性。

2. 分化重组阶段：20世纪70年代—21世纪初

为了应对价格下滑和补助减少等考验，农民们寻找各种方法来增加农业产值和收入。20世纪80年代后期，58%的农场主增加了收入的“多样化”，包括农业方面和非农业方面。农业方面的多样化，表现在非粮食性作物（尤其是经济性作物，包括燃料作物）等种植率有所增加，同时兼职农场成为当时的重要趋势。非农业方面，第二、三产业在这一时期大量增长，手工业、商品零售业、乡村休闲旅游服务业越来越成为农民重要的额外收入来源。尤其20世纪80年代以后，“逆城市化”现象更加普遍，而且进入乡村的城市人群也呈现多种形式，包括通勤人口、直接购买房产者和乡村旅游者。大量移民进入乡村地区已经彻底改变了乡村社区的人口构成，进一步刺激了乡村产业的分化与重组。乡村产业的多样化促使人们反思乡村的含义，提出农业不再构成乡村经济的基础，乡村地区能够支持一系列更为广泛的经济活动等观点。乡村旅游、休闲产业的迅速发展证明，“乡村田园风光”成为人们希望在乡村进行多种方式“消费”的基础，实际上更具“消费性价值”；这种观念的确立，构成英国乡村从“生产主导型经济”向“消费主导型经济”转变的基础。从“生产”向“消费”转变，大大扩展了乡村发展的机会，同时体现出两种趋势：一方面，由于乡村的“消费价值”主要与“乡村环境质量”相挂钩，因此环境保护成为乡村发展策略的核心。20 世纪八九十年代，政府还确认了一批“环境敏感地区”，通过资助鼓励的形式与地区农民签订管理协议，鼓励环境友好性生产。另一方面，乡村的消费性价值使得人们逐渐认识到，乡村居民才是“创造”和“管理”乡村景观的最主要角色，“听从村民的意愿”和让“村民自己经营乡村”的呼声越来越高。

3. 新发展阶段：21 世纪初以来

21 世纪以来，英国乡村经济的“地区性”特征与全球化背景下的经济模式冲突越来越大。农业原本是一种基于区域生产模式的“根植性”产业，即通过区域生态系统和市场进行协调。从 20 世纪后半叶起（生产主义阶段），农粮体系逐渐转移到国家甚至全球市场，农产品逐渐脱离地方特征而变成一种“同质性”商品，农民和消费者的直接联系被大大削弱，“生产率”逐渐等同于“竞争力”。然而，20 世纪末转基因食品的出现和几场严重的“食品安全危机”爆发，使人们对于食品安全产生了强烈的不信任，引发了连锁的社会矛盾，促使人们对农业生产模式进行反思。在产量竞争中处于劣势的欧洲地区首先破解了这个问题，基于“提供和运输健康而新鲜食品”的新观念来改变农业生产和销售模式。2003 年，欧盟的“共同农业政策”进行了一次重要的改革，核心内容包括资金支持不再与产量挂钩，而是将“环保”和“质量”作为农业补助的首要条件；减少对大型农场的直接补贴；农民根据市场需求生产，但必须满足欧盟标准等。在欧盟的倡导和资金支持下，英国也开始鼓励“有机农业”和“地方食品运动”，如通过有机食品达标条例鼓励有机农业生产。有机农业的推广伴生了地方食品观念和相关直销策略，成为了农业经济多样性的一种选择。“地方食品观念”是指生产者将农产品卖给生产地区附近的餐馆、杂货店或超市，或者直接进行“人对人”的交易，从而形成了一个新的“地方食物网络”。该网络促进了消费双方的直接信息沟通与互动，让消费者能够追踪到产品的生产基地，从而拉近了消费者与生产过程的距离，重新建立起一种信任感，一定程度上应对了消费者对粮食生产的信任危机。“有机”和“地方”食品网络还成为地区合作对抗国际竞争的行动。直销的农产品减少了产品流通环节的价值损失，因而大大提高了生产者的直接收益。据统计，生产有机食品的并且进行直接销售的农场每英亩的利润比常规农场或大超市对口农场都要高。同时，随着人们对健康、新鲜食品理念的认同，这种生态的、高品质的产品也受到了消费者的青睐，在区域市场中处于竞争优势。这种基于“质量竞争”的价值网络，改变了地区农业在全球市场中竞争的筹码，促进了区域和地方经济增长。农业也重新回归到根植于地方条件的发展模式。①

总结当代英国乡村发展历程，其发展理念经历了从追求“生产价值”到“消费价值”到“健康生活的多功能价值”的转变，其中政府和市场都发挥了重要作用；如图 4 - 2 所示。在强调“生产价值”的“生产主义阶段”，乡村地区的首要功能是保证“粮食供应安全”，通过提高产量和降低农产品价格参与国际市场竞争，目标是在农业层面实现科学的生产过程和高效的经济管理。在“分化重组阶段”，乡村旅游、休闲产业的迅速发展，凸现了“乡村田园风光”的“消费价值”，而乡村的“消费价值”

① 闫琳：《英国乡村发展历程分析及启发》，《北京规划建设》2010 年 1 期。

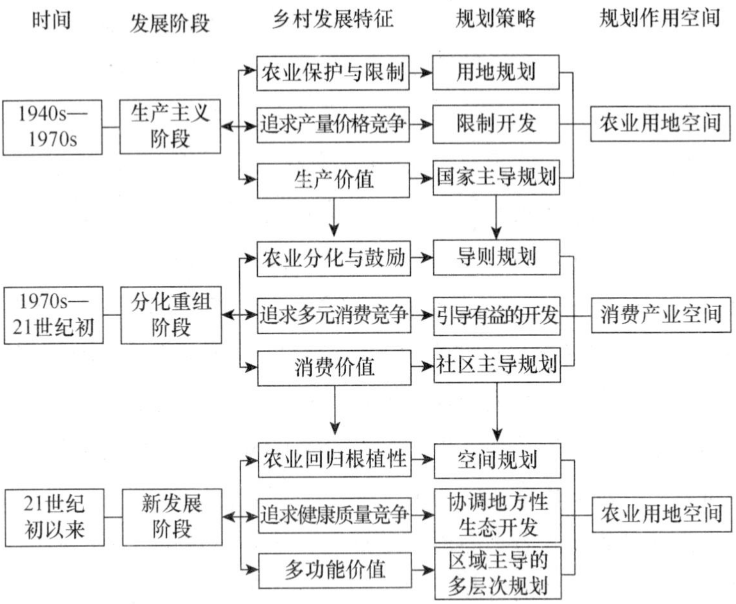

图 4－2　英国乡村发展及规划变革的结构关系

资料来源：闫琳：《英国乡村发展历程分析及启发》，《北京规划建设》2010年1期。

主要与“乡村环境质量”相挂钩，因此保护和发展良好的生态环境成为乡村发展策略的核心；英国乡村实现了从“粮食生产主导型经济”向“生态消费主导型经济”转变。“新发展阶段”本质上是“生态消费主导型经济”的进一步发展；基于“提供和运输健康而新鲜食品”的新观念来改变农业生产和销售模式，把生态环境保护与建设、有机农业、安全食品等在提供“健康生活的多功能价值”之上统一起来，并由此改变了地区农业在全球市场中竞争的筹码，促进了区域和地方经济增长，农业也重新回归到根植于地方条件的发展模式，从而实现地方化农业生产与地方化生态型社会建设的有机统一。

今日欧洲国家，农业在整个国民经济的比重已经很小，如德国为0.9%，英国为1.2%，法国为2.1%。但是欧盟在制定相关政策时，没有简单地按照GDP来考虑农村的发展，而是从整个文明的提升来关注农村。按标准定义，欧盟有91%的疆土属于农村地区，生活着56%的人口，因此农村的发展直接决定着在农村生活和工作的人们的生活质量。同时，农村的价值还在于它是欧洲美丽的源泉，也是都市人休闲和修身养性的重要去处；农村地区就像欧洲的肺一样在生态环境保护中发挥重要作用，是与气候变化战斗的重要战场。正是基于这样的认识，欧洲各国对农村的建设和发展在整体上十分重视，努力建设基础设施，提供各种社会服务，增加在农村工作和生活的吸引力，从而创造各种新的工作机会，促进农村地区的经济增长，为全社会的可持续发展作出贡献。有资料显示，西欧国家100%的农村建设了集中的雨水排放系统，家家户户自备了化粪池和污水处理系统，使用卫生厕所，粪便由市政当局集中处理；100%的农村生活垃圾由市政当局集中收集处理，房前屋后、水源地沿岸、泄洪道里、村庄内外的池塘里、村庄居民点的边缘地带都见不到垃圾堆放；100%的农村内部道路实现了沙石化，并且设置了路灯和交通安全标志。农村与外界联系的主要行车道路以沙混、沥青或水泥铺装，设置有交通安全设施；100%的农村集中居住区内实现农业生产活动与生活分开，集中居住区周边的农业户仍然保留农业生产活动与居住一体的传统方式；100%的农村核心居住区内没有家庭饲养户，家庭饲养户均在核心居住区外的农田或草场里；100%的农村设置了标准消防栓。另一方面，国家政策要求城市和乡镇在建设中保留自然传统的乡村风貌。在欧洲各国的乡村，很多居民住宅建筑风格、城镇标志性建筑、自然环境都依然保留着中世纪的原貌；那些古老的民宅、教堂、水井、磨房，不管今天是否失去效用，都被完好无损地保存着，或者设立有农具或农业博物馆，用于教育和展示农业发展的里程。[①]

4. **相关启示**

考察和总结当代英国乡村发展历程，对于西部民族地区农牧区推进“生活型社会”建设的意义主要有以下三点。

第一，在现代社会发展进程中，农业具有多种功能。在作为没有种植粮食作物优势的西部民族地区农牧区，应自觉摈弃“粮食生产主导型经济”而走“生态建设与消费主导型经济”的发展道路；要把生态环境保护与建设、生态消费服务在提供“健康生活的多功能价值”之上统一起来，走特色农业生产、生态社会及生态消费服务相统一的的发展道路。

当代英国，农业结构以畜牧业为主导。从土地利用上看，英国是优先发展饲料和牧草生产，即主要是依靠发展精饲料和提高草地载畜量来实现畜牧业增产。英国的大田作物产出中有相当一部分是牲畜饲料，如一部分小麦、大部分大麦和全部燕麦、饲用块根、饲用豆类、栽培牧草等等，它们往往不是供农业企业出售的“最终产品”，而是作为对畜牧业的投入而在企业内部供转化成畜产品的“中间产品”。英国政府通过进口粮食和部分饲料的做法来发展国内畜牧业，达到国内肉、奶、奶制品和蛋类自给的目标。也就是说，属于不易腐烂的农牧产品，以有利的价格从国外进口，而对易腐烂和不耐贮藏的鲜活农产品，则做到逐步自给。英国粮食供应，约有一半依赖外国。由此可见，英国政府积极利用国际市场和比较优势贸易理论发展本国农、牧业生产。

① 舒庆尧：《美丽乡村——欧洲的农业与农村》，《新农村》2011 年第 2 期。

对于西部民族地区农牧区的发展，在农业科学技术发展还没有能力在保护生态环境的基础上解决西部民族地区农牧区的粮食自给自足问题之前，就不能把粮食自给自足问题作为主攻方向。美国学者、著名建设性后现代思想家柯布强烈建议人们研究堪萨斯州 Salina 土地研究所卫司·杰克逊（Wes Jackson）先生的工作，后者认为只要采用一年生单一作物，农业就一定不可持续，于是探索“多年生多作物套种”的方式来创造一种可以改造土地的农业。① 这就是说，传统的粮食作物种植对生态环境是存在负面影响的。西部民族地区农牧区当前合理的发展方式应是：一方面，对依靠农业科学技术在保护生态环境的基础上解决西部民族地区农牧区的粮食自给自足问题，假以时日；另一方面，种植可以产生较好经济效益的其他经济作物，大力发展牧草产业和特色畜牧业，利用“乡村田园风光”发展乡村旅游、休闲产业，走出一条特色农业生产、生态社会及生态消费服务相统一的的发展道路，不断积累经济社会发展实力；在新的社会经济发展格局下解决粮食自给自足问题。至于现实中，以及加快发展中出现的人畜粮食问题，则需要在中央政府统筹下向粮食主产区调购解决。基本思路和理念是：全国一盘棋，充分发挥不同区域的比较优势，求得国家整体的最大效益。马克思曾指出，在人类对自然进行斗争、扩大生产力的领域中，“自由只能是：社会化的人，联合起来的生产者，将合理地调节他们和自然之间的物质变换，把它置于他们的共同控制之下，而不让它作为盲目的力量来统治自己；靠消耗最小的力量，在最无愧于和最适合于他们的人类本性的条

① ［美］柯布、［中］刘昀献：《中国是当今世界最有可能实现生态文明的地方——著名建设性后现代思想家柯布教授访谈录》，《中国浦东干部学院学报》2010 年第 3 期。

件下来进行这种物质变换。”①

第二，辩证地参与全球化经济。在全球化经济的产量竞争、价格竞争中处于劣势的区域，开展基于“健康生活的多功能价值”的地方化农业生产，是有效率的。在资本主义经济体系中，一直比较青睐大市场，认为这样可以形成规模经济，可以形成最高效的生产，换言之，大市场最经济。但是，柯布主张大力发展地方经济，认为地方化生产也不会不经济，并且地方经济可能对公正和社群更有利：“并不是说地方经济就一定可以改善人们的福利。关键是全球经济肯定会破坏人们的福利。如果每个地方社区都完全全球化，那么为了提高全球经济中的竞争力就得降低工资，减少福利。这是‘竞争的底线’”。“如果我们把发展看做就是人类状况的改善（或者更广泛地说，一切生命状况的改善），那么如果以更准确的手段来评价经济在改善人们状况中的贡献，我们会有不同的理想模式。社群、公正和可持续性会成为主要的关注点。发展本地经济会成为主要的关注点。本地经济可能比目前那些措施要好得多。”② 柯布的观点与英国乡村的“地方食物网络”实践，至少让我们感知到参与全球化经济可能有利也可能有弊，关键在于如何选择好项目或产业。例如，四川藏区既把现代畜牧业作为特色优势产业进行发展，也把现代民族文化旅游业作为特色优势产业进行发展。③ 但是究竟是以现代畜牧业作为特色优势产业为主导参与经济全球化，还是以现代民族文化旅游业及

---

① 《马克思恩格斯全集》第25卷，人民出版社1974年版，第926—927页。

② ［美］柯布、［中］刘昀献：《中国是当今世界最有可能实现生态文明的地方——著名建设性后现代思想家柯布教授访谈录》，《中国浦东干部学院学报》2010年第3期。

③ 刘世庆等：《高原牧区发展研究——长江上游川西北例证》，社会科学文献出版社2012年版，第39—45页。

其更基本的载体生态文化旅游业为主导参与经济全球化，意义和效果是不相同的。很显然，前者不得不受资本的逻辑控制，它的实践过程将使四川藏区成为繁忙、紧张的生产基地；为了提高“全球经济中的竞争力就得降低工资，减少福利”，或者实行数量型的粗放增长。粗放型增长导致环境迅速恶化的途径是明确的，尤其是对那些原先经济水平较低的地区来说，由于资本和人力资源的约束，只能用所谓“投资省，见效快”的方式实现经济增长。那么，投资省在哪些方面呢？一是直接的环保配套投资。二是与环境保护有关的基础设施投资。三是低水平的设备。四是低素质的人员。所有这些方面的钱都省下来，实现经济增长可以不成问题，但是技术装备差、科技含量低，必然导致生产经营过程中对自然资源的浪费和对环境的破坏。相反，以现代民族文化旅游业及其更基本的载体生态文化旅游业为主导参与经济全球化，遵从的是“生活的逻辑”，它的存在与发展“就是为了满足人的需要，而且这种需要必须是人的真实的需要，而不是虚假的需要”；它以把西部农牧区打造为全国各族人民领略自然风光、享受良好生态环境的“后花园”而服务于全国人民；它以“当地良好的生态和人民舒适的生活”为其存在和发展的根据，将使产业的发展过程与当地人民的福利改善相统一，把广大的农牧民慢慢地融入发展的进程之中。

第三，把西部农牧区打造为全国各族人民领略自然风光、享受良好生态环境的“后花园”而服务于全国人民，首先必须把西部农牧区尽快发展起来，创造西部农牧区良好的生态和人民舒适的生活。要改造乡村的自然环境和人文环境，让乡村变得美丽、舒适，适宜于居住、生活，由此才能成为供全体国民旅游、度假、居住和都市人休闲和修身养性的理想去处。换言之，西部农牧区发展的价值取向是推进“生活型社会”建设而非“生产型社会”建设；要在“生活型社会”建设理念下，努力建设基础设施，提供各种社会服务，增加在西部农牧区工作和生活的吸引力，创造各种新的工作机会。

二、生态资源与生态文化资源是西部民族地区农牧区的优势资源

第一，从《全国主体功能区规划》看。

按照《全国主体功能区规划》，西部民族地区农牧区几乎都是重点生态功能区或禁止开发区域。既然《全国主体功能区规划》是我国第一次颁布实施的中长期国土开发总体规划，旨在构建高效、协调、可持续的国土空间开发格局，发挥各地域空间的比较优势；那么以提供“生态产品”为“主体功能”的西部民族地区农牧区，生态资源就理应是其地域空间的比较优势。

第二，从英国后现代社会发展看。

美国密执根大学教授殷格哈特（Inglehart）在1997年出版的《现代化与后现代化》一书中，把20世纪六七十年代以来西方发达国家在发展上的新趋势称为后现代化。他认为，后现代化的核心社会目标，不是加快经济增长，而是增加人类幸福，提高生活质量。而英国人对于乡村色彩和田园牧歌的追寻与迷恋，凸现了农村的生态资源与生态文化资源之于后现代社会发展的重要意义。

每一届奥运会的开幕式都诉说着一个国家的故事，成为恒久传颂的经典。2012年伦敦奥运会开幕式上的第一道开胃菜——“伦敦碗”中一片高低起伏、错落有致的英伦田园风貌——道出了英国人的心声：“英国就是乡村，乡村就是英国。”白色石头搭

建的农舍、褐色茅草堆成的屋顶、绿色的灌木草坪、野餐的家庭、耕作的农民、绵羊、奶牛、山羊……奥斯卡最佳导演丹尼·博伊尔把奥林匹克体育场装扮成如诗如画的英国田园乡村，向世人展示了英国人对于乡村色彩和田园牧歌的追寻与迷恋。显然，不列颠人早已从人文社会意义上，意识到了城市的浮躁与喧嚣，乡村的安宁与稳定。英国人觉得，英格兰的乡村，以某种方式表现了这个国家的所有“高贵”和“永恒的”东西；更喜欢把乡村及其文明的享受而非工业城市和全部产品，看作英国留给现代生活的遗产。[①] 英国人对乡生活的热爱，对其民族性产生了重大影响。与许多国家柔弱娇气有身份的人不同，英国绅士既雅致漂亮，又强壮有力，这可能由他们长处户外、兴味盎然于乡村、身体得以锻炼、精神为之健康活泼所致。[②]

如果说，30 年前英国人心中的乡村生活还只局限在英格兰部分地区，而如今，乡间生活地域已经扩展到地广人稀的苏格兰。据欧盟调查，2001 年，在东苏格兰，每 1000 户居民中有 37 户是从英国其他地区迁来的，是欧洲人口迁入率最高的地区。[③]

第三，从西部民族地区农牧区独特的区域生态文化资源看。

当今世界，文化在经济发展中占据的位置越来越重要，文化与经济加速融合甚至一体化发展已成为必然趋势。文化资源是人们从事文化生产、文化活动所利用或可资利用的各种资源，包括自然资源和社会资源。文化自然资源是指自然界存在的，可作为文化生产原材料的物质，以及文化生产所必需的环境条件；例如

---

① 彭治国：《英国，灵魂在乡村》，《优品》2012 年第 6 期。

② 杨捷：《英国的乡村生活》，《科技大观园》2009 年第 24 期。

③ 李孟苏：《真正英国人的生活：庄园与下午茶》，《中外书摘》2006 年第 8 期，第 43 页。

旅游点的自然景观和所处的自然条件等等。文化生产的社会资源，包括社会、经济、技术因素中可用于文化生产的各个方面，主要指教育、科学、文艺、道德、法律、风俗、信仰以及其他从社会上可获得的后天活动的能力和习惯等。西部民族地区的民俗文化、民间艺术（民族歌舞、民间手工艺品等）、历史古迹、山川河流，无论是物质文化还是精神文化都源远流长，博大精深。每个民族都有自己独特的文化表现形式。这些民族特色文化在长期的历史演化过程中形成了丰富多彩、特色鲜明的绿洲文化、大山文化、节庆文化、饮食文化、服饰文化、建筑文化、歌舞文化等村镇乡土文化。这些独特的乡土文化是人类文明的结晶，是今天西部民族地区农牧区经济建设中的宝贵财富。

西部民族地区农牧区的生态文化资源具有原生性、地域性、延续性等总体特征。[①]

——原生性。主要表现在以下几个方面。第一，由于西部民族地区农牧区人口相对稀少，很多村寨交通不便，受工业化影响程度低，村里自然生态良好，古树成林、绿树成荫，保存着生态环境的相对原始状态。第二，长期自给自足的生产方式使得西部一些乡村的生活方式和文化模式也相对保留着自然原始状态，不扭捏、不做作。第三，西部多数村寨千百年来传承着古老的观念、习俗等，村中民风古朴，民族团结，保持着中华民族优秀的传统。可以说，西部民族地区农牧区许多地方水光山色、森林草原、奇石异洞、荒漠戈壁、草棚木屋、生物资源、农业产品、生活生产用品、手工艺品、民俗风情等，无不体现人与自然的和谐统一，人与环境的完全融合。

① 聂华林、李莹华：《中国西部农村文化建设概论》，中国社会科学出版社 2007 年版，第 46—47 页。

——地域性。西部民族地区农牧区民间文化既有深深的民族烙印，也有很强的地域性特征。不同的民族在风俗习惯、饮食习惯、民族服饰、生产生活方式、农业资源特色等方面存在极大的差异；同时，不同地域在民族文化各个方面也存在很大的差异。“十里不同天，百里不同俗”，就是对此精辟的概括。

——延续性。一般而言，风俗习惯、饮食习惯、民族服饰、生产生活方式等民族文化一旦形成，便具有相对的稳定性，并被世世代代延续下去。今天我们看到的很多少数民族的风俗习惯、民族服饰都是本民族的传统习俗、服饰，都可以追溯到遥远的时期，有的甚至源于原始社会，经历了漫长岁月的洗礼延续至今；很多古代修建的，为适应特殊的自然环境、气候条件、生产生活、防敌御敌需要的工程，其科学性、巧妙性即使在今天也无法超越，它们在历史的长河中显示出“人定胜天”的迷人的文化风采。例如为适应天气干燥、日蒸发量大、缺水的状况，新疆人民用智慧集成的坎儿井。

三、以生态重建与生态文化旅游业为抓手，推进西部民族地区农牧区“生活型社会”建设

1. 生态文化与生态文化旅游

生态文化相对于生态文明的概念而言，是一个内容更为复杂和广泛的概念。如果说，生态文明是由生态化的生产方式所决定的全新的文明类型，那么，生态文化则是不同民族在特殊的生态环境中多样化的生存方式。由于生态是人类和非人类生命生存的环境、文化是不同人类生存的方式，所以一旦地球上有了人类，就不可避免地存在生态文化。因此，生态文化是不同人类种族、民族、族群为了适应和利用地球上多样性的生态环境之生存模式

的总和；人类适应和维护不同的生态环境而在生存和发展中所积累下来的一切，都属于生态文化的范畴。①

生态文化旅游是人们以了解大自然和享受大自然为目的而进行的一种旅游活动，是以大自然为根本，把开发资源与保护环境结合在一起的特色旅游；是一种返璞归真、追求生活环境，对自然、山林有明显指向的休闲旅游；是一种依赖环保、追求环保的审美旅游。

随着人类文明特别是世界城市化进程的快速发展，越来越多的人对拥挤喧闹、污染严重、竞争激烈和节奏紧张的城市生活感到压抑和厌倦，迫切要求利用闲暇时间改变一下生活环境，而清新幽静和赏心悦目的大自然无疑是最佳的休憩、游玩的天堂。追求原汁原味、回归自然，体验“天人合一”的享受，是人们治疗现代生活中的“文明病”的便捷方法。通过生态文化旅游活动，亦使人们亲身体验和享受大自然的美，从而更加自觉地保护大自然。②

我国的城市居民，无论在职者，还是已离退休的老年人，凡是有条件，在节假日里都纷纷走出城市，到有森林的地方，有海洋的地方，有高山的地方，去休闲度假，歇息休养，享受洁净的空气和广阔的空间。人们越来越向往大自然，回归大自然的心理和倾向与日俱增。于是，乡村生态文化旅游愈来愈成为国内旅游、特别是城市居民旅游的热点。

美国哈佛大学生物学家 E·O·威尔逊提出，人类有一种

---

① 佘正荣：《生态文化教养：创建生态文明所必需的国民素质》，《南京林业大学学报（人文社会科学版）》，2008 年第 3 期。

② 高玉玲：《生态旅游与环境保护的关系浅析》，《中共青岛市委党校青岛行政学院学报》1999 年第 3 期。

"想要亲近自然"内在的需求；这种需求称为"亲自然情结"。他举例说，对不同文化的研究调查表明，人类天生喜欢开阔的视野，绿茵茵的草地，点缀着树木、池塘、无边无际的田野。威尔逊认为这种原始的人类诞生之初的认同感还存在于我们体内深处，是我们"亲自然情结"在基因上留下的烙印。在对住院病人的调查研究中发现，那些从病房窗外可以看到树木、开阔的绿地或池塘的病人，比那些没有这种条件的病人恢复得要快。这说明了自然有加快治愈过程的作用。威尔逊和越来越多的生物学家、生态学家都担心缺乏与自然界的接触将真正威胁到我们的身体、情绪和精神状况，最终阻碍我们人类的认知发展。[①]

2. 生态文化旅游业的扶贫功能

旅游业是一个外延非常广泛的产业，关联带动性很强，在就业机会的创造与经济增长的促进方面具有非常强的优势。据联合国世界旅游组织统计和按乘数理论分析：旅游业每增加 1 元的收入，可以带来 4.3 元的相关产业收入；旅游业每增加就业 1 人，可带动相关行业间接就业 5 人。因此，从理论上讲，旅游业在扶贫方面具有其他产业所没有的优势。[②]

第一，生态文化旅游业为贫困人口提供较多的就业机会。

贫困地区和贫困户之所以贫困，主要是缺乏劳动就业的机会。由于贫困地区产业结构单一，大量劳动力都集中在种养殖上，加上贫困地区人均占有耕地少，劳动力利用不足和剩余的现象十分突出。许多贫困地区农村剩余劳动力占总劳动力的比例在 40%—50%。一些贫困地区流传"三个月干，八个月闲，一个月

① ［美］杰里米·里夫金：《第三次工业革命——新经济模式如何改变世界》，张体伟、孙豫宁译，中信出版社 2012 年版，第 250—251 页。

② 马忠玉：《论旅游开发与消除贫困》，《中国软科学》2001 年第 1 期。

过年”的顺口溜，就是对这种现象的生动描述。[①] 生态文化旅游业能够为贫困人口提供较多的就业机会表现以下方面。①生态文化旅游业是劳动密集型产业，许多工作需要手工操作，且需直接面对客人提供富有人情味的服务，因而需要大量劳动力。②生态文化旅游业是就业层次较多的产业，许多工作不需要很高的技术，只需短期培训即可很快胜任，由此为在知识领域处于弱势地位的贫困人口提供了就业机会。森林保护、垃圾收集、景区卫生清洁等等，都为景区居民创造了合适的岗位。③生态文化旅游业是顾客寻求并走向“产品”产地的产业，因此在景区就有销售其他产品的机会。④在贫困地区的旅游景区中，虽然最贫困的人口没有直接受益，但他们发展的机会成本被降低了。其经济利益可以被扩展到那些贫困程度较低的穷人，如街头摊贩、临时工、一般工匠或缺乏技能的工人，而且他们较为贫困的亲戚、邻居也会从中间接受益。⑤生态文化旅游产品的开发往往是建立在一些贫困人口所拥有的文化与自然资源基础上的。[②]

第二，生态文化旅游业促进贫困地区人口的观念更新。

贫困地区的贫困落后，重要的一点是观念落后。随着生态文化旅游业的发展，众多的专家、学者、科技人员、企业家和各种商业人员等到旅游地相互交往，横向的商品流、信息流、资金流的产生打破了贫困地区的封闭状态，促进了商品经济意识和文明意识的产生。旅游开发前，一些贫困山区的农民缺乏商品意识，卖鸡蛋、水果都不好意思开价，顾客给多少就要多少；客人来家住宿，一般是不要钱的。旅游开发后，农民办起了家庭旅馆和餐

---

① 吴忠军：《论旅游扶贫》，《广西师范大学学报（哲学社会科学版）》，1996 第4 期。

② 马忠玉：《论旅游开发与消除贫困》，《中国软科学》2001 年第1 期。

馆，不仅外出搞公关活动招徕顾客，与顾客讨价还价，而且把许多土特产品稍作加工后作为旅游纪念品出售。旅游开发前，山区农民“靠山吃山”，为维持生计，砍柴出卖，烧山积肥种地，往往造成森林植被的严重破坏，且屡禁不止。旅游开发后，农民依托自然景观、生态资源尝到了致富甜头，出现了由被动保护变成群众主动保护山林森林旅游资源的可喜风尚。

第三，生态文化旅游业的发展能加速贫困地区的社会发育。

在旅游资源比较丰富的贫困地区发展旅游业，能收到“开发一方景区，繁荣一方经济，致富一方百姓”的良好效果。旅游业是“一龙飞百龙舞、一业兴百业旺”的综合产业。旅游业的开发不仅能带动交通、通信、建筑、商业、园林、副食品等相关产业长足发展，而且还引发出许多新兴产业，大大促进区域经济增长和社会发育。①

3. 生态重建与民居旅游服务业应成为西部农牧区“生活型社会”的基本产业

西部民族地区农牧区是西部生态屏障建设的前沿阵地，生态重建任重道远。一如著名经济学家林凌为《高原牧区发展研究——长江上游川西北例证》一书作序中所指出：国家从“十二五”开始实施全国的“主体功能区规划”，规划把这一地区定位为限制开放区，有些地方是禁止开发区。保护生态环境是这里的主要任务，这就带来保护生态与提高居民生活水平的矛盾。从长远看，这里需要继续发展牧业，但无法依托发展牧业来使居民致富，更无法依靠开发矿产资源来提高居民生活水平，唯一的出路

① 吴忠军：《论旅游扶贫》，《广西师范大学学报（哲学社会科学版）》，1996 第 4 期。

是依靠当地居民保护生态资源、发展生态经济，通过国家购买生态经济产品和实施生态补偿政策来获得收益。这是一个需要认真研究的难题。[①] 一个合理的解决方案是：国家把西部民族地区农牧区生态环境建设，亦即生态重建，作为一项长期的、巨大的公共建设工程来发展。

根据世界自然基金会2012年发布的核算数据：2008年全球生态足迹达182亿全球公顷，人均2.7全球公顷；同年，全球生态系统承载力为120亿全球公顷，人均1.8全球公顷。也就是说，2008年，全球生态赤字率达50%。同期，中国人均生态足迹为2.1全球公顷，是全球平均水平的80%。但是中国生态系统相对脆弱，高原、山地、荒漠和戈壁占据大半壁江山，生态系统生产力远低于全球平均水平；中国的人均生态足迹，已经超过生态系统生产力的2倍，即生态赤字率已达100%。[②] 由此可见，卓有成效的生态重建是改善中华民族的发展状况、拓展发展空间之必需。

2002年，国际生态重建学会对"生态重建"的定义是：生态重建是协助一个遭到退化、损伤或破坏的生态系统恢复的过程。2010年，中国科学院院士张新时撰文强调生态重建和生态恢复概

① 刘世庆等：《高原牧区发展研究——长江上游川西北例证》，社会科学文献出版社2012年版，序：第3页。

② 潘家华：《缩减生态足迹维护生态承载力》，《中国社会科学报》2013年9月4日。生态足迹也称"生态占用"，是用来衡量人类对自然资源的需求与消耗的有效工具，通过测定现今人类为了维持自身生存而利用自然的量来评估人类对生态系统的影响；它显示在现有技术条件下，特定数量人群（一个人、一个城市、一个国家或全人类）需要多少具备生物生产力的土地和水域，来生产所需生活资料和吸纳所衍生的废物。当生物承载力（亦称生态足迹供给）小于生态足迹时，就会出现生态赤字，其大小等于生物承载力减去生态足迹；反之则是生态盈余。生态足迹和生态承载力都以"全球公顷"为单位度量。

念不能混淆，阐明了自然恢复和生态重建的三类时间尺度——地质年代尺度：千、万、亿年，自然生态系统世代交替和演替尺度：十、百、千年，生态建设时间尺度：一、十、百年；前二者为自然恢复尺度，三者相差2—3个数量级或更多。人类不能超尺度地依赖自然恢复能力，自然与人为时间尺度的不匹配是自然恢复难以满足人类社会生态需求的根本原因。[①] 他提出：主要依靠生态系统的自我恢复能力进行生态系统的恢复与重建，这是经典或传统生态学的观点；在自然生态系统退化不严重，基本上保持着原来的系统结构和环境条件的情况下，这样说在理论上是正确的。但在我国许多地区自然生态系统经过长期强度利用和开发而严重退化，其结构已遭到破坏，甚至环境（土壤和局地气候）都发生了很大变化，原来的自然生态系统基本上已不存在或已丧失了自我恢复能力的情况下，仍要强调“自然恢复”，就是不符合实际的教条，是不作为的推托和有悖于生态道德伦理、极度不负责任和消极有害的观念；是把人类不合理行为对自然欠下的孽债和应负的责任推诿给自然去成千上万年地慢慢恢复的迂腐决策。如果我国仍处于经济十分贫困落后、民不聊生的状况下，就只能实行“封山育林”，旷日持久地消极等待自然恢复，是可以理解的无奈之举；但我国目前经济发展已具一定实力，在中央领导决心改变我国自然环境和生态系统严重退化的状态、大力发展生态建设之际，采取如此消极的生态战略，可谓是对生态重建理念的严重缺失。

张新时提出，除恢复重建自然的生态系统外，还要发展人工设计生态方案等未来生态重建途径。人工设计的生态系统已超越

① 张新时：《关于生态重建和生态恢复的思辨及其科学涵义与发展途径》，《植物生态学报》2010年第1期。

了将生态系统修复到过去状态的传统理念，它要求创造一个功能完善的生物群落，并与人类耦合成“自然—社会”复合生态系统，使其为人类提供最优的生态服务。这种系统可以设计成通过组合各种技术手段，并搭配以新型的物种组合来减缓不利的生态影响，并有利于形成特定的生态服务功能。① 通过丰富人工生态系统的多样性：合理的、多种类间作、混作、轮作、多层次（乔、灌、草、水体等）结构配置，或农、林、牧（草）、副、渔的多种经营组合，由此达到生物多样性与经济需要相结合的目的而构成的“农林牧复合系统”，是十分符合重建生态学与生物多样性原则的。这对于我国退化生态系统的恢复重建与优化人工生态系统的构成具有重要意义，也是对丰富生物多样性的高层次综合措施。②

张新时的论文从理论上阐明了国家应把西部民族地区农牧区的生态重建作为一项长期的、巨大的公共建设工程来发展的必要性和重要性。清华大学国情研究院院长胡鞍钢基于公共经济学的相关理论和中国的特定国情，也提出了如下建议：设立国家生态安全保障基金，列支中央财政支出项目，对国家重大生态安全工程进行长远投资。他指出，此项建议形象地讲，是用“公共财政”购买“国家生态财富”来保障国家生态安全，就像国家支付国防费保障国家国防安全一样。从中国的基本国情和国家核心利益来看，中国最稀缺的国家财富不是财政收入，它可以随着GDP的增长而高弹性增长；严重不足、日益流失的是国家生态资本，

---

① 张新时：《生态重建与生态恢复》，《江南论坛》2013年第9期。

② 张新时：《关于生态重建和生态恢复的思辨及其科学涵义与发展途径》，《植物生态学报》2010年第1期。

因此非常有必要用国家财政来购买。[①]

西部民族地区农牧区民居旅游服务业，是利用农牧民家庭自用住房，开展旅游经营，提供“吃、住、娱乐”全面服务的户型家庭经营活动。民居旅游服务业可以让游客体会原汁原味的西部农牧区生态文化风情。民居旅游服务业，与通常所说的“农家乐”、“乡村旅游”等有一致之处。之所以不简单地沿用“农家乐”或“乡村旅游”，主要是强调其经营活动的“副业”性，强调其西部农牧区特点及乡村性。目前，许多地方把“农家乐”办成餐厅酒楼，盲目模仿城市旅游消费模式，其实人们到“农家乐”不是追求物质享受，而是追求生态文化方面的精神享受。民居旅游服务，以自住房屋为基础进行一定的投资，一般由投资农牧民亲自经营管理，家庭经营色彩浓厚，雇佣的服务员也多为亲戚或邻近村民。农牧民除从事民居旅游服务外，还有土地经营（农牧业生产）、生态重建等活动作为收入来源。换言之，民居旅游服务收入只是西部农牧民家庭的“增收”而不是生活的基本保证。

西部民族地区农牧区民居旅游服务业，作为发展生态文化旅游业惠及广大农牧民的基本形式，利用的资源是民族地区优美的自然景观和独特的民族文化资源。当然，要使这一产业真正具有比较优势，还需要通过专门的规划设计与专业化的学习培训，按照市场价格机制的作用，降低成本，提高效率。

生态重建与民居服务旅游产业发展，对于西部农牧区“生活型社会”建设具有如下重大意义。

---

① 胡鞍钢：《关于设立国家生态安全保障基金的建议：以青海三江源地区为例》，《攀登》2010 年第 1 期；胡鞍钢：《中国创新绿色发展》，中国人民大学出版社 2012 年版，第 184 页。

国家把西部民族地区农牧区的生态重建作为一项长期的、巨大的公共建设工程来发展，着眼于增加国家的生态资本、减少生态赤字；而对西部民族地区农牧区和农牧民的发展而言，则将不断积累起“脱贫、致富、奔小康”、建设“生活型社会”的“生计资本”，包括足够质量的物质资本、人力资本、自然资本、社会资本和金融资本，以及运用它们实现资本增殖的一定能力。

第一，国家安排以工代赈投入西部民族地区农牧区生态重建，是用“公共财政”购买“国家生态财富”，这为贫困农牧民提供了大量参工就业机会；贫困农牧民参加以工代赈生态重建工程建设，就将获得劳务报酬，直接增加收入。由此既提供了“生态重建脱贫”、“生态重建致富”的平台，也使贫困农牧民的生产生活有了服务社会、贡献社会的新价值与成就感。

第二，西部民族地区农牧区的生态重建，很大程度上是通过现代科学技术对生态环境的积极扰动，实现原有被破坏的生态系统立地环境（植物生长地段作用于植物的环境条件的总体）的改善。因此，需要大力积极推广以生物技术为主的生态农业技术，以景观生态学的原理和方法为指导，合理规划和调整生态景观的开发利用方式。这种运用科学技术改造旧河山的实践，将使广大农牧民逐步确立起充分依靠科技进步求发展的观念，不断提高科技文化素质，实现生产生活与科技文化的有机融合。

第三，国家把西部民族地区农牧区的生态重建作为一项长期的公共建设工程来发展，为提升西部民族地区农牧区发展的社会资本创造了良好条件。根据世界银行社会资本协会的定义，社会资本是指政府和市民社会为了一个组织的相互利益而采取的集体行动，该组织包括共同的价值观、规范、非正式网络等制度因素。在中国乡村研究中，农户的亲友网络、是否得到农技站及村委会的支持等，被认为是农户社会资本的代表性指标。一项对西部民族地区农牧区的调研表明，“无论以家庭作为基本单位还是以整个村组织作为基本单位，被调查对象的社会资本都是极低的，基本是以亲友网络作为唯一的社会资本。”[①] 就其原因，许多村没有集体经济，基本上也没有什么公共事务，因此基层党组织与村委会几乎没有凝聚力。一当国家把西部民族地区农牧区的生态重建作为长期的公共建设工程来发展，基层党组织与村委会的组织、服务作用将得到发挥，从而使农牧区、农牧民的社会交往大大增强，发展的社会资本得以提升。

第四，国家把西部民族地区农牧区的生态重建作为一项长期的公共建设工程来发展，开展大规模国土整治、国土绿化和生态环境建设，带动土地利用结构调整，大力开发人力资源，投资基础设施建设，将极大地改善西部民族地区农牧区的基本生产条件和生活环境，以及对内对往交往的信息通讯与交通状况；由此，既构建起生态系统的良性循环，也为西部民族地区农牧区发展生态文化旅游业、广泛开展民居旅游服务业奠定起良好基础。

至于民居旅游服务业作为基本产业对于西部民族地区农牧区“生活型社会”建设的重大意义，则是根源于民居旅游服务业是生态文化旅游业发展惠及广大农牧民的有效形式。一方面，如前所述，要把西部农牧区打造为全国各族人民领略自然风光、享受良好生态环境的“后花园”而服务于全国人民，首先必须把西部农牧区和农牧民家庭发展起来，创造西部农牧区良好的生态和人民舒适的生活。只有让乡村变得美丽、舒适，适宜于居住、生活，才能成为供全体国民旅游、度假、居住和都市人休闲和修身

① 阎占定等：《中国民族地区发展问题调研报告》，湖北人民出版社 2010 年版，第 221 页。

养性的理想去处。因此，要在“生活型社会”建设理念下，投资基础设施建设，开发人力资源，大力改善西部民族地区农牧区的基本生产条件、住房与生活环境，提供各种社会服务，增加在西部农牧区工作和生活的吸引力。另一方面，西部民族地区农牧区民居旅游服务业以“当地良好的生态和人民舒适的生活”为其存在和发展的根据，始终使产业的发展过程与当地人民的福利改善相统一。

第五章

解析西部民族地区农牧区社会信息化发展战略

当今世界，科学技术突飞猛进，数字化通信与互联网技术的迅速发展，为我们提供了空前的、低成本的传播知识和交流知识的现代手段；由此也就奠定了以知识推进发展、以知识促进落后地区经济社会起飞的物质基础。本章阐述了提出西部民族地区农牧区社会信息化发展战略的思想脉落，讨论了西部民族地区农牧区社会信息化发展战略的若干基本问题；运用马克思的技术及交往理论揭示了西部民族地区农牧区社会信息化发展战略的重要意义，明确了西部民族地区农牧区社会信息化发展战略与西部民族地区农牧区“生活型社会”建设的内在一致性。

第一节　西部民族地区农牧区社会信息化发展战略的提出

西部民族地区农牧区社会信息化发展战略的提出，是与胡鞍钢等对西部民族地区“以人为本，社会发展优先”战略研究密切相关的，甚至可以这样说：没有“以人为本，优先加快社会发展”战略研究，也就不会提出西部民族地区农牧区社会信息化发展战略。但是，实践“以人为本，优先加快社会发展”战略的路径可以有多种；以西部民族地区农牧区社会信息化发展战略推进西部民族地区农牧区科学发展，则是实践“以人为本，优先加快社会发展”战略的最好选择。

一、西部民族地区“以人为本，社会发展优先”战略研究

2000年前后，中国科学院—清华大学国情研究中心胡鞍钢研究团队在系列著述中，提出了西部民族地区新世纪的发展应摈弃“经济增长优先”、“模仿或照搬东部发达地区发展模式”的传统追赶战略，实施“以人为本，社会发展优先”的新追赶战略：优先缩小知识发展差距和人类发展差距，制定能够有效地缩小城乡发展差距、使广大农牧民切实受益的农村公共服务政策，加快促进各民族的自身开发、发展变革以及融入世界现代文明的发展进程，努力消除人类贫困，促进人类发展，保护民族文化，以实现各民族的全面可持续发展。相应提出：应重新确定中央对西部民

族地区的投资领域和投资重点；从单纯追求经济增长转向促使各民族全面持续发展，以提高各民族人民的生活质量，改善各民族人民的生存条件，扩大各民族人民的发展机会。中央政府应从对竞争性产业、盈利性行业的投资转向对广大农牧民优先受益的公共服务领域投资，转向对人力资本的投资、改善生活设施的投资，真正投资于人民，使广大农牧民等社会弱势群体优先受益。应从以往“办大项目”转向为广大农牧民“办大事情”，从“办资本密集型项目”转向大力兴办旨在“富民为本，提高农牧民收入、改善农牧民生活与生存条件的劳动密集型项目”。加快西部民族地区发展，既要重视保护自然生态环境，又要重视保护民族文化生态环境。①

胡鞍钢等指出：一个民族不能够实现开放与变革，就不可能享用全人类共有的文化与文明，只能是永远陷于愚昧和落后境地；一个民族不能够积极寻求学习与借鉴其他民族贡献给全人类的优秀文化技术遗产，未能利用全人类共有的知识与技术，只能长期处于民族边缘化的封闭状态。因此，必须采取有利于加快促进民族自身开放与发展变革的全面开放政策，努力构建开放经济体系，加速民族与地区的双重开放，最终形成具有本民族特色的发展模式。胡鞍钢等还提出了“制定具有民族特色的产业政策”和实施“生态建设、扶贫富民与文化保护”并举工程等政策建议。

同时，胡鞍钢对中国的“数字鸿沟”的现状进行了实证分析，并指出：8 亿乡村人口基本被排斥在信息化之外，成为信息

① 胡鞍钢、温军：《社会发展优先：西部民族地区新的追赶战略》，《民族研究》2001 年第 3 期；胡鞍钢主编：（地区与发展）《西部开发新战略》，中国计划出版社 2001 年版。

时代的边缘化人群，这极不利于农业现代化、农村产业结构调整以及农民收入的增加。从某种意义上讲，加大农业与农村的信息化建设将是中国信息化建设的核心和长期战略，应该使信息技术投入成为农业发展和农村基础设施建设的新的要素投入。如果说足够的食物、良好的营养、清洁的饮用水是人类生存的基本人权的话，那么在信息时代，通信以及网络的接入、使用以及满足人们的基本信息需求也将是人类发展的基本人权。胡鞍钢提出：促进资源流向能够促进西部地区人力资源增长的领域，这是西部大开发的核心；这就要求加大信息基础设施和教育的投入。这不仅有助于西部地区的人力资源的积累，提高西部地区利用知识促进发展的能力，同时有助于西部地区和东部地区的“数字鸿沟”的缩小，提高西部地区利用信息技术的机会以及扩大信息技术的需求。[①]

胡鞍钢研究团队对西部民族地区“以人为本，社会发展优先”战略的研究，较早地为我们所重视。在2002年出版的《四川民族地区跨越式发展的理论与实践研究》一书中，我们以“社会发展优先：西部民族地区新的追赶战略”为题，将胡鞍钢的思想作为“非均衡协调发展”的一个理论范式进行了讨论。[②]

二、以信息技术推进西部民族地区农牧区发展研究

《国家社会科学基金项目2006年度课题指南》“民族问题研究”中，列出了“少数民族地区建设社会主义新农村（牧区）研究”这个基本课题，并提出了一些要求。依据长期对西部民族地

① 胡鞍钢、周绍杰：《中国如何应对日益扩大的“数字鸿沟”》，《中国工业经济》2002年第3期。《填平“数字鸿沟”建立信息大国强国》，2002年5月16日《通信信息报》。

② 袁本朴、文兴吾：《四川民族地区跨越式发展的理论与实践研究》，四川民族出版社2002年版，第68—80页。

区发展的理论与实践研究，尤其是对四川民族地区一些州、县开展全面建设小康社会战略规划研究和“十一五”规划研究的体会，我们设计申报了“以信息技术的有效运用推进西部民族地区建设社会主义新农村（牧区）研究”课题，并于2006年5月获准立项。我们认为，对于西部民族地区农牧区这个特殊的“社会—经济—生态”发展系统，实施社会优先发展方略有其客观必然性和现实可行性；西部民族地区农牧区优先加快社会发展，必须找准突破口和切入点，必须充分依靠科技进步。“以信息技术的有效运用推进西部民族地区社会主义新农村（牧区）建设”，旨在把大力推进西部民族地区农牧区广播电视业及相关信息化建设，作为西部民族地区农牧区优先加快社会发展的突破口和切入点；旨在把优先加快西部民族地区农牧区社会发展，与当代信息科技革命以及信息社会建设的全球大趋势有机地结合起来。其本质是以信息技术消除知识贫困，以不断深入的信息化进程夯实发展基础，实现广大农牧民“脱贫、致富、奔小康”。

“以信息技术的有效运用推进西部民族地区建设社会主义新农村（牧区）研究”课题于2010年7月获准结题，主报告《以信息技术的有效运用推进西部民族地区建设社会主义新农村（牧区）研究》共分九章，2011年3月由西南财经大学出版社出版，书名为《以信息技术推进西部民族地区农牧区发展研究》。主要内容及相关评价如下所述。

1. **主要研究内容**

第一章阐明了西部民族地区建设社会主义新农村的特殊性。让人们看到：西部民族地区农牧区的普遍贫困，是西部地区经济社会发展整体水平低的伴生现象；简单地照搬“以工促农，以城带乡”模式是不恰当的。提出在经济社会发育程度低下的西部民族地区农牧区推进社会主义新农村新牧区建设，必须要有新思路、新举措。

第二章回顾了韩国新村运动的发展历程，阐明了其主要特点："就地"现代化运动，既促进了农业的发展，扩大了农村劳动力的就业途径，又快速缩小了城乡差别，实现了农村的繁荣和稳定；提出韩国新村运动以思想启蒙为先导、培养内动力，充分发挥政府的主导作用等作法，值得借鉴。

第三章阐明了信息高技术产业是当代经济社会发展最具活力的、具有强渗透性和带动性的战略产业，是实施知识发展战略的基础产业；指出信息技术对落后地区发展的重要意义：为落后地区通过增强交往活动促进经济社会发展创造了条件，变革着落后地区的空间结构，蕴含着新的生存与发展方式，是冲破贫困文化笼罩最有效的手段。

第四章梳理了我国推进农村信息化建设已实施的一系列基本工程及取得的成绩，包括"金农工程"、"村村通广播电视"工程、"村村通电话"工程、农村中小学现代远程教育工程、农村党员干部现代远程教育工程、全国文化信息资源共享工程，以及"三电合一"农业信息服务试点、农村信息化综合信息服务试点等；明确了我国农村信息化建设达到的深度和广度。

第五章阐明了在落实科学发展观、全面建设小康社会的新的历史时期，西部民族地区发展要确立"以人为本，优先加快社会发展"的新思路，制定能够有效地缩小城乡发展差距、使广大农牧民切实受益的农村公共服务政策，加快促进各民族的自身开发、发展变革以及融入世界现代文明的发展进程。并且，有系统、较全面地论述了西部民族地区农牧区优先加快社会发展的客观必然性和现实可行性，以及加强文化建设对西部民族地区农牧区发展的重大意义。

第六章提出以社会信息化发展方略推进西部民族地区社会主义新农村新牧区建设，阐明了西部民族地区农牧区优先加快社会发展的切入点与突破口；有系统地论述了农牧区信息化建设将直接推进农牧区人类发展能力和社会发展能力建设，将极大地推动农牧区文化建设和民族文化的繁荣；阐发了通过大力推进信息化建设，用“数字化生存”让广大农牧民先愉快起来，由此激发他们对幸福生活的向往和追求，不断提高主观能动性，最终以崭新的面貌开展积极的文化、社会、经济建设和生态建设，实现“脱贫、致富、奔小康”的新思维。相应讨论了西部民族地区信息化与工业化互动发展的特殊性、正确认识和处理好信息技术的战略应用与阶段性策略的辩证关系等问题。

第七章从甘孜藏族自治州信息化建设透视西部民族地区农牧区信息化建设的既有实践及存在的问题，明确了两个方面的认识。第一，西部民族地区农牧区信息化建设尽管落后，但也不是“一片空白”或“信息化的荒漠”，相反，由于国家推进农村信息化建设而实施的一系列基本工程，西部民族地区农牧区已有一定数量的信息化建设存量资源和实践体验。第二，尚未找到推动西部民族地区农牧区广播电视业及相关信息化建设可持续发展的基本方式，尚未确立符合西部民族地区自身内在要求的城乡统筹、互动发展的信息化建设理念，尚未从发展的战略高度推进农牧区信息化建设。

第八章提出以 IPTV（Internet Protocol Television）① 模式推进

① IPTV 是指具有集成前端、通过 IP 网向电视机或计算机终端传送电视节目的电视运营业务。传输 IPTV 的网络通常不是公开的互联网。理论上任何支持 IP 数据传输的网络都可以承载 IPTV。（广播影视业务教育培训丛书编写组：《广播影视数字化普及读本》，中国国际广播出版社 2007 年版，第 68 页）

西部民族地区农牧区广播电视业及相关信息化建设；有系统、较全面地阐述了IPTV模式作为信息传播系统的革命性技术，对于西部民族地区全面推进农牧区社会信息化发展，全方位解决农牧区信息化建设中的困难问题，建构积累自身内容、富于自身特色、服务本土百姓的新型大众传播体系，具有的重大意义。相应指出宁夏回族自治区加快社会主义新农村信息化建设的实践，本质上是以IPTV模式推进农村信息化建设，并对其基本经验进行了归纳总结。此外，提出了以VSAT宽带为传输主干、IPTV为基本模式建设甘孜州信息系统的设想。

第九章根据前面各章的研究，提出了推进西部民族地区农牧区社会信息化发展的总体构想，以及相关保障措施和政策建议。

以上各章的相互关系可以用图5－1来表示。

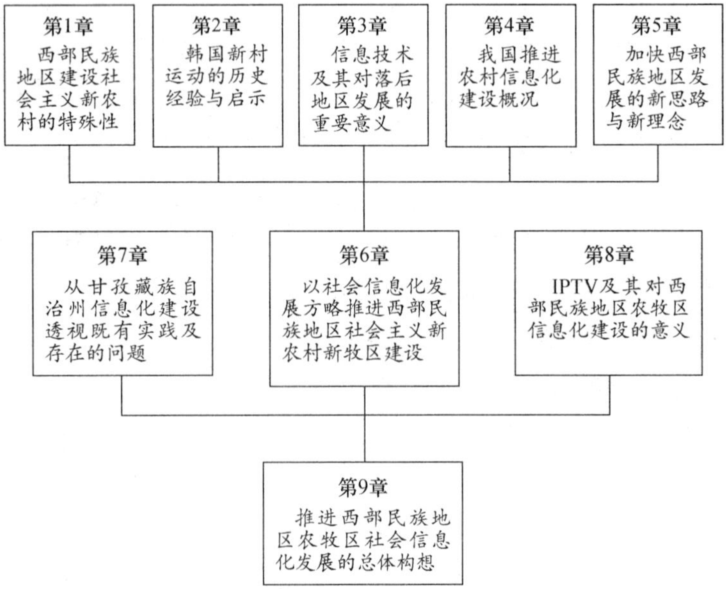

图5－1　《以信息技术推进西部民族地区农牧区发展研究》的内容与结构

2. **评审专家的主要意见**

对于本项研究成果，根据《国家社会科学基金项目管理办法》，有五位专家进行了通讯鉴定；其中四位给出了主要是肯定的意见，一位给出了主要是否定的意见。下面将四位专家的肯定意见与一位专家的否定意见照录于下。

（1）专家一的肯定意见

成果指导思想明确，研究基础扎实，分析论证充分，结论较为可靠，政策建议具有针对性。研究融学术性、政策性和可操作性为一体，注意了理论研究与实践研究相结合，国情和省情研究、民族问题及政策研究的有机统一，提出了西部民族地区新农村建设的思路和对策，是一项具有较高学术水平和应用价值的研究成果。

第一，提出了破解仍处于贫困状态下的西部民族地区农牧区建设的新理念，即“以人为本，优先加快社会发展”，这对于全国落后的山区农村发展也有借鉴价值。

第二，把加快西部民族地区农牧区社会发展，与当代信息技术的有效运用有机地结合起来，为该区域的发展提供了实践路径和技术支点。

第三，提出了以 IPTV 模式推进该区域广播电视业及相关信息化建设的对策建议，具有较强的可操作性。

（2）专家二的肯定意见

研究成果具有重要实践和理论意义。研究成果从我国作为统一的多民族国家、具有民族历史文化的多样性、民族区域发展的不平衡性，以及与汉族相比，在实现全面小康和共同富裕目标中的具体发展道路的差异性出发，论述了社会发展优先战略和信息技术的有效运用在推进西部民族地区（农牧区）摆脱贫困的恶性循环、提高农牧区人的发展能力和社会发育能力，从而实现民族地区“社会—经济—生态”复杂系统全面发展中的重要作用，并以甘孜、宁夏等为例，探讨了如何从现有基础和环境出发，实施信息化带动民族地区现代化的政策、措施问题。研究成果有较强的现实针对性和指导性。

研究成果立论正确，资料充分，基本思路清晰，方法得当，若干问题的论述存独立创新观点。成果中关于民族地区的民族特点和区域特点；民族地区的经济贫困和文化贫困的分析；关于民族地区“以人为本，优先加快社会发展”的必要性和可行性分析；关于信息化、全球化时代，民族地区运用信息技术（服务）推进社会进步和经济发展就是信息化带动工业化、现代化的论述；关于民族地区新农村建设中“电话村村通”、“广播电视村村通”、“网络村村通”——三网合一，以及边远山区运用卫星通信等设计和案例总结等，均有启迪意义和可操作性。

（3）专家三的肯定意见

西部地区如何在有效保护好自然生态环境与民族文化生态基础上实现跨越式发展，是中国崛起、中华民族复兴需迫切解决的重大战略问题。本报告立意较高，直接从当代世界最先进的信息技术入手，将信息科技革命与信息社会建设与中国西部民族地区社会主义新农村建设结合起来，以此寻找出一条西部民族地区实现跨越式发展的有效路径来。

本报告视野开阔，提出的发展战略具有前瞻性、科学性、先进性。本报告没有沿袭一般的“经济—社会—生态”发展理路，而是提出了西部民族地区发展应实施“社会—经济—生态”的发展理路，打破以往“贫困恶性循环”和“低水平均衡陷阱”，实现人与自然、经济与社会、经济与文化协调可持续发展。

本报告视角独到，找到了西部民族地区优先加快社会—文化发展的切入点和突破口，提出了以 IPTV 模式为主要内容的信息技术及相关信息社会建设，来推进西部民族地区社会主义新农村（新牧区）建设，进而实现西部经济与社会的起飞，使西部跨越式发展成为一种可能。

本报告研究方法规范，将理论与实践、文献梳理与田野调查、国情区情与民族文化研究相结合，使报告更具说服力，提出的观点更具坚实基础，也更有针对性。

（4）专家四的肯定意见

成果以极大的热情对以信息技术的发展推动西部民族地区的建设进行了深入探讨。成果较为突出的特色表现在以下两个方面：

第一，明确提出“以信息技术的有效运用推进西部民族地区社会主义新农村建设”，从而使人们对西部地区新农村建设的整体思路提升到了跨越传统发展模式的新的信息时代，实现了发展理念的突破。

第二，基于信息技术及其产业化特征的分析，指出信息技术是变革西部落后地区空间结构、冲破贫困文化笼罩、创建新的生存与发展方式最为有效的手段。以此为据，文章总结梳理了我国农村推进信息化建设已经实施的工程及取得的成绩，回顾了西部民族地区信息化建设取得的经验和存在的问题，提出了以“网络电视”为模式推进西部民族地区信息化建设的整体构想。

（5）专家五的否定意见

成果的不足主要表现在：

第一，由于成果仅以实例分析西部民族地区，涵盖面较窄。

第二，对西部民族地区推进信息化面临的实际问题未作深入的分析。

第三，尚未找到因地制宜地推动信息化建设的基本模式，特别是激励地方政府、电信运营企业、内容提供商的参与。

第四，未对电信企业的“普遍服务”和政府的支持方式进行有深度的分析。

第五，未对政府的公共资金的投入进行测算，仅强调了技术层面的分析，未进行合理的经济、制度层面的分析。

从上可见，以信息技术的有效运用推进西部民族地区建设社会主义新农村新牧区，作为一项创新性研究，得到专家们的基本认同。但是，作为一个涉及面广泛的大系统的复杂问题研究，还需要进一步丰富、拓深和完善；需要更慎密的必要性和可行性论证，也需要更明晰的规划及方案建议。

三、确立西部民族地区农牧区社会信息化发展战略研究

2010年6月30日《光明日报》发布的“2010年国家社会科学基金重大招标项目课题研究方向”的第50题为“科技进步引发社会生产方式和生活方式深刻变革研究”。按照“发达地区”、“落后地区”与“科技进步已引发”、“科技进步将引发”分类，第50题可以进行如图5－2所示的四个方面的研究设计。

我们认为，从现存的研究及其成果看，学术界对于科技进步引发（包括已引发和将引发）发达地区社会生产方式和生活方式深刻变革的研究较多，对科技进步已引发落后地区社会生产方式和生活方式变革的研究次之，对如何使落后地区依靠科技进步实现社会生产方式和生活方式深刻变革、推进跨越式发展的研究最少。这是一种“马太效应”，即科技进步发挥作用越大的地区越引起学术界的研究，而发挥作用小的地区则缺乏研究。然而，在落实科学发展观、全面建设小康社会的新时期，落后地区如何在

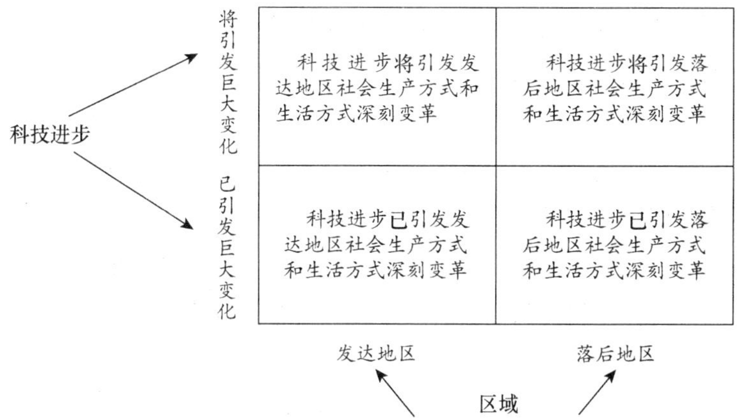

图 5－2 “科技进步引发社会生产方式和生活方式深刻变革研究”课题设计分类

国家的支持下依靠科技进步求发展，是我国社会主义现代化建设中亟待解决的重大问题；也是需要切实加强的研究领域。有鉴于此，我们把研究定位于在“发展和如何发展”问题上深陷困境的西部民族地区农牧区，设计了“以信息技术深刻变革西部民族地区农牧区发展方式研究”课题参与投标。经过专家通讯评审和专家答辩评审两轮角逐，“以信息技术深刻变革西部民族地区农牧区发展方式研究”课题于 2010 年 11 月 20 日被批准为 2010 年国家社会科学基金重点项目。

在投标申请书中，我们提出“以信息技术深刻变革西部民族地区农牧区发展方式研究”的主旨是：在“以信息技术的有效运用推进西部民族地区建设社会主义新农村（牧区）研究”既有成果的基础上，提出以信息技术深刻变革西部民族农牧区发展方式及生产、生活方式，在经济社会发育程度十分低下的西部民族农牧区推行社会信息化发展战略，把现代信息技术的广泛运用作为当地社会经济发展的“第一推动”。预期目标是：深刻认识中国西部民族地区农牧区自然、经济和社会发展的基本特征，当前面临的一系列问题、困难和障碍；把握当代信息技术革命的重大成果与我国信息产业发展态势，及其对解决中国西部民族地区农牧区发展问题提供的重大机遇；充分借鉴国内外以信息技术推进落后农牧区发展的成功经验。在此基础上，运用辩证思维方式和系统科学方法，提出逻辑自洽、条理明晰、可供学术界批判、可供中央政府操作的西部民族地区农牧区社会信息化发展战略及基本方案。

在“以信息技术深刻变革西部民族地区农牧区发展方式研究”课题投标申请书的字里行间，“西部民族地区农牧区社会信息化发展战略”概念被明确提出，取代了“以信息技术的有效运用推进西部民族地区建设社会主义新农村（牧区）研究”课题中“西部民族地区农牧区社会信息化发展方略”的提法。在这里，“方略”与“战略”有刻意区分。所谓方略，是指方法、计谋和策略，它更多地表达着一种思想、一种观念、一种处理问题的方式方法。战略则是泛指重大的、带全局性的、规律性的或决定全局的谋划，它更多地表达着一种有系统的分析与设计。

第二节　西部民族地区农牧区社会信息化发展战略的几个基本问题

在一般人的观念中，社会信息化发展是社会经济发展到高级阶段的产物，是经济社会高度发展后的结果；而我们提出以信息技术深刻变革西部民族地区农牧区发展方式，则是把现代信息技术在社会领域中的广泛运用作为西部民族地区农牧区走出“低水平均衡陷阱”与“贫困文化的恶性循环”的“第一推动”，或者说，是走出贫困的恶性循环不能缺失的重要一环。这种思想，既基于深刻认识西部民族地区农牧区自然、经济和社会发展的基本特征，当前面临的一系列问题、困难和障碍；也基于把握当代信息技术革命的重大成果与中国信息产业发展态势，及其对解决中国西部民族地区农牧区发展问题提供的重大机遇。它可以说是总结历史作出的新的选择，也可以说是把握当代信息科技革命以及信息社会建设的全球大趋势而作出的“社会工程”设计。

一、西部民族地区农牧区社会信息化发展战略的内涵与意义

狭义的社会信息化是指与国民经济信息化并列的社会领域的信息化；而广义的社会信息化作为当今社会发展的一种新模式——“发展的信息化模式”，指的是在国民经济和社会生活的各个领域越来越广泛、越来越普遍地使用信息技术和信息方法来开发利用各种各样的信息资源，并以此为手段来开发和利用物质资源和能源，从而不断地把社会的物质文明、精神文明、政治文明、生态文明水平推向新的高度，推动社会的发展和进步。

一个区域推进“社会信息化发展”的过程，也就是努力使当代先进的信息技术融入区域社会经济系统、并与区域内原有要素资源创新性集成和融合的过程。信息化发展主要沿着三个方向展开：一是信息技术与信息产业自身的发展；二是信息技术对传统产业的改造和提升；三是信息技术在社会生活中渗透，形成广泛的信息化应用。实施西部民族地区农牧区社会信息化发展战略，

把现代信息技术的运用作为西部民族农牧区社会经济发展的“第一推动”，是从第三个方面切入，以此推进另外两个方面的发展。基本过程分如下三个阶段。

第一阶段：紧密结合扶贫工程和社会主义新农村新牧区建设，由中央政府主导，以卫星传输为主，光纤传输、微波基站传输为辅，运用 IPTV 模式，大规模地大力推进“村村能上网”（接入富于各民族特色的、服务各民族民众的专用宽带门户网站）、“户户电视通”工程（既有效地传播“全国性”的“普遍性信息”，又有效地传播“地方性”的“特殊性信息”）；并通过村级信息服务站建设、信息员选拔和培养等工作，使每一个村都有3—5 个人能熟练管理通信设施和操作网络，以根据社区需要，为农牧民提供卫生、健康、生产、生活知识。由此，在广泛运用信息技术的基础上，“一揽子”解决长期困扰的医疗卫生、教育、人力资源能力建设、意识形态等问题，解决区域科技人才闲置或半闲置和大中专毕业生的就业难问题；使农牧区的组织化程度大大提高，各种科技推广项目能够得到有效的实施，经济社会发展基础得以夯实。

第二阶段：运用信息技术改造和提升传统农牧业。

第三阶段：建设具有各地特色和民族风情的农牧区“信息城乡”；依托信息技术的广泛运用，形成先进的生产力与生产关系，形成满意的生活质量，形成和谐的人与自然关系，实现可持续的西部生态屏障建设与农牧民幸福美满生活的统一。[①]

实施西部民族地区农牧区社会信息化发展战略，大力推进西部民族地区农牧区社会信息化发展，是一个以新要素打破“低水

---

① 文兴吾、何翼扬：《西部农牧区社会信息化发展战略研究》，《经济体制改革》2013 年第 3 期。

平均衡陷阱”和“贫困文化的恶性循环”，由此不断推进充分依靠科技进步与劳动者素质的提高求发展的过程。首先，在第一阶段中，乡、村信息服务站点的发展需要多层次、多样性的信息化综合应用科技人才，率先为大中专毕业生提供了以知识服务本土社会经济发展、服务父老乡亲的舞台。继之，随着信息能流、技术能流与民族地区得天独厚的、独具特色的生态、生物、文化资源相结合，农牧业、生态民族文化旅游业以生态化、产业化、工业化方式发展，效益不断提高；一当生态农牧业、生态民族文化旅游业呈现出良好的收益之时，大中专毕业生和专业技术人才将纷纷参与其间：经商办企业，发展家庭农场和家庭牧场，走向专业化、商品化的现代市场经济，使知识和经济的发展实现统一。而“人才兴农”、“人才兴牧”的成就，则将进一步促进基础教育、职业教育、成人教育的健康发展，使教育不断为经济社会发展提供人才；激励优秀青年自觉地、积极地投身于建设自己的家乡，投身于建设社会主义新农村新牧区的事业，成为特色经济中的特色人才。社会经济发展由此进入良性循环，外部的投资和技术也将不断涌入。在这个由传统的农牧业将走向专业化、商品化的现代农牧业的过程中，不断降低人的劳动强度、提高自然环境资源使用效率的“促进生产的信息技术”将得到广泛运用。也正是在这个过程中，既可能有本土的企业修建公路，也可能有外部的企业修建公路；无论是出于特色农牧产品的销售需要，还是出于民族文化生态旅游业的发展需要。

西部民族地区农牧区社会信息化发展战略贯穿了“社会发展优先”的理念。西部民族地区农牧区社会信息化发展战略，在坚持广义的社会信息化理念基础上，把狭义的社会信息化，即社会领域的信息化，放在优先发展的地位；通过率先推进信息技术在西部农牧区社会交往领域的广泛运用，加强政府的社会服务和丰富农牧民的精神文化生活，唤起农牧民依靠科技进步和劳动者素质提高而走向幸福生活的热望，由此走出“贫困文化的恶性循环”和“低水平均衡陷阱”，实现西部民族地区农牧区经济社会起飞。这是一种从“文化性社会工程创新”、“调控性社会工程创新”入手，进而实现“生产性社会工程创新”的发展机制。

信息技术在西部民族地区农牧区社会交往领域的广泛运用，不仅在扩展眼界、转变观念，消除贫困文化有重大意义，而且能共享发达国家和地区的科技、教育和保健资源，从而促进经济发展和人才成长，激活、放大区域的科技能力与水平、教育能力与水平、卫生能力与水平、文化能力与水平，为经济起飞奠定良好的基础。同时能有效地解决本土完成中等教育以上的知识青年的就业问题，使教育资源有效地服务西部民族地区农牧区社会经济发展，形成良性循环。事实上，用信息技术消除知识的贫困进而摆脱生存贫困，已经成为一种国际潮流。①

二、西部民族地区农牧区以信息化推动工业化的发展思路

自党的十五届五中全会以来，“以信息化带动工业化、以工业化促进信息化”已成为我国的一种新的发展模式和价值取向。那么，如何认识和处理处于生态屏障建设前沿阵地、西部民族地区农牧区的“以信息化带动工业化、以工业化促进信息化”问题呢？

对于上述问题，我们在“以信息技术的有效运用推进西部民族地区建设社会主义新农村（牧区）研究”的过程中已经明确了

① 文兴吾：《对“信息四川发展战略”的思考》，《经济体制改革》2008 年第 4 期。

以下认识。

第一，工业化涉及两个层面：一是工业的发展逐渐在产业结构中占据较大的比重，二是工业发展提供的技术向其它产业渗透，农牧业、服务业等从工业的发展中获得技术，被工业的技术进步所化。一般而论，西部民族地区农牧区（包括县、镇）的工业化，不是表现为封闭区间的工业发展，而是表现为开放区间的工业发展；即主要依靠其它地区常规工业发展提供的技术装备，实现对区域产业技术构成的改造。表现为农牧业、服务业等第一、第三产业现代技术含量的增加，而不是表现为区域产业结构中工业比重的增大。对于西部民族地区而言，搞好生态环境保护与建设，发展生态经济，是其安身立命之根本；其间，生态农牧业是最具基础性、影响最深广的产业，因为农牧业生产既是广大人民群众生存、生活和发展的需要，也是他们充分发挥聪明才智参与社会活动、为社会作贡献的现实环境和空间。充分运用现代技术开发区域农牧业资源，使农牧业为“工业的技术进步所化”，使农牧业综合效益不断提高；由此，不仅使农牧民家庭生活极大改善，同时也促进了观光农牧业的发展，为生态民族文化旅游业的蓬勃兴起和长足发展创设出条件，从而实现经济的振兴和生态屏障建设的有机统一。这就是西部民族地区真正有意义的可持续的工业化。

第二，充分运用现代技术开发区域农牧业资源，必须建立在广大农牧民掌握和运用现代技术的基础之上，而要让广大农牧民掌握和运用现代技术，就必须让他们有了解和学习现代技术的条件。现代信息技术，是向处于边远山区、居住分散的农牧民有效地传播科学生产、健康生活的知识，最强有力的手段。这就是西部民族地区的“以信息化带动工业化”。

第三，信息技术将知识送到了高原、送到了草原、送到了崇山峻岭，知识增加了人民群众运用工业技术认识自然、开发自然和保护自然的能力，使西部民族地区社会生产力提高、组织化程度增强、产业上档升级。随着生态文化旅游业的发展、农牧产品加工业的发展和市场化水平的提高，必然导致对信息技术的新需求、新运用，对信息服务业提出更高的要求，从而推动区域信息化程度的不断提高。这就是西部民族地区的“以工业化促进信息化”。①

现在，我们对“西部民族地区农牧区的以信息化推动工业化”问题作出如下更深入的讨论。

在当代，西部农牧区的现代化建设，不走社会信息化发展的道路，就只能传统的工业化发展的道路，努力完成农业经济向工业经济的过渡。而传统的农牧区工业化道路，也就是把国家提供的资金、建设的重点放在修建公路、兴办水利、推动人口聚集城镇化之上；这些做法要么由于资金缺口根本不可能启动，要么是“局部发展、整体停滞，时光流逝、无济于事”，要么与生态屏障建设的历史任务、区域分工相背离，发展的成效甚微，并且还埋下深刻的隐患。尤其是当一个区域还为贫困文化所笼罩之时，这样的建设常常是政府包办的，缺乏内在驱动力。从根本上讲，我们并不清楚在生态脆弱、人口居住分散、承担着国家生态屏障建设重任的西部农牧区怎样推进工业化建设。第四章所述的温铁军的追问“传统的发展主义正是建立在对资源和环境的巨大消耗和破坏的基础之上；当我们试图解决农村发展不足的问题时，是要把这样的发展主义复制到农村吗？所谓现代化的消费方式进入农

① 文兴吾：《对“信息四川发展战略”的思考》，《经济体制改革》2008 年第 4 期。

村，似乎是我们所希望看到的新农村建设拉动农村消费需求增长从而促进国民经济结构调整，但是由此产生的资源能源消耗以及现代垃圾，是否在将本已脆弱的资源和生态环境承载推向加速崩溃的边缘呢？看一看村边路旁花花绿绿的垃圾堆和臭水沟，农村的环境做好准备了吗？"[①] 在这里显得尤为深刻。如果再联系到詹姆斯·C. 斯科特的《国家的视角——那些试图改变人类状况的项目是如何失败的》一书的观点，则更应深省。该书的最后部分提出：以下"几条法则，如果遵循它们，也可以使发展避免走向灾难"。一是"小步走。从社会变迁的试验角度看，我们要假定我们并不知道我们的干预在未来会有什么结果。在这种条件下，我们更应该尽可能地迈小步，停一停，退后观察，然后再计划下一小步的行动。"[②] 二是"鼓励可逆性。鼓励哪些一旦被发现有错误就很容易恢复原状的项目。不可逆的干预就会产生不可逆的后果。对生态系统的干预要特别注意，因为我们对生态系统内的相互关系一无所知。"[③] 三是"为意外情况作计划。要选择那些对未预见事物有最大适应性的计划。"四是"为人类创造力作计划。计划永远要建立在这样的假设上，那些计划涉及的人将来都会发展出经验和洞察力，从而改进设计。"[④] 很显然，传统的工业化发展道路不能很好地满足这些法则中的第二条与第四条，而西部农牧区社会信息化发展战略则能很好满足这些法则中的任何一条。

① 温铁军：《中国新农村建设报告》，福建人民出版社 2010 年版，第117 页。

② 詹姆斯·C. 斯科特：《国家的视角——那些试图改变人类状况的项目是如何失败的》，王晓毅译，社会科学文献出版社 2011 年版，第 442 页。

③ 詹姆斯·C. 斯科特：《国家的视角——那些试图改变人类状况的项目是如何失败的》，王晓毅译，社会科学文献出版社 2011 年版，第 443 页。

④ 詹姆斯·C. 斯科特：《国家的视角——那些试图改变人类状况的项目是如何失败的》，王晓毅译，社会科学文献出版社 2011 年版，第 443 页。

首先，西部农牧区社会信息化发展战略着眼于“为人类创造力作计划”，着眼于开发人力资源、积累人力资本，以增强当地人们对内对外交往、提升经验和洞察力为直接目标。从本质上讲，是努力将知识要素、科技要素注入西部农牧区，以新要素打破“低水平均衡陷阱”，由此不断推进充分依靠科技进步与劳动者素质的提高求发展与进步的过程。其次，西部农牧区社会信息化发展战略对农牧民生活方式的改变，不是通过改变他们生活的外部自然环境来实现，而是通过改变他们的思想观念、提高自身能力来实现，不会直接改变千百年来形成的生态环境、自然村落与景观，是一个“时间移民”过程。例如，当电视机深入到农牧区的家家户户，广大农牧民将看到许多因穷山恶水而被阻隔在家乡外头的新鲜事，更神奇的，这些外头新鲜事近如咫尺，就在他们眼前。电视将开拓他们的视野，激起他们的雄心，编织他们对未来的梦想；尽管地理位置并未改变，但从思维、情感等方面看，他们已进入另一个空间，完成了他们的角色转换，在精神方面成为另一文化空间的“居民”。

需要强调指出：西部农牧区社会信息化发展战略，是在中国特殊的政治、经济、历史条件下——贯彻落实科学发展观、全面建设小康社会、中央深入实施西部大开发战略、建设社会主义新农村、中国已成为世界上最大的电子信息硬件产品生产国——提出的具有创新性的反贫困发展战略。我们绝不否认西部农牧区应有的农业工业化进程，但是发展农业和工业，不同的历史时期会有不同的策略，因而会产生很不相同的效果；西部农牧区需要补上工业化（甚至农业机械化）的课，而问题是用什么办法来补上工业化这一课：是用传统工业化的办法去补工业化的课，还是用信息化带动工业化的办法去补工业化的课。以西部农牧区社会信息化发展带动西部农牧区工业化进程，着力点首先放在所谓“狭义的社会信息化”建设之上，汇聚各方面资金、技术，做到“公路不通信息通”、“汽车不通网络通”，奠定开发民智、凝聚民心的物质基础。至于西部农牧区工业化进程需要修多少公路、兴修多少水利、如何推进城镇化进程，更是要在社会信息化发展的基础上来规划。例如，当农牧民的科技素质提高了，在发展节水农牧业的基础上的兴修水利，肯定是与传统的建设有根本不同的。又如，如何推进城镇化进程，可以实现全新的理念：不是在“实空间”建设，而是运用“灰空间”建设。一方面，西部农牧区传统的分散居住与活动的农牧业，是低成本循环式，没有任何资源在传统农牧业中被浪费或成为垃圾，而传统的城镇化将人口聚集，则将破坏这种低成本循环式，产生需要特殊处理的大量垃圾，并造成使土地的肥力减退；长此以往，既是人畜类便的垃圾围城，又是土地生产力的消退。另一方面，西部农牧区分散居住特色，本身是巨大的民族生态文化旅游资源。传统的城镇化将人口聚集，这些旅游资源将消失，农牧民也就失去了发展“民居旅游服业”分享这些财富的机会。在西部农牧区社会信息化发展战略关于运用“灰空间”推进西部农牧区新型城镇化建设的构想中，“实空间”中农牧民分散居住特色不变，而运用当代信息技术产业成就提供的“灰空间”则有效地克服着地理上的隔离，进行着频繁不断的相互交往、互相帮助，共同商议解决生产生活中的种种问题。如果需要在“实空间”汇聚，则发出邀约信息。这正是现代社会中以“信息流”引导“人流”、“物流”的基本方式。

三、西部民族地区农牧区社会信息化发展的切入点和突破口确认

“以信息技术的有效运用推进西部民族地区建设社会主义新农村（牧区）研究”的创新性可以总结为：把西部民族地区农牧区社会发展与当代信息科技革命以及信息社会建设的全球大趋势紧密联系起来，突破了以往社会信息化发展研究中对于西部民族地区农牧区的忽视和不足，为科学地推进西部民族地区建设社会主义新农村新牧区提供了新的视角与思路——它阐明了以社会信息化发展方略推进西部民族地区社会主义新农村新牧区建设，找到了西部民族地区农牧区依靠科技进步、优先加快社会发展的切入点与突破口，在贫困恶性循环的锁链上打开了一个缺口；它进一步提出以 IPTV 模式推进西部民族地区农牧区广播电视业及相关信息化建设，又找到西部民族地区以社会信息化发展方略推进社会主义新农村新牧区建设的着力点与突破口，为各个少数民族地区依靠现代科学技术提供的物质基础发扬光大自己的先进文化和加快社会发展，进而为经济起飞创造条件，指明了现实的途径。

但是，“以信息技术的有效运用推进西部民族地区建设社会主义新农村（牧区）研究”没有专门和深入、具体地讨论“在国家已经普遍实施‘广播电视村村通工程’并取得巨大成就之时，还必须进一步以 IPTV 模式推进西部民族地区农牧区广播电视业发展，并将其作为实施西部民族地区农牧区社会信息化发展战略的切入点和突破口”这个重要问题；以至于人们不能很好地理解“以 IPTV 模式推进西部民族地区农牧区广播电视业发展，并将其作为实施西部民族地区农牧区社会信息化发展战略的切入点和突

破口”的客观必要性。现在我们要对这个问题作出深入的论述，最终明确提出“把解决收看收听本地电视广播节目难问题作为实施西部民族地区农牧区社会信息化发展战略的切入点和突破口”。

广播电视，是通过无线电波或通过导线向广大地区播送音响、图像节目的传播媒介的统称，特点是利用电子媒介由一点向多点播送讯息。只播送声音的，称为声音广播，又称电台广播。播送图像和声音的，称为电视广播，又称电视台广播。由于最初利用电子媒介由一点向多点播送的是声音，因此声音广播或电台广播通常被简称为“广播”。相应，电视广播或电视台广播通常被简称为“电视”。自20世纪二三十年代以来，随着广播电视业的长足发展，当代人类社会进入了一个“社会文化电视化”的时代。

孔令顺在《中国电视的文化责任》一书中写道：电视的诞生并迅速成为“第一媒介”，改变了传媒的既有格局，也极大地改变着人们的生活。相较于传统的信息传播媒介，电视有着更大的包容性，体现出巨大的后发优势。电视声像并茂、非常直观，综合运用了文学、摄影、音乐、舞蹈、戏剧、报纸、杂志、广播、电影等传播手段和艺术表现形式，使表现力和感染力大大增强。从某种意义上讲，几乎一切社会文化都可以转化成电视的形式，进行大众传播，人类社会进入了一个“社会文化电视化”的时代。随着新技术的发展，电视的制作手段和播出模式也在不断地进行着探索和变革，手机电视、移动电视、网络电视、交互电视等形式不断出现并逐步完善，满足着人们不断增长的信息获取和娱乐休闲的需求。①

---

① 孔令顺：《中国电视的文化责任》，中国传媒大学出版社2010年版，第12页。

祁林在《电视文化的观念》一书中指出：电视媒介超越了一种媒介技术而成为一种文化，是因为看电视的行为成为人们的一种日常生活方式。“看电视，成为人们不可或缺的日常行为，进而使人沉溺其中，不能自拔。每天，世界上无数电视迷在屏幕前耗费了大量的时间，甚至看电视成瘾。司空见惯的景象是：女人在肥皂剧的情感冲击下，每晚泣涕涟涟；而男人则为电视体育转播如痴如狂，最终又使女人成了所谓的‘电视寡妇’。在电视面前，人们或喜或怒，百感交集，电视就像亲人一样，成为了家庭的一分子。”[①] “人们对电视的迷恋——这正是电视文化巨大影响的来源，归根到底是因为人们对‘希望’的追求……人们获得希望的方式有很多种，而在当代，‘看电视’是其中最普遍、最重要、也是最容易的一种。无论是纪实还是虚构，电视节目所表现出来的世界都会引发观众产生改变自己现状的冲动”[②]。从这个意义上说，“看电视”是当代人的一种宿命。如何让电视更好地为人类服务，减少电视对人类的伤害，理解电视文化是完善当代人智慧结构的一种必然。

欧阳宏生主编的《电视传播核心价值论》指出：电视在当今时代作为传播主流价值观和进行社会整合的强大工具，引起世界各国的普遍重视。尽管网络、手机等新媒体来势汹汹，尽管“客厅与书房的斗争”成为生活现实，但电视因其收视环境的家庭性、私密性，因其传播符号的声画结合、直观、解码难度低等优势，受到不同地域、不同社会阶层、不同文化水平群体的普遍欢迎，占据着价值传播的战略高地，堪称“第一传媒”。电视具备高度示范性、导向性，对人的影响、塑造与改变无论在广度还是

① 祁林：《电视文化的观念》，复旦大学出版社 2006 年版，第 6 页。
② 祁林：《电视文化的观念》，复旦大学出版社 2006 年版，第 4 页。

深度上都远远超过了其他媒介。这使之成为强大的社会整合和意识形态工具，在传播文化价值、整合社会方面的作用强于其他媒体。[①]

喻国民、张洪忠在论及对“如果您发现国内广播、杂志、报纸、电视、网络新闻媒介对同一事件的报导不一样时，您会比较相信哪一种媒介的报道（单选）”问题的调查时写道：在城市里，电视的获选率占了绝对多数，获得了81.55%的比例。其次是报纸，获得了9.74%的比例。网络新闻获得了5.38%的比例。然后是广播（1.59%）、其他（1.12%）、杂志（0.61%）。在农村最高的前三位也是电视、报纸和网络新闻，分别是79.41%、13.15%、5.39%。其后是广播（1.86%）、其他（0.80%）、杂志（0.66%）。表明“国内电视依然是公信力最高的媒介渠道”。[②]

聂建成在《电视媒介与网络视频媒介的比较研究——以60周年国庆阅兵式为例》一文中写道：电视媒体作为发展较为充足而成为当今最有影响的“第一传媒”，从20世纪二三十年代开始，至今已达近百年，以其官方的监管体制、成熟的技术条件、广泛的覆盖面、规范的运作模式、严格的从业素养要求，在满足受众获取真实准确的新闻内容方面，具有难以替代的绝对优势。反观网络视频媒介，由于互联网的开放性和自主参与性、网络媒体“把关人”缺失、新闻发布者身份的不确定性等因素，给网络新闻的真实性造成了很大的威胁。多数网站由于建设的时间、精

① 欧阳宏生主编：《电视传播核心价值论》，北京大学出版社2010年版，第6页。

② 喻国民、张洪忠：《中国大众传播渠道的公信力测评》，《国际新闻界》2007年第5期。

力及财力、物力等条件的有限，经常限于“抄来抄去”的尴尬境地，极大地降低了网站作为信息传播者的可信度。这都使得当前我国网络媒体的公信力总体而言弱于传统媒体，尤其是弱于作为主流媒体的电视媒体。[①]

下面，我们对电视的社会建设功能作出较深入的讨论。

在现代社会中，随着电视业的发展，电视机的普及，电视在人类社会发展中的作用日益增强。作为人类文明的社会成果，电视不仅代表了人类社会经济的进步，也不断对社会发展产生影响。电视在很大程度上成为塑造人们生活方式、改变人们成长历程、实施社会管理的有效工具。“电视作用于人的社会化”和“电视作用于社会控制”是电视的社会建设功能的两种基本表现形式。

第一，电视作用于人的社会化。

人的社会化是一个社会与个人相互作用的过程。“对于个人而言，社会化过程使个人逐渐适合社会文化环境，将人们共享的价值观、生活方式、规则和习惯等逐渐内化为个人的心理结构，成为适合社会生活的积极参与的社会成员；对于社会而言，社会化通过社会文化的个体内化而保证社会的延续与文化的传承。”[②]“从个人的基本活动来看，社会化的内容包括四个方面：即掌握生产与生活的基本知识和技能；学习与遵从、内化社会规范；树立生活目标，确立人生理想；培养社会角色等。”[③] 电视作用于人

---

① 聂建成：《电视媒介与网络视频媒介的比较研究——以60周年国庆阅兵式为例》，《武陵学刊》2010年第2期。

② 邢虹文：《电视与社会——电视社会学引论》，学林出版社2005年版，第179页。

③ 邢虹文：《电视与社会——电视社会学引论》，学林出版社2005年版，第183页。

的社会化的机理，可以用美国著名社会学家和传播学家梅尔文·德福勒的心理动力模式来表征，如图5－3所示。

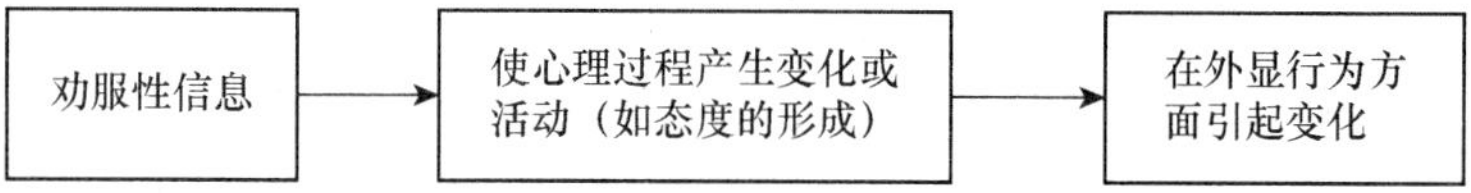

图5－3 德福勒心理动力模式

资料来源：林之达：《传播心理学新探》，北京大学出版社2004年版，第21页。

或者进一步用林之达提出的“传播的两级效果论”来阐释，如图5－4所示。

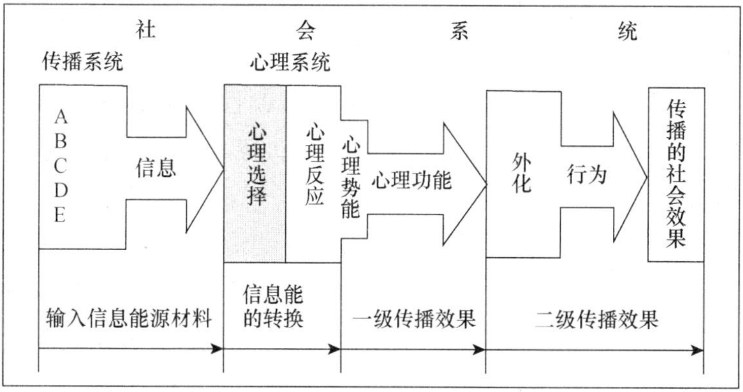

图5－4 传播的两级效果示意图

资料来源：林之达：《传播心理学新探》，北京大学出版社2004年版，第10页。

“传播的两级效果论”认为“心理系统”就像一个“魔箱”，传播的信息流进入里面就发生质变，变成了与信息完全不同的事物（动机、信心、决心、毅力、意志力、能力等等），而且这些事物可发动行为做功。心理系统是传播的信息流的能量转换器。①

① 林之达：《传播心理学新探》，北京大学出版社2004年版，第19页。

第二，电视作用于社会控制。

社会控制是实现社会良性运行的重要构成要素，有广义和狭义之分：广义的社会控制是指国家机关和社会组织对社会群体和社会个体进行指导和约束，将其思想和行为纳入预定的社会规范，从而实现社会稳定，维持社会秩序的过程；狭义的社会控制仅仅指国家机关对社会越轨者（主要违法犯罪者）进行惩处。此外，按照社会控制对被控制的预期结果，可以分为积极控制和消极控制：积极控制是指运用道德规范、舆论、宣传、教育等措施引导社会成员的价值观和行为方式，预防社会越轨行为的产生，也被称为“文化控制”；消极控制是指运用惩罚性手段对已经产生的社会越轨行为进行制裁。而按照控制手段的不同，又可以分为硬控制和软控制：硬控制是指运用强制性的控制手段，如政权、法律、纪律等对社会成员的价值观和行为方式实行控制；软控制是指运用非强制性控制手段，如舆论、风俗、习惯、伦理道德等对社会成员的价值观和行为方式实行控制。①

电视的社会控制作用，是上述的“积极控制”和“软控制”。

从上讨论不难看到，电视与人的社会化，是一种文化问题，是一种潜意默化的过程；电视与社会控制，是一种政治问题，是对日常生活的结构、方式、组织的塑造性影响。后者具有显著的针对性。

维纳是控制论的创始人，也是第一个用控制论观点看社会的人；他在 1948 年出版的标志控制论诞生的《控制论》一书的第八章“信息、语言和社会”里就明确表示了他对社会控制的理解。维纳认为：谁掌握着社会通讯的使用、保持和传递的方法，

---

① 郑抗生主编：《社会学概论新修》，中国人民大学出版社 1994 年版，435—439 页。

谁就掌握着控制社会的权力；语言的传递决定着社会的大小，“团体的界限只相当于团体信息能够有效地传递到的那个界限”，“任何组织所以能够保持自身的内稳定性，是由于它具有取得、使用、保持和传递信息的方法。在一个过于大的社会里，社会成员无法相互接触。因此，出版物（包括书籍和报纸）、无线电、电话网、电报、邮递、剧院、电影院、学校、教堂都成了取得、使用、保持和传递信息的工具”①。

应该明确，管理服务的信息传播通道可以分为两类：一类是道路、交通工具等促进信息交流的通道；一类是通信、大众传媒等输送信息的通道。第一类信息通道——交通，在古代社会就已经对社会结构产生了影响。交通的发展与人类社会的进步是紧密相关的，交通也影响着社会结构。中国古代乡村社会基层组织“里”，既包括对户数的规定，也含有距离的意思，古代典籍就记载“古者三百步为里”、“周制三百步为里”。在古代社会，没有现代的通信技术和手段，中央政令的下达只能依赖于驿路邮传，交通的限制也影响了国家与地方的信息沟通能力，由此也就影响了国家权力的控制范围，所以信息沟通能力低下也成为“王权止于县”的传统乡村治理结构的一个重要影响因素。②

通过维纳的认识，我们也就不难阐明：为什么已经普遍实施的“广播电视村村通”工程还不能作为西部民族地区农牧区科学发展的“第一推动”，还必须进一步以IPTV模式推进西部民族地区农牧区广播电视业发展，并将其作为实施西部民族地区农牧区

① ［美］维纳：《控制论——关于在动物和机器中控制和通讯的科学》（第二版），郝季仁译，科学出版社2007年版，第157、160页。

② 李广：《中国乡村治理中的政治传播与控制》，山东大学出版社2011年版，第159—160页。

社会信息化发展战略的切入点和突破口。这是因为：国家当前实施的广播电视“村村通”、“户户通”工程，对于西部农牧区的服务，还需要进一步完善。第一，当前实施的广播电视“村村通”、“户户通”工程，在许多民族地区农牧区都存在如此尴尬：不通广播电视，农牧民当然就无法接触广播电视；但是通了广播电视，同样没有解决多大实际问题——对于收听收看到的外地节目，由于语言问题而难于受益。[①] 第二，“通常的电视”作为大众传播媒介，一味渲染的都市行为、都市社会空间与生存方式、都市化理念，对西部民族地区农牧区老百姓而言，缺乏针对性，在沟通信息、启迪民智等方面功能较弱，相反导致了一些负功能的放大——文化的断裂，前后不就的精神空洞开始出现。第三，西部民族地区农牧区居住分散，运用广播电视服务、指导广大农牧民的生产与生活，本应是基层党政组织充分发挥自身功能的重要途径；通过地方性电视节目和贴近生产生活的信息服务，将大大加强农村的组织化程度和社会控制能力。但是，一个“悖理现象”在各个边远乡村太普遍了：农牧民能够通过“中星9号”的卫星电视直播，看到首都的领导讲话，看到美国总统来访，但就是不知晓县长、乡长的音容笑貌，而正是县长、乡长执行着中央领导授予的管理他们服务他们的职能。原因是：县（市）的“两台”（广播电台、电视台）的节目没有通路传到农村。[②] 应该明确，广播电视既有文化服务功能，又有社会服务与管理功能，当前的广播电视“村村通”、“户户通”工程，对于西部民族地区农

① 文兴吾、何翼扬：《加强科技文化普及能力建设研究》，《中共四川省委省级机关党校学报》2012 年第 1 期。

② 文兴吾、何翼扬：《西部农牧区社会信息化发展战略研究》，《经济体制改革》2013 年第 3 期。

牧区的文化服务，发挥了一定的作用；但对于加强西部民族地区农牧区的社会服务与管理而言，发挥的功效很小。换言之，当前的广播电视“村村通”、“户户通”工程传播着“全国性信息”、“普遍性信息”，而不能有效地传播“地方性信息”、“特殊性信息”。然而，对于西部民族地区农牧区的发展而言，既需要“全国性信息”、“普遍性信息”，更需要“地方性信息”、“特殊性信息”。乡村治理，无论在过去还是现在，都是政府和社会的互动；要达到乡村的善治，就需要整合乡村内的所有资源。在乡村中，地方政府组织的特殊性，使得地方政府在乡村建设和乡村治理中的作用无可替代，因为它掌握着国家和地区经济和社会发展的总政策，控制着乡村建设的物质资源，影响着乡村发展的选择方向。可以说，新农村建设前期的“政府主导”，正是政府凭借自身的资源和协调动员各方力量在推进。“进一步以 IPTV 模式推进西部民族地区农牧区广播电视业发展，并将其作为实施西部民族地区农牧区社会信息化发展战略的切入点和突破口”正是为解决这个问题而提出的，它要从根本上解决收看收听本地电视广播节目难问题，并由此加强地方政府对西部民族地区农牧区的社会服务与管理功能。

如何使县（市）的“两台”的节目传到农村？发达地区一般是通过“以城带乡”，将载有县（市）的“两台”节目的有线电视网不断向农村扩散，但仍有“鞭长莫及”的“死角”。发达地区的“死角”，与西部一些城市的郊区农村，通常是一方面通过“中星 9 号”直播卫星接收免费提供的 40 多套广播和电视节目，另一方面通过微波传输方式接收地方“两台”的节目；即是说，地方“两台”的节目是通过专门架设的“地面微波接力信道”传送到农户的。这些做法，对于广大西部农牧区而言，并没有借鉴价值。“以信息技术的有效运用推进西部民族地区建设社会主义新农村（牧区）研究”论及的“宁夏经验”[①] 之所以没有上升为西部农牧区信息化建设的基本模式，正是由于宁夏的信息化建设是以光纤为基本载体，对具有广袤区域、崇山峻岭的其他省区农牧区是不适用的。宁夏一个区（省）面积6.64万平方公里，拥有人口630多万；而四川甘孜一个州，面积15万平方公里，人口90余万。更何况新疆、西藏、内蒙古等，农牧区人口更加分散。一般而言，对于人口密集地区，社会信息化发展以光纤为主进行信息覆盖是经济的、有效率的。但是，对于人口密集度低、气候恶劣、自然灾害频繁的西部农牧区，社会信息化发展以光纤为主进行信息覆盖则是不经济的、无效率的，甚至是无意义的。对于这些地区，使用卫星进行信息覆盖就是有重大意义的。即是说，解决广大西部农牧区地方信息的传播问题，还是应通过“中星9号”直播卫星等载体，运用IPTV模式来实现。具体做法，我们将在第六章中讨论。

四、正确处理信息技术的战略应用与阶段性策略的辩证关系

实施西部民族地区农牧区社会信息化发展战略，大力推进西部民族地区农牧区社会信息化发展，是一个由低级到高级、由简单到复杂、由量变到质变的发展进程。在这个进程中，必须正确处理信息技术的战略应用与阶段性策略的辩证关系。

“第一，在发展战略的制定上，必须突出社会信息化发展的先导和带动作用，不管从内容上还是形式上都要保证信息化带动

① 参见何翼扬、文兴吾：《以信息技术推进西部民族地区农牧区发展研究》，西南财经大学出版社2011年版，第158—164页。

作用的充分发挥。西部民族地区农牧区推动社会信息化发展，是建立在经济不发达、体制不健全的基础之上，促进经济发展与社会进步是社会信息化发展的使命；从根本上讲，是通过发展和运用领先时代的生产力，推动区域经济社会跨越式发展。”①

“第二，信息技术是不断发展的，农牧区信息化建设也是不断深化的，两者都是不断深化、永无止境的过程。在这个互动过程中，将引发广大农牧民生产、生活的范式变革，由此实现‘脱贫、致富、奔小康’和区域生态经济社会全面、协调、可持续发展；这是信息技术的战略应用。而阶段性策略，就是要使一个时段上的区域信息化能力建设，在信息科学技术的发展水平、实际应用和绩效之间找到结合点，去实现一个积极稳妥并且可行的目标。要根据国家信息化建设发展趋势，统筹当前和长远发展。”②

第三，推进西部民族地区农牧区信息化建设要从较高的起点起步，充分发挥后发优势，采取超常规的快速发展的模式；低端通用技术与高端核心技术的研究开发与推广应用一同推进，尽最大可能地以最先进的技术作为发展支撑。在初级阶段，要重点抓好信息基础设施建设，提高信息网络覆盖率。

第四，在经济社会发育程度低下的西部农牧区推进社会信息化发展，必须首先高度重视广播电视业的发展，自觉地充分运用各种信息资源和技术手段为广播电视业的发展服务，把资源率先用于提高广播电视业发展能力之上。换言之，要以广播电视业发展为主导，推进各项具体的信息化建设；要在通广播电视的条件

① 何翼扬、文兴吾：《以信息技术推进西部民族地区农牧区发展研究》，西南财经大学出版社2011年版，第113页。

② 何翼扬、文兴吾：《以信息技术推进西部民族地区农牧区发展研究》，西南财经大学出版社2011年版，第113页。

下，解决通电话的问题，因为前者的作用效果更广大更深远：广播电视是大众传播，电话是人际传播，在重商意识未形成前，电话对广大农牧民而言并无多大意义。应该明确：在西部民族地区信息化建设进程中，广播电视事业无论在历史上和现实中都起着基本支撑和桥头堡的作用。一方面，广播电视是党和人民的耳目喉舌，是重要的思想文化阵地；舆论导向和发展方向的正确与否，事关国家的改革、发展、稳定大局，事关民族兴衰存亡。我国实施的“西新工程”，其根本意义也在于在民族地区的空中信号发射和地面接收上，抵制西方的影响，增强共和国的声音。另一方面，广播电视在精神价值领域不断推动着人的现代化进程。作为大众传播媒介，广播电视通过各种节目传播新的知识、信息，引导人们接受现代价值观念与思维方式，提高人们的现代化水平。在现代社会中，知识的传播、技术的扩散是推动经济增长与社会发展的重要手段，广播电视在这个过程中发挥着极为重要的作用——广播电视的科技节目，不断将科技信息与知识带给受众，使他们能够运用知识发展自身。同时，各种经济、政治、文化类节目，也将各个方面的新知识、新信息传递给受众，并不断改变着人们对周围自然界与社会的看法。正是通过这些信息与知识的传递，广播电视培养人们具有科技知识、理性和科学精神，知识不断更新、视野更加开阔，从而为人的现代化奠定坚实的基础。

正确处理信息技术的战略应用与阶段性策略的辩证关系，需要对西部民族地区农牧区广播电视业及相关信息化建设现行技术路线进行一番批判。

当前，西部民族地区农牧区广播电视业及相关信息化建设流行的基本方式，或者说理想中的方式及价值取向，可概括为两点：一是以光纤为传输主干，由中心城市向县城拓展，由县城向农牧区拓展；二是村村通电话工程与广播电视村村通工程平行开展，相互独立地进行。这种模式，是我国发达地区推进农村信息化建设、在特定的历史条件和技术条件下形成的基本模式；由于长期沿用，已经成为一种思维定式。但是，绝不能认为这种模式对于西部民族地区农牧区建设是先验地适用的。

首先，我们讨论信息网络接入的物理通道问题，即光纤载体与卫星载体的选择问题。

就现代信息网络接入的物理通道而言，有地面光纤（即有线）和卫星通信（即无线）两大类。从应用的可靠性和运行、维护的经济角度分析，在人口散居、地理气候条件恶劣的大多数西部民族地区农牧区，以光缆敷设来构建联结州与县、乡、镇、村的信息网络，从施工难度、施工成本和维护难度、成本方面考虑几乎是没有可行性的。以山地、高原为主的民族地区敷设成本，较之内地每公里平均敷设成本，将几倍、几十倍地增加。频繁的各类自然灾害，更使敷设费用、维护费用难以估算。

我们认为，大多数西部民族地区农牧区组建现代广播电视网络的合理的发展方向是：大跨度空间传输，要采用对空间距离不敏感、抗灾能力强、受地理条件限制小、工程周期短、综合成本低、设备和资源利用率高的现代卫星通信作为物理通道，而不是使用光纤。小尺度空间内，例如人口密度大的县城内、小城镇内，一方面设立较大型的转播站，使之接受能力强、技术能力强，能够从卫星上下载更多、更高质量的节目；另一方面则用光纤或无线网络将城、镇内的用户与这些转播站连通，由此既减少安装接受天线的数目、节约成本，同时也形成一定规模的经营活动，由此提高各用户的接受质量和消费水平。

尤其要强调指出，在我国卫星通信产业得到大发展、能够提供良好服务的今天，若弃卫星信道而采用光纤，就是缺乏全面发展战略眼光的短视之举。对于牧民，要进行广播电视、电话“普遍服务”，既使将光纤敷设到他们的定居点，也没有完全解决问题，因为牧民外出放牧的几个月，正是要离开定居点。当然，为解决问题可以将“通信铁塔”遍布放牧草原，但是这又得架设多少基站，并为它们敷设多少光纤呢？相反，利用卫星技术实现的是“无缝覆盖”，牧民在定居点可以用“锅盖”收看电视、打电话、上网，外出放牧时带上“锅盖”照样可以收看电视、打电话、上网。

其次，我们讨论“三网融合”的新兴技术 IPTV 的选择与运用问题。

IPTV 是数字技术、计算机技术与消费家电产品日益密切结合的产物，是各类数字信息内容依托宽带平台共同发展的结果。IPTV 最本质的革命性意义体现在两个方面：其一，对大众传播的革命，体现为广播电视传播与网络传播的一体化发展；其二，对网络发展的革命，体现为其是“三网合一”的理想载体。

我国的城市及发达地区农村，信息基础设施的发展是伴随世界及我国信息技术的进步而实现的历史过程：先有电话网，然后是广播电视网（无线和有线），再后是互联网（计算机网）。当前，西部民族地区农牧区开展信息基础设施建设，要发挥后发优势，走“三网合一”的发展道路。对于已实现网络覆盖的发达地区而言，IPTV 的运用给用户提供了与传统电视不同的个性化应用体验，使日常的信息生活更加丰富、方便、简练。然而，对于尚未实现网络覆盖的不发达地区而言，IPTV 的运用则为之提供信息化建设的基本手段；即是说，IPTV 的运用能够解决长期困扰不发达地区的一系列问题，使信息化建设具有现实的可行性。

西部民族地区农牧区地域广阔、地形复杂，农牧民居住分散，同时农牧区的经济发展水平相对较低，决定了农牧民的消费能力偏低，因此信息基础设施建设的高投入、高运营费用、低收入问题十分突出，很多地区甚至看不到盈利前景，如果电话网、互联网网、有线电视网各在农牧区建设一套基础设施，不仅是严重的重复建设，也是国有资产的严重浪费。同时各个网络各需要一个接收终端，也将给农牧民带来沉重的经济负担。“三网融合”的 IPTV 技术，用一个综合网络、一根入户线、一个多媒体终端，就能解决农牧民的语言、文字、图片、视频的综合需求，由此能大大节约方方面面的投资成本，提高信息基础设施供应商的投资回报率。[①] 在 IPTV 技术系统中，通宽带电话可以伴随通数字广播电视的过程而实现。宽带电话实际上是一种基于 IP 技术和宽带传输网络的语音数据传输业务。提供宽带电话业务的电信运营商只要搭建一个融合语音、数据和视频的业务平台，用户就可以利用相关终端与任何电话终端通话。

科学地运用 IPTV 模式和开发 IPTV 业务，对于全方位解决农牧区信息化建设中的困难问题，具有重大意义。

其一，IPTV 模式以广播电视为中心，满足着西部民族地区农牧区社会信息化建设必须以广播电视业发展为主导的客观要求。

其二，IPTV 模式使农牧民能在电视机上方便地收听收看政府和其它社会组织提供的有助于提高生产、生活、交往能力的各种信息。

其三，IPTV 模式解决了农牧区报刊杂志、图书匮乏和通邮困

① 杨玲玲：《多样化综合化简易化——我国乡村信息通信需求特征及趋势调查分析报告》，《人民邮电》2006 年 3 月 22 日。

难等问题。

其四，IPTV 模式能使农牧民有形式多样的游戏娱乐生活。在 IPTV 模式下，电视机不再只是传统意义上观赏视频的娱乐工具，而是家庭数字娱乐的多媒体终端。由此，可以改变过去那种单纯地欣赏文化节目的单一局面，调动农牧民参与各种形式的文化活动的积极性。通过建立经济适用的信息网络物理通道，农牧民可以利用 IPTV 终端，通过遥控器按键等方式，参与乡、村组织的唱卡拉 OK、竞猜等各类互动活动；也可以把文艺才华展示、杂技等自娱自乐活动的录像、图片等，通过多种终端上传到 IPTV 业务平台，进行交流。

再次，我们阐明西部民族地区农牧区信息化建设要走“普照—凝练”的“城乡一体化”内涵拓深发展道路，而不是“以城带乡”的“点源—扩展”、“城乡二元化”梯次推进发展道路。

当前西部民族地区农牧区的广播电视业及相关信息化建设，从根本上讲，沿袭着“由中心城市向县城拓展，由县城向农牧区拓展”的发展理念，实施着“先城市、后农村”的“点源—扩展”、“城乡二元化”梯次推进发展。这种发展理念与发展道路，把信息化建设的重点放在城市；形成越远离中心，技术含量越低、服务质量越差的发展格局。同时也是一个缓慢的、不可持续的扩张过程。

“普照—凝练”的“城乡一体化”内涵拓深发展道路，第一要义就是：确立农牧区信息化发展的基础地位；无论信息化建设的规划与实施，切入口、立足点的选择，都应是广袤的农牧区。西部民族地区农牧区的县域城市经济，不可能发展成以制造业为重点的城市经济，不可能成为独立于农牧区发展的县域城市经济；因此，城市只能是服务于广袤农牧区、广大农牧民的城市，只能是服务于生态农牧业、生态民族文化旅游业的城市。

在以广袤农牧区为基础推进信息化建设与发展的进程中，客观上会推动一些要素的聚集，推动人流、物流、技术流的集中，从而使信息服务业成为城市的基础产业，由此不断深化城市的信息化进程。当然，不断拓深内涵的城市信息化发展，又为广袤农牧区的信息化建设提供更好的服务；诸如，信息社区设计、人才培训、设备购置、维护修理等等。尤其是不断丰富、不断更新、富于本土特色的内容提供，例如电视片制作、新闻节目制作等，更是需要强而有力的城市信息化建设来支撑。这就形成“普照之下的若干焦点”，体现为内涵不断拓深的凝练过程。

随着区域信息服务能力的提高，生态农牧业、生态民族文化旅游业将得到良好的发展，农牧产品加工业和市场化水平将随之提高，农牧民的物质文化生活将不断改善，必然导致对信息技术的新需求、新运用，对信息服务业提出更高的要求；由此，又将进一步推动区域信息服务业的发展，从而使城市的信息服务能力进一步发展。这就是“普照—凝练”中的城乡一体化、互动发展过程。

五、以“卫星覆盖”推进西部民族地区农牧区信息化建设的重大意义与可行性

卫星通信，简单地说就是地球上（包括地面和低层大气中）的无线电通信站间利用卫星作为中继而进行的通信。卫星通信系统由卫星和地球站两部分组成。卫星通信的特点是：通信范围大，只要在卫星发射的电波所覆盖的范围内，任何两点之间都可进行通信；不易受陆地灾害的影响（可靠性高）；只要设置地球站电路即可开通（建立通信链路迅速）；同时可在多处接收，能

经济地实现广播、多址通信（参看图5－5）。卫星通信以其覆盖广、不受地面复杂地理条件限制、通信容量大、通信距离远、质量优，在远程通讯中受到青睐。不仅如此，卫星通信可以传送卫星云图，监测和报告森林、草原火情、洪涝灾情，可以为粮食作物的长势和收成预测提供可靠数据。西部民族地区农牧区，作为西部生态屏障建设的核心区，应该培育对广袤区域的森林火灾、泥石流的监控能力；这利用卫星通信能实现，利用光纤通信则做不到。卫星通信能为自动控制提供有效手段。例如2003年10月四川安迪科技实业有限公司为西藏华冠“光伏工程”建设了卫星通讯系统，解决了“光伏工程”中太阳能电站因位处边远地区而监管、维护困难的问题，实现了西藏华冠太阳能电站的远程监控和无人值守。

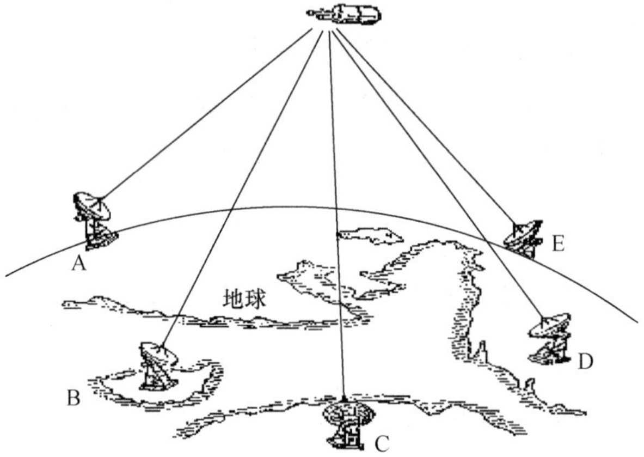

图5－5　在卫星束覆盖范围内的多址通信

从长远看，对于像四川康巴藏区、西藏等“空手行走相当于平原挑担六、七十斤”的高海拔地区，要真正使农牧民健康地生存与发展，农牧业机械化、自动化是努力方向。在这个进程中，卫星通信技术是必不可少的。以新疆建设兵团的精准农业为例：当拖拉机在田野作业时，卫星把拖拉机的精确位置、土壤组成、含水量、害虫情况和其他一些关键数据发送给拖拉机；拖拉机上的计算机会根据土壤的不同条件把数量不等的灌溉水、种子、农药和杀虫剂洒到土壤中，进行优化生产。使用这种系统，能够降低成本、增加产量，并且减少对环境的危害。

中国卫星产业发展成就及其良好发展态势，也使“卫星覆盖”为主导推进西部民族地区农牧区信息化建设具有现实可行性。

中国航天发展50多年来，应用卫星从无到有，逐渐发展，至2013年12月，在轨稳定运行的卫星达70多颗。涵盖遥感卫星、导航卫星、通信卫星、空间探测卫星和技术试验卫星等多种类型，形成了海洋卫星系列、气象卫星系列、资源卫星系列、环境卫星系列、北斗导航定位卫星系列、通信广播卫星系列等卫星系列，基本构成了应用卫星体系，为卫星应用的发展奠定了基础。卫星应用作为具有代表性的高新技术产业，越来越广泛地深入到社会生产和生活的各个领域，发挥出传统方式无法达到或者难以实现的作用，从根本上改变着人们的思维方式、生产方式和生活方式。①

中国的卫星产业从其诞生之日起，党和国家就将其纳入了国家整体发展战略而给予重点扶持，目前已经建立了一系列较为完整配套的卫星研究、设计、制造、试验、发射、测试和运营及其保障体系，并成功地实现了卫星技术由科学试验型向实际应用型的跨越。2006年1月国务院出台《国家中长期科学技术发展纲领

① 《卫星应用》编辑部：《中国卫星应用进展》，《卫星应用》2012年第5期。

（2006—2020 年）》，再次明确地将进一步发展卫星技术及其产业列入了其中。其后，一系列与此相关的政策和指导意见不断出现，推动着卫星应用产业持续健康发展。

——2007 年 11 月，国防科工委和国家发展改革委联合颁布《关于促进卫星应用产业发展的若干意见》，明确了加快卫星应用产业发展的指导思想，指出了卫星应用产业发展目标，即“到 2020 年，完成应用卫星从试验应用型向业务服务型转变，地面设备国产化率达 80%，建立比较完善的卫星应用产业体系，促进卫星应用综合业务的发展，形成卫星通信广播和卫星导航规模化发展、卫星遥感业务化服务的产业局面；使卫星应用产业产值年均增速达到 25% 以上，成为高技术产业新的增长点”。

——2010 年 10 月，国务院发布《关于加快培育和发展战略性新兴产业的决定》，在高端装备制造产业部分指出，要积极推进空间基础设施建设，促进卫星及其应用产业发展。2012 年 4 月，国家发改委、财政部《关于组织实施卫星及应用产业发展专项的通知》出台，指出要重点支持基于自主卫星的通信、导航和遥感三大领域的应用示范和推广，促进卫星应用产业规模化发展及卫星资源和重要基础能力建设。2012 年 5 月，工业与信息化部网站发布《高端装备制造业“十二五”发展规划》，指出卫星及应用是现阶段高端装备制造业发展的重点方向之一；提出“十二五”期间卫星及应用的重点任务是：紧密围绕国民经济和社会发展的重大需求，与国家重大科技专项相结合，以建立中国安全可靠、长期连续稳定运行的空间基础设施及其应用服务体系为核心，加强航天运输系统、应用卫星系统、地面与应用天地一体化系统建设，推进临近空间资源开发，促进卫星在农业、林业、水利、国土、城乡建设、环保、应急、交通、气象、海洋、远程教育、远程医疗等行业、区域发展以及公众生活中的应用，形成航天器制造、发射服务、应用设备制造和卫星运营服务构成的完整产业链。到2015年，形成长期连续稳定运行、系统功能优化的国家空间基础设施骨干架构，大幅提升中国卫星提供经济社会发展需求空间信息的能力。

——2012年7月国务院发布的《“十二五”国家战略性新兴产业发展规划》提出：启动由大容量宽带多媒体卫星、全球移动通信卫星、数据中继卫星等系统组成的空间信息高速公路建设。到2020年，建成由全天时全天候全球对地观测、全球导航定位、多频段通信广播等卫星系统构成的国家空间基础设施，建成完善的空间信息服务平台以及应用服务网络，航天产业发展水平处于国际先进行列。要制定卫星及应用国家标准、卫星数据共享、市场准入等政策法规，制定开展卫星直播业务的产业扶持政策，制定鼓励民营资本进入卫星及应用领域的政策。①

在卫星通信应用方面，自20世纪90年代以来，中国先后发射和运行了多颗通信广播卫星，用于固定通信、广播电视、应急通信等业务，取得了巨大的社会、经济效益；发展了中星系列、亚太系列、亚洲系列通信广播卫星，初步建成资源较丰富的卫星固定通信和直接广播业务用的空间段。目前，中国的通信卫星技术已经接近国际先进水平，并实现了多颗卫星的整星出口。中国独立开发、具有自主知识产权、最新的东方红4号平台，是一种能力强、寿命长的通信卫星平台，由推进舱、服务舱及太阳电池阵组成，并采用三轴稳定控制；卫星有效载荷承载能力600千克，太阳电池阵输出功率10500瓦（寿命末期），有效载荷功率

① 《卫星应用》编辑部：《中国卫星应用进展》，《卫星应用》2012年第5期。

8000 瓦，设计寿命 15 年。该平台通用性良好，可支持我国的“长征三号乙”火箭、欧洲宇航局的“阿丽亚娜”火箭和俄罗斯的“质子”号等运航火箭发射，已用于尼日利亚通信 1 号卫星、鑫诺 2 号卫星、委内瑞拉 1 号卫星、巴基斯坦 1R 卫星，以及中星 10 号卫星。①

2009 年，中国卫星通信集团公司（现称为“中国卫星通信集团有限公司”，简称“中国卫通”）重组并入中国航天科技集团公司。重组以来，航天科技集团积极推进卫星运营资源重组和产业链整合，先后整合了原中国通信广播卫星公司、中国东方卫星公司、鑫诺卫星公司、香港亚太卫星公司等企业，并接连发射了中星 6A、中星 10 号、中星 11 号、中星 12 号、亚太 7 号卫星。截止 2013 年 12 月，中国卫通运营并管理着 13 颗优质地球同步轨道商业通信卫星，覆盖包括中国、亚太、中东、澳大利亚、欧洲、非洲等地区，同时在建并规划有多颗卫星。丰富、优质的卫星资源，为实现“亚洲第一、国际一流”的卫星综合信息服务企业的目标奠定了坚实基础。

在我国卫星通信发展过程中，固定通信业务空间段的发展历经了如下三大变化：一是卫星转发器由无偿使用转为有偿服务；二是国内卫星通信和电视传输业务由租用外商经营的卫星转发器为主，转为租用由我国运营商经营的卫星转发器为主；三是我国运营商经营的卫星转发器由供不应求转为有较大富裕，中国卫通公司的平均出租率在 74% 左右，亚太卫星公司最近几年的平均出租率在 80% 左右。从应用角度来看，卫星通信可分为 4 个阶段：第一阶段主要用于国际通信；第二阶段开始提供电视传送；第三

① 《卫星应用》编辑部：《中国卫星应用进展》，《卫星应用》2012 年第5 期。

阶段提供国内公众通信和各种专网通信；第四阶段提供卫星移动通信。①

六、实施西部民族地区农牧区社会信息化发展战略的主体确认

实施西部民族地区农牧区社会信息化发展战略的主体是中央政府。

第一，推进西部民族地区农牧区社会信息化发展，是我国落实科学发展观、全面建设小康社会、实施西部大开发战略的背景下，加快西部民族地区农牧区社会发展、摆脱恶性循环、实现经济起飞的有效手段；基于“全国一盘棋”，它应是国家发展战略中的重要举措。中央政府要站在建设可持续的西部生态屏障和全面建设小康社会高度，把推进西部民族地区农牧区社会信息化发展作为西部大开发的一项带战略性的重大工程，一如当年把生态环境建设作为西部大开发的切入点和突破口。即是说，推进西部民族地区农牧区社会信息化发展，必须在中央政府的统筹规划下进行，由此成为各个民族县、州、自治区的共同行动。

第二，推进西部民族地区农牧区社会信息化发展的切入点和突破口是以 IPTV 模式推进西部民族地区农牧区广播电视业及相关信息化建设，而广播电视服务既属于全国性公共物品，也可以是地方性公共物品。按公共物品产生的社会公益范围，电视机构开发公共电波资源，通过加高发射塔，加大无线电功率，使电视信号覆盖全国，全国公众因此而享受到电视信息服务，这种服务就属于全国性的公共物品。地方电视台从当地群众需要出发，编

① 郝为民：《我国卫星通信产业发展概况及展望》，《国际太空》2013 年第 8 期。

排播出具有地方特色、有利于地方公益的节目，这种服务应是地方性公共物品。但是，必须看到：西部各地方政府向农牧民提供地方特色服务，是以中央政府能够向农牧民提供全国性服务为前提条件；或者说，是伴随中央政府向农牧民提供全国性服务的设施建设作为附加服务而实现的。因此，中央政府有责任率先向西部民族地区农牧民提供“听得明、看得懂”的全国性广播电视服务，于是也就理应成为投入主体。

第三，推进西部民族地区农牧区社会信息化建设，中央政府必须成为加大投入的主体，是西部地区地方财政薄弱的现实困难所决定。过去，国家的许多农业和农村基础设施项目大都要求地方投入相应的配套资金，但西部地区往往因为财力所限而难于落实，建设进度与质量受到很大影响，有时甚至国家下拨的专项支农资金也遭到挪用或克扣。由于财政困难，西部地区地方政府自己要兴建更多的农业和农村基础设施以及发展乡村社会事业，更是心有余而力不足。正由于此，2009 年 9 月 30 日颁发的《国务院办公厅关于应对国际金融危机保持西部地区经济平稳较快发展的意见》提出，“逐步取消公益性建设项目县及县以下资金配套。”

第四，西部民族地区农牧区社会信息化发展规划，要由中央政府授权综合经济管理部门制定；由此增强规划的全面性、系统性、权威性和可操作性，能够打破行业壁垒，费省效宏地推进发展。另一方面，西部民族地区农牧区社会信息化发展，是促使西部民族地区农牧区经济社会起飞的基本推动和手段，是推进跨越式发展的切入点和突破口，中央政府授权综合经济管理部门制定规划，能够在强调社会信息化发展的特殊作用基础上，把经济、社会、科技、教育、文化、资源和环境的发展有机地统一起来。

第五，以中央政府为主导实施西部民族地区农牧区社会信息化发展战略，基于“全国一盘棋”，是一种帕累托改进。

在第二章中我们曾指出：2009 年 3 月“两会”期间全国政协民族和宗教委员会副主任马庆生提出的问题，与时隔一年的 2010 年 3 月“两会”期间全国政协委员、中国科学院院士、“嫦娥一号”总指挥兼总设计师叶培建提出的问题，表现出深刻的矛盾——前者是需要卫星资源，以解决少数民族群众听不懂广播、看不懂电视现象；后者却指出我国的卫星资源存在极大的闲置和浪费。根据中国通信企业协会副会长、中国卫星通信广播电视用户协会常务理事郝为民的文章，“中星 9 号”的 22 台转发器到 2013 年使用了 8 台，尚有较大余量。[①] “中星 9 号”后，我国又成功发射了“中星 10 号”、“中星 11 号”和“中星 12 号”通信卫星。因此，通过规划、设计，将闲置转发器用于推进西部民族地区农牧区地方广播电视业发展，解决收看不到本地（县、乡）电视节目、农牧区地方政府无法利用电视加强属地管理和提供公共服务等问题；实属对国有资产的有效使用。同时，我国已是世界上最大的电视机生产基地，电视产能过剩，企业效益下滑，对外贸易摩擦不断；而西部民族地区农牧区却缺乏有效的广播电视公共服务，不少地方处于现代文明以外；这本身就是一个深刻的矛盾。中央政府主导实施实施西部民族地区农牧区社会信息化战略，向贫困农牧民普遍赠送广播电视接收终端，使每一个农牧民家庭中有一套现代文明设施，有一套帮助他们融入现代社会的设施。一当农牧民从珍惜它、爱护它到广泛运用它，也就走出了与现代文明接轨的重要一步；家庭生产、生活以及区域社会经济发

① 郝为民：《我国卫星通信产业发展概况及展望》，《国际太空》2013 年第 8 期。

展的技术含量都将大大增加，较大规模的信息服务产业将由此产生，文明形态将逐步发生深刻的变化。

另一方面，加大农业与农村的信息化建设是中国信息化建设的一个核心和长期战略，也是全球欠发达国家和地区的必由之路；从国际国内发展趋势来判断，是亟待发展的新产业。因此，为解决西部民族地区农牧区广播电视业及相关信息化建设而开发出的新技术、新产品，不仅对西部民族地区农牧区有意义，而且有全国意义、世界意义；从而有广阔的市场前景。尤其是政府在一段时间内进行的大量、集中采购，将促进我国把为广大农村提供先进、实用、方便、价格低廉的信息技术产品和服务，作为大力发展的“战略产业”；把做大做强服务本土、面向世界的农业与农村信息化产业，作为信息产业与国民经济发展新的增长点。

第三节　马克思的技术及交往理论与西部民族地区农牧区社会信息化发展战略

本节运用马克思理论揭示西部民族地区农牧区社会信息化发展战略的重要意义，深入分析“以信息技术深刻变革西部民族地区农牧区发展方式（生产与生活方式）”的基本哲学意义。尤其是马克思生活在农业文明向工业文明过渡的历史大变革时代，他的技术及交往理论之于当前西部民族地区农牧区“经济起飞”、社会转型的思考，有着十分重要的理论价值。

按照马克思的理论，作为人类肢体、器官的延伸，技术绝不仅仅意味着某种手段或工具性的东西，更为重要的是它所包含的社会学意蕴；技术性是人的本质属性。人类通过对技术的使用，不但构造了生存处境，也生成了生活世界。每一种新技术的引入，都要求在人与人、人与自然、人与社会之间建立起一种新型的关系。每一种新的技术都为人类打开了一扇通向新型感知和活动领域的大门，创造出一种新的社会环境，导致人的观念发生结构性的变化。[①] 长期处于落后的技术状态，人的发展也就处于落后状态。因此，改变西部民族地区农牧区的落后状态，就必须要有新技术能流的有效进入。

现代信息技术既是促进生产的技术，也是促进交往的技术。西部民族地区农牧区社会信息化发展战略是以加强社会交往技术为基点，促进西部民族地区农牧区各阶层民众发展；在运用信息技术加强社会交往中形成社会分工，形成以知识引导发展的机制，进而使“促进生产的信息技术”得到广泛运用。在这个“外生技术”逐步与西部民族地区农牧区生产与生活方式融合中，通过人的技术化，最终将实现社会的进步与发展、人性的丰富与发展。

一、技术运用与人的进步相统一——马克思的一个重要思想

马克思从一定的个人生活过程出发说明社会结构，“社会结构和国家总是从一定的个人的生活过程中产生的”[②]。在马克思看来，人的本质根源于人的社会性，人的社会性又源于物质生产活动，而物质生产活动总是在一定的技术基础上或社会组织体制下

① 王伯鲁：《马克思技术思想纲要》，科学出版社 2009 年版，第 54—56 页。
② 《马克思恩格斯选集》第 1 卷，人民出版社 1995 年版，第 71 页。

展开的；技术在本质上“揭示出人对自然的能动关系，人的生活的直接生产过程，以及人的社会生活条件和由此产生的精神观念的直接生产过程”①。这就是说，技术性是人的本质属性。

1. **人的技术属性**

在马克思有关人性的论述中，可以区分出两个基本层次。马克思把有意识的劳动（包括物质和精神的劳动）视为最基本的、第一层次的人类本性；把随着劳动生产能力的发展和与之相应的生产方式与生活方式的变迁，而导致人类生发出来的以新的世界观、价值观为核心的新的品质或属性，视为在第一层次人性基础上产生出来的第二层次的人性。② 在马克思看来，人类以自己的活动来引起、调节和控制人与自然之间物质变换的劳动过程，是从制造工具开始的。人性是随着生产力的发展、生产与生活方式的改变而改变的，“在再生产的行为本身中，不但客观条件改变着，例如乡村变为城市，荒野变为清除了林木的耕地等，而且生产者本身也改变着，炼出新的品质，通过生产而发展改造着自身，造成新的力量和新的观念，造成新的交往方式、新的需要和新的语言。”③

技术不仅包括自然技术形态，而且包括社会技术形态。马克思在分析亚细亚、古罗马和日耳曼三种所有制对人类社会发展的作用时指出，在这三种所有制形式中，“哪一种土地财产的形式最有生产效能，能创造最大财富呢？我们在古代人当中不曾见到有谁研究过这个问题。在古代人那里，财富不表现为生产的目

① 《马克思恩格斯全集》第25卷，人民出版社1972年版，第410页。

② 王伯鲁：《广义技术视野中人的技术化问题剖析》，《自然辩证法通讯》2005年第6期。王伯鲁：《马克思技术思想纲要》，科学出版社2009年版，第43页。

③ 《马克思恩格斯全集》第46卷（上），人民出版社1979年版，第494页。

的，尽管卡托能够很好地研究哪一种土地耕作法最有利，布鲁土斯甚至能够按最高的利率放债。人们研究的问题总是，哪一种所有制形式会造就最好的国家公民”[①]。在这里，人们研究的问题就属于技术问题，所追求的“最有生产效能”、“创造最大财富”、“哪一种土地耕作法最有利”、“按最高的利率放债”及“最好的国家公民”等都是技术原则的体现。又如，马克思在论述社会分工产生的条件时，曾以印度公社的内部分工为例进行说明。社会分工格局、经济要素的结构等都是人类目的性活动的方式，都是社会技术的具体形态，它们就像文化“基因”一样，可以遗传、复制和转移，支撑着社会体系的运转。[②]

2. 人的需要与技术发展

需要是马克思主义的一个基本范畴。在马克思看来，需要的发生和实现是人类活动的基础和核心，“一切人类生存的第一个前提，也就是一切历史的第一个前提，这个前提是：人们为了能够‘创造历史’，必须能够生活。但是为了生活，首先就需要吃喝住穿以及其他一些东西。因此第一个历史活动就是生产满足这些需要的资料，即生产物质生活本身，而且这是这样的历史活动，一切历史的一种基本条件，人们单是为了能够生活就必须每日每时去完成它，现在和几千年前都是这样。”[③] 在需要的实现过程中，围绕人的基本需要又会衍生出一系列间接的需要链条，形成包括物质生产在内的社会运作体系，派生出复杂的社会关系。“第二个事实是，已经得到满足的第一个需要本身、满足需要的活动和已经获得的为满足需要而用的工具又引起新的需要，而这

① 《马克思恩格斯全集》第46卷（上），人民出版社1979年版，第485页。
② 王伯鲁：《马克思技术思想纲要》，科学出版社2009年版，第47—48页。
③ 《马克思恩格斯选集》第1卷，人民出版社1995年版，第78—79页。

种新的需要的产生是第一个历史活动。”① 同时，马克思也指出，人的活动的“基本形式当然是物质活动，一切其他的活动，如精神活动、政治活动、宗教活动等取决于它。当然，物质生活的这样或那样的形式，每次都取决于已经发达的需求，而这些需求的产生，也像它们的满足一样，本身是一个历史过程”②。

在马克思看来，技术不仅支持着需要的实现，而且也是区分经济时代、反映社会关系的标志。“各种经济时代的区别，不在于生产什么，而在于怎样生产，用什么劳动资料生产。劳动资料不仅是人类劳动力发展的测量器，而且是劳动借以进行的社会关系的指示器。”③ 这就是说，“生产什么”、“怎样生产”的技术特征，直接决定着物质生产与需要的实现样式，进而间接塑造着社会上层建筑的面貌。马克思考察了从工场手工业到机器大工业初期机器的发展过程后指出，“手工磨产生的是封建主为首的社会，蒸汽磨产生的是工业资本家为首的社会。”④ 因此，在需要的产生与实现过程中，我们不仅要看到物质生产活动与生产关系，更要看到其中所形成的技术形态及其演变历程。技术手段的革新，必然会引起生产关系本身的变革，因为“随着一旦已经发生的，表现为工艺革命的生产力革命，还实现着生产关系的革命”⑤；人们满足生存需要的社会实践活动，以及在社会历史活动过程中对物质生活资料的永无止境的追求，使得技术成为不可或缺的东西，赋予了技术以特别重要的追求自由的意义。马克思指出：“需要

---

① 《马克思恩格斯选集》第1卷，人民出版社1995年版，第79页。

② 《马克思恩格斯选集》第1卷，人民出版社1995年版，第123页。

③ 《马克思恩格斯全集》第23卷，人民出版社1972年版，第204页。

④ 《马克思恩格斯全集》第4卷，人民出版社1958年版，第144页。

⑤ 马克思：《机器。自然力和科学的应用（蒸汽、电、机械的和化学的因素）》，人民出版社1978年版，第111页。

是同满足需要的手段一同发展的，并且是依靠这些手段发展的。”①

马克思还不断提醒人们，人类创造和使用技术最终目的是为了人自身，为了整个人类的解放，为了实现人全面而自由的发展，人全面而自由的发展才是人类一切工作的目标。而为了实现这一目标，还是得依赖于技术的使用，“只有在现实的世界中并使用现实的手段才能实现真正的解放；没有蒸汽机和珍妮走锭精纺机就不能消灭奴隶制；没有改良的农业就不能消灭农奴制；当人们还不能使自己的吃喝住穿在质和量方面得到充分供应的时候，人们就根本不能获得解放。”②

3. **人的技术化机制**

人的技术化是指人的活动愈来愈按技术活动原则与规范展开，人愈来愈被纳入各种技术系统的建构与运行过程之中，成为技术系统的单元或作用对象。

马克思认为，人在通过实践改造客观世界的同时，也改造着人本身。在长期的技术形态创建与应用过程中，人作为技术单元被纳入多种技术系统之中，按照技术系统的模式与节奏运行，从而在人的思维、心理、生理、器官、肢体等方面都打上了技术的烙印。③ 从人类种系进化角度看，长期的技术活动也是推动人类进化的重要力量。例如，以操作技巧为内容的手的灵巧化，就直接刺激了肢体与大脑的进化。就个体而言，长期的技术活动尤其是职业技术活动，会使人成长为带有各种职业技术观念或特征的人；马克思写道：“工场手工业把工人变成畸形物，它压抑工人

① 《马克思恩格斯全集》第23卷，人民出版社1972年版，第559页。
② 《马克思恩格斯全集》第42卷，人民出版社1980年版，第368页。
③ 《马克思恩格斯全集》第23卷，人民出版社1972年版，第378页。

的多种多样的生产志趣和生产才能，人为地培植工人片面的技巧，这正像在拉普拉塔各州人们为了得到牲畜的皮或油而屠宰整只牲畜一样。”①

在人的技术化问题上，马克思更多地关注了资本主义条件下的技术异化现象；但是，阐明了人的技术化的基本机制。事实上，任何人都是出生在一定的社会体制和人工自然环境之中，并在特定的技术世界之中成长和发展的，从衣、食、住、行、用到自我实现精神文化需求的满足等方面，无一不受到技术的直接或间接影响；他必须自觉或不自觉地引入、学习、适应和建构各种技术形态，把外在的技术模式内化为个体观念和行为方式。在这一过程中，生物意义上的人就逐步成长和转变为技术意义上的人，自然的人就被塑造成为技术的人、社会的人，技术模式就内化为人们的思想观念与行为方式。因此，人的技术化是人的社会化的重要方面，二者同步展开，可以作为个体发展状况的衡量尺度。人与社会一开始就处于技术化进程之中，一部社会发展史就是一部社会技术化的历史。②

生活世界（life-world）是现象学的基本概念，指的是人们生活于其中的世界，是人们可以感性体验的世界。人们在这个世界中不仅实现了自己存在的价值，而且还进一步拓展着人类活动的范围，不断地将天然自然转化为人工自然；这一切的一切都是通过技术的使用活动而达致的。“技术使用正在以各种不同的方式形塑着人们生活着的世界。现时代，信息技术的使用甚至已经改变了人们对于本体的看法，人们不再执拗于物质本体的信仰，而

---

① 《马克思恩格斯全集》第23卷，人民出版社1972年版，第399页。

② 文兴吾、何翼扬：《论科技文化是第一文化》，《中华文化论坛》2012年第1期。

是通过信息技术的使用建构起了一个虚拟的网络世界，在这个世界里，政府、警局、社区、商场、娱乐设施等一应尽有，人们一样地进行着结婚、生子、工作等社会活动，除了建构出一个虚拟现实外，电子邮件、QQ 等现代网络通讯工具也无时不在传递着信息，沟通着真实的心灵。信息技术通过使用者的使用已然融入到了生活世界里，成为人们不可分割的有机组成部分。”①

技术使用对生活世界的影响是双面性的。一方面是积极的建构作用，人类正是凭借着技术的使用一步一步地建立起了自己的王国，建构着自己赖以生存的生活世界；另一方面便是消极的解构作用，新技术的使用会逐步腐蚀掉原有生活世界的形式和内容，动摇原有生活世界的根基，甚至会使原来的生活方式瓦解乃至消失。这就是说，技术使用不仅孕育了生活世界，也毁灭着生活世界；不仅建构着生活世界，也解构着生活世界；不仅是新的生活世界的起点，也可能是原有的生活世界的终点。②

二、生产与交往是人类社会的两大基本实践活动

1. 生产活动与交往活动的统一

马克思指出：“人的本质不是单个人所固有的抽象物。在其现实性上，它是一切社会关系的总和。”③ 社会生产只能在人们之间的交往过程中展开，因此，从人类实践活动的横向结构来看，实践活动可分为生产活动和交往活动两个互为前提、互为媒介的

---

① 陈凡、陈多闻：《文明进步中的技术使用问题》，《中国社会科学》2012 年第 2 期。

② 陈凡、陈多闻：《文明进步中的技术使用问题》，《中国社会科学》2012 年第 2 期。

③ 《马克思恩格斯选集》第 1 卷，人民出版社 1995 年版，第 56 页。

侧面："生产本身又是以个人彼此之间的交往为前提的。这种交往的形式又是由生产决定的。各民族之间的相互关系取决于每一个民族的生产力、分工和内部交往的发展程度。这个原理是公认的。然而不仅一个民族与其他民族的关系，而且这个民族本身的整个内部结构也取决于自己的生产以及自己内部和外部的交往的发展程度。"①

在马克思看来，一切历史冲突都根源于生产力和交往形式之间的矛盾；不仅每个民族和其他民族的关系，而且每个民族本身的内部结构，都取决于自己的生产以及自己内部和外部交往的发展程度。马克思指出，"在亚洲的原始的自给自足的公社内，一方面，对道路没有需要；另一方面，缺乏道路又使这些公社闭关自守，因此成为它们长期停滞不前的重大要素（例如在印度）。"② 马克思还分析了资本主义制度产生以后交往对社会历史跨越发展的作用，"资产阶级，由于开拓了世界市场，使一切国家的生产和消费都成为世界性的了。……旧的、靠本国产品来满足的需要，被新的、要靠极其遥远的国家和地带的产品来满足的需要所代替了。过去那种地方的和民族的自给自足和闭关自守状态，被各民族的各方面的互相往来和各方面的互相依赖所代替了。"③

2. 社会交往及其基本特性

"交往"一词在拉丁语系中的意思是"共同的、通常的"，引申为共同分享、交流思想、情感等。在汉语中，"交往"最早见于《孟子·万章下》："敢问交际，何心也?"后来泛指人与人往

① 《马克思恩格斯选集》第1卷，人民出版社1995年版，第68页。

② 《马克思恩格斯全集》第46卷［下］，人民出版社1980年版，第16页。

③ 《马克思恩格斯选集》第1卷，人民出版社1995年版，第275—276页。

来的表现形式，往往与“交际”混用。语言学把人际交往定义为基于一定语言规则上的符号交流；社会学认为人际交往是指由于某个活动形成的一定社会关系；心理学把人际交往定义为人与人的心理沟通；传播学中的人际交往是指个人与个人之间的信息传播活动，也就是由两个个体系统相互连接组成的新的信息传播系统。[①]

按照马克思的交往理论，社会交往是在物质生产实践的基础上发生的，是直接或间接同物质生产活动相联系的，依其同物质生产的密切程度而展现为不同的层面。主要有：生产技术的社会交往，经济的社会交往，政治的社会交往，精神的社会交往。[②]

人际之间的社会交往的特性通常被归结为自觉性、中介性和客观性三个方面。但是，最基本的特性应是中介性。

人际之间的社会交往是凭借中介进行的，不同于动物个体之间直接地、不假中介地进行的交往活动。人与自然交往的生产活动是使用工具的中介性活动，与此相联系并以此为基础，人际之间的交往也必然是中介性的活动。在生产工具的基础上，人类还创造了一系列的交往中介，其中最为普遍的是语言符号，它贯通于人际交往的各个领域。中介作为工具是客观的，同目的相适应的；只有在有目的的自觉的活动中，中介的运用才是必要的和可能的。中介性本身既体现着自觉性（目的性）也体现着客观性。[③]

---

① 岳广鹏：《冲击·适应·重塑——网络与少数民族文化》，中央民族大学出版社 2010 年版，第 146 页。

② 肖前主编：《马克思主义哲学原理》上册，中国人民大学出版社 1994 年版，第 344—345 页。

③ 肖前主编：《马克思主义哲学原理》上册，中国人民大学出版社 1994 年版，第 343—344 页。

三、技术进步与信息传播的发展

如前所述，人与社会一开始就处于技术化进程之中，一部社会发展史就是一部社会技术化的历史。不仅如此，人类社会的发展史也是一部人类社会不断被传媒化的历史。信息传播及传播媒介的发展变革推动着人类文明的进步。

社会交往，从哲学角度看，说到底就是物质、能量和信息的交流。信息不同于物质和能量，但信息本身又离不开物质和能量交流过程，或者说它就体现在物质、能量交流过程中。人类的交往关系一般表现为信息交流关系。考察人类信息交流即信息传播活动的历史，不难看到信息技术的发展起着历史性的杠杆作用。信息技术的每次创新，都带来了信息传播的大革命，而每一次革命又都给人类的政治、经济、文化和社会生活带来不可估量的影响，推动着人类的文明不断向更高层次迈进。人类信息传播活动的变迁历程，大致包括以下五个阶段。

1. 口语传播时代

在大约距今 10 万年前，原始人类在漫长的相互交往和群体生活中，经过了形体语言、手势语言等无声语言阶段，学会了用语言符号（声音）来代表具体事物和抽象意义，进入到口语传播时代。恩格斯曾写道："劳动的发展必然促使社会成员更紧密地互相结合起来，因为它使互相支持和共同协作的场合增多了，并且使每个人都清楚地意识到这种共同协作的好处。一句话，这些正在生成的人，已经达到彼此间不得不说些什么的地步了。需要也就造成了自己的器官：猿类的不发达的喉头，由于音调的抑扬顿挫的不断加多，缓慢地然而肯定无疑地得到改造，而口部的器官也逐渐学会发出一个接一个的清晰的音节。”①

语言的产生，使经验得以交流，文化得以传承，语言成为人类最基本、最常用和最灵活的传播手段；古往今来，人类一直通过声音来相互娱乐和传递信息，他们用语言歌唱、讲故事。

作为一种面对面、共时性的传播方式，语言使用的声音符号转瞬即逝，记录性差，不精确、易走样；而且，受到时空的局限很大，在没有其他媒介（如后来的电话）的情况下，只能用于较小规模的近距离人际交流或群体的信息传播，传播范围小，速度慢。这些先天性不足严重制约了生产力的发展，使人类处于漫长的原始社会。

2. 文字传播时代

距今约五六千年前，岩洞象形文字、甲骨文字和钟鼎文字等的相继产生，使得人类的信息传播第一次突破时间、空间的限制，得以广泛流传和长期保存。

文字的发明及其应用于文献记录，是人类文明的重要标志，从时间的久远和空间的广阔上实现了对语言传播的真正超越。文字是口语传播的技术延伸，特别是视觉系统的延伸，由此人类的传播活动摆脱了本能，进入了技术传播时代。文字传播使异时、异地传播成为了可能，大大提高了传播的广度和范围。

文字传播在以下几个方面优于语言交流：一是文字具有记录性，它可以将信息资料记录下来，进行跨时空的传播；二是扩散性，文字传播可以借助各种媒体传送到遥远的地方，扩散到大范围的公众，从而扩大了信息的影响力；三是渗透性，文字传播资料可以长时间保存，同一信息有可能对读者产生反复刺激和影

① 《马克思恩格斯选集》第4卷，人民出版社1995年版，第376页。

响；而且读者接受信息的过程比较从容，有利于通过思考来加深理解，因此文字传播的信息渗透性比较强；四是准确性，文字媒介的信息在制作的时候可以字斟句酌，反复推敲修改，对信息内容的表达更具条理性、逻辑性和准确性。

文字传播弥补了口语传播时空障碍的缺陷，具有规范、便携、长期保存等优点，所承载的信息也由简单变得复杂、繁多。于是，人们不断寻找新的载体作为承载文字的传播媒介，从泥地、石头、羊皮到竹简、丝帛、草纸等；文字推动着人类对传播媒介的改进。但是文字传播的缺点是不易制作、不易普及，使人类信息传播的能力和范围还十分有限，制约了生产力的发展；人类长期处于落后的畜牧业和农业社会。于是，聪明的人类在历史前进的脚步中，又发生了一些改变，就传播方式而言，印刷术打开了传播的新局面。[①]

3. **印刷传播时代**

中国古代的造纸术和活字印刷术大大推动了文字传播的进程，是永载史册的巨大贡献；然而，印刷传播真正走向世界并广泛为大众服务，则是15世纪中叶德国人古登堡对于金属活字印刷和机械印刷的结合，使印刷物规模化生产成为可能之后。从技术角度说，古腾堡所做的以及自从他的时代以后大众媒介所做的，就是把一架机器放进传播过程，复制信息，由此极大地扩大人们分享信息的能力。

15世纪末和16世纪初，整个欧洲的主要城市几乎都有了印刷所，印刷传播业日益兴旺。印刷品的大量出现，大大激发了人们的求知欲望，推动了教育的发展、文化的普及和科学启蒙、社

① 童晓渝等:《第五媒体原理》，人民邮电出版社2006年版，第9—12页。

会进步。反过来，公众文化知识的提高又导致了对宗教、科学、哲学、文学书籍等印刷媒介的更大需求，形成一种良性循环，加速了欧洲封建主义的崩溃和资本主义的诞生。[①] “书籍和报纸同18世纪欧洲启蒙运动是联系在一起的。报纸和政治小册子参与了17世纪和18世纪所有的政治运动和人民革命。正当人们越来越渴求知识的时候，教科书使得举办大规模公共教育成为可能。正当人们对权力的分配普遍感到不满的时候，先是新闻报纸，后来是电子媒介，使普通平民有可能了解政治和参与政府。”[②]

印刷术给整个人类社会的发展带来了巨大的影响，书籍、杂志、报纸等印刷出版物成为人们获得信息、知识、娱乐的基本渠道，有力地促进了社会文明的进步。随着印刷业的发展，它不仅对社会政治、经济和文化起到了很好的推动作用，同时，它自身也迅速发展成为一种规模宏大的产业。

4. 电子媒介传播时代

千百年来，人类一直梦想自己能长出“顺风耳”、“千里眼”，电子媒介的产生使这一由来已久的愿望终成现实。19世纪20年代以后，由于电磁学的兴起与电磁波的发现及应用，无线电技术的发展，诞生了一大批本质上是基于电子运动的传播媒介。

信息的电子传播，不仅使信息传播瞬息万里，而且挣脱了印刷传播中必不可少的物质（书、报、刊）运输（通过人及交通工具把印刷品送到读者手中）的束缚，为信息传播开辟了一条便捷、高效的通道。特别是广播、电视，一旦插上卫星转播的翅

---

① 邵培仁：《论人类传播史上的五次革命》，《中国广播电视学刊》1996年第7期。

② ［美］威尔伯·施拉姆、威廉·波特：《传播学概论》，陈亮等译，新华出版社1984年版，第18页。

膀，这种传播就已不再是通常的大众传播了，而是无处不在、无时不有的跨国传播甚至全球传播了。

另一方面，以广播和电视为主体的电子传播，不像印刷传播那样是将人推向信息，而是将信息推向人；广播和电视传播是“在没有识字需要的情况下，为人类提供了超越识字障碍，跳入大众传播的一个方法”①。“20 世纪 30 年代的一次非常严重的经济大萧条引起了美国的社会和工业化世界的混乱。当人们将期待的目光对准领导者时，广播变成了一个强大的政治力量，从 1933 年 3 月 12 日开始，富兰克林·D. 罗斯福总统就在他的广播节目‘炉边谈话’中直接同美国人民谈话……广播第一次让‘单个人’有可能在同一时间说服几百万人。”② 继广播之后，电视更为耀眼，综合了视觉和听觉元素，声像并茂，构成了独特的符号体系。电视不仅彻底突破了时空的限制，极大地提高了传播速度，扩展了传播空间，而且不受文化、年龄甚至种族的限制；从政治讲坛到普通家庭，从成年人到青少年，电视很快融入社会的各个领域，成为最具活力的大众传播工具之一。

5. 数字化传播时代

20 世纪中叶以来，在无线电技术、电子计算机技术和卫星通信技术的基础上，出现了电子计算机及其网络为载体的现代信息通讯技术。1998 年 5 月联合国新闻委员会正式提出：互联网已成为继报刊、广播、电视之后的第四媒体。更进一步讲，互联网是继语言、文字、印刷物和电子媒介之后的新的信息载体：数字化

---

① E·M. 罗杰斯语。邵培仁：《论人类传播史上的五次革命》，《中国广播电视学刊》1996 年第 7 期。

② ［美］哈里·亨德森：《通讯与广播——从有线语言到无线网络》，林淑瑜、隋俊宇译，上海科学技术文献出版社 2008 年版，第 71 页。

媒介。所谓数字化媒介，包括两个方面的内涵：其一是指信息的载体，即以不同于以往模拟信号的非连续数字化形式——电子符号“比特”（bit）为载体，多渠道、全方位、交互式传播信息的一系列计算机设备；其二是指传播的内容，即以“比特”作为信息传播元素。“比特”是以光速传播的没有形状和质量的最小信息单位。一旦任何信息被数字化——无论是书、报、刊还是声像影视，无论是中文还是外文，都使用世界上共同的两个数字“0”和“1”编码来表达和传输，到了终端用户手上，又原原本本地还它本来面目。

与传统的语言、文字、印刷物、电子媒介等传播载体相比，数字化媒介的存在前提是必须依赖于电子计算机及其网络技术；“在这个前提下，信息的实时性、准确性、广泛性、便捷性和多途径传播构成了数字化媒介的主要特征，正是这些特征使数字化媒介成为现代人类信息传递的先进方式。在现代信息交流中，与以往的电话、电报、广播、电视采用模拟信号相比，经过一体化数字化的网络电话、网络传真、电子邮件以及网络电视，其音频、视频准确性、保真度更高，而且方便快捷、价格低廉；而以磁盘和光盘为载体的电子图书、电子报纸和电子期刊，在容量大、易保存、易检索、低价格等方面，又令传统印刷型媒介（图书、报刊等）望尘莫及。除此之外，多媒体网络在声音点播、影视点播、图像传输、网络寻呼、网络实时会议等方面也得到了很好的应用。从大众传播的角度来看，数字化媒介无疑是一种最现代的信息传播渠道，它不但能够把握客观准确的原则，而且不受时间和地域的限制；就知识传播而言，计算机辅助教材、网上远程教育，寓教于乐、寓学于乐，把教育内容形象化、生动化，其互动的学习方式拉近了教与学的距离，更有利于新知识的更新与吸收；就休闲娱乐而言，以光盘为载体通过网上传输的娱乐节目和游戏内容丰富多彩，生动活泼，大有超过广播、电视等传统媒体之势。”①

互联网技术的重要特点，是它的传输模式不再是中央控制式的，而是分布式的；这是技术发展带来的传播模式变革，由此使“一对一”、“一对多”、“多对多”的传播在互联网上并行不悖。互联网的信息推送技术与信息拉取技术都得到长足发展。互联网的信息推送技术，也被称为“网播”（Netcast），是1996年由Pointcast Network公司首先提出的。它与有关媒体公司合作，利用其信息推送软件，向互联网的广大用户，主动地发布、推送各种新闻、财经、体育等信息。用户在互联网上浏览，不是盲目地点击和游荡，而是像收听电台广播那样，可以选择自己感兴趣的频道或节目，有目的地获取信息。网播可认为是广播模式在互联网上的应用和发展。互联网的信息拉取技术，也被称为“网查”，可以说是数据库查询技术扩展和延伸。数据库查询是由用户针对自己的需求有目的地主动查询数据库，从数据库中拉取所需信息。在互联网上，用户面对的不止是一个数据库，而是拥有海量信息的互联网环境。于是，各种网络信息拉取（查询）的辅助工具——“搜索引擎”（search engine）应运而生。

应该明确：在技术进步与信息传播的发展历程中，传播符号、传播媒介和传播科技始终呈叠加性状态发展，即新的传播革命爆发后，人类在旧的传播革命中所使用的传播手段不会被随之抛弃，而总是以一种新的面貌又出现在新的传播活动之中。它们的生存与发展似乎不遵循优胜劣汰、物竞天择的法则，而更符合

① 王维明：《信息技术及其应用》（修订版），中国人民大学出版社2006年版，第113—114页。

互动互助、共进共演的原理。当前，网络传播实现了对以往任何媒介形式的整合，使所有媒介都有可能在网络传播中成为一种新质；另一方面，网络传播也促使着传统媒介的革新，无论是内容变革还是形式创新。

四、当代信息技术既是促进交往的技术也是促进生产的技术

当代信息技术，从信息论的角度看，是指为实现信息的产生、收集、传输、接受、处理、存储、检索等而形成的技术群；最重要包括，用于处理信息的计算机技术、通讯技术（如微波通信、光纤通信、卫星通信、电子邮递、综合业务数字网等）、信息存储技术、数据库技术、网络技术、多媒体技术等等。当代信息技术因其广泛的渗透性，既是促进交往的技术，也是促进生产的技术。

1. 当代信息技术及其广泛的渗透性

一般说来，信息技术的分类体系结构包括三个基本的层次：信息基础技术、信息系统技术和信息应用技术；如图 5 – 6 所示。[①]

从图 5 – 6 可见，信息系统技术处于信息技术体系的中心地位。从系统的观点看，信息系统是对信息进行采集、处理、存储、管理、检索和传输，并能向有关人员提供有用信息的系统。感测技术、通信技术、计算机与智能技术和控制技术，通常被称为“信息技术的四基元”。

---

① 文兴吾：《四川电子信息产业的发展及其科技哲学视野》，《经济体制改革》2007 年第 4 期。

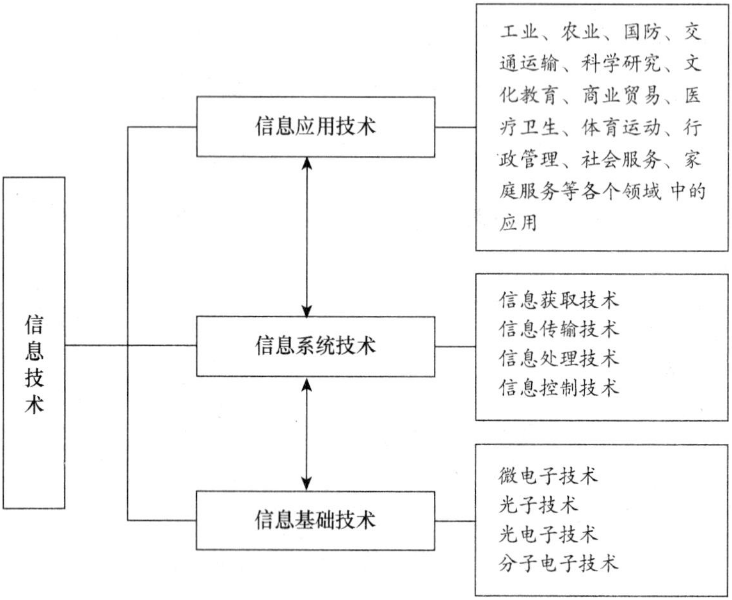

图 5－6　信息技术的分类体系结构

以“四基元”为主体技术，具有多层次的分类体系结构且不断向外扩展和延伸的信息技术，是一个综合性、交叉性极强，涉及范围极广的技术领域。它既包括适用于各种环境的通用技术，也包括针对特定工序的专业技术，因而具有巨大的渗透能力，能广泛地渗透到各个传统的产业部门，进行技术改造，促进产品更新换代，提高产品质量，减轻劳动强度，节约能源和材料，并提高工作效率。由计算机技术、通信技术、微电子技术、自动化技术、人工智能技术等有机结合而成的信息技术在社会各个领域内的渗透和应用，使得整个现代社会都处在了信息技术的“神经”控制网络中。信息技术的生产创建了巨大的产业，而其不断的扩大与应用创造了巨大的市场；产业与市场的结合和互动带动了整个国民经济的发展，并提高了企业和国家的整体竞争力。[1]

当今世界，信息技术与信息产业蓬勃发展的态势，从以下三个著名定律可见一斑。

第一，摩尔定律。

摩尔定律是由英特尔公司创始人之一戈登·摩尔在20世纪70年代提出来的。其内容为：芯片的集成度每隔18个月便会增加一倍。这一定律首先揭示了信息技术进步的速度，因为推动电子计算机及其网络技术迅猛发展的基础首先是大规模集成电路的不断更新。

摩尔定律并非数学、物理定律，而是对发展趋势的一种分析预测。40多年中，半导体芯片的集成化趋势一如摩尔的预测，推动了整个信息技术产业的发展，进而给千家万户的生活带来变化。

第二，超摩尔定律。

推动网络技术高速发展另一个重要基础是光纤带宽技术。联合国“1999世界电信论坛会议”副主席、加拿大北电网络公司总裁约翰·罗斯在论坛开幕演说时讲道：光纤通信容量每9个月会增加一倍，但成本会降低一半，比芯片变革速度的每18个月还快。此前，作为较早关注网络文化与网络社会发展的经济学家，乔治·吉尔德在20世纪90年代中期就曾预测，在未来25年，主干网的带宽将每6个月增加一倍，其增长速度超过摩尔定律预测的CPU增长速度的3倍。乔治·吉尔德的预测被称为“超摩尔定律”。

第三，贝尔定律。

根据摩尔定律，微处理器的速度会每18个月翻一倍，在保

① 文兴吾：《四川电子信息产业的发展及其科技哲学视野》，《经济体制改革》2007年第4期。

持计算能力不变的条件下，微处理器的价格和体积每18个月减小一半，这就意味着同等价位的微处理器的速度会越变越快，而同等速度的微处理器则会越来越便宜。这称之为贝尔定律。目前，贝尔定律至少同样适用于内存空间、硬盘空间、图形卡和LCD（液晶显示器）的发展速度。由此可得：每过10年，半导体、存储、用户接口和网络方面的技术进步会促使形成一个全新而且通常是价格更低廉的电脑平台，这个平台一旦形成，就会产生一个相对独立的产业结构。

2. 当代信息技术推进生产生活方式信息化发展

当代电子计算机及其网络为载体的现代信息通讯技术在区域社会生活中的使用，极大地影响到人们的生活、学习、交往及娱乐方式，已是基本的经验事实：“聊天室替代了观众热线，视频点播替代了听众点播，BBS互联网技术导致每个人都可以低成本进入传播业……似乎尼葛洛庞蒂的著名预言——网络技术终将实现‘每个人都可以办一个没有执照的电视台’，已经触手可及。……超文本、数字化、人工智能、地球村、人机交互、赛柏空间、互联网等一系列新媒介概念标志着我们进入了全新的媒介化传播时代。”①

——当代通讯网络，使“秀才不出门，能知天下事”成为普通公民的现实，使人能以广阔的瞬息万变的信息海洋提供的信息为依据，来思考有关的各种问题；有助于克服思维的狭隘性、片面性以及习惯的思维定势，并从信息海洋中找到机会、找到前景。

① 童兵主编：《科学发展观与媒介化社会构建》，复旦大学出版社2010年版，第7页。

——当代通讯网络，使社会交往范围得以无限扩展，社会网络通过远程通讯网络得以延伸，并产生了新的社会交往与互动网络。比如聊天室、BBS 等的出现，人们可以跨越时空进行交谈，或就某一个感兴趣的热点问题发表自己的真实想法。之后还可以借助电子邮件等多种方式进行联系。而移动电话更是可以使我们在任何地方进行活动的同时也能够进行社会互动。远程通讯网络，为人们生成一个与地理空间不同的网络空间；这使得人们之间的交流（思想、观点、情感等）就多了一个空间。既可以在地理空间进行、也可以网络空间进行，更好的可能是在地理空间与网络空间结合中进行。

——当代通讯网络，创造了新的教育和文化需要，使每个人获得知识的渠道多样化、及时化。远程通讯网络技术使得图像、声音的互动传输成为可能，打破了传统的基于场所的面对面教育模式。远程教育对于一些偏远地区及人口分散的地区而言非常重要。

——当代通讯网络技术在社会服务部门中的应用，极大地提高了服务的效率，也促使了公民或组织能更平等地接近信息资源和享受服务。可以说，因特网重新定义了重要服务的生产和传送，包括金融、零售、医疗、教育、物流等。新的多媒体服务，按功能可分为三个主要的服务类型：①信息服务，如接近数据库；②通讯服务，如电子邮件、电子布告栏、电子会议等多种类型的联系方式；③交易服务，如电子商务、订购或支付在线服务。远程通讯网络技术还可以向缺少医生和医疗设备的地区提供医疗服务；对某个偏远地区的病人，可以就其病情进行网上专家会诊，而这些专家不仅来自国内，还可能包括国际的权威专家。

当代信息技术极大地推动着社会生产方式的信息化，同样是基本的经验事实。“由于信息技术（包括计算机技术、通信技术、存储技术、数据库技术、网络技术、多媒体技术、信息检索技术等）得到了突飞猛进的发展，使之有可能把各种信息技术并配合相关技术应用到生产过程中，使生产过程的每一个步骤或环节都在信息系统的控制下进行，从而实现生产技术方式的信息化。”①信息技术在生产过程中的广泛应用，使生产过程同时成为信息流的运行过程，使人类生产力在机械化、电气化、自动化的基础上，实现了信息化。如图5－7所示。

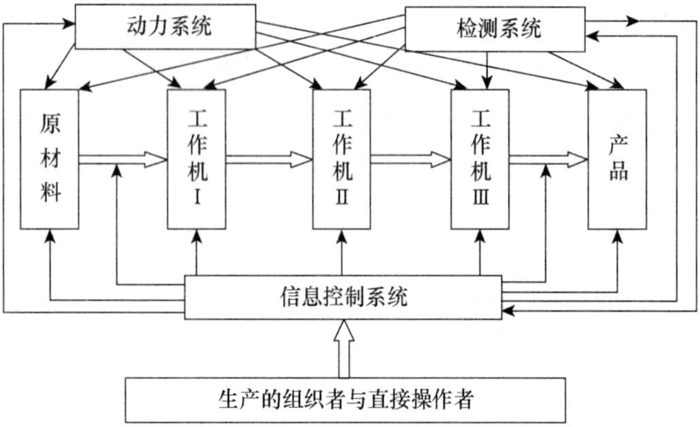

图5－7　生产过程信息化示意图

资料来源：钱时惕：《科技革命的历史、现状与未来》，广东教育出版社2007年版，第173页。

例如，精细农业中：当拖拉机在田野业时，卫星把拖拉机的精确位置、土壤组成、含水量、害虫情况和其他一些关键数据发

① 钱时惕：《科技革命的历史、现状与未来》，广东教育出版社2007年版，第173页。

送给拖拉机；拖拉机上的计算机会根据土壤的不同条件把数量不等的灌溉水、种子、农药和杀虫剂洒到土壤中，进行优化生产。使用这种系统，能够降低成本、增加产量，并且减少对环境的危害；为人们提供一个在有限的土地上增加产量的切实可行的方法。

又如，物联网技术的兴起与发展。物联网技术将人与人、人与物、物与物紧密地联系起来，通过在物体上植入各种微型感应芯片使其智能化，然后借助无线网络，实现人和物体“对话”、物体和物体之间“交流”。从技术的角度来看，物联网的核心和基础依然是互联网，是在互联网基础之上延伸和扩展。运用物联网，物品从“出生”就可以拥有独立的档案，当它到达消费链的最终端时，它可以通过数字信息向消费者“传达”它的出生；装在牛身上的传感器可以追踪它们从出生到屠宰场的全过程，智能电表可以向发电厂输送实时电力使用数据。[①]

五、以当代信息技术加强社会交往为基点推进西部民族地区农牧区科学发展

以当代信息技术加强社会交往为基点推进科学发展，这是实施西部民族地区农牧区社会信息化发展战略的本质之所在。

1. 社会交往贫乏是西部民族地区农牧区落后的重要原因

西部民族地区农牧区经济社会落后，主要表现为其经济结构层次的低下，即社会经济的发展在整体上尚处于传统农业社会阶段。舒尔茨在《改造传统农业》一书中认为：在一个贫穷的农业社会，农民世世代代都同样地耕作和生活，他们年复一年地耕种

---

① 李世东等：《信息革命与生态文明》，科学出版社2013年版，第103—104页。

同样类型的土地，播种同样的作物，使用同样的生产要素和技术，这是传统农业技术停滞的典型特征。与传统农业比较，现代农业在运作机制上呈现出高度的商品化、专业化、社会化、企业化、规模化等一系列特征，而在技术运用上，则表现为由非农业部门提供的各种现代先进技术对传统经验技术的替代，与外部系统间存在着大规模的物质、能量及信息的转换。因此，技术停滞是传统农业落后和贫困的主要原因。

西部民族地区农牧区传统农业的超稳定状态，是其地理空间上的边缘性导致交往的贫乏所致。西部民族地区农牧区受高原、山地、荒漠等自然条件的制约，人们的居住的空间极为分散，在整体上远离大中城市的同时，其内部又远离交通干道和中心城镇，形成对外对内的双向封闭格局。用经济学的概念可以表达为：这个民族区域与外部区域进行经济、技术、文化等方面的交往成本是如此之高，以至于在很大程度上禁绝了这种交往，而使其成为经济、技术、文化等独立发展的“孤岛”。①

长期处于缺少与外界的正常交流和联系的渠道，生活在一个日益边缘化的自我封闭的空间里，逐渐与整个社会主流文化远离，并形成一套价值体系，即贫困文化。这种文化实际上是对贫困的一种适应，甚至说是一种麻木，使沉浸于这种文化的人无法或难以觉察到它的影响，使得国家的扶贫开发和发展经济的各种行动及各种社会援助目标难以达到预期效果。贫困文化的困扰，使得贫困主体无法获得本应能够享有的获取、吸收和交流知识的途径、机会和选择权，从而导致知识能力的缺失，使贫困呈持续性——今天贫困，明天还贫困；这一代贫困，下一代还贫困；

① 程厚思等：《边缘与“孤岛”——关于云南少数民族地区贫困成因的一种解释》，《中国农村观察》1999年第6期。

"甚至处于既不会生产也不会生活的'原始贫困'状态"①。

2. 以当代信息技术加强社会交往使广大农牧民先愉快起来

以当代信息技术加强社会交往，最直接的意义是：使农牧民普遍有自己的现代文娱生活，用"数字化生存"让广大农牧民先愉快起来。按照马克思主义观点，人的需要是人的本性，是人类文明的重要标志。人是"灵"和"肉"的统一体；人的需要分为生存需要、享受需要和发展需要。"我们的生活无一例外地受到各种各样的限制和束缚，我们必须承担自己的责任，而且不得不面对数不清的烦恼和失意。与此相应，我们也有许多生活的乐趣，我们往往能在我们的某些行动中得到愉悦，在某些视觉和听觉中得到巨大的享受，从而使我们得以从生活的束缚和重压中解放出来。"② 娱乐，作为客观的需要，对于人类心理的平衡、生命的丰满和意义的充盈都是必需的。德国 18 世纪的著名美学家席勒论述了游戏是艺术审美的本质因素，同其它艺术形式一样，也是人类想象力和理解力的产物，是想象力和理解力的平衡运动。席勒指出："只有当人是完全意义上的人，他才游戏；只有当人游戏时，他才完全是人。这个道理此刻看来也许有点似是而非，不过如果等到把它运用到义务和命运双重的严肃上面去的时候，它就会获得巨大而深刻的意义。"③ 这就是说，游戏的需要并不是人类出于幼稚的贪玩和放纵，而是一种植根于人类本性的基本需要。在最广泛的意义上，任何放松、刺激、消遣的活动都可以称

① 陈达云、郑长德：《中国少数民族地区的经济发展：实证分析与对策研究》，民族出版社 2006 年版，第 390 页。

② 李思屈：《数字娱乐产业》，四川大学出版社 2006 年版，第 26 页。

③ 弗里德里希·席勒：《审美教育书简》，冯至、范大灿译，上海人民出版社 2003 年版，第 124 页。

作游戏娱乐；正是这种需要的客观存在，构成当代娱乐产品和娱乐服务的市场基础，为娱乐产业存在和发展提供了无限的市场前景和巨大的增值空间。

当代信息技术的发展使多媒体计算机技术和网络技术突飞猛进，IPTV 为信息的无限制传播创造了无与伦比的条件。IPTV 作为一种相对于通常意义的“大众传播”产业的“分众传播”和“小众传播”产业，为扩大、深化、优化针对各少数民族的信息服务创造了条件。一方面，通过建构富于民族特色的 IPTV 平台及门户网站，创办和增加本民族的节目，用本民族的语言进行播音，让各民族广大民众都能听得懂、看得懂广播电视；将切实发挥广播电视对传承少数民族文化、传达致富信息、开启开放观念、引导规范行为的作用。另一方面，IPTV 平台及门户网站将记录、宣传、积累少数民族的本土文化资料，帮助少数民族建构新的健康的文化体系，促进民族文化的现代化改造。通过充分挖掘民族地区优秀的、有特色的文化资源，将为这些地区的传媒运行提供富于个性化、独到的传播题材与主题，由此形成一定的传播内容优势，赢得一定的声誉和影响，成为对外宣传、对外开放、对外交流的窗口，成为民族文化产业化运作的创新平台。对于一些具有独特价值的物质产品或产业而言，IPTV 平台及门户网站可以起到重要的传播媒介或宣传渠道的作用；“电子商务不仅能使发展中国家从全世界以更有利的价格购买产品和服务以支持其生产过程，更重要的，是他们还能以卖者的身份、以从前不可能的方式参与全球市场。新的出口机会将吸引新的外国和国内投资，这将促进这些国家的经济增长”①。可见，通过 IPTV 模式的广播

① 国际电信联盟报告：《网络的挑战—互联网对发展的影响》，汪向东、刘满强译，中国友谊出版公司 2000 年版，第 75 页。

电视及相关信息化建设，既能够加强农牧区内部的社会交社，也能够加强农牧区与外部的社会交往；对外对内的双向封闭状态，由此消弥。

历史上，带来信息传播革命的印刷术在西方社会的广泛应用，推动了西方社会“人的觉醒”和“文艺复兴”。马克思曾指出：“火药、指南针、印刷术——这是预告资产阶级社会到来的三大发明。火药把骑士阶层炸得粉碎，指南针打开了世界市场并建立了殖民地，而印刷术则变成新教的工具，总的来说变成科学复兴的手段，变成对精神发展创造必要前提的最强大的杠杆。”[①] 文艺复兴的中心思想是“人本主义”。它提倡人性，批判神性，提倡人权，反对神权，提倡个性自由，反对宗教禁锢。它主张人要从神中解放出来，反对封建教会的来世观念和禁欲主义，反对神化了的封建统治和以神为中心的宗教文化，肯定“人”是现实生活的创造者和享受者。文艺复兴的直接后果是促进了欧洲近代文学艺术的繁荣；不仅在意大利出现了艺术史上不朽的绘画和雕刻，而且在西欧产生了一批古典文学名著。文艺复兴最终唤醒了人们积极进取的精神、创造精神以及科学实验的精神，从而在精神方面为资本主义新时代的到来开辟了道路。

历史如镜，温故而知新。今天，我们也应该充分把握数字化传播时代带来的机遇，通过恰当的方式和制度安排，实现我国西部民族地区农牧区“人的觉醒”和“文艺复兴”。

---

① 《马克思恩格斯全集》第47卷，人民出版社1979年版，第427页。

3. 以当代信息技术加强社会交往为农牧区社会主义文化建设奠定坚实基础

以当代信息技术加强社会交往，用“数字化生存”让广大农牧民先愉快起来——通过技术创新和制度创新，设计、创造出能推动广大农牧民能力建设的各类游戏、电影、电视节目，最终使农牧民走出贫困文化，以崭新的面貌开展积极的文化、社会、经济建设和生态建设，实现“脱贫、致富、奔小康——将极大地推进西部民族地区农牧区社会主义文化建设。

西部民族地区农牧区文化建设是一项十分浩大的系统工程。从总体上看，包括三大系统建设，即农牧区文化社会系统建设、农牧区文化经济系统建设和农牧区文化生态系统建设。这三大系统建设，涵盖了从精神建设到物质建设，从精神形态构建到物质形态开发利用，从公共教育到文化经济建设，从文化保护到文化资源开发等农牧区文化建设的全部内容。

——农牧区文化社会系统建设，主要是对农牧区社区文化建设和新型农牧民的培育。农牧区社区文化建设的主要内容是社区文化事业、社区环境文化、社区文化工作队伍建设，社区文化扶贫以及社区居民文化生活消费的引导。农牧区社区文化建设的发展和繁荣，有利于倡导文明，树立农牧区新风尚，抵制不良思想的侵蚀，丰富农牧民的精神内涵，从而使农牧区社会环境得到改善，农牧区公共教育事业不断完善和进步。新型农牧民培育的主要内容是通过农牧区基础教育建设、农牧区职业技术培训、农牧区精英阶层培育和农牧区示范教育，提高农牧民的整体素质，塑造新型农牧民。

——农牧区文化经济系统建设，主要内容是农牧区文化资源开发和农牧区文化产业的发展。充分开发利用西部农牧区丰富的文化资源，将西部农牧区的文化资源优势转化为经济优势，对于西部农牧区经济的发展和进步，对于农牧民收入水平和生活水平的提高非常重要。

——农牧区文化生态系统建设，主要内容是农牧区文化生态环境建设、民族文化的传承与发扬和文化生态村寨建设。西部农牧区文化，特别是原生文化，是中国乃至世界文化资源里的瑰宝，它能够传承至今，本身就说明了其包含有纯朴的文明基因，是各民族人民优秀的、科学的思想结晶。今天，世界文明在西方发达国家现代文化的侵蚀下逐渐趋于一体化，很多地方、很多民族的原生文化逐渐消失，或者被外来文化同化，世界文化的多样性和原生性受到严重的破坏。保护和修复遗失的西部农牧区文化，不仅是对中国文化建设的一种贡献，同时，也是对世界文化宝库的一种贡献。

不论在理论上还是现实中，农牧区文化建设与其三个子系统之间，以及三个子系统之间，都可以达到相互推动、相互促进、相互改善的良性循环状态。农牧区文化社会系统建设创造出良好的农牧区社会精神风貌、振奋的精神状态、高素质的农村劳动者，是农牧区文化经济系统建设和文化生态系统建设的基础，是农牧区文化经济系统建设和文化生态系统建设取得良好效果不可缺少的因素。而农牧区文化生态系统建设的目的之一，是在原生文化保存良好或部分保存的地方保护和建设已有的原生文化系统，保持农牧区原有的热情奔放的精神风貌。在很多地方，农牧区文化生态的保护需要在开发中进行，利用文化资源的开发进行农牧区文化的传承与发扬。而开发的目的之一，是利用文化价值实现经济价值。当然，西部农牧区经济的发展和进步，反过来又会促进农牧区文化社会系统的发育和建设，并且使人们有信心、有能力对农牧区文化社会系统和文化生态系统进行建设。可见，西部农牧区文化社会系统、文化经济系统和文化生态系统在建设过程中完全可以达到良性循环效果。这也是西部农牧区文化建设的任务和目标所在。①

西部民族地区农牧区文化建设的主要任务，就是使农牧区社会得到发育、经济得到发展、文化生态得到保护和建设；而农牧区社会的发育、农牧区经济的发展、农牧区文化生态的改善达到一定程度，困扰西部农牧区的“三农”问题就会基本得到解决，西部农牧区生活型社会建设得以可持续发展。反过来，西部农牧区社会的发育、农牧区经济的发展和农牧区文化生态的改善，又会促进西部农牧区文化建设的进一步深化。农牧区文化建设与社会建设、经济建设、文化生态建设之间互动，形成良性循环，共同推动西部农牧区繁荣、农牧民进步、农牧业发展，实现西部农牧区的科学发展。

4. 以当代信息技术加强社会交往将惠及最广大民众，促进社会全面进步

以当代信息技术加强社会交往，不仅为西部民族地区农牧区社会主义文化建设奠定坚实基础，同时也为西部民族地区农牧区的社会经济发展提供直接或间接的精神动力与智力支持。不受“贫困文化”笼罩的农牧民，可以自觉地通过 IPTV 平台及门户网站学习科学文化知识，学习科学的种养殖知识，在平台上开展“电子商务”活动，得到更多的经济社会发展利益。

另一方面，以当代信息技术加强社会交往中将深化社会分

① 聂华林、李莹华：《中国西部农村文化建设概论》，中国社会科学出版社 2007 年版，第 65—66 页。

工，形成以知识引导发展的机制，最终形成以知识推动发展的良性循环，实现经济社会全面进步。

很显然，一种服务于最广大民众的新技术的引入，需要有现代知识的人去使用它；由此为接受了现代教育的大中专毕业生提供了以运用知识服务于父老乡亲的舞台，解决了就业难的问题。同时，也创造了知识和人才受人尊重的环境条件，使知识与经济有了结合。继之，信息能流、技术能流将与民族地区得天独厚的、独具特色的生态、生物、文化资源不断结合。一当生态农牧业、生态民族文化旅游业呈现出良好的收益之时，外部的投资和技术又将不断涌入，传统的农牧业将走向专业化、商品化的现代农牧业。在这个过程中，不断降低人的劳动强度、提高自然环境资源使用效率的“促进生产的信息技术”将得到广泛运用。相应，道路交通等基础设施将得到大大改善；因为既可能有本土的企业修建公路，也可能有外部的企业修建公路，无论是出于特色农牧产品的销售需要，还是出于民族文化生态旅游业的发展需要。

以当代信息技术加强社会交往为基点推进西部民族地区农牧区科学发展的理论逻辑，如图 5－8 所示。

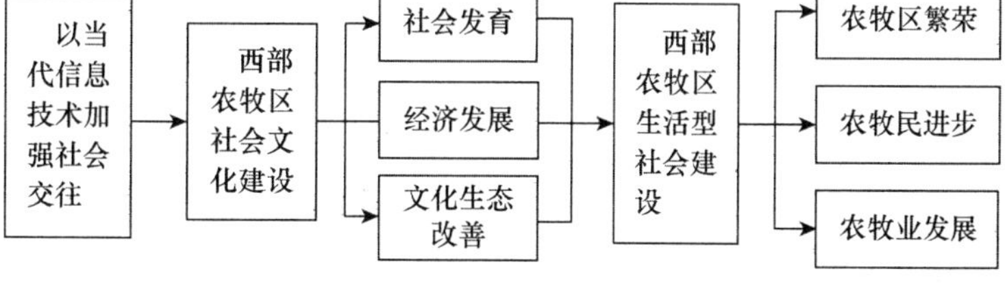

图 5－8　以当代信息技术加强社会交往推进西部农牧区科学发展理论逻辑示意图

图5－8同时揭示了实施西部民族地区农牧区社会信息化发展战略与西部民族地区农牧区“生活型社会”建设的内在一致性。

第六章

西部民族地区农牧区广播电视“四级覆盖”的历史进程研究

西部民族地区农牧区广播电视业的发展，与中华人民共和国成立以来中国农村广播电视业的历史性飞跃紧密相关。国家实施“村村通”、“户户通”工程，利用直播卫星在我国有线电视不能通达的农村地区提供广播电视公共服务，为西部民族地区农牧区实现中央、省（自治区、直辖市）、市（州、盟）、县（旗）“四级全覆盖”创造了良好的条件。在直播卫星公共服务的实施已从根本上解决了中央与省级广播电视的普遍覆盖问题之后，西部民族地区农牧区广播电视业的发展要解决的主要矛盾是如何费省效宏地将市、县节目有效地传送给农牧民。本章通过把握中国农村广播电视业的多次历史性飞跃，把握历史发展进程中奠定的技术、制度、资源基础，提出了依托“中星9号”直播卫星解决西部民族地区农牧区广播电视“四级全覆盖”的构想。

第一节　中国农村广播电视业发展历史概况

一、“村村通广播电视”工程实施前中国农村广播电视发展概况

中国农村广播电视发展，可以追溯到著名的平民教育家晏阳初的实践。1922 年 12 月，美国人 E. G. 奥斯邦把一套无线电广播发送设备由美国运到上海，开办起“大陆报——中国无线电公司广播电台”。1934 年晏阳初就曾写到：“无线电广播是平民教育一种具有潜力、效率很高的媒介，我们已在进行广播实验，决定充分利用它作为乡村建设的文化工具。”“业已证明很有效益的广播包括五个项目：（1）教育——传播建设的知识。讲稿由各部门技术人员草拟，修订后由会说本地方言的人播出。（2）计划——向民众传递县府的计划和正在进行的建设的消息。（3）活动——作关于各村和个人在乡村建设中所取得的成绩的报告。（4）新闻——使民众听到国际国内或当地的时事，除了日军的消息之外，群众最感兴趣的是市场消息。（5）娱乐——广播群众歌曲、京剧唱片、笑话、谜语等娱乐节目。”“为了使广播经济、实用，让全村都容易听到，我们特别进行了研究。在我们车间曾做过这样的实验：制造一台四管收音机，配上一个高音喇叭，用 26 元就可办到。一套广播接收机每月使用费 1 元，广播站则为 36 元。如果政府主办，对于乡村地区来说，经济上是可能付出这笔费用

的。为了推动平民教育和乡村建设，用定县开发出来的材料和方法，在全县设置遍及各乡村的广播系统，应当说是可能办到的。”①

1. 乡村治理与农村有线广播的发展

中华人民共和国成立后，党和政府十分关心人民广播的发展。1949 年 9 月 29 日中国人民政治协商会议通过的《共同纲领》第 49 条就明确规定了“发展人民广播事业”。到 1952 年基本上完成了对旧中国遗留下来的 34 座私营广播电台的社会主义改造，并在全国各省、自治区、直辖市和部分省辖市开始建设人民广播电台。

1950 年，为了向地方传达中央政策指令和向民众宣传党和政府的政策，当时的政务院新闻总署决定在全国建立广播收音网，要求“全国各县市人民政府之尚未设立收音员者，除所在地为中心城市，出有大型日报者外，应一律指定政府内适当人员兼任收音员，其任务为收听或记录中央和地方人民广播电台广播的新闻政令和其他重要内容，向群众介绍和预告广播节目，组织听众收听重要节目（如政府首长讲演、社会科学讲座等）。收音员所记录的新闻政令全文和其他重要节目要点，应由县市人民政府和县市民众教育馆负责编为小报和墙报，在政府机关内和人民中发行和张贴”②。可见，建国初期，无线广播作为一种重要的传递政治信息的信息通道曾被地方政府广泛使用，它因具有比文件系统更快捷的传播速度而受到青睐。1951 年 4 月 23 日的《人民日报》

---

① 《晏阳初全集》第 1 卷，湖南教育出版社 1989 年版，第 267 页。

② 《新闻总署关于建立广播收音网的决定》（1950 年 4 月 22 日）。参见《当代中国的广播电视》编辑部选编：（《广播电视史料选编》之四）《中国的有线广播》，北京广播学院出版社 1988 年版，第 9 页。

发表了“必须重视广播”的社论，指出“无线电广播是群众性宣传教育的强有力工具之一。这在抗美援朝和镇压反革命分子的宣传教育工作中，已得到了充分的证明”；指出“无线电广播可以成为各级领导机关最灵敏有力的指导工具，可以在城市人民政治生活中产生极大的宣传教育作用”，并且要求“各级的领导机关应充分重视和着重利用这一新的宣传教育工具，用它来推动工作，教育人民。各级的宣传机关，特别是党委的宣传部门，更要关心和加强广播和收音网工作的领导，要经常讨论和审查广播工作的计划，提高广播工作的效率和节目内容的思想水平；要适当配备和有计划地训练培养广播工作的干部，以及有步骤地发展广播收音网，包括区乡的收音站和城市工厂、矿山、学校的有线广播网。关心和领导广播工作，发展和应用广播事业，应该是各级宣传机关的重要日常事务之一。”①

为了能使新政府的政策方针和党的声音传达到农村，1953 年中央广播事业局下达了《关于春节期间组织对农民广播发动收音员下乡宣传的通知》，要求各省人民电台“利用春节农闲时间，组织对农民的特别节目，发动收音员下乡，向广大农民群众广泛而深入地进行新形势、新任务的宣传。”② 但是此种零星的宣传活动收效并不是很大。此间，另一种有效的广播宣传方式开始出现，那就是农村有线广播。1952—1953 年间，吉林省九台县，辽宁省的庄河、台安、北镇县，陕西省的商洛地区，黑龙江省的延寿县等开始试办农村有线广播。全国第一次广播工作会议肯定了

① 《当代中国的广播电视》编辑部选编：(《广播电视史料选编》之四)《中国的有线广播》，北京广播学院出版社 1988 年版，第 111—113 页。

② 《当代中国的广播电视》编辑部选编：(《广播电视史料选编》之四)《中国的有线广播》，北京广播学院出版社 1988 年版，第 41 页。

九台县的经验，并决定向全国推广。1955 年开始，中央广播事业局决定开始在全国逐步建立农村有线广播，并发布了《关于今明两年在全国有条件的省、区逐步建设农村有线广播的指示》，肯定了农村有线广播“是教育农民和满足农民收听广播的最经济、最有效的工具”，“是国家对广大农民进行政治宣传和文化教育工作的重要工具”。要求“把几年来试办农村有线广播的经验加以总结，在全国有条件的省和自治区内有计划地加以推广，并为今后大规模发展农村有线广播打下基础。”①

1956 年 1 月，中央政治局在《1956 年到 1967 年全国农业发展纲要》（草案）中提出“发展农村广播网”的计划，“从 1956 年开始，按照各地情况，分别在 7 年或者 12 年内，基本上普及农村广播网。要求大部分农业、林业、渔业、牧业、盐业和手工业的生产合作社都能收听广播。”②

有线广播网的建立，为农村增加了一条沟通基层和政府的信息通道，主要功能是配合“会议—文件系统”传递政治信息，动员群众参与各种“运动”。1943 年 11 月 29 日，毛泽东在招待陕甘宁边区劳动英雄大会上发出了将群众“组织起来”的号召；15 年后，人民公社的成立，将他的这一理想变成了现实。实现这一理想的动力就是合作化运动。1957—1960 年中国农村的合作化运动，是以小农经济为基本结构的乡村系统逐步崩溃、以集体经济为基本结构的乡村系统的建构过程，人民公社的全面建成标志着这一过程的最终完成。作为新的政治传播通道出现的农村有线广

① 《当代中国的广播电视》编辑部选编：（《广播电视史料选编》之四）《中国的有线广播》，北京广播学院出版社 1988 年版，第 43—44 页。

② 《当代中国的广播电视》编辑部选编：（《广播电视史料选编》之四）《中国的有线广播》，北京广播学院出版社 1988 年版，第 24 页。

播网络，配合“会议系统—文件系统”，有效地推动了合作化的进程。[①]（参看图6－1）

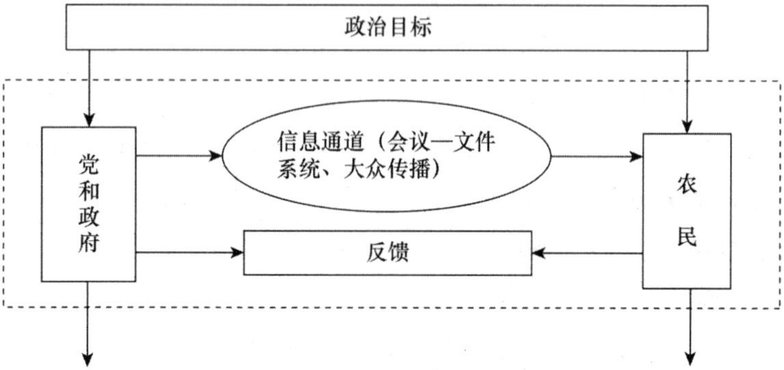

图6－1　中国乡村合作化运动过程的控制模型

资料来源：李广：《中国乡村治理中的政治传播与控制》，山东大学出版社2011年版，第92页。

1958年，新疆560多个公社中有442个通广播，占78.6%；6800多个大队中有1419个通广播，占20%。在“大跃进”的形势下，新疆地区大部分的县广播站自办“本县新闻”或“综合节目”，围绕“大办粮食”、“大办钢铁”、“人民公社化”进行宣传；有的广播站组织广播大会、实况广播和开办特别节目进行宣传。新疆地区辽阔，交通不便，报纸传递缓慢，因此，全疆各地的有线广播网便成为各县范围内唯一的新闻舆论中心。它通过转播中央台、新疆台新闻节目和播出“本县新闻”，及时地将党和国家的方针政策、国内外大事传送给城乡各族人民。农村有线广播大多也转播或者自办文艺节目，听广播成为了农民闲暇时的一

① 李广：《中国乡村治理中的政治传播与控制》，山东大学出版社2011年版，第104、106、134页。

项娱乐活动。当时的文艺节目充满了意识形态色彩，潜移默化地起到塑造民众“普遍信念”的作用，从学习理论方面来看，这样比直接宣传的效果更好。①

四川峨边彝族自治县位于四川西南部的小凉山区，幅员面积2395 平方公里；属于典型的大山区县，最高海拔 4288 米，最低海拔 469 米，平均海拔 1200 米。该县广播事业伴随县人民政权的建立而兴起，1951 年 6 月建立峨边收音站。1958 年 12 月正式成立峨边县广播站，架设城区广播线路，安装入户喇叭，区乡则通过邮局的电话线传输广播节目。到 1978 年，全县各个人民公社都建立了广播站，50 多名广播员全部面向农村招聘，实行半脱产管理。在公社广播站普遍建立的基础上，农村有线广播网迅速发展；1979 年，有农村广播专用线 1860 千米，入户广播喇叭 15756 只，129 个行政村，村村通喇叭，通播率达 92.9%，特别是 8 个彝族乡，90% 的彝族家庭挂上了喇叭。县广播站每天早、中、晚三次用彝汉两种语言向群众广播，将党的声音传送到千家万户，群众对此极为高兴，他们在民歌里唱到：“广播银线连千家，金色喇叭挂彝家，城里唱歌能听到，北京声音响山洼，娃娃听到蹦蹦乐，老人听了笑哈哈，姑娘向他学唱歌，小伙向他学文化。”在乡村广播迅速发展的同时，县广播站又开设自办节目，自办节目分新闻节目、学习节目、知识节目、文艺节目、为听众服务节目等五大类。②

① 新疆维吾尔自治区地方志编纂委员会：《新疆通志：广播电视志》，新疆人民出版社 1995 年版，第 55—77 页。

② 《峨边彝族自治县概况》编写组、《峨边彝族自治县概况》修订本编写组：《峨边彝族自治县概况》，民族出版社 2009 年版，第 226—227 页。

2. 制度重建与农村无线广播电视的发展

1978年中国改革开放后，家庭联产承包责任制的实施直接导致了人民公社治理体系的瓦解。家庭联产承包责任制推行的同时，乡村的政治体制改革也随之开展起来。首先是人民公社“政社分开”，重新设立了乡镇建制，农村取消了生产大队和生产队，建立村民委员会，这一工作到1985年基本结束，当时全国5.6万多个人民公社，改建为91138个乡镇（其中乡政府83182个，镇政府7956个），建立了940560个村民委员会。①

随着人民公社的解体，农村有线广播不再是政治宣传和动员的工具，只是农村中传播新闻娱乐节目、播发通知的一般广播工具。1985—1995年，农村有线广播没有发展，但下降幅度也不大。因为这一时期，农村有线广播的经费来源有一定的保证。根据1969年财政部和中央广播事业局联合发文规定：“县广播站（或相当于该级的广播部门）的日常事业经费，列入国家预算，公社广播站（或放大站）的日常事业经费由地方财政解决”，“在事业建设上，县广播台（站）和县至各乡传输线路以及广播站设备由国家投资；乡广播站部分设施和乡以下的传输线路由乡、镇集体投资；用户引线和用户设备由用户负担”。1983年中共中央的37号文件又一次肯定了这一国家、地方、个人三级承担的经费来源原则，并且规定向用户收取维护费（一般一只喇叭一年一元），作为乡镇以下广播网路的维护费用和维护人员的报酬。②

但1995年之后，由于1994年开始实行分税制财政体制改革，

---

① 《中国农村统计年鉴》（1987年），中国统计出版社1987年版，第3页。

② 1983年3月31日至4月10日，广播电视部在北京召开了第十一次全国广播电视工作会议，中共中央发出1983年37号文件正式批转广播电视部根据这次会议形成的《关于广播电视工作的汇报提纲》。

乡镇财政收入大幅减少；农村有线广播线路逐年老化损坏，而乡镇政府已无经费维护，这样恶性循环，农村有线广播逐渐衰败，只有少数村保留了本村内的有线广播局域网，利用高音喇叭播放通知。另外，从20世纪80年代末，电视开始普遍发展起来，县市一级开始大力发展电视事业，广播电视经费基本都投向无线电视和有线电视事业，很少有经费顾及农村的有线广播。农村有线广播的衰落，从国家统计局的统计项目设立也可看出：2000年之前的国家统计局农村统计年鉴中，有线广播都是作为一个专项列出，而2000年及以后的农村统计年鉴中，这一统计项目被取消了。

在农村有线广播衰落的同时，农村无线广播和电视则逐步发展起来。然而电视的出现，对于广播的冲击是非常大的。1983年，中国中央人民广播电台的调查表明，全国受众获取新闻的渠道分别为：53%听广播，34%读报，13%看电视；1988年同样的调查显示，电视跃居第一，广播退居第二，报纸位居第三。20世纪90年代之后，电视逐步取代广播成为农村中主要的传播通道。①

电视作为一种比较新的大众传媒，20世纪50年代末传入我国；1958年5月1日，中国第一座电视台、现在中央电视台的前身——北京电视台开始试验播出。20世纪五六十年代，绝大多数的农民并不知道电视为何物，直到20世纪80年代以后，电视才逐步进入中国农村。1983年3月31日—4月10日广播电视部在北京召开了第十一次全国广播电视工作会议，这次会议上制定了“四级办广播，四级办电视、四级混合覆盖”的政策，此政策指的是：除了中央和省一级办广播台和电视台外，凡是具备条件的

---

① 李广：《中国乡村治理中的政治传播与控制》，山东大学出版社2011年版，第150—152页。

省辖市、县也可以根据当地的需要和可能办广播台和电视台，除了转播中央和省的广播电视节目外，可以播出自办的节目，覆盖该市、县。“四级办”政策调动了地方政府的积极性，推动了我国广播电视的发展，广播电台、电视台在数量上实现了飞跃，中国迅速成为拥有受众最多的广播电视大国。1980年我国广播电台只有106座，电视台只有38座；到1997年，广播电台为1363座，增长近12倍，电视台为923座，增长了23倍多。[①]

随着时间的推移，管理部门逐渐意识到，广播电视仅仅有数量上的大发展是远远不够的，数量的增多并不一定能自然地带来各制作播出机构节目质量的提升，也不代表传播效果的提高、实力的增强，更不等于整个系统的有序、高效运行。为了解决资源浪费、无序竞争等问题，1996年中央出台了《中共中央办公厅国务院办公厅关于加强新闻出版广播电视业管理的通知》（中办厅字〔1996〕37号），1997年广播电影电视部出台《关于贯彻落实中办、国办〈关于加强新闻出版广播电视业管理的通知〉的方案》（广发社字〔1997〕119号）以及《关于县（市）广播电视播出机构合并的意见》（广发社字〔1997〕458号），提出了“三台合一、局台合一”的广播电视机构合并方案。对整个广播电视播出系统的整合，不仅是简单的减少数量，更是为了转变、理顺各级播出实体的功能，不断提高播出节目的质量，从根本上提高广播电视业的整体实力。根据转变职能的要求，各地成立的县（市）广播电台、县（市）电视台、县（市）有线电视台要合并为一个播出实体，统称“县（市）广播电视台”。这些播出机构的主要工作任务，要转到转播中央和省的广播电视节目上来；工

① 朱虹主编：《广播电视发展政策研究》（理论卷），红旗出版社2010年版，第26、20页。

作重心转移到扩大广播电视覆盖和提高广播电视服务水平上来；工作精力转移到改造、完善广播电视网络、发展有线广播电视用户、拓展广播电视业务上来。在保证有专门的频率、频道完整转播中央和省台广播电视节目的基础上，这些基层台可以开办一套广播节目和一套电视节目，自办少量当地新闻和专题节目，播出从规定渠道购买、取得的影视文艺节目。更基层的乡镇一级则不设广播电视播出机构，改为县（市）广播电视局的派出机构，以转播为主。在省和部分市级电视台设立公共频道，基层台制作的节目可在这一平台上播出。

通过将县（市）及乡镇广播电视播出机构转变为传输机构，在一定程度上能够改变各级广播电视机构各自为政的情况，形成省、市、县三级广播电视传输覆盖网络的垂直贯通、统一经营、集中管理。在省级和部分市级电视台设立公共频道，划出一定的时段供县（市）广播电视播出机构播出当地新闻和经济类、科技类、法制类、农业类、重大活动类专题、有地方特色的文艺节目以及广告等，也是在借鉴国外经验的基础上妥善解决利益共享等问题，形成合理布局。[①]

在2008年“中星9号”直播卫星服务之前，我国绝大多数农村地区的广播电视覆盖是依靠地面微波传输技术，卫星地面收转站发挥了转发、扩散的重要作用。微波通信是20世纪50年代的产物。微波具有与光波相似的沿直线传播的特性，受地球表面曲率的影响，传播距离一般在50公里左右，因此，微波传输通常要每隔50公里左右建一个中继站，一站一站地接力传输。从20世纪70年代开始，当时的中央广播事业局租用邮电微波干线

① 朱虹主编：《广播电视发展政策研究》（理论卷），红旗出版社2010年版，第28—29页。

向各省传输中央广播电视节目。此后，各省相继建设本省的广播电视微波网。到80年代末，全国广播电视微波传输网络初步形成，解决了向各地、市、县和发射台传送中央、省广播电视节目信号源的问题。全国广播电视微波传输网络线路总长达8万多公里。经国务院研究同意，自1985年起我国开始利用C频段通信卫星传输中央电视台第一套模拟电视节目。由于当时卫星转发器资源非常紧张，到1996年底，我国仅批准了中央电视台第一套、第二套、第四套、第七套和新疆、云南、贵州、四川、西藏、浙江、山东、中国教育电视台、山东教育电视台共计13套模拟电视节目利用卫星传输，当时主要使用了中星5号、亚洲1号、亚太1A等几颗C频段通信卫星。我国的卫星模拟电视节目传输采用调频方式，使用C频段12米上行天线和3千瓦速调管高功率放大器，上行使用6GHz频段，下行使用4GHz频段。①

通信卫星在广播电视中的应用，解决了我国广播电视节目过去完全依赖传统的地面无线传输方式（微波、差转、短波等）的状况，使得我国西部地区及农村的广播电视覆盖得到了很大改善，极大地促进了我国广播电视事业的发展。② 1985年，我国广播电视人口覆盖率为68.3%和68.4%；1997年底，全国广播电视的综合覆盖率分别达到了86.02%和87.68%。

卫星传输减少了传统地面传输手段带来的多环节对节目质量的损伤，提高了电视节目的收视质量；只要是按标准建设的卫星

① 广播影视业务教育培训丛书编写组：《广播影视数字化普及读本》，中国国际广播出版社2007年版，第8—9页。1997年8月，国务院批准所有的省、自治区、直辖市的电视节目均可上星传送。1999年10月海南的电视节目上星播出，标志着全国所有省级电视台全部通过通信卫星播出。

② 江澄：《发展中的我国卫星广播电视》，《卫星电视与宽带多媒体》2009年第18期。

收转系统，均可使用户收到高质量的电视节目。卫星传输也为城市有线电视的发展创造了良好的条件，提供众多的优质节目源；卫星传输和有线电视结合，使用户能收看到丰富多彩的、来自全国中央和各省的节目，克服了单纯的本地有线电视网不能看外省节目的弊端。[①]

二、“村村通广播电视”工程的提出与推进

1997 年底，全国广播电视的综合覆盖率分别达到了 86.02% 和 87.68%。[②] 从广播电视节目的生产制作量、整体技术水平以及实际覆盖人口看，中国已成为世界广播电视大国。与此同时，广播电视的发展存在严重的薄弱环节：相当数量的农村地区特别是边远、贫困地区广播电视有效覆盖率较低，这些地区的广大农民群众无法听到广播、看到电视，日益增长的精神文化需求得不到满足。“按照当时的统计，全国共有 72.3 万个行政村，535.8 万个自然村，其中 11.7 万个行政村和 56.3 万个自然村属于广播电视覆盖的‘盲区’，约有 1.48 亿农民听不到广播、看不到电视。”[③] 基于广电部“九五”发展规划提出的：事业发展的重点是扩大广播电视的有效覆盖，覆盖的重点是中西部地区，特别是老少边贫地区、居住分散的农村，覆盖的节目重点是中央广播电视和省级广播电视；1998 年初，广电总局党组提出在 20 世纪末基本实现全国已通电行政村“村村通”广播电视的目标和任务，

① 江澄：《我国卫星广播电视 20 年发展历程——纪念我国卫星广播电视开播 20 周年》，《广播与电视技术》2005 年 8 期。

② 沈卫星：《广播电视村村通——农村文化建设的“一号工程”》，《光明日报》2006 年 3 月 19 日。

③ 沈卫星：《广播电视村村通——农村文化建设的“一号工程”》，《光明日报》2006 年 3 月 19 日。

并会同有关部门开始实施“村村通”广播电视工程。同年9月，国家广电总局在贵州省召开了全国“村村通”现场会，参观学习贵州省从实际出发、通过大力建设地面卫星收转站、扩大农村广播电视有效覆盖的经验。贵州建设全省广播电视覆盖网的基本指导思想和工作思路是：充分利用现代广播电视技术，坚持广播电视并重，无线有线结合，以农村为重点，大力发展地面卫星收转站，实行小功率、多布点，尽力扩大实际入户接收率。

“村村通”广播电视工程的实施，得到了党中央、国务院的高度重视、关心和支持。1998年12月，国家广电总局印发广播影视简报《依靠高新技术，调动系统和全社会积极性，加快实施“村村通”广播电视》（1998年第28期），并于12月30日上报中办、国办、中央宣传思想工作领导小组、中宣部，抄报国务院有关部门。次日，时任中共中央政治局常委、国务院副总理、分管广电工作的李岚清同志就作出批示：“这是一件大事，意义重大而深远，希望各部门、各地区的同志都支持这项事业，使其得到落实。”1999年1月5日，时任中共中央政治局委员、国务院副总理、分管农业农村工作的温家宝同志作出长篇批示：“调动广电系统和全社会的积极性，利用高新技术手段，扩大农村广播电视的覆盖率，提高实际入户率，争取基本实现村村通广播电视，这是一件有重大意义的事情。实现这个目标，不仅能够有力地促进农村精神文明建设，而且能够进一步开拓农村市场，带动农村经济的发展，希望广电部门和各地及有关部门通力合作，从各地实际出发，区别不同情况，制订切实可行的规划，有计划、有步骤、扎扎实实地推进这些工作。”①

① 田聪明：《“村村通广播电视”的提出与实施》，《新华文摘》2012年第9期，第102页。

在1999年3月召开的九届全国人大二次会议上，时任国家计委主任的曾培炎同志受国务院委托所作的报告，正式将“村村通广播电视”列入国家经济社会发展规划。1999年10月，朱镕基总理在甘、青、宁考察时，提出“要把广播电视作为基础设施来抓”，还说“村村通广播电视这件事也在做，这不但是物质文明建设，也是精神文明建设”。此后，中央关于西部大开发等文件，都将“村村通广播电视”列入了国家经济社会发展的规划中。

从1998年开始实施的“村村通广播电视”工程，是新中国成立以来广电系统实施的投入最多、时间最长、覆盖面最广、受益人数最多、人民群众最欢迎的重大工程。2004年7月21日，国务院办公厅转发了广电总局等部门关于巩固和推进村村通广播电视工作意见的通知（国办发〔2004〕60号）。2006年9月20日，国务院办公厅又出台了关于进一步做好新时期广播电视村村通工作的通知（国办发〔2006〕79号）。该文件指出：做好新时期“村村通”工作是实践“三个代表”重要思想、落实科学发展观的内在要求，是全面建设小康社会、构建社会主义和谐社会的重要内容，是推进社会主义新农村建设的重要举措，是农村公共文化服务体系的重要组成部分，是当前农村文化建设的一号工程，是深受广大农民群众欢迎的民心工程，对于宣传党和国家的方针政策，传播先进文化，普及科技知识，提高农民群众的思想道德和科学文化素质，促进农村经济社会协调发展，具有十分重要的作用。该文件提出：新时期广播电视“村村通”总的要求是“巩固成果，扩大范围，提高质量，改善服务”。

表 6－1 “村村通广播电视”工程三阶段实施情况

阶段	建设范围	覆盖人数	投入资金	节目建设标准
第一阶段 1998—2003	通电行政村 11.7 万个	7000 多万	17.6 亿元	“2＋1”——中央第一套广播节目、第一套电视节目，本省第一套电视节目
第二阶段 2004—2005	50 户以上通电自然村 9.4 万个	2700 万	7.5 亿元	“4＋2”——中央电视台一、七、少儿频道和本省第一套电视节目，中央和省级第一套广播节目
第三阶段 2006—2010	20 户以上通电自然村 71.6 万个	4200 万	34 亿元	“8＋4”——在“4＋2”的基础上增加中央和省级广播节目与电视节目

资料来源：李道亮主编：《中国农村信息化发展报告》（2009），电子工业出版社 2009 年版，第 30 页。

如表 6－1 所示，1998 年到 2003 年是“村村通”工程实施的第一阶段，我国广播、电视人口综合覆盖率分别由 1998 年的 88.3%、89.0%提高到 2003 年的 93.7%、94.9%，覆盖率分别提高了 5.4%、5.9%。由于该阶段城市覆盖率基本达到了 100%，因此，全国覆盖率提高的份额即可视为农村覆盖率提高的份额。第一阶段共投入建设资金 17.6 亿元，其中地方政府投入 13.1 亿元，国家发改委和国家广电总局分别安排 3.2 亿元和 1.3 亿元专项资金；基本实现了全国已通电行政村广播电视“村村通”的目标。全国共有 11.7 万个已通电行政村广播电视“盲村”新建了广播电视节目接收和转发设施，解决了 7000 多万农民群众收听收看广播电视的问题。该阶段的农村广播电视覆盖率提高最快。

从 2004 年到 2005 年，为“村村通”工程的第二阶段，重点在于完成“十五”规划的相关目标：“解决新通电行政村和 50 户以上已通电自然村‘村村通’工作”[①]。该阶段全国新通电行政村和50户以上已通电自然村共93926个（其中新通电行政村1246个，50户以上已通电自然村92680个），中央政府投入建设资金7.5亿元（其中国家发改委补助7亿元，国家广电总局补助0.5亿元），对中部11省的国家扶贫开发工作重点县和西部12省（自治区、直辖市）给予补助，地方配套8.9亿元，共完成8.6万个50户以上自然村和新通电行政村“村村通”工程建设任务，修复了1.2万个“返盲”行政村“村村通”工程，使2700万农村群众可以收听收看到广播电视。我国广播、电视人口综合覆盖率分别达到了94.5%、95.8%，农村广播电视的覆盖率比第一阶段分别增加了0.8%、0.9%。[②]

从2006到2010年，我国“村村通广播电视”工程进入第三阶段。其基本目标为：用5年的时间，基本解决广大农村群众收听收看多套广播电视节目难的问题，全面加强农村广播电视无线覆盖，促进城乡广播电视协调发展；全面实现71.7万个20户以上已通电自然村“盲村”通广播电视，解决4200万农民群众收听收看广播电视节目的问题。2007年8月出台的《中共中央办公厅、国务院办公厅关于加强公共文化服务体系建设的若干意见》（中办发〔2007〕21号），将新一轮“村村通广播电视”工程列入实施重大公共文化服务工程的首要任务。

第三阶段“村村通广播电视”工程取得了非常大的成绩。2008年，提前一年半实现“十一五”中央广播电视节目农村无线

① 《国务院办公厅转发广电总局等部门关于巩固和推进村村通广播电视工作意见的通知》，《中华人民共和国国务院公报》2004年第26期。

② 李道亮主编：《中国农村信息化发展报告》（2009），电子工业出版社2009年版，第29—30页。

覆盖目标，对转播中央广播电台第一套广播节目和中央电视台第一套、第七套电视节目的6065部电视、调频和中波发射机进行了更新改造和维护，其中，新增、更新4751部发射机，中央广播电台第一套广播节目与中央电视台第一套、第七套电视节目的无线覆盖率分别达到84%、82%和68%，覆盖人口分别达到10.7亿、8.9亿和11亿，覆盖质量明显提高。[①] 2008年6月，我国第一颗直播卫星“中星9号”发射成功，为确保已通电行政村和20户以上自然村广播电视村村通、长期通，完善农村广播电视公共服务体系，做出了重大贡献。“十一五”期末，全国广播、电视人口综合覆盖率分别提高到97.06%和97.82%。[②]

第二节　“中星9号”卫星直播系统与广播电视村村通、户户通工程

一、直播卫星与传输卫星的区别

1963年，国际电信联盟（ITU，联合国的一个专门机构）把卫星通信固定业务（fixed-satellite service，简称FSS，指利用一个或多个卫星，在位于各特定的固定点上的地球站之间的无线电通

① 朱虹主编：《广播电视发展政策研究》（理论卷），红旗出版社2010年版，第28—29页。

② 蔡赴朝：《十年来我国广播影视公共服务体系建设》，《新华文摘》2012年第22期，第126页。

信业务）与卫星广播业务（Broadcasting Satellite Service，简称BSS）进行了区分，定义为不同的无线通讯业务。1971 年，ITU 为 FSS 和 BSS 分配了特定的频段。根据当时的技术状况，FSS 被定义为相对较大尺寸地面固定终端的、所有类型的卫星通信。BSS 则被定义为从中心终端设备向相对较小尺寸的社区或家庭接收终端进行传输的卫星通信。后者所对应的术语就是“直播”，意思是从卫星直接向家庭传播，而不是卫星传输的电视信号再通过光缆或地面微波进行再次传播。①（参看图 6－2）换言之，“按照国际电信联盟（ITU）规定，卫星直播广播电视节目属于卫星广播业务（BSS），它与卫星传输广播电视节目不同，后者通过卫

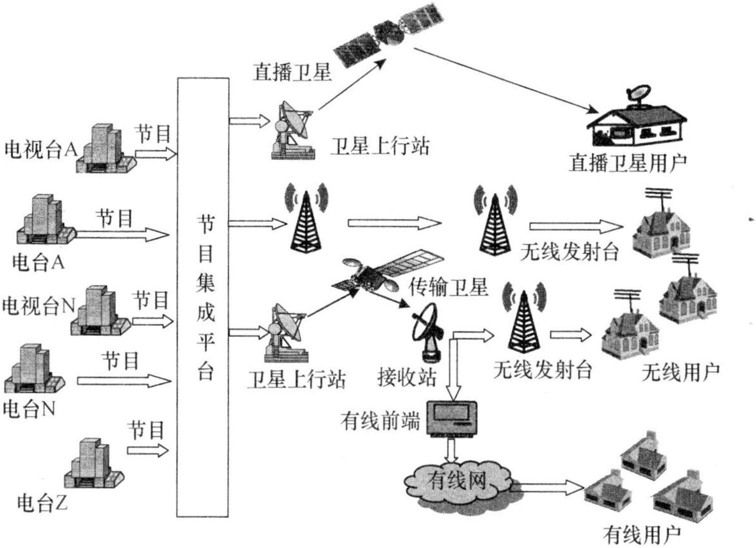

图 6－2　广播电视节目多样化传输覆盖方式示意图

① 梁炎、王琦：《美国直播卫星（DBS）发展综述》，《卫星与网络》2011 年第 4 期。

星进行点对点（或多点）传输，把节目传送给地面广播台或有线电视台转播，属于固定卫星业务（FSS）。按照国际电信联盟《无线电规则》，两者使用的频段和管理规则是完全不同的。”[①] 直播卫星主要采用 Ku 频段传播，而传输卫星主要采用 C 频段传播。

卫星电视频段主要有 C 频段、Ku 频段和 Ka 频段。C 频段的频率范围为 3. 7GHz—4. 2 GHz，Ku 频段的频率范围为 11. 7GHz—12. 2 GHz；Ka 频段的频率范围为 26. 5 GHz—40 GHz，主要为高清卫星电视服务。

20 世纪 80 年代中期，欧洲、日本先后建立了以模拟技术为基础的 Ku 频段直播卫星。由欧洲卫星公司（SES）经营的 Astra 卫星是成功的直播卫星系统，在欧洲拥有上千万用户，它采用“中功率、多频道、广覆盖”方式，地面天线直径大约为 0. 6 m—1 m。日本的直播卫星也拥有几百万用户。模拟制式的直播卫星，每个卫星转发器只能传送 1 路或 2 路图象信息，限制了卫星的直播容量。90 年代初，数字压缩技术的开发和应用，使直播卫星进入了数字化时代，给直播卫星注入了新的活力；可使每个卫星转发器传送几路乃至十几路图像信息，从而实现了更有效的图像数据传输、存储和交换。[②]

Ku 频段与 C 频段相比较，在接收方面主要有以下几点特点。[③]

第一，Ku 频段接收天线的口径较小。Ku 频段的波长短，在口面效率和增益相同的条件下，Ku 频段使用的天线口径可以是 C

---

① 梁娜威：《浅析直播卫星的特点与发展现状》，《现代视听》，2009 年第2 期。

② 刘德鸿、樊峰辉：《数字时代的直播星》，《中国传媒科技》2008 年第 12 期。

③ 刘进军：《卫星电视接收技术》（第 3 版），国防工业出版社 2010 年版，第 39 页。

频段天线口径的1/3。[①]

第二，Ku频段的地面场强较高。由于Ku频段转发器的功率比C频段转发器功率大得多，其等效全向辐射功率就大。

第三，Ku频段的带宽达800MHz，可用频带较宽，可利用性高；C频段的带宽窄多了。

第四，Ku频段的频率高，各种电波对它的干扰较小；C频段较易受干扰。

第五，Ku频段尽管优点多，但也有不足之处，即雨衰对它的影响较大。当电波穿过地球大气层中降雨的区域时，雨水对电波会产生吸收和散射，造成衰减；雨水越大，衰减越大，当雨衰达到20dB时，电波就会暂时性地中断。

1985—1995年，我国卫星广播电视均使用通信卫星的C频段转发器传送。随着Ku频段卫星技术日臻成熟，工作在Ku频段的通信卫星转发器不断增加。从1996年6月起，我国广播电视节目陆续使用Ku频段传送，最早是中央电视台，以后几个省（直辖市）广播电视节目也上了Ku频段转发器。为了尽快解决我国广播电视覆盖盲区的收听收看问题，在2000年前基本实现行政村的“村村通”，国家广播电影电视总局在1998年底开始进行卫星广播电视直播的试验。1998年12月中央电视台和中广影视卫星有限公司，使用鑫诺1号通信卫星Ku转发器，进行了中央电视和声音广播节目的直接到户（DTH）的“村村通”数字直播传输

① 例如：1991年中央台和国际台30路声音广播节目，通过“亚洲1号”卫星的C频段传送到分布在各地的卫星地面收转站，需使用6m直径抛物面天线接收，价格较贵。1997年“亚洲2号”卫星投入运行后，改由Ku频段转发器传送，收转这些节目的卫星地面收转站的接收天线口径比C频段时小很多。（江澄：《我国卫星广播电视20年发展历程——纪念我国卫星广播电视开播20周年》，《广播与电视技术》2005年8期）

试验，并从1999年元旦开始试验广播。1999年10月以后，国家广电总局又将“村村通”的电视卫星直播DTH平台扩大到播出中央和省级电视和广播节目，以及境外监管平台节目。①

在中星9号发射之前，我国主要利用亚太6号、4号、3S和2R，以及鑫诺1号、中卫1号和“泛美卫星”的40台转发器，传送92套电视节目和126套广播节目。2008年中星9号发射后，以及中国卫星通信集团有限公司（中国卫通）成立并接连发射了中星6A、中星10号、中星11号、中星12号、亚太7号卫星之后，截止到2013年5月，我国在轨商业通信卫星18颗，其中C频段转发器近400台，Ku频段转发器200多台，转发器总带宽超过20GHz。另外还有1台S频段和1台Ka频段试验转发器（S频段主要用于移动电视系统，Ka频段主要为高清电视服务）。全国共有广播电视专用中央级地球站3座，省级地球站31座，卫星收转站80多万座。中央台以及31个省、自治区、直辖市的广播电视节目全部实现了卫星数字传送或数字、模拟节目并发。②

现实中，直播卫星、传输卫星是按照用途的称呼。中国卫通运营并管理的十多颗地球同步轨道商业通信卫星，其中不少既能履行直播卫星的功能，又能履行传输卫星的功能。例如，“中星6A”（鑫诺6号）既有24个C频段转发器，又有8个Ku频段转发器，还有1个S频段转发器。而“中星6B”、“中星5C”（鑫诺3号）则只有C频段转发器，“中星9号”只有Ku频段转发器；前者可以看作是传输卫星的对应物，后者可以看作是直播卫星的对应物。

① 江澄：《发展中的我国卫星广播电视》，《卫星电视与宽带多媒体》2009年第18期。

② 郝为民：《我国卫星通信产业发展概况及展望》，《国际太空》2013年第8期。

我国地域辽阔、地形复杂，海岛、山区多，人口众多但分布不均，经济发展不平衡，采用直播卫星可使我国广大边远地区及农村用户接收到高质量的广播电视信号。因此，在我国发展广播电视卫星直播业务具有天然的优势和巨大的潜力；我国是世界上少数几个拥有如此巨大市场的国家之一。

二、“中星9号”卫星直播系统概况

2000年5月在土耳其召开的世界无线电通信大会上，对卫星广播业务进行了重新规划。我国获得了4个轨道位置（东经62度、东经92.2度、东经122度和东经134度，其中东经122度是给香港和澳门特区使用的）和相应的频率等空间资源。在国家的支持下，中国航天科技集团的空间技术研究院从2001年开始了“东方红4号”卫星平台的研制。国家计划，2006年发射“鑫诺2号”卫星，采用“东方红4号”卫星公用平台。为确保我国广播电视传输安全，我国政府又批准向法国购买一颗直播卫星“中星9号”。[①] 两颗卫星将采用先进的双星共轨技术，共同运行在国际电联为我国广播卫星规划的东经92.2度轨位上，同频率，互为备份；共同构建中国第一代广播电视卫星直播系统空间段。东经92.2度是中国最佳的轨位，以西安为中心点覆盖整个中国大陆。

2006年10月28日，“鑫诺2号”从西昌卫星发射中心升空达到了预定轨位，但太阳能帆板未能二次打开、部分天线也未能打开、控制指令不能正常执行，最后不得不废弃。为此，我国直播卫星的应用推迟了将近两年的时间。2008年6月9日，“中星9

① 江澄：《发展中的我国卫星广播电视》，《卫星电视与宽带多媒体》2009年第18期。

号”从西昌发射，定位于东经92.2度，成为中国第一颗真正意义上的直播卫星。根据中国直播卫星“双星共轨”、互为备份的发展规划，日后还需要发射一颗“中星9号”的备份星，这就是“鑫诺4号”（中星9A）。与“鑫诺2号”一样，“鑫诺4号”卫星也是基于中国自主研发的东方红四号卫星平台进行开发，载有18个36MHz带宽及4个54MHz带宽Ku频段转发器；未来升空后，将与“中星9号”一起在东经92.2度轨道位共轨工作。

“中星9号”由法国泰雷兹阿莱尼亚宇航公司设计制造，采用“空间客车-4000”成熟商用卫星平台，是一颗大功率、高可靠、长寿命的电视卫星；总功率约11000瓦，设计寿命15年；共有22个转发器：18个36MHz带宽转发器和4个54MHz带宽转发器。采用适当的编码调制方式，1个36MHz带宽转发器可以传送12套电视节目，1个54MHz带宽转发器可以传送18套电视节目。

“中星9号”卫星直播系统具有以下基本特性。

第一，覆盖面广，天线口径小。

“中星9号”卫星的波束覆盖中国全部国土，包括港台澳地区；除南海外，场强值为49.2dBW—57.5dBW。中东部地域大于52dBW；西部地区的西藏拉萨，新疆喀什、乌鲁木齐等地为50dBW；东南沿海雨衰较大地区在56dBW以上。根据卫星场强与天线尺寸、天线增益的关系，东南沿海和全国大部分地区可使用0.45m直径或以下天线稳定接收。华东、华南服务区场强达56dBW，可使用0.45m天线最佳接收，0.3m天线稳定接收，0.25m天线极限接收；西部地区0.65m最佳，0.6m良好；中国周边地区使用0.9m天线接收为最佳，0.75m接收效果良好，0.6m极限接收。[①]

① 刘进军：《卫星电视接收技术》（第3版），国防工业出版社2010年版，第330页。

第二，信息传输安全性好。

当今世界，西方发达国家依靠其经济实力雄厚、科学技术发达，利用通信卫星向其他国家展开了大规模的空中文化入侵。在发展我国卫星广播电视事业时，提防国外某些别有用心势力的意识形态的渗透，抵制西方空中文化的侵略，既是必须的，也是十分必要的。

根据国际电联（ITU）的有关规定，我国直播卫星的 Ku 频段的波束设计覆盖范围应局限于我国的本土，同时外国直播卫星波束不得进入中国境内。一般来说，通信卫星是跨国波束，并不是为本国广播电视覆盖专门设计的；而广播电视直播卫星覆盖范围受到国际公约的保护，在覆盖区内不应受其它通信卫星溢出电波的干扰。由于广播电视卫星直播受到国际公约的保护，这就有利于抵御境外卫星节目渗入，保证党的方针政策直接、迅速地传达到千家万户。

另一方面，“中星 9 号”卫星直播系统采用了我国自行研制的《先进卫星广播系统——帧结构、信道编码与调制》（简称 ABS-S）标准。ABS-S 标准是我国拥有完全自主知识产权的卫星信号传输标准，2007 年发布；在性能上与代表卫星通信领域最新技术发展水平的 DVB-S2（欧洲第二代数字视频卫星广播系统）相当，部分性能指标更优，而复杂度远低于 DVB-S2。由于 ABS-S 不兼容目前国内外任何一种卫星信号传输技术体制，因此“中星 9 号”是一个信号净化的绿色卫星，它的专用接收机收不到任何境外台。这就有效地破解了直播星的实施将会涉及到个体接收境外卫星节目以及境外节目进入中国市场等“老大难”问题。

第三，可管可控的“有条件接收”。

卫星直播广播电视节目的方式有两种：一是不加密，只要有相应的卫星接收设备就可以收看收听；一是加密，即有条件接收，又叫可寻址接收。卫星接收设备必须是某个或多个加密系统的设备，必须配置相应智能卡才能接收和解密。付费电视、特种服务、内部节目播放等，都需用到加密系统。加密系统分为两大部分：前端和终端，即服务端和客户端。前端就是卫星直播公司的直播系统，由以下设备组成：调制器、混合器、D/A 转换器、MPEG-2 编码器、VIACEES 加扰器、QPSK 调制器、发射机、发射机天线、计算机用户管理系统即授权系统。终端由卫星电视接收系统组成，包括天线、高频头、卫星接收机、智能卡。卫星接收机有读卡器的驱动程序，但没有解密程序。智能卡存储有解密程序、管理程序和智能卡的授权信息、卡的号码以及其他信息，还有一个 EEPROM（电可擦可编程只读存储器），用于保存授权密钥 Key、节目控制信息、授权时间、卡片密码等信息。[①]

"中星 9 号"首期直播广播电视节目没有加密，只要有相应的卫星接收设备就可以收看收听。但随之而来的是未经批准的直播卫星接收设施——"山寨"版直播星机顶盒的泛滥和蔓延。由于"山寨"版直播星机顶盒的经销商未经批准，无照经营，在质量上无法保证，损害了广大人民群众的利益，不利于直播卫星产业健康发展，严重影响了"村村通"工程的顺利实施（其中包括相当一部分的山寨货流到了有线电视已经通达的城镇地区）。随着 2009 年 10 月直播星"村村通"工程的第二轮设备招标的启动，对"中星 9 号"直播星的技术体制、运营体制进行一定的调

① 刘进军：《卫星电视接收技术》（第 3 版），国防工业出版社 2010 年版，第 68—69 页。

整，对直播卫星信号进行加密传输（采用了对 PID 码[①]的加密），通过加密方式来达到管理控制，提高传输技术的安全性和可靠性。由此，“中星 9 号”卫星直播系统可管理控制每一个机顶盒和每一套节目，可以对用户实行实名制登记管理和精细化服务。

三、“中星 9 号”直播系统支撑“村村通”向“户户通”延伸

2008 年 6 月 9 日“中星 9 号”直播卫星发射成功，2008 年 6 月 30 日国家广电总局副局长张海涛在全国广播电视村村通工作会议上的讲话中指出：“我们要充分认识采用直播卫星方式进行‘村村通’工程建设的重要性、必要性和紧迫性。目前，20 户以上的‘盲村’，都处在边远山区和贫困地区，地形复杂，交通不便，经济欠发达，采用无线、有线方式都很难解决‘村村通’。而直播卫星方式传送的节目套数多、接收质量好、建设运行维护成本低，并且采用了我国自主研发的卫星传输标准，可以保障信息安全，便于加强管理，是‘盲村’群众接收广播电视最经济、最方便、最有效的方式。‘村村通’直播卫星平台，从技术手段上根本解决了边远地区群众收听收看广播电视难的问题，为实现户户通、长期通创造了条件、打下了基础。直播卫星技术的采用，带来了方式的改变，使村村通实现了跨越式的发展，节目套数由过去的 1 +1、2 +1、4 +2 变为了 40 +40，村村通由临时通、低水平向长期通、高水平发展，有利于改变边远地区广电的落后

---

① 传输数字节目信号，首先要对音视频及数据信号进行编码。PID 码，简单理解就是为卫星传送的每个数据节目加一个编号，卫星数字接收卡要根据这个编号来判断所收到的数据包属于哪一个节目，分别进行处理。如果不知道 PID 值，就不能正确接收相应的数据节目。

局面、缩小城乡差距，为边远地区建立公共文化服务体系发挥重要的作用。”①

从1998年开始实施的“村村通广播电视工程”，截至2010年“十一五”结束时，已先后解决了全国已通电行政村、50户以上已通电自然村和20户以上已通电自然村“盲村”的群众听广播、看电视难的问题。20户以上已通电“盲村”地处偏远，农牧民居住分散，工程建设就是采用直播卫星方式解决覆盖问题。②“中星9号”成功发射后，以国家招标方式将终端免费赠予偏远农村地区，并未向公开市场发售；产生了1350万直播卫星村村通用户。

“中星9号”首期直播广播电视节目，使用了22个转发器中的4个转发器。2009年底，电视节目达到47套，包括少数民族语言节目在内的中央和省级电视节目，以及个别区域少数民族电视节目，如延边卫视和四川康巴卫视。这47套电视节目是：中央电视台—综合频道、中央电视台—财经频道、中央电视台—军事·农业频道、中央电视台—科学·教育频道、中央电视台—戏曲频道、中央电视台—社会与法频道、中央电视台—新闻频道、中央电视台—少儿频道、中国教育电视一台、兵团卫视、北京卫视、天津卫视、河北卫视、山西卫视、内蒙古卫视（汉语）、内蒙古卫视（蒙古语）、辽宁卫视、吉林卫视、延边卫视、黑龙江卫视、上海东方卫视、江苏卫视、浙江卫视、安徽卫视、福建东南卫视、江西卫视、山东卫视、河南卫视、湖北卫视、湖南卫

① 《张海涛同志在全国广播电视村村通工作会议上的讲话》，《广播与电视技术》2008年第7期。

② 白瀛、徐畅：《直播卫星服务改善农村家庭收视质量——专访广电总局副局长张海涛》，《光明日报》2011年9月4日。

视、广东卫视、广西卫视、四川卫视、贵州卫视、云南卫视、西藏卫视（汉语）、西藏卫视（藏语）、陕西卫视、甘肃卫视、青海卫视、青海综合频道、宁夏卫视、新疆电视台—汉语新闻综合频道、新疆电视台—维语新闻综合频道、新疆电视台—哈萨克语新闻综合频道、陕西农林卫视、四川康巴卫视。

从2011年4月起，国家开始推进农村广播电视由“村村通”向“户户通”延伸，利用直播卫星在我国有线电视不能通达的农村地区提供广播电视公共服务。总的来说，我国一直把直播卫星定位为“村村通”、“户户通”工程的信源和对有线电视市场的补充，并一直致力于发展公共服务事业。2011年9月4日，国家广电总局副局长张海涛在全国直播卫星公共服务试点工作现场经验交流会上讲道：“我国的广播电视覆盖主要有无线、有线、卫星三种手段。目前，在全国4亿户家庭中，有线电视用户有1.89亿户，主要是城市用户，还有约2亿户农村家庭主要靠地面无线信号收听收看广播电视，最多只能收看6套模拟电视节目，节目套数少，画面质量差，城乡差别大。为了解决这个问题，中央决定利用直播卫星开展农村公共服务，实施面向几亿农民新的文化惠民工程。”“本次全国直播卫星公共服务面对两亿户农村家庭，是在广播电视村村通工程已有的基础上，推进农村广播电视由‘村村通’向‘户户通’的延伸和发展。”①

城市有线电视在我国已有20多年的发展历史，无论是套数还是传输质量，老百姓都有非常好的满意度。尤其是近年大力推广有线电视数字化，2011年数字电视用户已超过9000万用户，其中还有相当一部分是高清用户。而农村广播电视覆盖，始终是

---

① 白瀛、徐畅：《广电总局负责人谈直播卫星公共服务：让广播电视走近两亿农户》，《人民日报》2011年9月5日。

中国广播电视发展的重点和难点，也是薄弱环节。利用直播卫星提供村村通的服务，一下子使原来的盲区，即有线和无线都覆盖不到的盲区，能够收看40多套电视节目，覆盖效果非常好；这就出现了新问题：介于有线电视和直播卫星村村通用户之间的老百姓，收看电视的问题怎么解决？换言之，有线电视用户基本集中在城市地区，直播卫星村村通用户则主要集中在边远的农村地区，而在城市和边远农村之间存在一个“夹心层”地区，“如何改善这些农村地区家庭收视质量”就成为一个新问题。当然，无线电视已经覆盖这些地方了，但是地面无线覆盖受频率规划的限制，套数不可能多，且质量不好，有雪花，有重影，这些都不能完全满足农村老百姓的需求。特别是新农村建设以后，老百姓在这方面的需求高了，要求有更多的套数、更好的传输质量。于是，需要有一种新的、更有效的、更经济的传输的覆盖方式。“直播卫星公共服务正是国家向农村、农民倾斜的一项特殊惠民工程，目的是让农村群众免费听广播看电视，共享改革开放的成果，缩小城乡差距。直播卫星服务不面向城市，因为城市家庭已经有了有线电视网络，已经可以享受到丰富多彩的广播电视节目。这样做，可以使得城市和农村，广播和电视，卫星和有线统筹合理地协调发展。”①

对于“村村通”向“户户通”转变，国家广电总局曾制定了如下具体的覆盖任务时间表，即2012年达到5000万户，2013年达到1亿户，2014年达到1.5亿户，2015年全面完成2亿户农村

① 白瀛、徐畅：《直播卫星服务改善农村家庭收视质量——专访广电总局副局长张海涛》，《光明日报》2011年9月4日。

家庭覆盖任务。[①] 但是，“由于多方面原因的制约，加上相关政策尚未配套、到位，导致直播卫星户户通工作在一些地区的发展与预期相差较远”，“截至 2014 年 6 月底，我国直播卫星户户通实际开通用户达 1460 万户，直播卫星村村通用户 1940 万，用户总规模达 3400 万户”。[②] 尽管如此，我国也建成了“全球最大卫星直播系统”。

对于推进直播卫星户户通中出现的诸多问题，国家新闻出版广电总局广播电视卫星直播管理中心副主任黄其凡在深入分析后指出，“要通过改革推进直播卫星户户通加快发展”，“要从战略高度充分认识直播卫星是解决我国农村广播电视覆盖问题的必由之路，是落实中央关于占领农村思想宣传阵地的必然要求，也是各级广电行政部门的职责所在，坚持总局关于我国农村广播电视覆盖政策由原来的‘无线为主，卫星为辅’调整为‘卫星为主，无线为辅’的技术政策，把直播卫星户户通工作作为广播电视事业发展的一项重要战略任务抓紧、抓实、抓好。”[③] 必须深刻地认识到“直播卫星公共服务是一项涉及农村基层千家万户的惠民工程，意义十分重大：一是能够尽快构建结构合理、运行高效、服务优质的农村广播电视公共服务体系，实现广播电视由‘村村通’向‘户户通’转变，在短时间内缩小城乡差距，实现城乡广播电视公共服务均等化；有利于缩小城乡间的‘数字鸿沟’。二是能够最大限度地扩大中央和省级广播电视节目的有效覆盖，切

---

① 白瀛、徐畅：《直播卫星服务改善农村家庭收视质量——专访广电总局副局长张海涛》，《光明日报》2011 年 9 月 4 日。

② 黄其凡：《我国卫星直播事业现状与发展趋势》，《广播与电视技术》2014 年第 8 期。

③ 黄其凡：《我国卫星直播事业现状与发展趋势》，《广播与电视技术》2014 年第 8 期。

实增强主流媒体的辐射力、影响力，真正让党和政府的声音及时进入千家万户。”①

四、“户户通”工程对“中星9号”直播系统的创新性运用

实施“户户通”工程，首先是确定直播卫星公共服务区域。按照广电总局的要求，将2011年12月31日前的有线电视网络未通达的农村地区划为直播卫星公共服务区域。直播卫星公共服务的方式是：在服务区域内设立直播卫星接收设施专营服务网点，用户自行购买直播卫星接收设施后，由专业服务队伍上门安装开通。“户户通”用户可以享受接收卫星电视节目、卫星广播节目、本地电视节目、应急广播、接打电话、浏览综合信息六项服务。②

一是可免费接收直播卫星传输的25套电视，包括中央电视台1至16套、中国教育电视台第1套、本省1套卫视以及7套少数民族语言电视节目。

二是可免费接收直播卫星传输的17套广播节目，包括中央人民广播电台全部13套节目、中国国际广播电台3套广播节目以及本省1套广播节目。机顶盒中内置了一个小喇叭，不用开电视机，直接用机顶盒就可收听广播节目；既节约能源，也符合农村老百姓节俭的方式。

三是机顶盒具有“双模”功能，除接收直播卫星信号外，还

① 白瀛、徐畅：《直播卫星服务改善农村家庭收视质量——专访广电总局副局长张海涛》，《光明日报》2011年9月4日。

② 白瀛、徐畅：《直播卫星服务改善农村家庭收视质量——专访广电总局副局长张海涛》，《光明日报》2011年9月4日。

能免费接收当地无线发射的地面数字电视节目：本市、本县的6套数字电视节目。

四是机顶盒具有应急广播功能，在发生重大自然灾害时，机顶盒不论是在开机或关机状态都可自动接收应急广播信号并发出报警声音。

五是在机顶盒上外接一个电话机，可以通过移动通信网接听和打电话。

六是可以免费浏览查看新闻时事以及涉农的气象、科技农贸等综合信息。

实施“户户通”工程，推进直播卫星公共服务，国家广电总局及相关部门采取了一系列技术创新、组织和管理创新。

技术创新方面，最重要的是专门开发了全国直播卫星服务区域管理信息系统，研发了机顶盒位置锁定技术，利用移动通信基站进行定位，确保机顶盒在批准的服务区域内使用。为实现“位置锁定”功能，建立了直播卫星接收设施实时甄别授权系统，即在建立庞大的移动通信基站信息库的基础上，建立直播卫星接收设施禁止安装移动基站信息库（俗称“黑名单”）和直播卫星接收设施允许安装移动基站信息库（俗称“白名单”）。每一台直播卫星户户通设备均采用即时授权开通模式：在安装时，都会自动向直播卫星前端播控平台发送一条包括安装地点位置信息在内的信息，由前端播控平台进行即时自动比对、甄别。若安装位置信息属于“白名单”库，则给予授权开通；反之，若安装位置信息属于“黑名单”库，则不予授权开通。这样就在技术上确保了直播卫星公共服务只能惠及有线网络未通达农村地区的农民群众。①

---

①　黄其凡：《关于推进我国直播卫星公共服务发展的思考》，《广播与电视技术》2013年第4期。

利用移动通信基站进行定位，实现“位置锁定”功能，也就能使“中星9号”卫星直播系统更好地发挥“可管理控制每一个机顶盒和每一套节目、可以对用户实行精细化服务”的功能，实现对特定区域的个性化服务。机顶盒中小喇叭的应急广播功能就是一种针对特定区域的个性化服务。当某区域发生地震、泥石流、山洪爆发的特殊情况，卫星直播系统可以向这些地区用户发送广播，机顶盒不论是在开机或关机状态都可自动接收应急广播信号并通过小喇叭发出报警声音；终端展现方式是，让电视机播放的电视节目自动切换为有应急广播字样背景的应急广播音频节目。及时的灾害预测是减少人员伤亡和财产损失的最有力措施，应急广播功能为技术落后、信息闭塞的农村地区群众带来了前所未有的安全感，也体现出广电总局在直播卫星公共服务领域的继续发力。

利用移动通信基站进行定位，实现“位置锁定”功能，是由于这个盒子里内置了通讯模块，实际上就是有一个中国移动公司的手机模块在里面。因此，只要插上 SIM 卡，就可以拨打移动固话。于是，在一个机顶盒上，既有听广播、看电视的功能，又有打电话和信息服务的功能。将来，还可以逐步开发符合“三网融合”政策的广电和电信的其他服务。事实上，现在“户户通”的数据回传功能正是通过移动通信网络实现的。机顶盒通过移动通信网络可以自动向直播平台回传用户操作遥控器的数据，可以用于开展收视率调查，统计用户电视接触习惯、节目偏好等信息；也为下一步开展双向视频点播业务奠定了技术基础。

在实施“户户通”工程、推进直播卫星公共服务中，国家广电总局及相关部门研制了两种类型直播卫星机顶盒，一种是单模的，另一种是双模的。双模就是既可以收听收看直播卫星传播的广播、电视，还可以收听收看当地的地面数字广播电视信号；由此解决了当前广播电视卫星直播系统的明显弱点，即不能收听收看当地节目的弱点。单模就是只收听收看直播卫星传播的广播电视节目。在地面数字信号根本不可能覆盖的地方，在机顶盒内也就没必要内置地面数字电视的解码模块，这样有利于接收设备成本的降低。但是不管是单模的还是双模的机顶盒，里面都有内置的定位模块，以保证直播卫星设施在有线网络未通达的农村地区能够正常服务，正常收看；离开这个服务区就会报警，甚至取消授权，看不到电视。

在组织与管理创新方面，国家广电总局决定由各个省的有线网络公司作为卫星直播系统的地方服务机构，承担或者管理当地的直播卫星的公共服务发展。

2011 年 10 月 11 日，国家广电总局广播电视卫星直播管理中心成立，作为直播卫星公共服务的管理机构，承担起了开展农村广播电视公共服务的主要任务。卫星直播管理中心的所有运营经费都纳入中央财政预算。该中心目前主要负责全国的直播卫星平台的管理和运行，包括直播卫星平台的技术规划、平台建设、运行维护和用户管理，以及对地方直播卫星服务机构进行管理。卫星直播管理中心的其他工作还包括对直播卫星平台上的新技术进行跟踪、研究和开发，对新业务进行探索，对直播卫星服务进行推广和市场宣传。

目前我国直播卫星公共服务采取层级管理的方式，如图 6 -3所示。广电总局广播电视卫星直播管理中心专门开发了卫星管理系统，所有专营点、运营商都可通过此系统进行开户、管理和统计等。在卫星直播中心的授权下，直播卫星地方服务机构负责管理本地接收设施的销售和安装服务工作。在地方服务机构的授权下，专营网点负责受理用户申请以及接收设施专营、服务等工作；直播卫星地方安装服务队伍负责接收设施的上门安装。接收设施生产企业负责接收设施生产及供货和售后服务等工作。

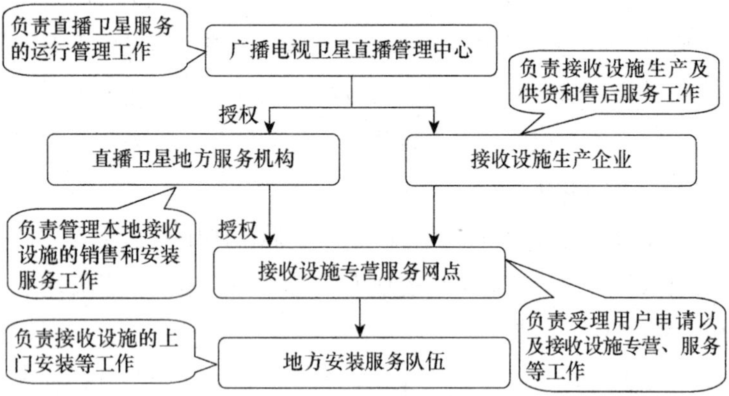

图 6－3　直播卫星公共服务层级管理架构图

为了确保广播电视户户通、优质通、长期通，各省还因地制宜，进一步深化了本地的层级管理体系。例如，宁夏广播电视网络有限公司作为自治区“户户通”售后服务运营的主体，2012 年 3 月正式启动建立了从区、市（县、区）到乡（镇）三级贯通的直播卫星公共服务管理体制，在各市县区设立运营分部，在各乡镇设立运营站，并通过建立村级信息员的方式，将直播卫星公共服务延伸到村，基本形成了直播卫星公共服务的村级全覆盖。

第三节　依托直播卫星与地面微波传输的广播电视“四级全覆盖”实践

一、直播卫星公共服务彻底解决了中央与省级广播电视的普遍覆盖问题

国家实施“户户通”工程，利用直播卫星在我国有线电视不能通达的农村地区提供广播电视公共服务；只要拥有直播卫星接收设施后（或自行购买，或政府赠送）即可免费接收直播卫星传输的中央与省级主要媒体的25套电视节目和17套广播节目。

25套电视，包括中央电视台1至16套、中国教育电视台第1套、本省1套卫视以及7套少数民族语言电视节目。7套少数民族语言电视节目分别是：西藏电视台藏语卫视，青海卫视藏语频道，四川康巴卫视，新疆电视台—维语新闻综合频道，新疆电视台—哈萨克语新闻综合频道，吉林延边卫视（朝鲜语），内蒙古电视台蒙语卫视。对于分布在全国不同省（市、区）的用户，25套电视中有24套是一样的，不同的是“本省1套卫视”。

17套广播节目，包括中央人民广播电台全部13套节目、中国国际广播电台3套广播节目以及本省1套广播节目。中央人民广播电台的13套节目分别是：中国之声，经济之声，音乐之声，都市之声，中华之声，神州之声，华夏之声，民族之声，文艺之声，老年之声，藏语广播，娱乐广播，维语广播。中国国际广播

电台3套广播节目分别是：英语综合广播，国际流行音乐广播，环球资讯广播。对于分布在全国不同省（市、区）的用户，17套广播节目中有16套是一样的，不同的是“本省1套广播节目”。

从上可见，直播卫星公共服务的实施彻底解决了中央与省级广播电视的普遍覆盖问题，“能够最大限度地扩大中央和省级广播电视节目的有效覆盖，切实增强主流媒体的辐射力影响力，真正让党和政府的声音及时进入千家万户。”① 尽管目前省级节目相对少一些，只有省级第一套广播电视节目，但相关方面也在探讨省级其他电视频道上直播卫星的问题。2011年11月21日，广电总局广播电视卫星直播管理中心副主任黄其凡在“广电行业趋势年会暨投融资论坛”上就讲道：“要探索省里面其他的电视频道上直播卫星，目前总局也正在做这个工作。比如在一些省里把它的节目打上去，就对省里户户通用户打开，这样就会增加直播卫星的使用效率，这样使中国卫通在这方面有更多的回报。”②

二、地面数字电视广播覆盖网建设突出了“四级全覆盖”的“直播卫星+地面微波”模式

国家推进直播卫星公共服务之前，对于广大农村地区的广播电视覆盖采用着地面覆盖为主的发展战略；传输卫星起着为有线电视台和微波转播台提供信源的作用，而直播卫星服务则是作为解决“采用无线、有线方式都很难实现‘村村通’”的“盲村”

① 白瀛、徐畅：《广电总局负责人谈直播卫星公共服务：让广播电视走近两亿农户》，《人民日报》2011年9月5日。

② 中广互联网：《黄其凡：直播卫星公共服务试点综述及发展规划》，2011年11月21日。http://www.sarft.net/a/36393.aspx

问题的特殊手段、作为“解决‘盲村’群众接收广播电视最经济、最方便、最有效的方式”而引入的，是对地面覆盖的必要补充。现在推进直播卫星公共服务，覆盖政策已经作出战略调整：在城市主要是有线，在农村则是以直播卫星为主。国家广电总局及相关部门把直播卫星机顶盒做成双模的，既可以收听收看直播卫星传播的广播、电视，又可以收听收看当地的地面数字广播电视信号，这是以直播卫星为主导服务于当地广播电视节目的一种方式，也是与国家发展地面数字电视广播覆盖网联系最紧密的一种方式。

地面无线发射是一种传统的覆盖技术，但是只要拥有收音机和电视机，就可以直接接收；因此，地面无线方式目前依然是世界各国政府提供广播电视公共服务的通用手段。另一方面，经过几十年的建设，我国已经形成了一个庞大的无线广播电视覆盖网和一支庞大的无线发射队伍。到 2011 年底，全国拥有电视转播发射台 15397 座，电视发射机 30082 部，总发射功率 13960 千瓦，无线电视综合覆盖率达 94.52%。[①] 2012 年 12 月 18 日，国家广电总局发布了《地面数字电视广播覆盖网发展规划》，规划的目标是：要在全国各地构建中央和省、市、县电视节目地面数字电视广播覆盖网络，利用全国广播电视无线覆盖的发射台站进行覆盖，并且新增部分单频网发射站点[②]补充扩大覆盖，在 2020 年前使地面数字电视的人口覆盖率达到或超过现有模拟电视的覆盖水

① 国家广播电影电视总局：《地面数字电视广播覆盖网发展规划》，2012 年 12 月 18 日。

② 单频网，由多个位于不同地点、处于同步状态的发射机组成的地面数字电视覆盖网络；目前普遍应用于无线数字信号覆盖中。单频网的优点，第一是提高频谱利用率。第二，可通过多点同频发射的办法来解决覆盖盲区问题，获得较好的覆盖率。第三，可降低发射机设备的成本。

平，逐步推进地面电视实现由模拟到数字的战略转型；通过高、标清数字电视方式为城乡广大人民群众提供多套高质量的节目，公共服务水平得到较大提升。

《地面数字电视广播覆盖网发展规划》提出：地面数字电视覆盖主要用于传输基本公共服务的电视节目，满足广大群众固定接收的要求，同时也可兼顾移动电视服务。按照中央、省、市、县的顺序，首先安排纳入中央广播电视节目无线覆盖工程的中央第一套、第七套和本省第一套、本地第一套以及中央新闻频道等公共服务节目。在开展直播卫星公共服务的地区，在频率资源允许的情况下，可利用地面数字电视优先播出本地电视节目，不断丰富当地广播电视基本公共服务的形式和内容。

在建设资金投入与保障措施方面，该规划指出：根据国办发〔2006〕79号文件[①]精神，按照分级负责原则，中央、省、市、县各级政府分别负责解决转播本级广播电视节目的无线发射转播台站的机房和设备的更新改造资金和运行维护经费。中央节目地面数字电视广播覆盖网按照统一规划、统一建设、统一技术平台、统一运行管理的要求，由国家出资、广电总局组织工程建设。省、市、县节目地面数字电视广播覆盖网在全国统一规划的基础上，分别由省、市、县政府出资、当地广电部门组织建设。中央及地方各级政府分级负责广播电视的覆盖任务，保障安全播出。

截至2012年12月，全国各个地级市以上城市均已建成了一个地面数字电视发射频道，以高、标清方式播出中央电视台第一套高清节目、第七套标清节目以及本省第一套、本地第一套标清电视节目。

---

① 国办发〔2006〕79号文件，即《国务院办公厅关于进一步做好新时期广播电视村村通工作的通知》（2006年9月20日）。

地面数字电视广播系统主要包括三个部分：地面数字电视节目集成平台，主要完成编码、复用和EPG（电子节目菜单）等功能；地面数字电视节目传输系统，可采用卫星方式、国家广播电视干线网、微波网作为传输系统；地面数字电视发射系统主要承担覆盖任务。①

三、关于“直播卫星+地面微波”“四级全覆盖”的实践

1. 宁夏回族自治区的实践

宁夏回族自治区是我国5个省级少数民族自治区之一，面积6.64万平方公里，总人口610万。2006年，宁夏在全国率先提出“信息在全区农村全覆盖”的大胆设想，努力成为实施新农村信息化建设工程的排头兵。2007年9月，原国务院信息化工作办公室正式将宁夏列为“国家级社会主义新农村信息化建设省域试点”。在广电总局推进直播卫星公共服务与地面数字电视广播覆盖网建设活动中，宁夏又起到先锋作用。2011年4月，广电总局选择宁夏、内蒙古、河北三省区部分部分乡村和牧区进行试点；2011年9月召开的全国直播卫星公共服务试点工作经验交流会就是在宁夏举办的。

宁夏在实施直播卫星公共服务户户通工程中，同步建设了全区地面数字电视覆盖网，2012年2月开始试播出。全区地面数字电视覆盖网的建设极大地满足了广大“户户通”农民既收看卫星电视节目，又收看本地电视节目的需求，有效解决了卫星电视和地面电视节目同时收看的问题。宁夏回族自治区的先期实践，可以从中卫市的实践窥得一般。

① 国家广播电影电视总局广播电视规划院：《地面数字电视广播资料汇编》，2009年6月。

中卫市是宁夏西部的一个地级市。中卫市在辖区西部城区中心和东部胜金关农村地区各建一个发射站，实现了中卫市城区境内大部分农村地区的数字电视无线覆盖。作为前端的信源系统设在城区广电大楼，包括编码复用系统、加扰系统、调制系统和光纤传输系统；利用5个模拟频道带宽，采用国标地面数字电视技术，传输数字电视节目35套以上、广播节目8套以上，电视节目每套码率平均不低于2.35Mps（bps是bits per second的缩写，指传输速度，表示为：比特/秒）。5路传输流信号经加扰、激励器调制在射频上合成后，通过既有光纤传至各发射站，经光接收机接收后传至发射机。发射机进行选频并将每一个频道信号功率放大到100瓦后发射，覆盖境内的大部分农村地区，并根据覆盖情况在边远镇再建设一些直放站进行补点发射，以实现对中卫市城区境内所有农村地区地面数字电视信号的良好覆盖。系统中，两个发射站各配置5台100瓦发射机，实现对各自半径20千米范围内广播电视节目的良好覆盖，信号场强在上述范围内不低于30 dBμV。通过发射天线的偏置设计，有效避免对本县以外地区广播电视信号的干扰，界外场强低于20 dBμV。由于系统具有良好的扩展性，易于实现其他地方的补点覆盖，只要广电系统光纤能够到达的地方，大范围补点时采用系统的单频道发射方案，小范围补点时则采用多频道宽带放大方案。①

2. 四川甘孜藏族自治州的实践

甘孜藏族自治州位于四川省西部，地处青藏高原向四川盆地和云贵高原的过渡地带，全州面积15.26万平方公里，占四川省幅员的三分之一。在全国十个地（市）州级藏族自治州中，甘孜

① 邵云：《中卫市农村数字电视无线覆盖方案》，《电视技术》2010年第8期。

州是藏族人口最多的自治州。2007 年总人口 93.05 万，其中藏族 73.23 万，占总人口的 78.47%；每平方公里 6.1 人。

2006 年，国务院确定国家广电总局对口帮扶甘孜州。长期以来，甘孜州广大农牧区“看不到、听不到，看不懂、听不懂”广播影视的问题十分突出。国家广电总局对口帮扶甘孜州以来，通过大力实施藏区广播电视覆盖工程和“村村通”工程，截止 2012 年 9 月，发放“村村通”直播卫星接收设备 164921 套、太阳能便携式直播卫星接收设备 22788 套。广播电视综合覆盖率从帮扶前的 60%、55% 分别提高到 88.73%、88.12%，有效解决了甘孜州农牧民听广播、看电视难的问题。[①] 但是，对于广大农牧民群众来说，收听收看州县广播电视节目还是一个遥不可及的梦想，只有少数集镇地区人口可以通过有线电视收看。

2012 年，国家广电总局启动了《面向农村乡镇覆盖的地面数字电视网示范与应用研究》项目，通过试点有效地解决人口居住分散的农牧区群众收听收看当地广播电视节目的问题。为此，甘孜州把“州县广播电视节目全覆盖工程”列为“一号工程”，强力推进。一是委托中广电广播电影电视研究设计院开展广播电视农牧区无线覆盖工程勘察设计工作；二是采取谈判比选方式确定了中国移动甘孜分公司为广播电视农牧区无线覆盖工程合作通讯运营商，负责工程建设。甘孜州“州县广播电视节目全覆盖工程”基于这样一个思路：充分利用州内通讯商链路、机房、铁塔、供电等资源，搭建广播电视节目传输平台。建设内容包括 18 个县级传输平台、1822 个乡村无线发射基站（其中 325 个乡镇和 1497 个村）和 2736 套“广播村村响”、机顶盒 135832 台等。主

① 刘森森：《倾力帮扶情暖高原》，《甘孜日报》2012 年 9 月 14 日。

要功能包括接收州、县及四川省未上星的共6套电视节目（四川电视台文化旅游频道、影视文艺频道、峨眉电影频道、科教频道、甘孜州台和本县电视台）、调频广播、数据广播、应急广播和监视系统。工程建设预计总投资45657.96万元，计划分三年时间实现。工程建成后所需的通信公司IP骨干网络、发射基站租用费和日常运行维护经费，由各县与通讯商协商确定，并纳入各县财政预算。2015年工程全部完成后，可解决90%以上农牧民收听收看州县广播电视节目的问题。

甘孜州首先在康定县和道孚县试点，落实了试点工程科研和建设资金共计1760万元（康定共计960万元，道孚800万元）。2012年底，康定、道孚两县试点工作全面完成，建成了州级平台、康定和道孚县级节目传输平台、30个乡级无线发射基站和19个村级无线发射基站以及10个"村村响"。康定、道孚两县试点工程的建成，可分别覆盖7000余户、4100余户农牧户，两县农牧民人口覆盖率接近50%。[①]

甘孜州的"州县广播电视节目全覆盖工程"试点工作，充分体现了"尊重实际、深入调研、因地制宜、积极创新"的精神。国家广电总局积极推广的是同时支持直播卫星接收和地面数字电视接收的双模接收机。然而，根据甘孜州广电部门的统计，甘孜州已实施的直播卫星"村村通"用户数量已达16.5万户，将近占农牧区户数的90%；这些接收机普遍使用时间不超过三年。如果直接使用成本较高的"户户通"双模接收机来替换现有设备，将大幅提高项目的实施成本，同时造成现有仍然可用的接收设备资源的浪费。项目组决定以四川省地面数字电视接收机为基础，

① 马建华:《托起农牧民幸福生活》,《甘孜日报》2012年12月20日。

与中标企业合作开展有针对性的改造工作，定制开发适用于甘孜州农牧区推广的接收机产品。通过一系列技术手段对接收机进行定制改造后，只是在原有的直播卫星“村村通”用户家中增加一台价格相对较低的地面数字电视接收机，就实现了同时收看卫视节目和本地节目的目的；并且使用十分方便，深受甘孜州当地广大农牧民用户的欢迎。[①]

第四节　单纯依托直播卫星的广播电视“四级全覆盖”构想

一、对广播电视“四级全覆盖”现行模式的批判性思考

对于广播电视公共服务的覆盖问题，首先应区分为人口覆盖与空间覆盖。当前对于人口覆盖与空间覆盖有三种基本覆盖方式：一是有线覆盖，即电缆与光纤传播覆盖；二是地面微波传播覆盖；三是传输卫星与直播卫星覆盖。同时也有三种覆盖类型，即对城市的覆盖，包括特大城市、大城市、中小城市，对城郊农村与东、中部农村的覆盖，对西部农牧区的覆盖。

对于城市的覆盖，过去主要是以有线方式（电缆与光纤）实现人口覆盖，传输卫星在其中发挥着为区域有线电视台、电台提供信号源的作用，使区域有线电视台、电台既能播放本地的节目也能

① 杨明等：《面向应用需求的地面数字电视接收机定制研发》，《广播与电视技术》2013 年第 5 期。

播放外地的节目。现在随着数字技术的发展，在实现有线电缆与光纤对人口的覆盖之后进一步强调地面数字微波履盖，这既因为地面无线方式是提供广播电视公共服务的通用手段，只要拥有收音机和电视机就可以直接接收；也因为随着移动多媒体的普及，新媒体的运用与推广需要地面数字微波，这是一个庞大的新兴产业，将有力地促进经济增长。城市有线与无线覆盖的节目源是统一的。一般而言，城市有线广播电视传播着中央、省、市、县（区）四级的各种各样的、上百套的节目，其中既有免费节目也有收费节目，而城市无线传播则是对有线广播电视台节目的有选择性的播放。

对于城郊农村与东、中部农村的人口覆盖，过去采用的主要方式是从城市向农村扩展；既有通过增设光纤扩展，也有增设微波线路扩展，如利用高层建筑、高山微波站向周边地区传播。现在落实《地面数字电视广播覆盖网发展规划》，推进中央、省、市、县四级全覆盖，对于以有线方式覆盖的区域，只需在有线广播电视的基础上设立地面微波发射站点，即可实现《地面数字电视广播覆盖网发展规划》的要求，因为城市有线广播电视本身就传播着中央、省、市、县（区）四级的各种各样的、上百套的节目，地面微波发射站点对有线广播电视台节目进行有选择性的播放即可。即是说，对于光纤覆盖的农村而言，在新的发展阶段上，发展的理路并没有大的变化，依然是以光纤传播为主导，地面微波覆盖只是在其基础上的扩展，节目是同源的。但是对于过去以地面微波覆盖的农村地区，发展理路要发生大的变化，要变成以“直播卫星覆盖为主，地面微波覆盖为辅”、“双重节目源头与双重传输通道”的发展方式。从技术上讲，对于以前以地面微波覆盖的农村地区，在“模改数”（模拟信号传输改为数字信号传输）后，目前采用地面数字电视国标和运用过去的地面模拟频道，就已经可以达到传送五十多套数字标清电视的水平，能够改变过去那种“最多只能收看6套模拟电视节目，节目套数少，画面质量差”的窘况，把中央、省、市、县四级的基本节目统一（一并）送到农家并进行一定的空间覆盖。而运用直播卫星提供广播电视公共服务的农村地区，则出现了中央和省级广播电视以直播卫星覆盖，市、县节目以地面微波从城市到农村的延伸覆盖之“二元发展”状况。应该明确，国家运用直播卫星对我国有线电视不能通达的农村地区提供广播电视公共服务，基本理念是：对于农村的广播电视公共服务要么以光纤为主导实现基本覆盖，要么实现以直播卫星主导实现基本覆盖；这是因为直播卫星能够实现与光纤传播相比拟的大容量和安全通讯服务。目前运用的“中星9号”直播卫星，其22个转发器能够同时安全地提供200多套标清和高清电视服务；中央和省级广播电视节目的上星传播，充分利用了卫星的多址通信特色，以规模化的方式“最大限度地扩大中央和省级广播电视节目的有效覆盖，切实增强主流媒体的辐射力影响力，真正让党和政府的声音及时进入千家万户。”以直播卫星统一向全国、全省传输中央、省级主要媒体的广播电视节目，较之每个县以微波的方式传播中央、省级节目要安全得多。如果假定一颗卫星传播出现故障和一个微波站传播发生故障的概率都为千分之一，那么在一百个县同时以微波传播中央电视台节目时，其发生故障的概率就是单一卫星传播出现故障概率的一百倍。另一方面，当直播卫星传输了中央、省级主要媒体的广播电视节目后（目前是提供42套中央与省级广播电视节目，其中电视节目25套，广播节目17套），城市向农村进行地面数字广播电视覆盖的压力也就大大减轻，过去建设的无线传输设施对于传输市（州）县节目将绰绰有余。

对于人口密度小、聚集度很低的西部农牧区的人口覆盖，过去主要是通过传播卫星建设村级有线传输或微波传输转播站，向周边农牧户提供广播电视服务；后来采用直播卫星进行人口覆盖。这个区域也就是"村村通"工程中不断解决的有线和地面无线都无法覆益的"盲区"、"盲村"。在新的发展阶段上，这个区域要解决的主要矛盾是如何将市、县节目有效地传送给农牧民。当前，各地采取了多种举措，或充分利用原有的微波传输转播站，或增设微波传输转播站，或利用移动、电信公司进行"电话村村通"工程所建立的设施进行信号传输和发射。在组合既有资源实现大跨度传送州县节目到边远农牧区方面，四川甘孜藏族自治州的实践有其典型性：每个县建设一个县级节目传输平台、若干乡级无线发射基站和村级无线发射基站。在地面传输通道和发射点建设上，充分利用州内移动、电信公司等通讯商链路、机房、铁塔、供电等资源；依托其光纤将信号经中继传输至各发射点，进行开路发射覆盖用户。工程建成后，所需的通信公司IP骨干网络、发射基站租用费和日常运行维护经费，由各县与通讯商协商确定，并纳入各县财政预算。

综上所述，"直播卫星+地面微波""四级全覆盖"是当前国家推行的对我国有线电视不能通达的农村地区提供广播电视公共服务的一种基本方式。这种方式的基本特点是：利用直播卫星解决中央与省级广播电视的普遍覆盖问题，市、县节目则通过地面数字微波传播。直播卫星承担较多频道节目的普遍性服务，地面数字微波传播承担较少频道节目的个性化服务。直播卫星对我国有线电视不能通达的农村地区提供的广播电视公共服务是从同一个信号源发布的、是统一的（2013年免费提供的25套电视节目、17套广播节目中只有省级的那两套节目不一样），地面数字微波对同一地区提供的广播电视公共服务却是由各县相互独立地发布和传播的。后者需要相互独立地建立若干发射台、站，需要在直播卫星机顶盒之外新增大量的设施投入和运行、维护费用。例如，甘孜州建设内容就包括18个县级传输平台、1822个乡村无线发射基站（其中325个乡镇和1497个村），总投资达4亿多元，分三年时间实现。至于工程建成后的运行、维护费用，则是一笔又一笔的宏大开支。很显然，对于我国有线电视不能通达的农村地区提供广播电视公共服务，如果能够单纯依托直播卫星实现“四级全覆盖”，就是一个巨大进步。下面我们将有系统地讨论，按照当前的技术和资源条件，通过卫星数据广播的创新举措，可以实现这种愿望。

为了清晰无误、方便有效地阐明新思想、新举措，我们先行讨论卫星数据广播与数据分发技术、中国卫星数据广播实践、“中星9号”与数据广播等问题。

二、卫星数据广播与数据分发技术

卫星数据广播，是利用卫星广播通道，采用数字技术传送数据的信息技术和业务。数据广播是继声音广播（音频）和图像广播（视频）之后出现的第三种“由一点向多点播送讯息”的广播技术。数据广播作为一种数据通信技术，是基于某种数据协议概念的；20世纪90年代TCP/IP得到迅速推广应用，成为分组数据网的主流技术。①

① TCP/IP是Transmission Control Protocol/Internet Protocol的简写，中译名为传输控制协议/因特网互联协议，又名网络通讯协议，是国际互联网络的基础、Internet最基本的协议。TCP/IP定义了电子设备如何连入因特网，以及数据如何在它们之间传输的标准。

数据广播的技术实现方式是使用单一的系统前端（Head-end），连续、滚动地将已编辑整理好的内容，经过信息传输网络，传送到地域广泛的、能够处理这些信息的用户智能设备上去，如电脑、智能数字机顶盒等。传输的内容包括视频、音频、图像、动画、软件程序等。从信息科学的角度讲，数据是指电子计算机能够生成和处理的所有事实、数字、文字、符号等；一当文本、声音、图像在计算机里被处理成“0”和“1”的组合时，它们便成为数据。在数据广播中，传送的数据流被分成一个个分组。为了便于信息的可靠传输和处理，信息流在信息源端被分装成组时，每个分组加有报头（Header）。分组到达目的端后，报头被去掉，并恢复成原来的信息流。[①]

在卫星数据广播中，通常运用 IP over DVB-S 技术[②]。

作为互联网数字信息服务的核心协议 IP，其在 DVB 兼容网络上合理的运行体制是非常重要的。IP 是一种无连接数据报协议，其基本工作机制是寻径路由，将从信源主机发出的 IP 数据包送至信宿主机。IP 的特点使得对其进行链路层封装非常简单，只要在宽带系统前端利用宽带路由器将所收到的 IP 包按某种规则进行封装即可。在 DVB 系统中，此工作由数据广播中定义的多协议封装完成，然后交给宽带调制设备发送到相应的宽带传输介质中。[③]

在宽带 IP 网络中，数据通信有三种方式：单播、广播和组播。

---

① 吴诗奇等：《卫星通信导论》，电子工业出版社 2006 年版，第 8 页。

② 基于 IP 协议封装数据，利用与传输数字电视节目相同的方式通过复用器进行复用传输。

③ 尹西林、刘卫忠：《基于 IPover DVB 技术的数据分发系统的实现》，《电视技术》2006 年第 S1 期。

单播，是指在客户端与媒体服务器之间建立一个单独的数据通道，从一台服务器送出的每个数据包只能传送给一个客户机。每个用户必须分别对媒体服务器发送单独的查询，而媒体服务器必须向每个用户发送所申请的数据包拷贝。如果发送者希望同时给多个接收者传输相同的数据，必须相应地复制多份相同的数据包。因此，一旦有大量客户机希望获得数据包的同一份拷贝时，将导致发送者负担沉重，延迟大、网络拥塞，若要保证服务质量，就需要增加硬件和带宽的投资。单播主要用于点播和 Internet 接入，是客户端与服务器之间的主动的连接。

广播，是指在 IP 网内广播数据包，所有在子网内部的客户机都将收到这些数据包；不论这些客户机是否愿意接收该数据包。例如向互联网的广大用户，主动地发布、推送各种新闻、财经、体育等信息。

组播，是指发送服务器仅仅向一个组地址发送信息，接收者只需加入到这个组就可以接收信息，所有的接收客户机接收的是同一个数据流。单台服务器能够对几十万台客户机同时发送连续数据流，所有发出请求的客户端共享同一信息包，由此，减少了网络传输的信息包的总量，能够提高数据传送效率，节省骨干网带宽，减少骨干网拥塞的可能性。例如，在一个单播环境里，视频服务器依次送出几个信息流，每个信息流的传输速率为 1.5 Mb/s，共需要几个 1.5 Mb/s 的传输带宽；如果服务器处于 10 Mb/s 的以太网内，6—7 个信息流就占满了网络带宽。但在一个组播环境里，不论网络中的用户数目有多少，服务器发出的一个视频流，由网络中的路由器或交换器同时复制出几个视频流，同时传输到每个组播用户，仅需占用 1.5 Mb/s 的骨干带宽。即是说，组播通信方式能够有效地节省网络带宽资源，大大减轻发送服务器的负荷，可高性能地发送数据信息，最适用于多点工作方式下的网络通信。①

概言之，组播通信将IP数据包传输到一个构成组播群组的主机集合。第一，只有是接收组的“成员”，才能接收到发给该组的数据。第二，如果发送数据到组地址，则所有该组“成员”都能接收到数据。

目前，IP over DVB-S的组播方式在卫星数据广播系统中得到广泛的应用。由于组播组的各用户（主机）是用组播地址来标识的，组播既可以在数据链路层实现，也可以在网络层实现；卫星网络拓扑结构简单，因此卫星系统多在数据链路层实施组播。即是说，通过出站信道将数据包发给各小站，各小站在接收到数据包后，利用子网地址来判断是作进一步处理还是丢弃。②

三、中国卫星数据广播的几个实践

1. 全国文化信息资源共享工程卫星数据广播系统

文化共享工程卫星数据广播系统是一个以数据、语音、视频多媒体应用为主的单向的广播系统，通过中国教育卫星宽带传输网发送数据，形成一个资源的单向传输过程。

文化共享工程卫星数据广播系统接收终端采用计算机加卫星卡的工作模式。信息接收系统按文件频道和视频频道分别接收主站发送来的IP数据文件和流媒体视频节目，对接收到的IP数据文件，可以自动入库存储，并通过内容发布系统进行发布浏览。此外，对流媒体视频频道播发的资源能够实现在线收看。

① 王明生：《IPTV中的组播通信技术》，《中国有线电视》2005年第12期。金纯等：《IPTV及其解决方案》，国防工业出版社2006年版，第23页。

② 吴诗奇等：《卫星通信导论》，电子工业出版社2006年版，第203页。

卫星接收的资源存储在终端计算机中，但资源接收到一定数量后，硬盘将遇到空间不足的问题。目前的应用软件系统能够实现硬盘自动维护功能，可通过对资源入库时间、硬盘剩余空间、资源大小和内容进行特殊规则设置，自动删除指定的资源，以空余硬盘空间接收新的卫星资源，达到资源不断更新的目的。[①]

2. **中国卫通“卫星数字发行业务”**

卫星数字发行是利用卫星网络向用户终端直接投递音像、电子读物（报刊、杂志、图书）、游戏、软件、实用信息等数字化产品的发行服务。

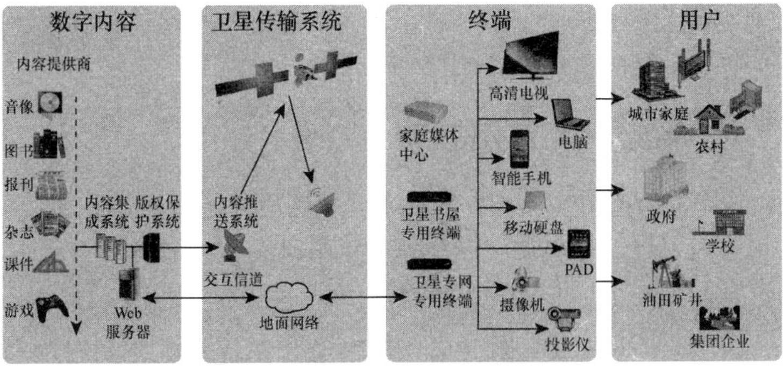

图 6－4　卫星数字发行业务结构图

资料来源：航天数字传媒有限公司网站。业务介绍：卫星数字发行业务。http://www.chinadbstar.com.cn/business/index.jsp? id＝154.

2010 年 2 月，国家新闻出版总署授予直播星数字信息技术有限公司从事数字出版物总发行业务。传输方式：卫星网络；出版物种类：数字音像制品、数字图书、数字报纸、数字期刊、电子

① 王丽华：《全国文化信息资源共享工程卫星数据广播系统终端应用模式探析》，《图书馆建设》2008 年第 2 期。

出版物。包括行业应用、家庭应用和公益应用三大领域。

——行业应用：面向各级政府机关、部委、军队、教育、传媒、医疗卫生、金融证券、工业企业等行业或集团用户，提供灵活多样的直播卫星通信运营服务，并可提供大容量数据投递，实现最快捷的空中卫星数据“快递”服务。

——家庭应用：通过卫星数字发行系统，向城市家庭用户提供高品质音像、图书、报刊、杂志等文化娱乐产品，使用户足不出户轻松享受丰富多彩的数字文化内容。

——公益应用：利用卫星数字发行系统，将高品质多媒体文件、电子图书、杂志、报纸、音像等内容以数字方式投递到任何一个“数字农家书屋”中，农民可通过电视、投影、电脑等设备阅读和观看。[①]

3. “中星9号”与数据广播

图6－5是国家广播电影电视总局科技司发布的《中国广播电视直播卫星“村村通”系统技术体制白皮书》给出的“直播卫星‘村村通’系统示意图”。

《中国广播电视直播卫星“村村通”系统技术体制白皮书》指出，一期直播卫星“村村通”系统具备最多播出48套标准清晰度数字电视节目、48套立体声广播节目和数据广播业务的能力，为使广大农村用户能够方便快捷地收看感兴趣的节目，直播卫星“村村通”系统提供电子节目指南功能，并可提供远程软件升级服务。一期直播卫星“村村通”业务采用四个36 MHz转发器进行传输，每个传输流的总码率为43.2Mbps，其中电视广播业

① 中国卫通集团有限公司网站。业务领域：数字发行服务。http://www.china-satcom.com/cn/News_Info.aspx? m＝20120209163438327010.

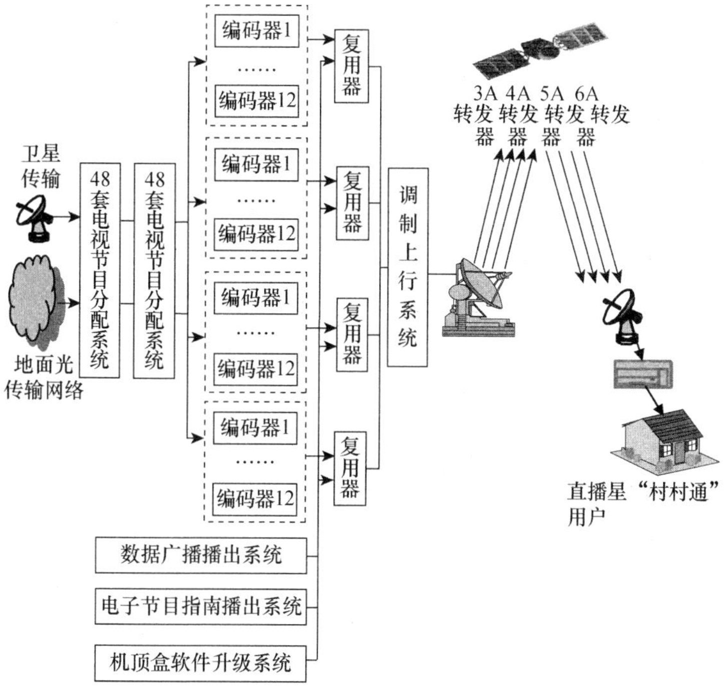

图6－5　（中星9号）直播卫星"村村通"系统示意图

资料来源：国家广播电影电视总局科技司：《中国广播电视直播卫星"村村通"系统技术体制白皮书》（2008），2008年4月。

务总码率为39.94 Mbps、电台广播业务总码率为1.54 Mbps、其它数据广播业务为1.72 Mbps。

直播卫星"村村通"系统与一般通信系统一样，由信源、信道和信宿三部分组成：前端节目平台，直播卫星传输，直播卫星"村村通"接收系统。节目平台是节目集成与播出的前端，包括节目源采集系统、编码复用系统、数据广播播出系统、电子节目指南（EPG）播出系统和机顶盒软件升级系统等。一期直播卫星"村村通"上行传输使用中星9号卫星的3A、4A、5A、6A转发器，因此，节目平台包含4个传输流，对应4套编码复用系统，每套编码复用系统可将12套电视节目、12套广播节目、数据广播、电子节目指南以及机顶盒升级数据编码复用为一个传输流供卫星传输系统使用。系统采用统计复用技术。[①]

数字化带来了视频、音频、图像、动画、软件程序等传输流程上的统一，如图6-5所示，12套不同的电视节目与12套不同的广播节目，以及电子节目指南、机顶盒软件升级软件、气象科技等综合信息业务数据，通过复用器，使用同一个传输流传到用户终端。为了使接收端能找到相应的节目，需要把各套节目的数字信息打成一定长度的包，在每个包的前面有一个包头，在包头内注上包内数字节目的有关信息，然后复接为复合数字电视信号，形成节目流（PS，Program Stream）。多路的节目流PS将在传输流复接器中复接为高速率的传输流（TS，Transport Stream）送入上行站的信道处理部分。接收端对各种节目的接收，必须先找到各个节目的识别号及其相关节目信息；节目的识别号及其相关节目信息就叫业务信息。接收端如果没有发送端提供的业务信息，就找不到相应的节目和服务，所以数字系统发送端和接收端是密不可分的整体。

《中国广播电视直播卫星“村村通”系统技术体制白皮书》中论及的“数据广播播出系统”，是指广播“各类非广播电视节目的数据信息”的播出系统，因此，这里的数据广播是狭义的，是除广播电视节目之外的数据广播，包括新闻时事、农业资讯、

① 国家广播电影电视总局科技司：《中国广播电视直播卫星“村村通”系统技术体制白皮书》（2008），2008年4月。

科教园地、天气预报等栏目。实现的信息服务页面，包含 XML[①] 文件及 BMP 或 MPG 图片。为了便于用户浏览操作，页面采用三层构架分类版块结构，即首页、二级版块分类和三级内容页，用户以首页为访问起点，逐级进入浏览。页面数据采用列表、图文、表格等多种方式来表现；制订特定的 XML 标签格式及对应的显示模板，用于约定前端编辑制作和终端机顶盒显示。这样的设计与运作，基于如下两个基本认识。第一，“村村通”作为一个公益性平台，在提供收看、收听数字广播电视节目的同时，还需要提供综合信息业务为社会主义新农村建设服务，要面向用户提供必要的图文资讯。第二，在一期直播卫星“村村通”机顶盒上的数据广播应用，不能像电脑上那样有足够的资源来显示复杂的 HTML 页面内容，而基于当前“村村通”图片和文本信息这两个需求要素，也没有必要采用相对复杂而全面的 HTML 标准页面来展示信息内容，只采用自定义的 XML 标签来表示必需的元素即可。[②]

当前“户户通”工程机顶盒具有的应急广播功能，可谓“中星 9 号”数据广播的又一次创新性运用。2010 年 3 月，南京中网卫星通信股份有限公司总工程师郝建强在中国通信学会卫星通信委员会主办的“第六届卫星通信新业务新技术学术年会（北京）”上，交流论文《基于直播星“村村通”平台的灾害预警信息广播

---

① XML 指可扩展标记语言，是一种允许用户对自己的标记语言进行定义的源语言。它提供统一的方法来描述和交换独立于应用程序或供应商的结构化数据，非常适合万维网传输。

② 党海飞：《一种基于 XML 文件的数据广播技术在中国直播卫星中的应用与实现》，《广播与电视技术》2009 年第 7 期。

初探》①。郝建强指出："中星 9 号"直播星"村村通"平台目前以数字电视广播为主要业务，但"中星 9 号"卫星直播系统采用的我国自行研制的 ABS-S 标准支持 DVB-S2 能提供的所有业务，包括：音视频流广播、数据广播、交互式业务（配合回信道）等。为充分发挥已建系统具备的强大功能，可以进一步扩展其数据广播功能，为广大农村用户提供所关心的地区性综合信息，其中灾害预警信息正是最希望及时准确地送达广大农村用户手中的数据信息。依据 MPEG-2 传输流的复用方式，数据广播业务 TS 流可以通过标准流复用设备与音视频 TS 流合成复合流送到 ABS-S 调制器，在接收端可以由同一块 TS 流解析芯片解析出广播数据。也就是说，灾害预警信息广播业务的开通不需对目前所用的 ABS-S 接收机做任何硬件上的改动，只需对其软件进行升级，主要是增加对广播数据的接收和显示功能。

郝建强进一步分析指出：广播数据通道相当于电视节目频道，在条件接收情况下，广播数据要被作为总体一并接收，而通道内的不同地区的预警信息数据无法进一步区分，这是不行的。为此可以对全国所有终端统一编址，在前端数据分发平台和终端建立软件条件接收，这种方式灵活、安全，可以对群组进行授权，也可以对隶属性的群组进行嵌套授权，甚至可以对单个用户进行授权。软件条件接收目前在一些主流数据广播平台上已有成熟应用。

郝建强的结论是：基于直播星"村村通"平台的预警信息分发具有全国无缝覆盖、广播链路可靠性高、支持高速数据分发、

① 郝建强：《基于直播星"村村通"平台的灾害预警信息广播初探》，中国通信学会卫星通信委员会：《第六届卫星通信新业务新技术学术年会论文集》，2010 年，第 418—422 页。

无需重复投资终端等特点，可以成为国家突发公共事件预警信息发布系统中的重要发布手段之一。

郝建强的这篇文章，以及当前“户户通”工程机顶盒开发的应急广播功能，让人们看到：可以利用我国现有直播卫星“中星9号”，低成本地解决西部民族地区农牧区市、县广播电视的覆盖问题。因为各地灾害预警信息属于本地政府信息；灾害预警信息在“中星9号”以广播方式传播的技术可行性，也就表明以“中星9号”为载体，以数据广播技术解决边远地区“乡村收看市、县节目”问题是可行的。

四、开拓中国卫星数据广播新境界的理论创新

2003年12月，中国工程院院士李幼平在《共享信息的文化网格》一文中提出：随着存储技术的进步，利用直播卫星等数字广播通道和整合大量文化资源的内容定位技术，可以建立一个把信息送达全国城乡、任家庭自由收藏取用的全民共享信息的人文环境文化网格。这是实现大规模远程教育、终身教育和电子文化传媒发行的一种理想机制。他建议国家在“十一五”规划中，在“村村通”卫星直播平台的基础上，由国家文化部组织人文设计，在2010年前建成能够推送1000种报纸、刊物、网站的国家文化平台，逐步把“广播电视村村通”进化为“数字文化家家有”；在中国教育电视台卫星平台基础上，实施“大规模并播”的技术改造，由国家教育部负责建造拥有1000门课程（“大中小、文理工”俱全）的国家终身教育平台，落实终身教育规划的扎实推进。[①] 在同年的另一篇文章中，李幼平写道：“资源的广泛整合和

① 李幼平：《共享信息的文化网格》，《信息与电子工程》2003年第4期。

人民的广泛享用是文化网格的两个目标。整合一千种报纸、期刊、网站、电台和出版社，形成一体化文化资源，通过‘十五’期间即将完成的卫星直播和地面数字电视网，把一体化资源整体平移到千家万户，供城乡居民选择存储。争取在‘十一五’期间开始实施广泛存文化于民间的中长期设想。”“Ku 波段的数字卫星广播已经在中国实现‘村村通’，只要增加两个转发器，就可以分别把上千种文化出版物和上千种课程送到光纤网络难以到达的乡村与牧场。文化网格要充分利用现有基础设施，没有必要投巨资另起炉灶。”①

图 6－6 是李幼平基于“播存网格”原理的“共享信息的文化网格”示意图。

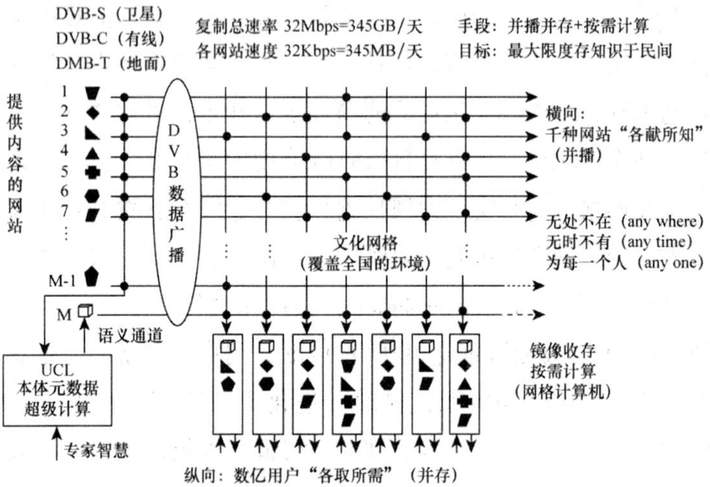

图 6－6　基于播存原理的文化网格

资料来源：李幼平：《共享信息的文化网格》，《信息与电子工程》2003 年第 4 期。

① 李幼平：《广播型文化网格》，第二届中国数据广播论坛，2003 年，第 78—87 页。

李幼平院士的理论构思是巧妙的，意义是重大、深远和广泛的。其基本思想可作如下逐步的概略性把握。

第一，基于互联原理的万维网（www），支持信息的按需取用，拥有全球丰富的内容资源，是共享信息的当代工具。它把文化资源事先存放在网站的服务器里，每个人都可以通过互联网把指定的网页复制到计算机中，供自己自由享用。这种通过“一对一”个案复制的按需服务，是通过带宽分配来工作的，难以摆脱带宽瓶颈的困扰，不支持用户数量的自由增长。当网民、网页急剧增长时，出现了进出经常拥挤堵塞（带宽瓶颈）、展现庞杂无序（信息垃圾）的局面。①

第二，随着信息数字化进程，音频、视频的数字化技术的成熟已经使数据广播发展成为高速的数据传输方式。例如，运用一个传送电视节目的卫星转发器，数据广播就可以向所有家庭提供大于32Mbps的“常带”（“常带”是指一天24小时一年365天永无中断的常在带宽。只要卫星数据广播在进行，用户不关机，信息就源源不断地到达终端）。“一个DVB数字电视载波，除去纠错开销，净速率超出32Mbps。把它平均分配给1000个媒体资源，各得32kbps的子带。子带是一种24小时永无不停顿的‘常带’，依靠时间积累，每个媒体资源每天都有能力向所有用户直接送去345MB的内容。这个容量超过任何大型传媒当天文字与照片的出稿能力，用四个子带宽128kbps还可以实时传输MP3的音频，满足音频电台的要求。数字电视载波推送上千种传媒绰绰有余。每个传媒既是网站又是电台，可以像网站那样随时发布信息，又可以像电台那样拥有无限的用户。卫星转发为所有文化资源营造一

① 李幼平：《共享信息的第二类网络》，《中国工程科学》2002年第8期。

种‘无处不有’（any where）的国家环境。”① 把32Mbps均匀分配给1000个信息提供商，每个ICP只得子带宽32kbps，这个数值虽然低于拔号上网的带宽，但由于用户端具备存储器，它可以连续积累字节量，24小时可以把345MB的内容推送到家。即是说，依靠时间积累，小带宽搬送了大文件。32k带宽既然可以满足一个大型网站的要求，32M带宽可以承载全国上千种报纸、期刊、网站发行任务的道理就不言而喻了。②

第三，在共享互联网的资源时会受带宽的限制，但是如果资源事先不是存放在网站里，而是存放在家里，共享冲突就不复存在。利用数字卫星直播，可以把上千种报刊、网站当天编辑的全部内容，包括文本、声音和图象，不加选择地整体推送到达全国城乡，用户则利用家庭大容量存储器加以选择性地下载存储。内容既然已存入家庭硬盘，享用就是一种零距离的双向互动，无需等待，没有带宽瓶颈，什么时间、用怎样的方式、享用什么内容，完全属于个人的自由。采用卫星直播，意味着用户规模没有上限，成本极其低廉，甚至可以遍及西部山村，并让弱势人群也用得起。采用家庭收存，意味着用户与用户之间完全独立，享用方式充分自由，每一个家庭自由设置下载对象，“凡曾广播，我都拥有”。这种基于广播和存储的“播存结构”依赖以下三组数据：①一天中的文化原创能力A，即全国读者最多的上千种报纸、期刊、万维网站和出版社，每天编缉出版的总字节量 $A<5GB$；②一天中的数据分发能力B，即数字直播卫星的一个DVB信道每

---

① 李幼平：《共享信息的文化网格》，《信息与电子工程》2003年第4期。文中的“345MB”是由如下运算得出：32Mbps = 4MB/s = 14.4GB/时 = 345.6GB/天；其中运用了1Byte（字节）=8bit（比特），1GB≈1000KB。

② 马建国、李在铭：《广播型网格》，《计算机科学》2004年第8期。

天向全国广播发送数据的总字节量 B > 300GB；③家庭的数字存储能力 C，如家庭有能力购买的硬盘容量 C > 80GB。由于 A < < B，A < < C，说明科学技术所提供的“播”和“存”的能力已经超过全国主要文化资源的产出能力，因此全国性丰富的文化内容通过卫星广播有可能当天就轻松存入每家每户。① 把“存信息于网站”发展成为“存网站于家庭”，通过用户数目 N 不存在上限的数据广播，把网站内容完整镜象到 PC 机中，远距离访问变成零距离访问，而零距离是自然的“零瓶颈”。②

第四，基于“播存网格”原理的“共享信息的文化网格”工作是分两步完成的，关心的是“大量用户”如何广泛共享“众多资源”。第一步，上千个信息提供商（主流网站）借助卫星数据广播把全部文化资源的全部新鲜网页送到城乡家庭；每种节目资源都是独立的法人，对播出内容、先后顺序、重播周期、如何收费等具有完全的权力与责任，同作为基础设施的 DVB 传输平台无关，也同其他节目资源无关。DVB 传输平台增加一个 DVB 数字电视载波，等于再增加 1000 个主流网站。第二步，借助于计算机对需求的判断，把其中有兴趣的内容下载存储，积月累日形成丰富的家庭文化仓储。图 6－6 的栅格模型正是表述了这种概念。

---

① 李幼平：《共享信息的文化网格》，《信息与电子工程》2003 年第 4 期。2008 年，李幼平院士在题为《引导 CMMB 走向 NGB》的报告中指出：“北京大学提供的数据表明，每天全国出现约 200 万个新网页字节总量约 30GB/天。按九院九所的统计，全国每日新产生的主流视频内容约 400 小时，字节总量约 200GB/天。两项相加，中国主流文化的日更新量约为 230GB/天。终端拥有存储能力之后，广播变成“播存”，每兆带宽在 24 小时之内可以推送 10 GB 的内容（1Mbps = 10. 8GB/天）。当前的数字视频广播，带宽 > 32Mbps，日推送能力 > 345GB/天。也就是说，数字播存有能力把全国主流文化的全部内容，直接推送给全国城乡，实施‘存文化于民间’。”（《数字电视产业与三网融合学术研讨会论文集》，2008 年，第 26 页）

② 李幼平、马卫东：《普适计算与泛印技术》，《信息与电子工程》2005 年第 4 期。

横线代表文化资源，上千种文化资源通过数字电视载波播向全国；竖线代表一个个用户，竖线下面是家庭大容量存储器。横线与竖线相互垂直正交形成覆盖全国的网格（栅格）。某一家庭如果对某一资源发生兴趣，只要通过竖线接通相应的横线，形成代表需求的连接节点，该资源的网页将源源不断地流入长条形的家庭存储器。另一方面，每个用户兴趣不同，收存的内容也不同，收存的数量也有多有少，用户有权享用网格中的任一信息，其任务是由网格计算机来完成的。网格计算机将自动命令横竖交叉处的节点联通，把内容存入本地。

第五，家庭仓储把网页事先收集于用户身边，给人网界面的变革提供了契机，人们希望能按内容的语义（涵义）表达需求，一次拿到成批有兴趣的网页。为此，需要在广播网页上附加一个代表网页涵义的统一内容定位标引（UCL），说明该网页讨论的话题，属于类别、栏目、标题、关键词是什么。统一内容标签（UCL）是网络的最小文化单元，是一种字长 1byte 的语义短包。作为编者与读者之间的一种语义学的约定，让供求双方在家庭仓储中双向选择，判断是否符合有用网页的标准。读者只要按 UCL 格式事先在 PC 机中设定自己的意图，软件将对源源流入的网页一一做出甄别，是否应该主动提交主人阅读。这样，也可把信息垃圾拒之门外。[①] UCL 研究的目标是要形成一个国家数据广播的元数据标准；通过 UCL 技术对信息内容进行定位，能够对信息进行过滤，提供的是一种绿色文化。“UCL 的发展有三大突破：话题自寻读者；内容就近分发；政府依法管理。”[②]

① 李幼平：《共享信息的第二类网络》，《中国工程科学》2002 年第 8 期。

② 薛京、许盈：《“大道至简”的 UCL 理念——访中国工程院院士李幼平先生》，《电视技术》2013 年第 12 期。

对于李幼平院士的理论，李幼平研究团队进行了细化研究，深化了大规模数据并播系统模型和多级群分复用技术。①

图6－7是“大规模数据并播系统模型”。在信息资源采集前端，通过因特网完成上千门诸如教学课件、热门网站等信息资源的采集整理；在播发端，将采集到的信息资源经IP/DVB网关进行数据协议转换、QAM（Quadrature Amplitude Modulation，正交振幅调制）调制器调制后，送混合器通过广播电视网络（一个模拟电视频道）推送出去②；用户端则通过DVB数据接收卡进行接收。

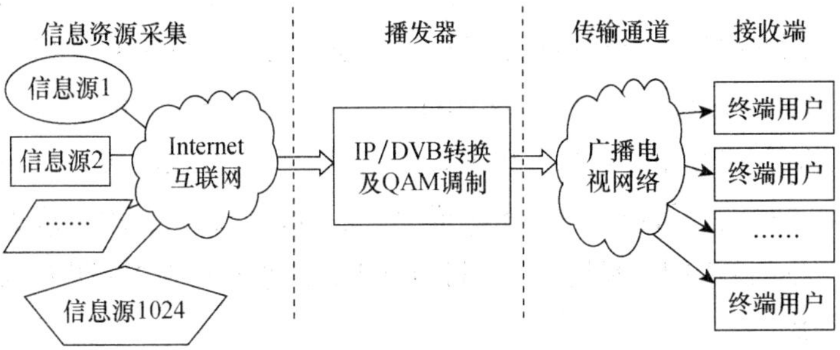

图6－7　大规模数据并播系统模型

资料来源：周金治等：《大规模数据并播中的多级群分复用技术研究》，《信息与电子工程》2004年第4期。

多达千门的信息资源如何通过因特网和数据广播电视网络（一个模拟电视频道）送达千家万户呢？其中关键是采用复用技术。1024个如此大的节目信息资源数量，基于软硬件技术水平，

① 周金治等：《大规模数据并播中的多级群分复用技术研究》，《信息与电子工程》2004年第4期。

② 传输一套模拟电视节目，占用8MHz的地面电视广播和有线电视频率，占用36MHz带宽的卫星转发器。

一次复用完成是不可能的。两种典型情况，之一：1024 路信息资源全部封装进具有一个 PID 标识的 TS 传输流。这时会形成 32 Mbps（1024 × 32Kbps）的 1 路传送码流，由于接收端用户计算机软硬件性能有限，要同时处理只含一个 PID 传输流的 32 Mbps 流量的数据很困难。之二：1024 路信息资源分别封装进具有 1024 个 PID 标识的传输流。接收端要同时对 1024 个 PID 进行解码同样困难，因为用户接收卡一般最多提供 32/64 个 PID 解码，无法接收大量的信息。解决上述问题，需要引入群的概念。如图 6 – 8 所示，将 1024 个节目信息资源进行分群，每 32 个节目信息资源为 1 群，先形成 32 个群，再进行二次复用。节目信息资源提供者应该同时提供节目数据和节目标引信息，将源端的节目数据复用为 32 个一级群，而将节目标引信息复用为一个较大的节目信息标引；一级复用在信息资源采集端完成。二级复用时提取出一级复用流中的节目信息重新组织成更大的节目信息，最终形成更高比特率的复用 TS 流和一个节目信息表；此级复用在 IP/DVB 网关处完成。

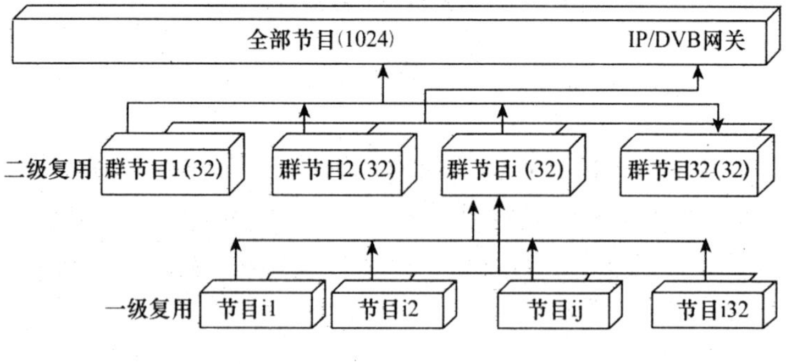

图 6 – 8　节目信息资源组织的倒树状结构

资料来源：周金治等：《大规模数据并播中的多级群分复用技术研究》，《信息与电子工程》2004 年第 4 期。

2006至2007年度，中国工程院信息学部设立题为“播存网格工程构思”的咨询项目，提出把播存结构作为NGB（NGB是英文Next Generation Broadcasting network的缩略语简称，意为下一代广播电视网）的主导结构。[①] 通过深入系统的研究，得出了“未来互联网可能形成一个以计算机通信为主的IP结构，还会加上以广播和储存为主的BS结构”[②] 等结论。

2008年12月4日，科技部与国家广电总局签署了《国家高性能宽带信息网暨中国下一代广播电视网自主创新合作协议书》。在NGB总体专家委员会完成的《中国下一代广播电视网（NGB）自主创新发展战略研究报告》中，中国下一代广播电视网（NGB）被确定为“以自主知识产权技术标准为核心的、可同时传输数字和模拟信号的、具备双向交互、组播、推送播存和广播四种工作模式的、可管可控可信的、全程全网的宽带交互式下一代广播电视网络。”[③] 2010年7月1日，广电总局科技司向各相关单位转发了《中国下一代广播电视网（NGB）自主创新发展战略研究报告》，请各单位以此指导本单位的NGB相关工作。

五、基于“中星9号”的西部民族地区农牧区广播电视“四级全覆盖”构想

在前面一些章节的讨论中，我们已多次论及“中星9号”直播卫星的转发器问题。2010年3月“两会”期间，全国政协委

---

① 李幼平：《引导CMMB走向NGB》，《数字电视产业与三网融合学术研讨会论文集》，2008年，第25页。

② 《中国工程院院士李幼平：浮云化雨——全球网转化为个人库》，《中国科技奖励》2012年第9期。

③ NGB总体专家委员会：《中国下一代广播电视网（NGB）自主创新发展战略研究报告》，2010年6月。

员、中国科学院院士、嫦娥一号总指挥兼总设计师叶培建在政协小组会议上指出：2008年6月发射升空的“中星9号”广播电视直播卫星，身兼开展中国电视节目直播到户的传输业务，其能力可提供200—300套高清电视直播信号，但是至今为止，其全部的22个直播转发器中只应用了4个，剩余的18个一直都在闲置，有的甚至被一些不法组织私用滥用。这是对国家资源的极大浪费。他呼吁国家广电部门应出台相关政策，充分将中星9号的资源用于教育和科普工作，至少不要一直闲置。[①] 2013年，中国通信企业协会副会长、中国卫星通信广播电视用户协会常务理事郝为民的文章则指出，“中星9号”的22台转发器到2013年使用了8台，尚有较大余量。[②] 现在我们指出：如果将剩余的14个转发器用于解决我国有线电视不能通达的西部农牧区收听收看市、县广播电视的公共服务问题，按照当前卫星数字电视的传输方式，以每台转发器转发10余套标清电视节目计，并不能从根本上解决西部农牧区收听收看市、县广播电视的公共服务问题，因为西部12省（市、区）共计有146个市（地、州、盟、区）、862个县（市、旗）。而且有“大马拉小车”、“杀鸡用牛刀”之嫌。但是，如果采取卫星数据广播方式，通过建设中国西部农牧区网络卫视传输系统及网络电视群集成发布平台，现有转发器不仅能解决西部农牧区收听收看市、县广播电视的公共服务问题，形成集约型、规模化的安全运作，而且还绰绰有余。

综合运用本节对卫星数据广播与数据分发技术、“中星9号”与数据广播、李幼平院士“共享信息的文化网格”理论创新等的

---

① 《叶培建疾呼“中星九号”存在极大资源浪费》，《卫星电视与宽带多媒体》2010年第6期。

② 郝为民：《我国卫星通信产业发展概况及展望》，《国际太空》2013年第8期。

讨论所涉及的知识，采用 IPTV 及数据分发技术，可以按图 6－9 所示的方式解决我国有线电视不能通达的西部农牧区收听收看市、县广播电视节目的问题。

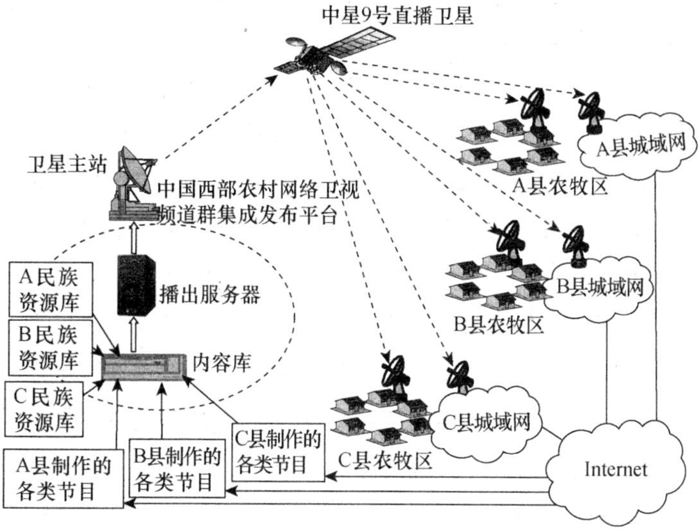

图 6－9　“中国西部农村网络卫视”主体系统构成示意图

资料来源：文兴吾、何翼扬：《西部农牧区社会信息化发展战略研究》，《经济体制改革》2013 年第 3 期。

在图 6－9 中，首先需要在国家广电总局广播电视卫星直播管理中心管理的全国直播卫星节目发布平台的基础上，增设“中国西部农村网络卫视频道群集成发布平台”。上千套市、县广播电视节目，由设立在各市、县城市的广播电台和电视台通过因特网每日上传至“中国西部农村网络卫视频道群集成发布平台”，这些节目再由 IPTV 内容分发系统运用组播通信技术、以数据推送方式“分送”到各县农牧区的用户终端。上千套市、县广播电视节目被组合成一个数据传输流，在一条信道上播放；到达各县用户终端的是同一个视音频流和数据流。由于各县用户的“地址”不同，每个县的用户也就只收到本市、县的广播电视节目。

“中国西部农村网络卫视”主体系统构成的基本原理与图6－7是一致的，也就是一个“大规模数据并播系统”。上千套市、县广播电视节目，通过如图6－8所示的两级复用模式，复用为一个传输流，用一个36MHz或54MHz的卫星转发器推送出去。按照李幼平院士的推算方式，36MHz的卫星转发器日推送能力约为388GB/天，而54MHz的卫星转发器日推送能力约为582GB/天。依据“全国每日新产生的主流视频内容约400小时，字节总量约200GB/天”①，每小时视频字节量约为0.5GB；运用“播存网格”原理，以各地市、县广播电视台每天向当地农牧民推送一个小时视频节目估算，使用一个54MHz的卫星转发器就足以解决我国有线电视不能通达的西部农牧区收听收看本地市、县节目的问题。换言之，通过“广播与存储相结合”——“而存储的积累使得运用小带宽搬送大文件变得轻而易举”②——西部12省（市、区）的146个市（地、州、盟、区）、862个县（市、旗）共1008个地方网络电视台只需共用一个54MHz的卫星转发器就可以分别向各自所辖的农牧区每天推送一小时的本土电视节目。当然，多增加一个转发器也就多增加一个小时的本土节目；如此类推。

国家广电总局广播电视卫星直播管理中心管理的全国直播卫星节目发布平台，在增设“中国西部农村网络卫视频道群集成发布平台”后，对于我国有线电视不能通达的西部农牧区，具有广

① 李幼平：《引导CMMB走向NGB》，《数字电视产业与三网融合学术研讨会论文集》，2008年，第26页。

② 张尧：《未来网络与影视广播》，《世界广播电视》2004年第2期。

播电视“四级全覆盖”功能。统一的全国直播卫星节目发布平台前端，存在两个基本分区：一是中央和省级广播电视节目发布区，其间各套广播电视节目按卫星数字电视广播系统规范进行编码复用传输，依然遵从图6－5所示的模式。二是市、县广播电视节目发布区，其间各套广播电视节目按卫星数据广播方式，运用IP over DVB-S技术，即基于IP协议封装数据，利用与传输数字电视节目相同的方式通过复用器进行复用传输。

建设中国西部农牧区网络卫视传输系统，是对中央政府实施“户户通”工程、推进直播卫星公共服务的拓深与发展。收看“中国西部农村网络卫视”，不需要对已有的“户户通”卫星直播广播电视接受设备的硬件设施进行大的改造，只需适当增加存储器容量（就接收本地市、县节目而言，1GB容量足矣；如果从李幼平院士倡导的“积月累日形成丰富的家庭文化仓储”着眼，16GB容量为佳①）在“中国西部农村网络卫视”频道开通后，根据各个县、民族的不同要求，在前端数据分发平台和终端建立软件条件接收。即是说，在依然能够接收过去全部节目的基础上，增添了接收本地、本民族节目的功能。

提出依托“中星9号”直播卫星解决西部民族地区农牧区广播电视“四级全覆盖”的构想，是对“直播卫星＋地面微波”这一当前国家推行的对我国有线电视不能通达的农村地区提供广播电视“四级全覆盖”公共服务方式的创新。它的根本意义在于：

① 李幼平院士曾写道：“2010年后的某一年，CMMB通过卫星与补点提供 > 300GB/天的镜像能力，随身携带的16GB海存成本降至100元以下，届时，每一个中国人都将随时、随地、随意从上千种报纸、期刊、网站、电台的丰富内容中，自由选择信息与知识。”（李幼平：《引导CMMB走向NGB》，《数字电视产业与三网融合学术研讨会论文集》，2008年，第29页）2014年，16GBU盘的市场价格已为40—100元人民币。

通过对国家既有资源（“中星9号”直播卫星及其闲置转发器）的分析和创新性运用（采用IPTV和IP over DVB-S技术），既能节省对广袤的西部民族地区农牧区进行市、县广播电视节目覆盖而修建地面微波传输线路和发射台站所需要投入的巨额经费，以及日后的运行、维护所需要投入的巨额经费，又能大大节约建设时间和实现更安全、更稳定的运行服务。长期制约西部民族地区农牧区广播电视事业发展的，既包括前期的建设经费，更包括建成后的运行、维护的费用，以及严酷的自然环境和多发的自然灾害。单纯依托直播卫星的西部民族地区农牧区广播电视“四级全覆盖”构想，“一揽子”解决了这些问题。既然西部民族地区各市、县对农牧区的广播电视节目与中央、省级主流媒体节目同一个平台传输，那么，只要中央和省级主流媒体节目在持续、安全、稳定地向西部民族地区农牧区传播，西部民族地区各市、县对农牧区的广播电视节目也将在广袤的西部民族地区农牧区持续、安全、稳定地传播。这真正可以用“省力省事”、“费省效宏”来概括。

第七章

西部民族地区农牧区信息普遍服务与现代化发展研究

实施西部民族地区农牧区社会信息化发展战略，以信息技术深刻变革西部民族地区农牧区发展方式（生产方式与生活方式），是以加强和完善西部民族地区农牧区广播电视业为切入点和突破口。全面地、科学地、有效地解决信息普遍服务问题，是推进西部民族地区农牧区社会信息化的关键、核心问题。西部民族地区农牧区信息普遍服务的通达问题，包括两个最基本的方面：其一是农牧民能够收听收看到与自己的生产生活紧密相关的、“听得明、看得懂”的广播电视，既能看到中央台、省区台，也能看到市、县台；其二是农牧民之间能通电话，也能与外部通电话。前者主要是信息的单向流动，是点对面的传播；后者主要是信息的双向流动，是点对点的传输。如何把握世界信息技术革命的重大成果，在世界和我国的信息化发展潮流中，充分运用我国信息化建设的既有资源，费省效宏地推进西部民族地区农牧区的信息普遍服务，是需要进一步深入研究的。

另一方面，近几年学术界掀起了对新工业革命与新产业革命的研究热潮。美国知名学者杰里米·里夫金的《第三次工业革命》一书引起了世界的关注。我们认为，这一研究热潮为推进西部农牧区现代化发展和创新驱动发展提供了良好的机遇。里夫金在《第三次工业革命》“中文版序”中写道：“可再生能源的转变、分散式生产、储存（以氢的形式）、通过能源互联网实现分配和零排放的交通方式构成了新经济模式的五个支柱。如果在本世纪上半叶实现对第三次工业革命基础设施的构建，中国还需要近40年的努力，而这将创造数以千计的商业机遇、提供数百万的可持续发展的工作职位，并将使中国成为下一次工业革命的领军人。”① 他还写道：“第三次工业革命与较贫穷的发展中国家密切相关。我们知道，世界上有40%的人生活在贫困线以下，以每天不足两美元的生活标准度日，并且，大多数家庭仍然用不上电。因为没有电，他们很多事情都不能做。一个重要的可以使他们摆脱贫困的方法就是拥有稳定且能用得起的环保电能。没有电，任何经济发展都无从谈起。作为改善世界上最贫困的人们生活的起点，能源的民主化和电力的普遍接入是必不可少的。”② 此外，他还讲道：“第三次工业革命可能会在新兴经济体中迅速展开，甚至比发达国家还要快，原因恰恰在于这些国家还没有相应的基础设施。你到印度之类的亚洲国家或非洲去看看，很多地方还没有相应的基础设施，没有电力，于是，建设新的基础设施反而比修补老的要快很多。”③ 这些观点，对于中国在应对第三次工业革命中推进西部农牧区的创新驱动发展与现代化发展，是有十分重要的价值与启发性的。试想，在推进生态文明建设、全面建设小康社会的进程中，西部农牧区的现代化建设为什么

---

① ［美］杰里米·里夫金：《第三次工业革命：新经济模式如何改变世界》，张体伟、孙豫宁译，中信出版社2012年版，第XIV页。

② ［美］杰里米·里夫金：《第三次工业革命：新经济模式如何改变世界》，张体伟、孙豫宁译，中信出版社2012年版，第60页。

③ 田晓玲：《〈第三次工业革命〉作者杰里米·里夫金：通讯和能源结合，才会带来经济样式巨变》，《文汇报》2012年6月11日。

就不可以成为我国实践里夫金的“第三次工业革命”的切入点和突破口？

本章提出基于我国卫星通信事业发展的西部民族地区农牧区信息普遍服务“三步走”通达方案；阐明里夫金言说的第三次工业革命，基本特征是“以能源转型推动经济和社会转型”，本质上是一次新产业革命，即生态产业革命；指出“以能源转型推动生态工业发展的生态产业革命”的核心内容——“新能源分布式发电的普遍运用”思想与创意——对于人口分散、地处偏僻、生态脆弱、发展落后的西部农牧区推进现代化发展，具有十分重大的意义。由此，对全面实践“分布式新能源”与社会信息化发展的政策支撑，进行了有系统的讨论。

第一节　基于我国卫星通信事业发展的信息普遍服务“三步走”通达方案

一、关于信息普遍服务

信息普遍服务是与满足人类基本需要的反贫困发展战略和建设“学习型社会”的理念紧密相关的。学习型社会（1earning society，也称学习社会、学习化社会）是美国芝加哥大学校长哈钦斯于1968年在《学习型社会》一书中提出来的。1972年，联合国教科文组织在《学会生存——教育世界的今天和明天》的报告中，强调学习型社会是终身教育倡导者为未来的教育发展和学习活动所勾画的理想社会形态。1994年，在意大利罗马召开的“首届世界终身学习会议”提出建立以终身学习为指导的学习型社会的构想，认为学习型社会“不是简单的个人行为，而是一种社会行为，与其说它是一种教育概念，不如说它是一种生活方式”。[①] 2001年5月15日，江泽民同志在亚太经合组织（APEC）人力资源能力建设高峰会议上发表了题为“加强人力资源能力建设，共促亚太地区发展繁荣”的重要讲话，提出了五点主张，其中之一就是：构筑终身教育体系，创建学习型社会。

---

① 顾新等：《学习与学习型社会》，《软科学》2004年第2期。

普遍服务一词来自英语 universal service，最早由美国 AT&T 公司提出。从 20 世纪 20 年代开始，美国电话进入新的发展阶段，普遍服务被赋予使全民有机会接受电话服务的意义。20 世纪 80 年代末，经济合作与发展组织（OECD）将电信普遍服务定义为“任何人在任何地点都能以承担得起的价格享受电信业务，而且业务质量和资费标准一视同仁”。在各个国家的政策或法规中，普遍服务有不同的提法，但是其服务对象主要是下列方面：一是经济发展落后、居民用不起电话的地区；二是偏远乡村、人口稀少地区，建设网络基础设施花费大，致使电话成本过高；三是任何地区的无力支付电话费用的贫民、病弱伤残人员。

电信普遍服务的对象和具体内容随着时代和环境的变化而变化，其广度和深度也与时俱进，不断扩展。例如，1993 年美国政府公布了“国家信息基础结构（NII）：行动计划”，即“信息高速公路”，提出了一个广义的、现代的“全民服务”概念，强调给所有想要得到这种服务的人，不论其收入、残疾或在什么地点，都能提供一种方便而负担得起的手段，使其享用先进的电信和信息服务，获得信息资源。NII 的最终目标要实现所有的人经由“信息高速公路”联机通信，实现“居家上学”（telelearning）、“居家上班”（telecommuting）和“居家就医”（telemedicine）。又如，国际电信联盟将 2002 年“世界电信日”的主题确定为“信息通信技术为全人类服务：帮助人们跨越数字鸿沟”，其目的是引起人类社会重视：信息通信技术在经济发展、社会进步和文化繁荣等领域发挥着基础性的作用，对于那些至今无法享受信息通信服务的人们而言，也就失去了发展的机会，势必会对社会生活的各个方面产生消极影响。因此，普及信息通信服务，就不再是关系个别产业、个别地区的经济问题，而是事关全局、需要全社会认真对待和解决的重大问题。①

在发达的市场经济条件下，政府在公共领域制定公共政策时，应关注政策的制定是否维护了社会成员普遍的基本权利、促进了机会均等，这就呼唤构建社会普遍服务体系。这是政府提供公共产品的扩展，但不同的是，公共产品具有非竞争性和非排他性的特征，而社会普遍服务体系就其公共服务方面而言，则是具有非竞争性和不完全排他性的特征。非竞争性是指这种社会普遍服务体系下，任何人增加这些服务的消费都不会减少其他人可能得到的消费；不完全排他性是指：一些可以对服务有支付能力的人，需要支付价格才能消费服务，而另外一些支付能力不足的人，可以得到某种方式补贴或者保障也能享受社会普遍服务。社会普遍服务的基本目标是在不扭曲市场效率、进一步激励竞争的过程中，使社会全体成员能够共享经济发展成果，公平地获得基本的生存保障与均等的发展机会。构建信息与知识普遍服务体系是现代社会的要求，既包括信息的普遍服务也包括知识的普遍服务。信息的普遍服务是指相关行为主体有权获取应该得到相关的公开信息。知识的普遍服务是指知识的普及性扩散，知识虽然拥有产权，但是不能垄断，应该采取一定的补贴措施，扩散为社会所有。这种信息与知识的普遍服务可以减少经济活动的交易成本，形成社会资本积累机制。只有整个社会的信息与知识服务普遍，各经济主体才能处在一个平等的地位上进行各种行为。②

---

① 李进良：《电信普遍服务是全面建设小康社会的先决条件》，《人民邮电》2003年4月18日。

② 许正中、樊继达：《逐步构建社会普遍服务体系》，《学习时报》2007年4月9日。

二、基于中国西部农村网络卫视建设工程的信息普遍服务

“中国西部农村网络卫视建设工程”包括：建设中国西部农村网络卫视频道群的集成发布平台（IPTV 平台），各地建设地方网络电视信息服务体系，建设村信息服务站和聘用村信息员，中央政府向贫困地区农牧民普遍赠送接收终端设施。中国西部农村网络卫视建设工程是对中央政府已经实施的“村村通”、“户户通”广播电视工程的拓深与发展；首先要解决西部农牧区收看不到本地广播电视节目的问题，解决少数民族农牧民由于语言障碍而不能从广播电视中受益的问题，解决农牧区地方政府无法利用电视加强属地管理和提供公共服务的问题。对于西部民族地区农牧区的发展而言，既需要“全国性信息”、“普遍性信息”，更需要“地方性信息”、“特殊性信息”。基于中国西部农村网络卫视建设工程的信息普遍服务体系，如图 7－1所示。

——“中国西部农村网络卫视频道群集成发布平台”构建，通过对国家既有资源“中星 9 号”直播卫星及其闲置转发器的创新性运用（采用 IPTV 和 IP over DVB-S 技术），上千套市、县广播电视节目复用为一个传输流、用一个卫星转发器推送出去，实现了广袤的西部民族地区农牧区的市、县广播电视节目低成本、集约化的覆盖。

——“各地建设地方网络电视信息服务体系”，承担起向各地农牧民供给本土文化节目、“脱贫、致富、奔小康”的信息和各民族社会文化生活信息的义务。

——“建设村信息服务站和聘用村信息员”，是把大众传播与人际传播有机结合，用以解决信息与知识有效传播问题。

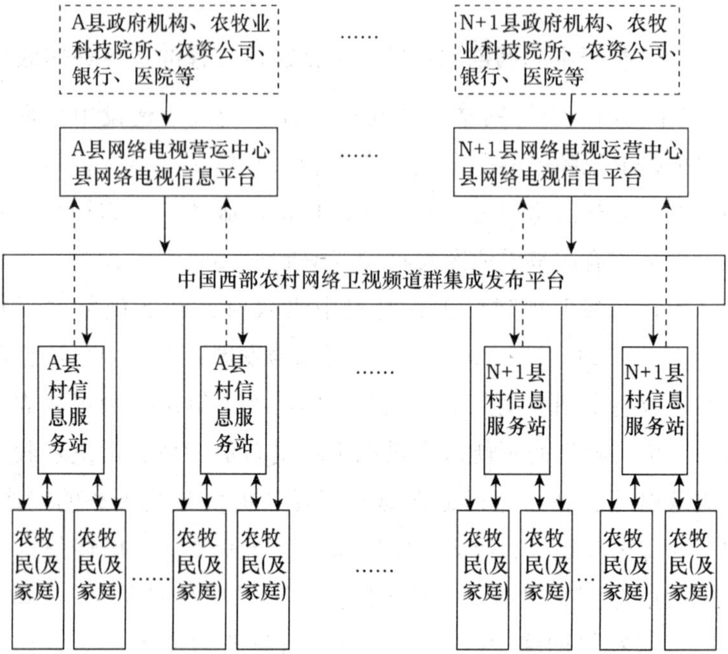

图7－1　基于中国西部农村网络卫视建设工程的信息普遍服务体系

——“中央政府向贫困地区农牧民普遍赠送接收终端设备”，是体现政府把广播电视服务作为一种“福利物品”向贫困地区全体农牧民提供的重大举措。

“地方网络电视信息服务体系建设”如图7－2所示。

各地建设地方网络电视信息服务体系，是基于当代互联网技术的创新；它充分发挥了互联网的作用——各地建设地方网络电视信息服务体系正是依托国际互联网在建设，并通过国际互联网将各地服务本土农牧民的信息上传到“中国西部农村网络卫视频道群集成发布平台”，然后通过“中星9号”卫星转发器传播到各地农牧区。（参见图7－2虚线框中内容）这种电视网络与互联网的集成，已经走出了互联网服务于农牧民的一条新路。第一，

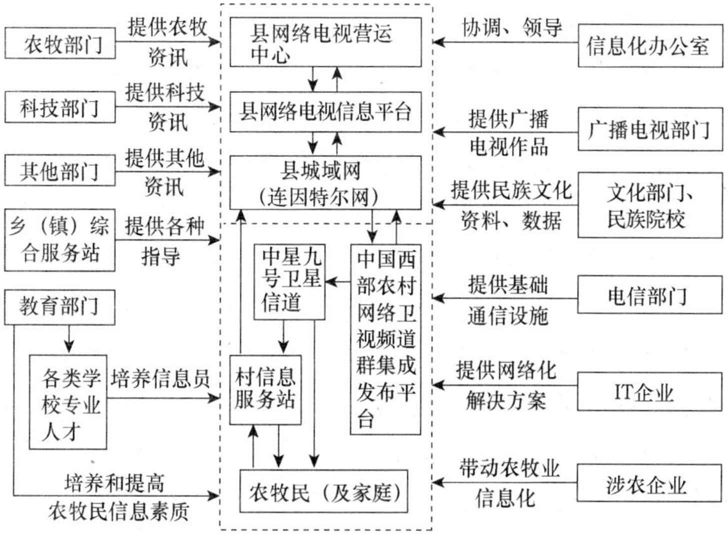

图7－2 地方网络电视信息服务体系建设

资料来源：文兴吾、何翼扬：《西部农牧区社会信息化发展战略研究》，《经济体制改革》2013年第3期。

互联网上是有很多资源，但是农牧民由于知识与操作水平的限制，获得信息资源的能力有限；通过电视网络与互联网的集成，可以由专业技术人员会同专门的工作人员，包括村信息员，从网络上搜寻对农牧民用户有用的资源，在不涉及版权纠纷的情况下，经过编码、剪辑、编排后在本地电视中播放，由此帮助农牧民更加有效地利用互联网。在这种关系下，由于农牧民并没有直接浏览互联网，也就不会被互联网上的不当内容所干扰。第二，地方部门可以制作各种节目、讯息，通过县网络电视平台和“中国西部农村网络卫视频道群集成发布平台”上星传播到农牧民的电视或其他接收终端上。第三，农牧民没有联接互联网的通道，村信息服务站则有联接互联网的通道；农牧民可将需求信息、电视节目反馈意见提供给信息员，由信息员向县网络电视营运中心报告，由县网络电视营运中心统筹解决。如此运作的地方网络电视信息服务体系，承担着向各地农牧民供给本土文化节目、“脱贫、致富、奔小康”的信息和各民族社会文化生活信息。

各地建设地方网络电视信息服务体系，为扩大、深化、优化针对各少数民族的信息服务创造了条件。各少数民族地区科学地运用IPTV的特性，通过多方（广电部门、电信部门、宽带营运商、软件提供商、设备制造商，以及市、县各党政部门、事业单位及内容提供商家）通力协作建设各地专门的宽带门户网站，以自制和整合（翻译）视频节目为主导，开设针对本地人民群众的不同频道和栏目，开发出丰富多彩的应用和服务，在不断更新、创造和日积月累基础上，最终将打造出一个个富于自身特色、服务本土百姓的新型大众传播体系。一方面，通过建构富于民族特色的IPTV平台及门户网站，创办和增加本民族的节目，用本民族的语言进行播音，将切实发挥广播电视服务功能，发挥广播电视对传承少数民族文化、传达致富信息、开启开放观念、引导规范行为的作用。另一方面，IPTV平台及门户网站将记录、宣传、积累少数民族的本土文化资料，帮助少数民族建构新的健康的文化体系，促进民族文化的现代化改造。通过充分挖掘民族地区优秀的、有特色的文化资源，将为这些地区的传媒运行提供富于个性化、独到的传播题材与主题，由此形成一定的传播内容优势，赢得一定的声誉和影响，成为对外宣传、对外开放、对外交流的窗口，成为民族文化产业化运作的创新平台。

“建设村信息服务站和聘用村信息员”，宁夏回族自治区的经验值得推广。在推进农村信息化建设的进程中，2007—2008年宁夏回族自治区政府投入2000万元，在每个行政村建设多功能的信息服务站，直接与自治区农村信息化综合平台相连；把政府服务、电影院、文化站、农技推广站送到了农民的家门口。农村信息服务站既提供农产品供求信息在互联网发布接收、农村党员干部远程教育、文化信息资源共享等基本服务，还逐步增加面向农民的政策法规、教育文化、卫生计生、消费维权等服务，使之不但是农民群众致富信息的“发布点”、农村文化生活和倡导文明乡风的“娱乐点”、提高农村党员干部思想政治素质的“教育点”，而且还将是农民消费维权的“投诉点”、法律援助的“便民点”、农资销售的“代办点”、村务公开的“联系点”。由此，既避免了各部门建设各类信息亭、信息岗而造成的资金浪费，也提高了新农村信息服务站的使用效率，为服务站本身的生存发展拓宽了渠道。

对于经济社会落后的西部民族地区农牧区，村级信息服务站建设应与村民活动中心建设有机地统一起来。西部民族地区农牧区的许多村没有集体经济，基本上也没有什么公共事务，基层党组织活动和乡村文化生活缺乏，故村委会几乎没有凝聚力，村民的公共空间仍以寺庙等宗教机构为中心。当前，不少地方都把村民活动中心作为基层政权的硬件设施来建设，确保每个村都有一个活动中心。新建立的村民活动中心是村里的集体资产、村民的公共空间，也是国家在基层的前沿阵地，是国旗飘扬的建筑，是政权的形象。这个公共空间和基层阵地，应该成为惠民、便民、利民、娱民的综合服务中心。把村级信息服务站建设与村民活动中心建设统一起来，中心可以提供群众需要的多种服务，成为医疗站、便民商店、娱乐室、老人活动中心、村民集体仓库、电化教室、文化站、维修点、图书站、小客栈、电子邮局，以及消费维权的“投诉点”、法律援助的“便民点”、农资销售的“代办点”、村务公开的“联系点”等等。于是，具有拥有电脑、打印机、投影仪、传真机、电话、电视机等信息化基本设备的村中心，既是凝聚民心、实现社区和谐的政权桥头堡，也是第五章所论及的广袤农牧区加强对内对外社会交往的“灰空间”。

把村级信息服务站建设与村民活动中心建设统一起来，村信息员同时也是村中心专职社工人员；由政府出钱聘用。由此，政府既承担起为农牧民提供信息通讯、广播电视普遍服务的责任，也使村中心有了活动经费保障、服务人员保障和技术保障。村中心在信息技术支撑下，可以通过青年、老年、妇女协会，农技协会、牧业协会、摩托车协会、生态保护协会、家长学校等不同群体，民间节庆、歌舞、体育竞技、传统文化、民间手艺等不同方式，开展自我管理、自我服务、自我教育等活动，发挥民间组织和社区参与的作用。

政府出钱聘用的村信息员，在信息化建设中要发挥“三员”作用，即宣传员、辅导员和信息反馈员作用。村信息员要经常走家串户，向广大农牧民宣传介绍 IPTV 综合信息平台上的内容和作用，有哪些东西值得重点了解、学习和借鉴，有针对性地组织群众和种养殖大户重复收看，引导他们将学到知识应用到生产、生活实践中，定期组织他们进行交流、总结。同时，村信息员还要注重收集群众想了解什么样的信息，想学哪方面的技能，有什么样的需求；并及时反馈给上级部门。传播学的研究发现，在新事物的“创新与扩散”过程中，大众传播能有效地传播新信息，而具体的说服和劝导工作则应由人际传播来完成，因为人际传播具有亲情辅助、示范劝说、改变态度等作用。因此，选拔出的信息员，既要承担信息的传递沟通，又要承担对新技术进行示范、教育和推广的职责。村信息员是农牧民的“信息使者”，是农牧科技的示范者、推行者。

信息服务队伍的建设，要注重从农牧实用技术人员中挖掘人才、培养人才，使人才“一专多能”，超脱原来的部门业务的限定。信息员要具备到农牧区面对面服务的能力，具有服务意识、奉献精神。信息员的选拔可以参照农牧科技员选拔的方法，甚至可以与农牧科技员合并，对其进行信息接受和传播方面的培训。对信息员的选拔和培养，尤其要重视本土大中专毕业生；这是推进社会分工、形成“尊重知识、尊重人才”氛围、走出“低水平均衡陷阱”的战略安排。

“中央政府向贫困地区农牧民普遍赠送接收终端设备”，有其深刻的合理性。对于大多数人来说，购买电视机是一种消费性投入，是为了生活得更丰富、更愉快，是精神生活的追求。然而，西部民族地区农牧区经济社会发展水平一般较低，许多地区仍处于深度贫困之中，为贫困文化所笼罩；大多数农牧民家庭，既没有购买电视机的冲动，也没有购买电视机的经济能力。并且，农牧民居住一般都较分散，要每天把他们组织到村信息站看电视，是不现实的。

另一方面，建设可持续的西部生态屏障，推进全面建设小康社会，维护国家的统一和民族的团结，又需要广大农牧民经常看电视，以推动观念更新，消除贫困文化的禁锢，增强依靠知识和科技进步的发展能力，增强维护国家统一和民族团结的能力。

以上两个方面综合起来也就是：对于大多数农牧民而言，并没有经常看电视的现实需求；而对于政府而言，则需要广大农牧民能够经常看电视。这就说明：政府向广大农牧民普遍赠送广播电视接收终端是合理的。因此，从国家的生态安全着眼，从维护国家的统一和民族的团结着眼，从帮助西部民族地区农牧区打破经济—社会发展的恶性循环、走出“低水平均衡陷阱”着眼，从依靠科技进步和人力资源能力的提高实现经济社会起飞着眼，由政府向西部民族地区农牧区广大农牧民普遍赠送广播电视接收终端是最好的选择，也是在现代科技与经济条件下为西部民族地区农牧区发展注入活力费省效宏的最佳手段。

政府向西部民族地区农牧区广大农牧民普遍赠送广播电视接收终端，其间的“普遍”二字包括了如下含义：不论贫富，只要是西部民族地区农牧区的农牧民家庭，都予以赠送；彻底地体现政府把广播电视服务作为一种“福利物品”向西部民族地区全体农牧民提供。①

综上所述，实施中国西部农村网络卫视建设工程也就有了“以知识促进西部农牧区社会经济发展”的基本的物质条件，也就使创新驱动发展战略迈出了第一步。按照瑞典经济学家、诺贝尔经济学奖获得者缪尔达尔的“循环累积因果”理论，由此可能步入一个向上的循环。缪尔达尔认为：社会经济制度是一个不断演进的过程，这种演进是由技术的进步以及社会、经济、政治和文化等因素的演变造成的；在一个动态的社会经济过程中，各种因素是互相联系、互相影响、互为因果的，并呈现出一种循环积累的发展态势：一个因素发生变化引起另一个因素发生相应变化，产生的第二级变化会反过来推动和加强最初的那个变化。政府向广大农牧民普遍赠送广播电视接收终端，使每一个农牧民家庭中有了一套现代文明设施，有了一套帮助他们融入现代社会的设施。一当农牧民从珍惜它、爱护它到广泛运用它，也就走出了与现代文明接轨的重要一步；家庭生产、生活以及区域社会经济

① 文兴吾、何翼扬：《西部农牧区社会信息化发展战略研究》，《经济体制改革》2013 年第 3 期。

发展的技术含量都将大大增加，较大规模的信息服务产业将由此产生，文明形态将逐步发生深刻的变化。另一方面，基于“中国西部农村网络卫视频道群的集成发布平台”（IPTV 平台）和各地建设地方网络电视信息服务体系，通过村级信息服务站建设、信息员选拔和培养等工作，使每一个村都有 3—5 个人能熟练管理通信设施和操作网络，以根据社区需要，为农牧民提供卫生、健康、生产、生活知识。由此，可望“一揽子”解决长期困扰的医疗卫生、教育、人力资源能力建设、意识形态等问题，解决区域科技人才闲置或半闲置和大中专毕业生的就业难问题；使农牧区的组织化程度大大提高，各种科技推广项目能够有效地实施，经济社会发展基础得以夯实。

如果更进一步具体地讨论基于“中国西部农村网络卫视建设工程”的信息普遍服务，我们可以看到：实施“中国西部农村网络卫视建设工程”能促进西部民族地区农牧区、农牧民的对内对外交往，推进就业等社会保障事业发展。促进农牧区富余劳动力转移是一项系统工程，从掌握劳动力资源、提供就业信息和就业培训，到维护劳动者合法权益，都需要政府部门提供完善的管理和服务。但是，西部农牧区对富余劳动力转移的公共服务还处于起步阶段，不少地方劳动部门在发布就业信息时还是用手工打印贴在墙上。这些信息还仅仅是城镇用工信息，农牧户之间的劳动力和务工需求还无从发布。于是，一方面是许多工作岗位招聘不到合适的就业者，另一方面是许多劳动者找不到合适的就业岗位。提高劳动力市场资源配置的效率，要求克服劳动力市场信息的不完全特征，以“中国西部农村网络卫视建设工程”为支撑，能够有效地解决这个问题。农牧区城乡内外的劳动力需求，都可以及时通过劳动管理部门有组织地在县网络电视节目上发布。无论是农牧业内部的需求，还是工业、建筑业、交通运输业、商业、饮食服务业的需求；无论是县内需求，还是县外需求；都可以实现低成本、高效率的交易。通过县网络电视节目，相关部门还能让农牧民在家接受就业要求的技能培训。

同样，我们能够看到：实施“中国西部农村网络卫视建设工程”对西部民族地区农牧区科技教育卫生事业发展具有十分基本的意义。例如，政府可以有效地向人民群众进行科技知识教育；通过电视节目，广大农牧民可以学到各种各样的种养殖技术。政府可以有效地向人民群众进行医疗、健康教育；增加其防病保健的知识。而预防疾病、普及和增加人民卫生健康知识，这本身就比治疗疾病要有效益。此外，实施“中国西部农村网络卫视建设工程”不仅能深化农村中小学现代远程教育工程，使面对青少年的普通教育环境大大改善，而且充分利用广播电视技术，大力推进反贫困教育，使成年人在利用知识改造生产与生活条件的实践中提高素质。惟有如此，才能真正实现“一代接一代，提高一个民族的整体素质”。因为青少年之所以要到学校接受教育，是受教育动机驱动，对于中、小学生来说，起作用的往往不是他们自己的教育动机，而是他们父母的教育动机。学生家长的教育动机，出自他们对教育的认识，他们的文化素养，以及经济支付能力、家庭对劳动力的需求等情况。这就为西部农牧区能够有效地实现“把教育摆在优先发展的战略地位”和推动教育事业可持续发展，确立了现实的基础。

三、伴随中国移动多媒体广播系统发展深化信息普遍服务

移动多媒体广播业务是指通过卫星和地面无线广播方式，在手机、PDA、MP3、MP4、数码相机、笔记本电脑等 7 英寸以下

的小屏幕、移动便携手持式终端上，实现随时随地接收广播电视节目收视与信息服务，具有移动接收、高效省电等传统数字电视所不具备的技术特点；是俗称“手机电视”的一种形式。所谓“手机电视”，是指利用具有操作系统和视频功能的智能手机传输电视内容的技术手段和技术应用。手机电视技术概括来讲包括两种，一种是基于移动通信频率支持上行数据的3G（4G）技术，以WCDMA、CDMA2000、D-SCDMA为代表；一种是基于广播电视频率的广播式技术，国外以DVB-H、T-DMB、MediaFLO为代表，国内以CMMB为代表。①

CMMB（China Mobile Multimedia Broadcasting，中国移动多媒体广播）是2006年10月24日国家广电总局正式颁布的中国移动多媒体广播行业标准。CMMB标准具有完全自主知识产权，并采用我国自主研发的先进传输技术STiMi技术。中国移动多媒体广播采用“天地一体”的技术体制：利用大功率S波段卫星覆盖全国100%国土，利用地面增补转发网络同频同时同内容对卫星信号盲区（约5%国土，主要为城市楼群遮挡区域）进行补点覆盖，利用无线移动通信网络构建回传通道实现交互，形成星网结合、单向广播和双向互动相结合、中央和地方相结合的全程全网、无缝覆盖的系统。②

在CMMB的系统构成中，CMMB信号主要由S波段卫星覆盖网络和U波段地面覆盖网络实现信号覆盖。S波段卫星网络广播信道用于移动终端直接接收，Ku波段上行，S波段下行；分发信道用于地面增补转发接收，Ku波段上行，Ku波段下行，由地面

① 袁子林：《手机电视技术及业务发展分析》，《广播电视信息》2006年第8期。

② CMMB工作组：《〈CMMB 100问〉节选》，《广播与电视技术》2008年第7期。CMMB工作组：《CMMB 100问》，2008年6月。

增补网络转发器转为S波段发送到移动终端。全国节目通过S波段卫星对全国实现覆盖，卫星遮挡地区采取地面同频增补方式，在城市人口密集区域采用U波段增补。地方节目采用U波段地面网络实现覆盖。移动终端在信号接收中，根据所处位置的信号情况及用户操作情况，可实现如下四种信号接收：一是直接接收S波段卫星信号，二是接收S波段地面增补信号，三是接收U波段地面覆盖信号，四是接收U波段地面覆盖同频转发信号。[①] 目前CMMB已经做到了在时速250公里/小时的条件下稳定接收广播电视信号。[②] 中国移动多媒体广播电视系统总体构成如图7－3所示。

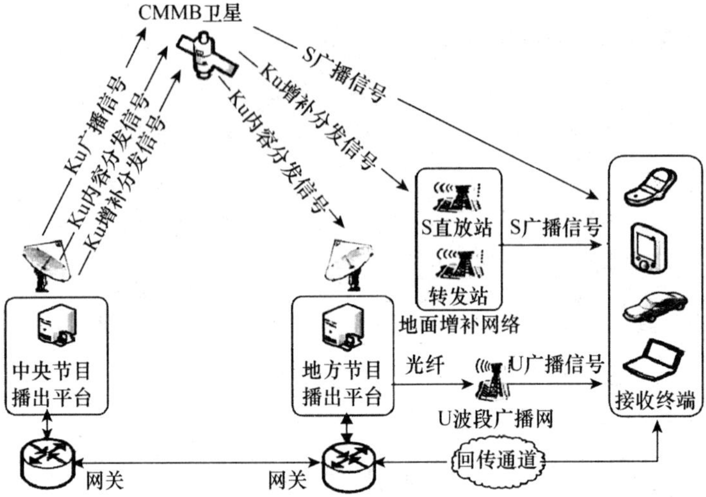

图7－3　中国移动多媒体广播电视系统总体构成

资料来源：解伟：《移动多媒体广播（CMMB）技术与发展》，《电视技术》2008年第4期。

① 《CMMB20问》，《现代电视技术》2008年第7期。

② 《CMMB科普问答》，《广播电视信息（上半月）》2008年第7期。

中国移动多媒体广播电视系统的运营主体是中广传播集团有限公司，简称“中广传播”；前身为中广卫星移动广播有限公司。2011年2月，中广传播集团有限公司正式成为由国家财政部注资、国家广电总局的直属公司，主要承担我国卫星移动多媒体广播CMMB项目的投资和运营、系统设计、广播卫星相关技术开发和信号传输服务。

中国移动多媒体广播业务平台主要由公共服务平台、基本业务平台、扩展业务平台等三个平台构成。①

——公共服务平台是向用户提供公益服务的移动多媒体广播电视业务平台，主要由公益类广播电视节目和政务信息、紧急广播信息构成。中国移动多媒体广播公共服务平台播出的内容和开展的业务，向合法用户（即注册签约客户）提供无偿服务。

——基本业务平台是向用户提供基本数字音视频广播服务和数据服务的业务平台，包括卫星平台和地方平台传送的数字音视频广播服务和数据服务。中国移动多媒体广播基本业务平台向合法用户提供的服务，为有偿服务。

——扩展业务平台是根据用户不同消费需求向用户提供扩展广播电视节目服务和综合信息服务的业务平台。提供的服务主要由四方面构成：一是经营类的广播电视付费节目；二是经营类的音视频点播推送服务，利用系统闲置时间将用户订制的广播电视节目推送到用户终端；三是综合数据信息服务，主要有股票信息、交通导航、天气预报、医疗信息等；四是双向交互业务，主要有音视频点播、移动娱乐、商务服务等。中国移

① 《国家广电总局新闻发言人朱虹就CMMB发展情况答记者问》，《广播与电视技术》2009年第2期。

动多媒体广播扩展业务平台向合法用户提供的服务，为有偿服务。①

按照国家广电总局2006年的规划：2006年底，完成地面补点试验网建设，进行系统的试验；2007年，完成地面补点示范网建设，开始商用试验；2008年，启用卫星系统，形成全国网络，正式开始运营，为2008年北京奥运会提供服务。从2009年开始，转入商业运营，逐步提供多种类的广播电视节目和信息服务。实施的情况如下：2008年7月，各直辖市、省会城市、计划单列市和奥运城市共37个城市的CMMB地面网络覆盖工程圆满完成，使CMMB在北京奥运会期间成功地进行了服务试验。2011年，CMMB地面网络信号覆盖了全国31个省（区、市）的336个地级以上城市。到2012年，累计建成了2256个单频网，包括5000多个小功率站点，覆盖人口超过5亿，成为全球最大的移动多媒体广播网络。2012年底，CMMB用户累计达到4700万户，付费用户超过2300万。到“十二五”末，将完成县级以上城市的CMMB数字信号覆盖，地市以上城市室外覆盖率达95%以上，实现重点场所如商场的室内覆盖。2012年2月14日，在全国广播影视科技工作会议上，国家广电总局副局长张海涛还为CMMB设立了新的目标，力争在三年内发展亿级用户，成为广电系统旗舰企业。②

2009年，国家广电总局确立了CMMB全国运营的组织架构，即“中广移动总公司＋省级子公司＋地市级分公司”的三级架构。中广传播在国内设立了31家省级控股公司，并在各地级市

① CMMB工作组：《CMMB 100问》，2008年6月。

② 张仪：《CMMB目标：三年用户过亿》，《卫星电视与宽带多媒体》2012年第10期。

设立分公司或办事处，从而建成了国家广电系统历史上第一个垂直运营体系，实现了对全国用户的统一管理和服务。

表7-1 CMMB业务一览表

业务类别	业务范围	业务名称	业务内容
广播电视节目业务	电视与广播节目	睛彩电视	CCTV1、CCTV5、CCTV新闻、睛彩电影、睛彩天下、本省1套、本市1套等七套电视节目。
		睛彩广播	中央人民广播电台、中国国际广播电台、本省人民广播电台的第一套节目、本市人民广播电台的第一套节目等四套广播节目。
数据广播业务	精选短视频、歌曲MV、精彩游戏、电子报纸、电子杂志、生活资讯、打折信息等	睛彩导航业务	城市业务：主要面向大型城市用户提供基于该城市的交通流量信息、交通事件信息、交通安全信息、交通天气信息、停车场信息、生活信息服务。 全国业务：主要面向全国用户提供全国高速公路和主干道路交通流量信息、交通事件信息、交通安全信息、交通天气信息、生活信息、专用信息（如车厂信息）等服务。
		睛彩财经业务	把实时股市信息数据以广播方式推送到手持电视终端，无需支付任何流量费用；行情覆盖了中国股市、债券、基金三大板块，具体服务包括了股市行情、技术指标、图形走势、排行榜、公司资料、评论分析、财经资讯等板块。
		睛彩富媒体广播	可听、可看、可点播、可互动、可下载的新媒体广播业态。具有互动功能，通过点击屏幕上的按键，即可参与到节目中，包括节目评论、有奖竞猜、游戏博彩、互动购物等。
		睛彩阅读	将传统的报纸报、杂志、书籍等内容发送到用户终端。
		应急广播业务	向公众通告紧急事件，应急广播支持文字、图片等多媒体形式。

续表

业务类别	业务范围	业务名称	业务内容
数据广播业务	精选短视频、歌曲MV、精彩游戏、电子报纸、电子杂志、生活资讯、打折信息等	睛彩微频道	影视类：新片预告、国产大片、欧美经典、经典赏析；音乐类：MV速递、音乐现场、睛彩星天下、音乐风云榜；娱乐类：文娱播报、爆笑动画、欢乐时分、片场速递；新闻类：新闻联播、新闻30分、法治在线、国际时讯；评论类：焦点访谈、新闻1+1；文艺类：天天小品、纪录片、相声曲艺；体育类：体坛资讯、精彩瞬间；时尚类：靓车频道、潮流时尚；生活类：美食每刻、健康生活、家装频道、妈咪宝贝、老年健康。

资料来源：中广传播集团有限公司网站。http://www.cbc.cn/news/date.aspx? id=1896.

如表7-1所示，中广传播为CMMB配备了大量节目，其中包括CCTV1、CCTV5、CCTV新闻、睛彩电影、睛彩天下等全国节目，以及为31个省级地区播出的省级睛彩节目和331个地方节目。除直播电视外，中广传播还提供了睛彩报纸、睛彩广播、睛彩杂志、睛彩资讯、睛彩生活、睛彩排行榜、睛彩财经、睛彩导航、应急广播等媒体业务，提供新鲜及时的资讯信息。“睛彩”的命名，是对CMMB手持电视功能的诠释与注解，意为“透过小屏幕，观看大精彩”。同时，CMMB手持电视业务产品品牌“睛彩”的确定，也是为了手持电视推出的更多元化、更丰富性的节目内容做出更加明确的注解。“睛彩电影”是中广传播于2009年与CCTV-6电影频道联手打造的第一个自办频道，以后又推出了“睛彩微频道”。“睛彩微频道”是基于CMMB网络，通过手机、PAD、车载电子等移动终端，在特定时间向用户推送分类视频、实现本地视频播放的媒体服务。“睛彩微频道”整合精品视频内容，以分类频道的方式向用户提供精彩视频。每天在特定时间推送二十类，共计300分钟的微视频节目。

相对于CMMB地面建网的大力推进，广电总局的CMMB卫星发射计划却在推迟。卫星的发射目标主要是覆盖我国中西部人口稀少的广袤地区，这是CMMB发展的目标，但似乎并不是当前最急迫的任务。CMMB的发展还是要靠发达地区的消费带动，而在发达地区，地面网络的好坏才是确保CMMB信号的关键。因此，CMMB卫星发射计划推迟的原因并不难理解。然而，随着城市U波段地面覆盖网络的逐步建成，发射一颗大功率S波段通信卫星以完成CMMB对全国农村、公路、铁路、海域及空中等区域的网络覆盖已成为客观的需要。2010年9月5日发射成功、定点于东经125度同步卫星轨道的“中星6A”卫星，搭载一个S波段有效载荷，将用以进行CMMB的卫星传播试验。

可以期待，随着CMMB的卫星传播试验和CMMB卫星的最终发射，大功率S波段卫星覆盖全国100%国土，广大农牧民可以在广袤农牧区的任一地点，用便携式终端、手持机等接收到广播电视节目；接收的天线不再是“小锅”，而是10厘米左右的拉竿天线。这对于远离居住地放牧的牧民，对于田间劳作的农民听广播，意义尤其重大。

伴随CMMB的发展深化西部民族地区农牧区信息普遍服务，最终将利用CMMB解决“听得明、看得懂”的广播电视“无缝覆盖”问题。首先，CMMB的全国性节目（目前是CCTV1、CCTV5、CCTV新闻、睛彩电影、睛彩天下、中央人民广播电台、中国国际广播电台等音视频节目）通过大功率S波段卫星传输直接为农牧民的便携式终端、手持机等所接收。继之，“中国西部农村网络卫视频道群集成发布平台”的各市、县节目也通过大功率S波段卫星传输直接为农牧民的便携式终端、手持机等所接收。由此，西部民族地区农牧区信息普遍服务实现了广播电视“随时随地”的收听听看。在家里，通过“中星9号”直播卫星收听收看广播电视；在田间地头、草原牧场的劳作中，则使用CMMB便携式终端、手持机通过大功率S波段卫星收听收看广播电视。一当在家、外出、田间地头、草原牧场都能收听收看广播电视，也就实现了广播电视的“无缝覆盖”。

四、利用不断进步的卫星通信技术解决“电话普及”问题

利用不断进步的卫星通信技术解决“电话普及”问题，应该是国家推进农村通信普遍服务的“村通工程”的深化。2004年，国务院将发展农村通信作为工作重点之一；原信息产业部于2004年1月16日出台了《农村通信普遍服务——村通工程实施方案》，指定了当时的中国电信、中国网通、中国移动、中国联通、中国铁通、中国卫通等六家基础电信业务运营商采取“分片包干”的方式承担农村电信普遍服务任务，以完成“十五”规划中关于农村通信的发展目标。行政村通电话的最低标准是：每个行政村至少开通2部以上电话，其中原则上至少一部电话作为有人值守公用电话，以提高电话利用率和设施安全性，并避免因交不起月租费而被停机。开通的电路可以是有线或无线，终端设备可以是固定或移动。2007年5月，原信息产业部又出台了《关于“十一五”期间自然村通电话工程的实施意见》，决定在全国正式启动自然村的村村通电话工程。鉴于我国的自然村与行政村相比，具有地域更小、人口更少、分布更散的特点，规定自然村通电话的标准为：至少有一部电话在该自然村地域内可以长期使用。该部电话可采用符合相关规定的无线通信终端、有线通信终端、固定式终端、移动式终端以及其他公共通信终端。各企业应

保证所建成的村通项目的正常运营，保障通信畅通。

在推进村村通电话工程的实践中，卫星通信的 VSAT 技术已经在边远农牧区得到了有效应用，其组网方案之一如图 7－4 所示。图中 E1/ISUP 的 E1 指的是欧洲的 30 路 PCM（Pulse Code Modulation，脉冲编码调制，数字通信的编码方式之一）；ISUP 是 ISDN User Part 的缩写，指 ISDN（Integrated Services Digital Network，综合业务数字网）用户部分，定义了协议和程序用于建立、管理和释放中继电路，该中继电路在公共交换电话网络（PSTN）上传输语音和数据呼叫。

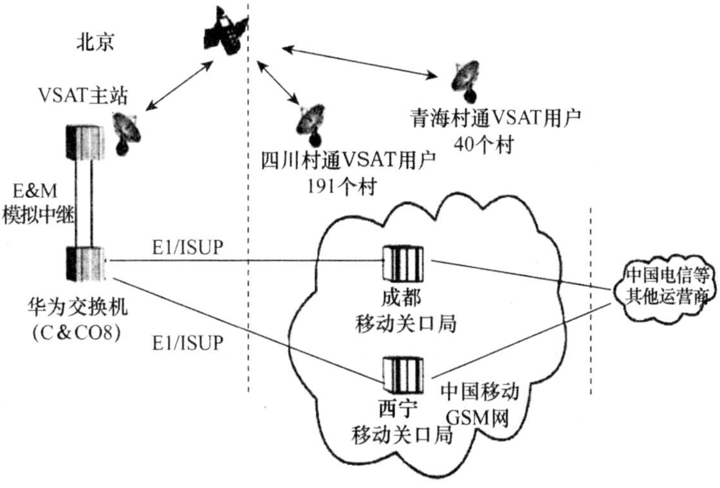

图 7－4　VSAT 用于推进农村信息化的组网方案

资料来源：田世伟、李广侠：《卫星通信在农村信息化中的应用分析》，中国通信学会卫星通信委员会：《第六届卫星通信新业务新技术学术年会论文集》，2010 年，第 397 页。

VSAT 是 Very Small Aperture Terminal 的缩写，直译为“甚小孔径终端”，意译应是“甚小天线地球站”。由于源于传统卫星通信系统，所以也称为卫星小数据站或个人地球站，这里的“小”

指的是VSAT系统中小站设备的天线口径小，通常为0.3米—2.4米。作为20世纪80年代末发展起来并于90年代得到广泛应用的数字卫星通信系统，VSAT系统采用定点同步轨道上的通信卫星（定位于赤道上空35786千米）传送信号，它由主站和许多远地点的小地球站组成。传统的VSAT网根据业务性质可分为三类：①以数据通信为主的网；这种网除数据通信外，还能提供传真及少量的话音业务。②以话音通信为主的网；这种网主要是供公用网和专用网话音信号的传输和交换，同时也能提供交互型的数据业务。③以电视接收为主的网；接收的图像和伴音信号，可作为有线电视的信号源通过电缆分配网传送到用户家中。由于因特网的驱动，传统的同步通信卫星已发展成为非常强大的多种用途系统；VSAT正演变成为真正的多媒体终端，可提供基本话音、数据和图像传输，使用户不论其所在地的通信基础设施先进程度如何都能够从中受益：在发达国家，VSAT终端正在提供“直接到家”的因特网接入和其他多媒体服务；在发展中国家或不发达地区，VSAT终端为ISP（互联网服务提供商）提供基本的远程因特网接入服务，由此实现多种通信业务（如电话、因特网接入以及图像传输）。2007年8月14日，美国休斯通信公司的Spaceway3卫星发射升空，就是为了能够在“农村宽带接入”这一潜力巨大的市场中抢占更多的份额。

在实施西部民族地区农牧区社会信息化发展战略、推进信息普遍服务的进程中，农牧民的电话通信条件应该得到进一步改善，最终达到电话普及的目标。利用不断进步的卫星通信技术解决“电话普及”问题，如下一些方案和思想是值得重视的。

图7-5给出了一种把地面移动网络与卫星通信的VSAT技术相结合，解决地面移动网络接入偏远地区的方案。图中BSC指的

是基站控制器（Base Station Controller），MSC 指的是移动交换中心（Mobile Switching Center），HLR 指的是归属位置寄存器（Home Location Register）。这种接入方式是经“关口站——卫星——端站（设在偏远地区）”的信号路径把终端与地面移动网络相连组成卫星接入网。卫星端站相当于用户终端，卫星关口站相当于地面网里的端局。经卫星信道可以实现电话、电视接入以及各种数据服务等。从图 7－5 可以看到，卫星关口站经地面移动关口局接到地面移动交换局，卫星端站设在偏远农村地区，每一个终端相当于一部手机，按手机号码进行编号。网管的作用是按需分配卫星电路。设在偏远地区的每套 VSAT 一般来说可以接 2 到 4 路公用电话，能满足该地区与外界的通信要求。在 2008 年四川汶川抗震救灾中，这种接入方式得到了很好的利用，成为当地农民向外界反馈灾情，获取救援的唯一渠道。

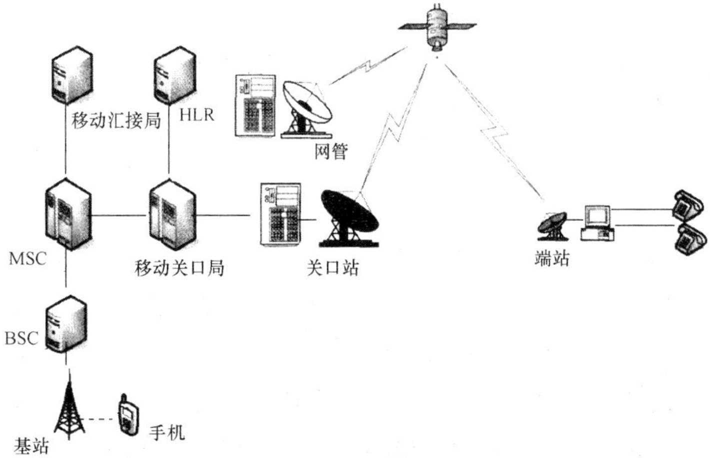

图 7－5　地面移动 VSAT 接入方式网络框图

资料来源：田世伟、李广侠：《卫星通信在农村信息化中的应用分析》，中国通信学会卫星通信委员会：《第六届卫星通信新业务新技术学术年会论文集》，2010 年，第 398 页。

图 7 -6 所示为地面移动网络以卫星中继方式接入网络框图。卫星端站与移动网的基站相连，卫星关口站与基站控制器相连。其中一个卫星关口站可以和多个卫星端站相连。在该方案中，与卫星端站相连的基站是一个模块站，可以为 100 个左右的手机用户提供服务；既能满足该地区与外界的通信要求，又能满足区域内部的通信要求。

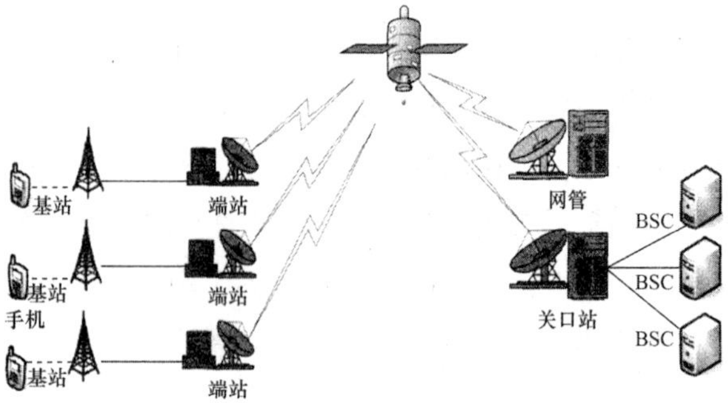

图 7 -6　地面移动卫星中继方式框图

资料来源：田世伟、李广侠：《卫星通信在农村信息化中的应用分析》，中国通信学会卫星通信委员会：《第六届卫星通信新业务新技术学术年会论文集》，2010 年，第 398 页。

此外，随着无线技术的发展，利用一套 VSAT、一套无线当地环网基站、一套完全安装在一根 10 米柱子上的太阳能系统的集成方案，为偏远农村地区提供数据、视频、互联网接入等信息技术服务，在我国一些农村信息化建设试点地区已经实现。已有卫星与 WIMAX 集成应用、卫星与 MiWAVE 集成应用等实践运用方案。①

① 田世伟、李广侠：《卫星通信在农村信息化中的应用分析》，中国通信学会卫星通信委员会：《第六届卫星通信新业务新技术学术年会论文集》，2010 年，第 400—401 页。

利用 VSAT 系统卫星链路可以解决边远地区、低密度人口地区的通信问题，而建立和完善卫星移动通信系统，则可以使用小型移动终端实现“无缝链接”的“国土全覆盖”。用于移动通信系统的卫星，可以是静止轨道卫星，也可以是非静止轨道卫星。静止轨道卫星由于轨道高，信息传播损耗大，需要大的星载天线（比如，12 米—13 米的 L 频段天线）。非静止轨道卫星常见的有低轨（LEO）和中轨（MEO）两种卫星，由于高度低，传播损耗小，有利于支持手持机进行通信。民用的个人移动电话发射功率一般较小，难以通过几万千米远的同步卫星直接传送，最适宜使用距地球表面仅数百公里的低轨道通信卫星。全球覆盖的低轨道移动通信卫星现有“铱星”（Iridium）和全球星（Globalstar）系统。“铱星”系统有 66 颗星，分成 6 个轨道，每个轨道有 11 颗卫星，轨道高度为 765 千米。全球星系统有 48 颗卫星，分布在 8 个圆形倾斜轨道平面内，轨道高度为 1389 千米。近些年，用户数在逐年增长，成本在不断下降。非静止轨道卫星群星座的全球宽带卫星通信系统的实践，展示了卫星在未来的宽带、高速和多媒体通信应用中的美好前景。相关研究预言，未来的个人话音和低速数据将主要通过移动网传送，固定网则主要用于高速传输大信息量数据。

目前，中国尚无自建的国内卫星移动通信系统，使用的都是国外系统，主要有国际海事卫星组织管理的“国际移动卫星通信系统”（Inmarsat）、“格鲁达”［Garuda，又叫“亚洲蜂窝卫星”（ACeS）］系统、“铱”（Iridium）星和“全球星”（Globalstar）系统。[①] 在这种情况下，运用 VSAT 方式或借助地面网络，可以

① 郝为民：《我国卫星通信产业发展概况及展望》，《国际太空》2013 年第 8 期。

解决农牧区电话村村通问题，但不可以解决农牧民的电话普及问题，即是说，不能解决农牧民在田间地头、广袤草原任一地点打电话的问题。解决农牧民的电话普及问题，需要依靠低轨道移动通信卫星的发展。我们认为，农牧民的“电话普及”问题将以下述方式逐步解决：一是随着农牧民自身经济发展，能够并愿意支付国外低轨道移动通信卫星费用；二是随着我国自己的低轨道移动通信卫星事业的发展，能够为公众提供较低廉的电话费用的低轨道卫星移动通信。

2014 年 10 月 27 日《人民日报》头版报道“我国首颗低轨移动通信卫星试验成功”。报道指出：2014 年 10 月 26 日上午，清华大学与信威通信产业集团联合宣布我国首颗低轨移动通信卫星——灵巧通信试验卫星已完成全部在轨测试试验，工程任务取得圆满成功。灵巧通信试验卫星重约 130 千克、在高度约为 800 千米的太阳同步轨道运行，通信覆盖区直径约 2400 千米，实现了覆盖区内卫星手持终端语音业务、数据业务和移动互联网业务，主要指标达到国际领先水平。当天《人民日报》第九版发表的题为《“灵巧”将开启中国“铱星”时代》的文章写道：“目前我国 80% 以上陆地面积、95% 以上海洋面积的通信网络覆盖仍然面临难题，渔民出海、远洋航行、山区林区作业尚无廉价而有效的通信手段。因此，通过自主创新，建立自主可控、安全和可持续发展的星座通信系统，已成为我国迫在眉睫的战略需求。”“清华大学和信威集团力争在三年左右完成‘一箭四星’的发射任务，在 2019 年发射多颗低轨移动通信卫星，初步建成我国自主可控、可持续发展的星座通信系统。届时，我国的星座通信系统将覆盖除南北极之外的全球各个角落，全世界消费者将能享受到不受地点和时间限制、质优价廉的全球通信和移动互联网服务。”

第二节　“第三次工业革命”与推进西部民族地区农牧区现代化发展

一、杰里米·里夫金的“第三次工业革命”及其本质[①]

1. 杰里米·里夫金的“第三次工业革命”理论

2011 年，美国经济学家、畅销书作家、公共演说家，欧盟委员会前主席顾问，华盛顿特区经济趋势基金会主席杰里米·里夫金（Jeremy Rifkin）发表专著《*The Third Industrial Revolution: How Lateral Power is Transforming Energy, the Economy, and the World*》（New York: Palgrave Macmillan.），并于 2012 年 6 月由中信出版社出版了中文版《第三次工业革命：新经济模式如何改变世界》。在里夫金之前，“第三次工业革命”的定义已经有了一个世界通用的版本，甚至还被写进了高中课本：它是人类文明史上继蒸汽技术革命（第一次工业革命）和电力技术革命（第二次工业革命）之后科技发展引发的又一次重大飞跃，是以原子能、电子计算机、空间技术和生物工程的发明和应用为主要标志，涉及信息技术、新能源技术、新材料技术、生物技术、空间技术和海洋技术等诸多领域的一场生产力与生产方式的革命（第三次工业

① 文兴吾：《“第三次工业革命”理论与生态文明》，《成都工业学院学报》2014 年第 3 期。

革命）。

在长期研究的基础上，里夫金颠覆了前人对第三次工业革命的理解。在他看来，真正的工业革命包含两个同时存在、互相影响的因素：能源革命和信息传播方式的革命。第一次工业革命是：18 世纪 60 年代—19 世纪 40 年代，蒸汽机的运用改变着生产的方式，也使通信技术发生了革命性变化——从手工印刷到蒸汽机动力印刷，后者可以实现低成本大量印制并传播信息；人们利用新的通信系统管理以煤炭为基础的新能源系统。于是，第一次工业革命标志是：蒸汽动力技术 + 印刷技术。第二次工业革命时期（19 世纪 70 年代—20 世纪初），通信与能源再度携手，集中的电力、电话以及后来的无线电和电视机可以管理更复杂的石油管道网、公路网，进而为城市文化的兴起提供了可能性。第二次工业革命标志是：燃油内燃机 + 电信技术。第三次工业革命是：伴随当代科学技术进步，互联网信息技术与可再生能源相结合，从而催生一场人类经济、社会重大变革。第三次工业革命的标志是：可再生能源 + 互联网信息技术。

对于“第三次工业革命”必然会出现也必须实现，里夫金的认识是：自第一次工业革命以来，世界各国工业化的成果都得益于石油、天燃气、煤炭等化石能源的广泛运用，但是，“曾经支撑起工业化生活方式的石油和其他化石能源正日渐枯竭，那些靠化石燃料驱动的技术已陈旧落后，以化石燃料为基础的整个产业结构也运转乏力……更糟糕的是，以化石燃料为能源开展的工业活动导致的气候变化日渐明显。科学家们提醒说，地球温度和化学性质可能发生灾难性的变化，这会破坏整个生态系统的稳定。他们担心在本世纪末可能会有大量的动植物灭绝，这将危及人类的生存。人们越来越清楚地意识到，必须采用一种新的经济模式，才能确保一个更公正、更具可持续性的未来。”①

按照里夫金的理论描述，第三次工业革命能否实现，关键要建立起相互联系的五个支柱。一是向可再生能源转型；二是就地收集可再生能源；三是在每一栋建筑物以及基础设施中使用氢和其他存储技术，以存储间歇式能源；四是利用互联网技术将每一大洲的电力网转化为能源共享网络；五是将交通运输工具转向插电式以及燃料电池动力车。这五个支柱之间的协同作用将把我们带向绿色环保的未来。新时代，人们将在自己家里、办公室里、工厂里生产出自己的绿色能源，并在“能源互联网”上与大家分享，这就好像现在我们在网上发布、分享消息一样。人人开发能源、人人控制能源、人人享有能源、人人获益能源，人人成为能源的主人。这样的“能源民主化”将重塑人际关系，改变人们的生产、生活方式；例如，做生意、管理社会、教育子女的内容和形式都将发生根本性变化。第三次工业革命的里夫金路径如图7－7所示。

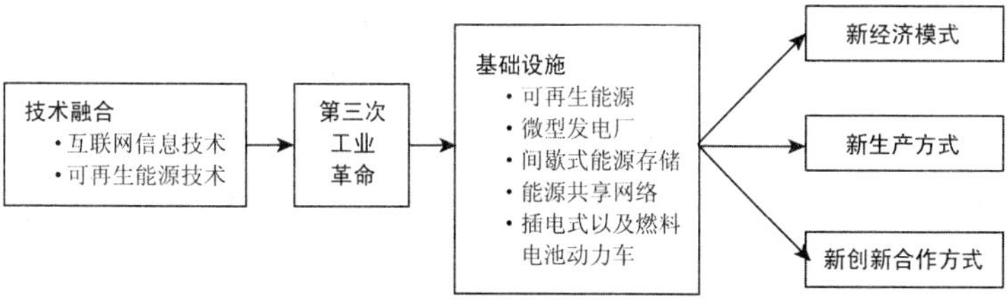

图7－7　第三次工业革命的里夫金路径

资料来源：芮明杰：《第三次工业革命与中国选择》，上海辞书出版社2013年版，第32页。

① ［美］杰里米·里夫金《第三次工业革命：新经济模式如何改变世界》，张体伟、孙豫宁译，中信出版社2012年版，第XIX页。

里夫金的创造性工作在国外已受到一些知名人士的热评。[①] 事实上，早在2006年里夫金就开始与欧洲议会的高级官员共同起草第三次工业革命的经济发展计划。2007年5月，欧洲议会发布了一份正式书面声明，宣布把第三次工业革命作为长远的经济规划以及欧盟发展的路线图。2011年5月，里夫金在巴黎第50届OECD会议上作“第三次工业革命”的专题报告，34个成员国的首脑和政府部长参加了这次会议，从而使第三次工业革命的讨论在全球范围内快速扩散。

2. 杰里米·里夫金的“第三次工业革命”的本质

国务院参事、《中国人口·资源与环境》主编刘燕华认为：表达第三次工业革命的基本特征可以用两个字：一个是“绿”，一个是“云”。“绿”指的是绿色能源，要形成健康、新型的能源系统；这是社会发展的动力发生了改变。“云”指的是计算机技术、网络和新型的通讯系统，要在整个生产过程和生活方式方面产生巨大影响。此外还有两个辅助的特征：一个特征指的是3D印刷，这是生产模式在制造业发生了巨大的变化。另一个辅助特征就是生产过程变成一种分布式。不管是生产、生活，它是以局域或者是区域的网格化模式形成一个基本单元，这种单元的功能越来越强，全球化造成的资源浪费会逐渐减少，在生产过程中超级的垄断或者是超级的集中模式会进行改造。[②]

复旦大学教授、博士生导师芮明杰认为：新一轮工业革命即所谓第三次工业革命，实质就是以数字制造技术、互联网技术和

---

① ［美］杰里米·里夫金《第三次工业革命：新经济模式如何改变世界》，张体伟、孙豫宁译，中信出版社2012年版，“专家热评”。

② 刘燕华：《第三次工业革命与可持续发展》，《经济参考报》2013年5月13日。

再生性能源技术的重大创新与融合为代表，从而导致工业、产业乃至社会发生重大变革，这一过程不仅将推动一批新兴产业诞生与发展以替代已有产业，还将导致社会生产方式、制造模式甚至生产组织方式等方面的重要变革，最终使人类进入生态和谐、绿色低碳、可持续发展的新社会。第三次工业革命具有五大特征：能源生产与使用革命，生产方式变革，制造模式变革，生产组织方式变革，生活方式变革。[①]

全国政协副主席、科技部部长万钢指出：2008 年的金融危机影响之大，持续之久，使人们认识到，它不仅具有传统意义上市场经济周期性危机的特征，更多地表现出经济结构性危机的特点。里夫金观察到全球经济结构的矛盾，觉察到绿色、低碳、可持续的发展价值观正在全球形成，预想到未来发展中国家，特别是金砖国家近 30 亿人口经济发展和生活改善对全球资源分配所带来的巨大挑战，意识到只有通过信息化、新能源、新材料和生物技术等新科技的快速发展以及对全球发展理念、经济运行、产业组织、生产方式和生活方式的革命性的变革，才能适应未来人类发展的需求。里夫金酝酿并提出第三次工业革命的概念，为金融危机下的西方各国指出了新的发展方向和模式，因此得到了广泛认同。里夫金提出的工业革命是以新一代互联网（移动 + 固网）、信息技术与新能源技术、生物技术与绿色化工、智能技术、新材料与现代制造技术等相融合，是以绿色、低碳、可持续为发展理念，以分布式能源供应、智能化生产方式、全球化技术转移、跨地域知识交流、生物技术广泛应用为基础的，对于全球范围内转变经济增长方式、发展生态文明以至于政府管理模式、社

① 芮明杰：《第三次工业革命的起源、实质与启示》，《文汇报》2012 年 9 月 17 日。

会组织形态都会形成巨大的变革。①

我们认为：里夫金的第三次工业革命，基本特征是“以能源转型推动经济和社会转型”，本质上是一次新的产业革命，即生态产业大革命。生态产业包括生态农业、生态工业、生态信息业、生态服务业等。里夫金的生态产业革命，以能源转型推动生态工业发展为特征；“新能源互联网”是生态文明社会中的生态工业基础设施，实现生态工业对传统工业的取代。“生态工业以协调工业系统与自然生态系统的相互作用为目标，是对传统工业生产高消耗（能源）、高污染（环境）的根本变革，它将对传统工业生产带来一场革命。生态工业是一种新的人与自然之间的物质变换关系，它力求把工业生产过程纳入全球生态系统中的物质循环系统，充分、合理、节约地利用资源，把生态环境优化作为衡量工业发展的质量和程度的基本标志，并把产品在消费过程中对生态环境和人体健康的损害程度降至最低”②。

对于里夫金言说的第三次工业革命，需要从“产业革命”的高度来把握，我国学术界是有所感触的，但是缺乏有系统的深入研究。事实上，产业革命与工业革命既有区别又有联系。Industrial Revolution 本身就有产业革命与工业革命这两层意思；既特指18 世纪中叶始于英国的那场工业革命，又泛指产业革命（广义）和工业革命（狭义）。20 世纪 80 年代，我国著名科学家钱学森根据恩格斯的观点提出“产业革命是指生产体系组织结构和经济结构的一次飞跃”，并把托夫勒刻画人类文明转型的“三次浪潮”

① 《“新型工业化最根本的是要靠科技力量”——全国政协副主席、科技部部长万钢接受〈经济参考报〉记者独家专访》，《经济参考报》2012 年 6 月 15 日。

② 黄顺基：《新科技革命与中国现代化》，广东教育出版社 2007 年版，第72 页。

看作是三次产业革命,[1] 由此使辩证地把握产业革命与工业革命成为可能。产业革命与工业革命的根本区别是：第一，它们各自的内涵、外延不同。产业革命既包括工业革命，还包括商业革命、农业革命等。第二，它们各自所要解决的根本问题不同。工业革命要解决的是工业生产的技术基础、组织结构、运行方式、制造范式等问题；产业革命所要解决的根本问题是整个社会生产体系的组织结构和经济结构的飞跃变化，将导致社会生产生活方式的变革与文明转型。产业革命与工业革命的内在联系是：产业革命包含工业革命，工业革命推动产业革命。

里夫金对他言说的“第三次工业革命”既是工业革命又超越着工业革命是有清楚认识的，主要表现在他对“基于分布式新能源的普遍运用”的新经济模式的论述上。里夫金认为，规模经济是第一次工业革命初始阶段最明显的特征，巨型的商业机构也成为常态，这种集中化、理性化的商业模式一直延续到第二次工业革命；然而第三次工业革命将颠覆第一、二次工业革命形成的经济模式或商业模式。里夫金揭示了可再生能源的本质：分散分布、大部分免费，但可以被收集，并通过智能网络进行整合和分配，实现最大限度的有效利用，维持经济活动的高效率和可持续发展。由此，里夫金预言：第三次工业革命的关键是“互联网+可再生能源”，标志着伟大而悠久的工业时代进入最后一个阶段，也标志着合作时代的到来，自由经济增长这个曾经是无可置疑的观点被可持续经济发展的观念所取代。应该明确，正是由于里夫金看待问题的视阈不同，导致对诸如对 3D 打印等智能化数字技术的地位与意义的不同看法。例如，保罗·麦基里看到 3D 打印

① 钱学森：《人体科学与现代科技发展纵横观》，人民出版社 1996 年版，第 131—133 页。

等智能化数字技术能够消除“利润对廉价劳动力依赖”，创建了“全球化个性化制造”的新范式，对国际垄断资本主义的“再工业化”有着重要的革命性意义。里夫金则看到在“能源互联网”这一新兴的、扁平式能源机制打破了“能源垄断”之后，3D 打印等智能化数字技术将创建起“更加分散、合作的”生产方式——“正如第三次工业革命可以让数百万人生产自己所需的能源一样，一个新兴的数字生产革命为以相同方式进行耐用品的生产提供了可行性。在这一新兴革命中，每个人都可以成为生产者，拥有自己的公司。所以，欢迎来到分散式生产的世界!”同时看到，3D 打印“这一新生产方式所需要的原材料只有传统生产方式的十分之一，能源消耗也远远低于传统的工厂式生产，大大降低了成本。”①

里夫金对他谈论的第三次工业革命的本质是“生态产业革命”，也有着明确的认识。在《第三次工业革命》一书的“前言”中，里夫金写道：“越来越多的迹象表明化石燃料驱动的工业革命达到了顶峰，人为原因造成的气候变化正酝酿着一场巨大的全球危机。过去 30 年里，我一直在寻求一种使人类进入‘后碳’时代的新模式。”“21 世纪中叶，人类能否进入可持续发展的后碳时代，能否避免灾难性的气候变化，第三次工业革命将是希望之所在。”此外，里夫金在书中还写道：工业时代之初，人们认为教育最重要的任务就是“培养高效的劳动者”，而“在一个全新的全球紧密相连的第三次工业革命时代，教育的基本任务就是让学生意识到自己是同一个生物圈的一部分，以此来进行思

① ［美］杰里米·里夫金：《第三次工业革命：新经济模式如何改变世界》，张体伟、孙豫宁译，中信出版社 2012 年版，第 120—121 页。

考并身体力行”;[①]“培养我们的孩子，让他们像扩展的生态自我一样思考——也就是具备生物圈保护意识——将是我们面临的时代考验，并将决定我们是否能创造一种与地球新的可持续发展的关系来及时减缓气候变化，防止人类灭绝。”[②]

从根本上讲，里夫金是从“人类的生存维度”与“解决人类的生存与发展危机”的层面，依据当代科学技术发展成就，围绕新能源机制和新通信方式的结合，谈论“第三次工业革命”；为我们勾画出一场深刻改变人类生产方式、生活方式、交往方式、思维方式的“新产业大革命”。即是说，这场革命超越了“工业产业革命”的范畴：它“标志着伟大而悠久的工业时代进入最后一个阶段，也标志着合作时代的到来”，“它将摆脱主导过去两个世纪的工业化经济发展模式，开创一种协作的生活方式”。[③] 在里夫金的语境中，这种“合作时代”与“协作的生活方式”，也就是新的“生态文明时代”和“人与自然和谐的生活方式”。

勿庸讳言，里夫金的第三次工业革命思想与托夫勒的“第三次浪潮”思想有着紧密联系。1980年，美国著名学者阿尔文·托夫勒出版《第三次浪潮》一书。在托夫勒的书中：人类社会一万多年来经过三次大的浪潮，第一次浪潮从渔猎社会转向农业社会，第二次浪潮从农业社会转向工业化社会，第三次浪潮的前峰已经出现：工业社会向一个新的社会发展，叫信息社会。四种社

① ［美］杰里米·里夫金：《第三次工业革命：新经济模式如何改变世界》，张体伟、孙豫宁译，中信出版社2012年版，第248、246页。

② ［美］杰里米·里夫金：《第三次工业革命：新经济模式如何改变世界》，张体伟、孙豫宁译，中信出版社2012年版，第255页。

③ ［美］杰里米·里夫金：《第三次工业革命：新经济模式如何改变世界》，张体伟、孙豫宁译，中信出版社2012年版，第273—274页。

会对应着四种文明形态。托夫勒在《第三次浪潮》一书的“序言”中写道：“世界正在从崩溃中迅速出现新的价值观念和社会准则，出现新的技术，新的地理政治关系，新的生活方式和新的传播交往方式的冲突，需要崭新的思想和推理，新的分类方法和新的观念。我们不能把昨天的陈规惯例，沿袭的传统态度和保守的程式，硬塞到明天的胚胎中。”“然而，当我们考察许多新涌现出来的关系时，——在改变能源方式和家庭生活方式之间，在先进生产方式与自助运动之间，只是少许提到这些，我们就不禁猛然发现，许多导致今天巨大危险的情况，同时也是打开未来世界令人神往的新的潜在力量。”①

2013年8月16日，中国社会科学院院长、党组书记王伟光在“第七届中国社会科学前沿论坛”的主题讲话《在超越资本逻辑的进程中走向生态文明新时代》中深刻地指出：“当前国际垄断资本主义的发展和扩张，一方面给本国人民带来了短暂的社会福利，另一方面却在更大程度、更深层次上给发展中国家和世界人民带来了毁灭性的生态灾难。”“回顾历史，我们把封建社会的农业文明称作‘黄色文明’，资本主义的工业文明称作‘黑色文明’，而我们目前正在建设的生态文明被称作‘绿色文明’。”“随着历史的发展，资本主义制度从根本上来说离开了人类社会自然历史进程，将人类社会的发展置于了一个极其可怕和危险的境地，如果不加以重视并解决，人类社会的前途将不是继续自然历史的进程，而是在人与自然的双重矛盾和冲突中，终止人类文

① ［美］阿尔文·托夫勒：《第三次浪潮》，朱志焱等译，新华出版社1996年版，序言：第3、4页。

明的进程，最终毁灭人类文明。”① 这些论断，对于我们研究当今“新产业革命”或“第三次工业革命”有着重要的指导意义。

如果我们把上述观点与中国科学院中国现代化研究中心主任何传启提出的人类文明进程的周期表、路线图，以及托夫勒的“三次浪潮”和钱学森的产业革命理论相结合，也就可以从如图7－8所示的“人类文明进程的路线图”中更深刻地把握里夫金的“第三次工业革命”即“推进生态文明发展的第三次产业大革命”。

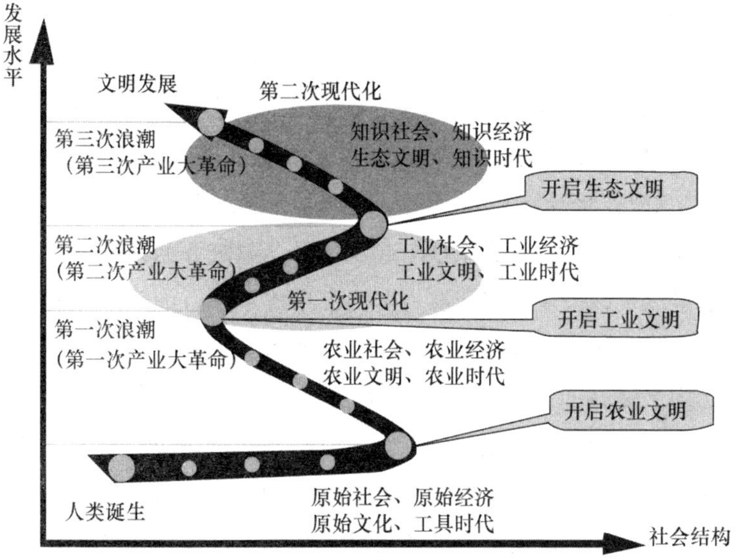

图7－8　人类文明进程的路线图（“之”字型的螺旋式上升）

原图来源：中国科学院中国现代化研究中心：《中国现代化战略的新思维》，科学出版社2010年版，第261页。图中圆圈代表人类文明各阶段起步、发展、成熟和过渡的发展周期。

① 王伟光：《在超越资本逻辑的进程中走向生态文明新时代》，2013年8月19日《中国社会科学报》。

二、“第三次工业革命”的核心理念与西部民族地区农牧区电力发展

1. “新能源分布式发电的普遍运用”是里夫金“第三次工业革命”的核心理念

尽管“第三次工业革命的里夫金路径”如图7－7所示，里夫金也强调构成第三次工业革命的相互联系的五个支柱（基础设施）不可分割，但是，我们仍然要明确“基于可再生能源的微型发电厂的普遍运用”，即“新能源分布式发电的普遍运用”，是里夫金“第三次工业革命”的核心理念。不重视这一点，就会对里夫金尖锐地批评奥巴马的绿色能源新政感到茫然。里夫金写道：“奥巴马政府将经济复苏问题与国内所面临的其他两大问题——能源安全与气候变化联系在一起。奥巴马总统开始谈论绿色经济的前景以及该产业如何能够为美国带来成千上万的新企业和就业机会。”“这些方案的确有资金支持。如联邦政府已经投入116亿美元用于提高能源效率，65亿美元用于可再生能源建设，44亿美元用于电网的现代化完善工作，20亿美元用于提高插电式动力车和燃料电池动力车的电池技术。”“然而，奥巴马总统缺少宏伟的构想，摆在美国民众面前的只是一堆试验性计划和被搁置的项目，没有一项能够作为说明美国经济前景光明的有力证据。”[①] 之所以会出现奥巴马践行绿色能源新政又得不到里夫金的好话，这是因为奥巴马的绿色能源新政并没有朝着里夫金倡导的“理想社会形态”——“在新时代，数以亿计的人们将在自己家里、办公

---

① ［美］杰里米·里夫金：《第三次工业革命：新经济模式如何改变世界》，张体伟、孙豫宁译，中信出版社2012年版，第28—29页。

室里、工厂里生产出自己的绿色能源，并在‘能源互联网’上与大家分享，这就好像现在我们在网上发布、分享消息一样。能源民主化将从根本上重塑人际关系”[①] ——迈出一步。奥巴马的绿色能源新政造成的仍然是垄断的、自上而下的能源和生产结构，而非民主的、分散经营的能源和生产结构。于是，里夫金写道："假如奥巴马对下一次工业革命的潜在动力有比较明确的了解和认识的话，也许他当初向美国民众兜售的会是针对美国未来所提出的全面的经济振兴方案。”[②] “从 2010 年到 2030 年，美国需要花费大约 1.5 万亿美元才能将目前的电网改造成智能电网。如果美国的这些电网是单向而非双向的，那么美国将失去参与第三次工业革命的机会，随之而来的是，美国将失去其在全球经济中的领导地位。”[③] 由此可见，问题的实质在于：可再生能源发电究竟是在国家的某一特定地区集中生产、统一分配，还是本地生产、网络共享；换言之，国家是需要修建一个集中型的超级电网，并将可再生能源单向传输给用户终端，还是建设双向的智能电网，允许成千上万的社区和家庭自己发电在国家电网中平均分配。里夫金写道：“虽然太阳照射强度不一，但是太阳光确实照射在地球上的每一个角落。虽然风力频率不一，但是风也确实吹过世界上每一个角落……如果可再生能源分布广泛并以不同的比例和频率分布于世界各地，那么，为什么我们要集中在某一点收集呢?”“尽管我们当中并没有人反对大型风力发电厂和太阳能发电园

---

① ［美］杰里米·里夫金：《第三次工业革命：新经济模式如何改变世界》，张体伟、孙豫宁译，中信出版社 2012 年版，第 XXIV 页。

② ［美］杰里米·里夫金：《第三次工业革命：新经济模式如何改变世界》，张体伟、孙豫宁译，中信出版社 2012 年版，第 29 页。

③ ［美］杰里米·里夫金：《第三次工业革命：新经济模式如何改变世界》，张体伟、孙豫宁译，中信出版社 2012 年版，第 56 页。

区——我甚至认为它们对过渡到一个后碳的第三次工业革命经济至关重要，但我们开始相信仅仅这些是不够的。”“欧盟各成员国现在约有1.9亿栋楼，而每一栋楼都是一个潜在的小型发电厂，它能吸收可再生能源——照射到楼顶的太阳能、墙外的风能、从房子里排出的污水、楼房下面的热能等……第三次工业革命则会将每一个现存的大楼转变成一个两用的住所——住房和微型发电厂。”①

明确“新能源分布式发电的普遍运用”是里夫金“第三次工业革命”的核心理念，是十分重要的；因为正是它决定着互联网信息技术与可再生能源技术的技术融合，决定着间歇式能源存储技术、能源共享网络技术、插电式以及燃料电池动力车技术的开发与运用，决定着新经济模式、新生产方式和新创新合作方式。

2. 新能源分布式发电系统概要

新能源主要是指可再生能源，常见的有太阳能、风能、水能、生物能、地热能、海洋能等。

分布式发电（Distributed Generation，DG），就最普遍的意义讲，将发电系统以小规模、分散式的方式布置在用户附近的发电方式都称为分布式发电。这种定义不仅包含了采用可再生能源的发电机组，也涵盖了任何位于负荷侧的采用常规能源的发电机组，它包括：安装于重要负荷，如医院、大工矿企业的备用柴油发电机组；根据用户对供电可靠性的要求，安装于负荷中心的小型发电机组；安装于变电站，用于提供无功支持及改善电能质量的同步调相机等。分布式发电与分布式电源概念紧密相关，通常

① ［美］杰里米·里夫金：《第三次工业革命：新经济模式如何改变世界》，张体伟、孙豫宁译，中信出版社2012年版，第39—41页。

对其性质和规模有进一步的界定。国家电网公司 2013 年 2 月 27 日向社会正式发布《关于做好分布式电源并网服务工作的意见》中写道："本意见所称分布式电源，是指位于用户附近，所发电能就地利用，以 10 千伏及以下电压等级接入电网，且单个并网点总装机容量不超过 6 兆瓦的发电项目。包括太阳能、天然气、生物质能、风能、地热能、海洋能、资源综合利用发电等类型。"

分布式发电系统和由其供电的负荷等，共同构成分布式供电系统。分布式供电系统可能包含很多分散在各处的分布式电源，而且分布式电源的种类也往往不止一种，再加上储能装置和控制设施，其结构较为复杂，如图 7－9 所示。

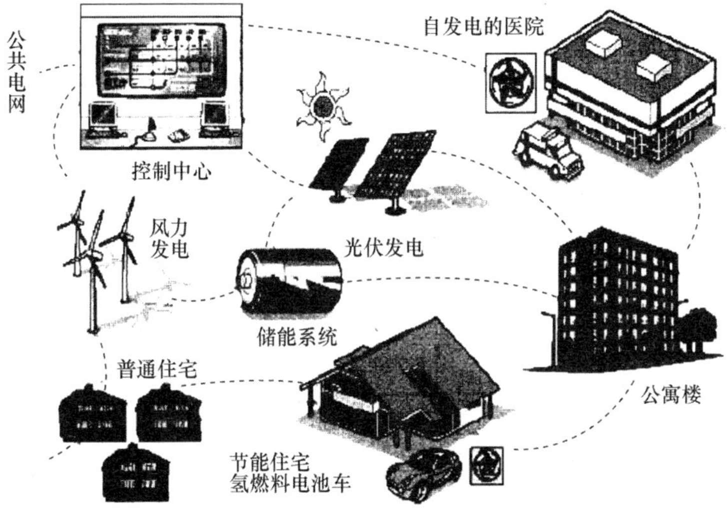

图 7－9　分布式供电系统示意图

资料来源：朱永强：《新能源与分布式发电技术》，北京大学出版社 2010 年版，第 247 页。

各种分布式供电系统形态上千差万别，但基本构成要素却是类似的。一般都由若干分布式电源、储能设备、分布式供电网络及控制中心和附近的用电负荷构成。如果与公共电网联网运行，那么还包括并网接口。按照分布式发电使用的能源是否再生，可以将分布式发电分为两大类。一类是使用不可再生能源的，主要有：内燃机、微型燃气轮机、热电联产等发电形式；另一类是基于可再生能源的，主要包括：风能发电、太阳能光伏发电、地热能、海洋能、生物质能等发电形式。后者亦即“新能源分布式发电”。

分布式供电系统与常规的集中式大电源或大电网供电相比，具有以下特点。第一，建设容易，投资少。第二，输配电简单，损耗小。第三，能源利用效率高。第四，污染少，环境相容性好。第五，运行灵活，安全可靠性有保障。第六，分布式供能系统往往出于缺乏规模性效益，单位容量的造价要比集中式大机组发电高出很多。①

随着全球化石能源日渐紧缺，能源压力越来越大，在此大环境下，可再生能源取之不尽、用之不竭的特性决定了其在未来能源格局中的重要地位，全球各国均把可再生能源作为自身能源变革的重要发展方向，我国也把大力开发利用新能源及可再生能源作为优化我国能源结构、保障我国能源安全的战略新高点。在以太阳能光热为重点的新能源开发利用中，经过十多年的创新发展，我国太阳能光热利用产业，无论在规模、数量、市场成熟度，还是在核心技术、民族品牌，都处于世界先进水平，自有技术比例达到95%以上。利用太阳能，已成为再生资源利用的五大非化石能源内容之首，占有十分重要位置，列入国家和政府政策法规范畴，进行强力推广与应用；“大型地面电站”和“分布式

① 朱永强：《新能源与分布式发电技术》，北京大学出版社2010年版，第243—244页。

电站”建设齐头并进。

2013年7月，《国务院关于促进光伏产业健康发展的若干意见》出台，清晰地描述了光伏产业的战略地位：“发展光伏产业对调整能源结构、推进能源生产和消费革命、促进生态文明建设具有重要意义”；提出“光伏产业是全球能源科技和产业的重要发展方向，是具有巨大发展潜力的朝阳产业，也是我国具有国际竞争优势的战略性新兴产业。我国光伏产业当前遇到的问题和困难，既是对产业发展的挑战，也是促进产业调整升级的契机，特别是光伏发电成本大幅下降，为扩大国内市场提供了有利条件。要坚定信心，抓住机遇，开拓创新，毫不动摇地推进光伏产业持续健康发展。”在“积极开拓光伏应用市场”三大举措中，“大力开拓分布式光伏发电市场”放在了“重中之重”的位置，并作出了如下一系列政策安排：“鼓励各类电力用户按照‘自发自用，余量上网，电网调节’的方式建设分布式光伏发电系统。优先支持在用电价格较高的工商业企业、工业园区建设规模化的分布式光伏发电系统。支持在学校、医院、党政机关、事业单位、居民社区建筑和构筑物等推广小型分布式光伏发电系统。在城镇化发展过程中充分利用太阳能，结合建筑节能加强光伏发电应用，推进光伏建筑一体化建设，在新农村建设中支持光伏发电应用。依托新能源示范城市、绿色能源示范县、可再生能源建筑应用示范市（县），扩大分布式光伏发电应用，建设100个分布式光伏发电规模化应用示范区、1000个光伏发电应用示范小镇及示范村。开展适合分布式光伏发电运行特点和规模化应用的新能源智能微电网试点、示范项目建设，探索相应的电力管理体制和运行机制，形成适应分布式光伏发电发展的建设、运行和消费新体系。支持偏远地区及海岛利用光伏发电解决无电和缺电问题。鼓励在城市路灯照明、城市景观以及通讯基站、交通信号灯等领域推广分布式光伏电源。”①

3. 西部民族地区农牧区电力供应与新能源分布式发电

改革开放以来，我国电力供应发展很快，但由于幅员辽阔，经济社会发展不平衡，受历史和自然条件的制约，在我国偏远农村、牧区和岛屿等地，1993 年底全国还有 28 个无电县、1.2 亿无电人口。1994 年原国家计委、国家经贸委、电力工业部提出实施“电力扶贫共富工程”，尤其是 1998 年以来的“两改一同价”、“户户通电工程”等，国家电网公司、中国南方电网公司等积极履行社会责任，到 2007 年底，全国已有 22 个省（自治区、直辖市）实现“户户通电”，绝大多数省（自治区、直辖市）行政村通电率都已达到 99% 以上，农网综合电压合格率达到 95.8%，农网供电可靠率达到 99.38%，解决了 1.1 亿无电人口的用电问题。②

2011 年 7 月 9 日至 10 日，国家能源局、财政部、农业部在北京联合召开全国农村能源工作会议暨国家绿色能源示范县授牌仪式；这是近 30 年来，我国第一次围绕农村能源工作召开的专题会议。国家发展改革委副主任、国家能源局局长刘铁男指出：自 20 世纪 80 年代以来，全国累计安排农村电网建设与改造，以及无电地区电力建设投资 5270 多亿元，农村电力服务基本达到城市同等水平，农村电价大幅度降低。但是，全国近 7 亿农村人口每年人均生活用电量仅 316 千瓦时（每天人均用电量仅 0.87

---

① 《国务院关于促进光伏产业健康发展的若干意见》，《中华人民共和国国务院公报》2013 年第 21 期。

② 王信茂：《做好“十二五”无电地区电力规划和建设工作》，《中国电业》2012 年第 9 期。

度），还有500万农村人口生活在无电环境中；相当多的农村地区农民生活主要依靠薪柴、秸秆等传统能源。“十二五”期间，农村能源工作需大力推进，全面启动绿色能源示范县建设，加快实施新一轮农网改造升级工程，通过扩大电网覆盖面与使用小型分散可再生能源开发利用，到2015年力争全部解决500万无电人口的用电问题。①

我国电力社会普遍服务最早由2002年2月国务院颁发的“电力体制改革方案”（国发〔2002〕5号）提出，国家电监会将其定义为“国家制定政策，采取措施，确保所有用户都能以合理的价格，获得可靠的、持续的基本电力服务”，其间包含了三层含义，即可获得性、非歧视性、可承受性。因此，“我国电力的社会普遍服务可界定为：中国境内的所有公民都有权利以负担得起的价格享受基本的、持续的电力服务，包括普遍的照明、一般娱乐、（远期包括基本生产）等用电需要；普遍服务的成本应由政府补偿。补偿可通过政府直接补贴或政策性补贴（含财政直接投资、无息或低息贷款、特殊税收和倾斜政策）、国资委核销电力企业相关建设运行成本、建立电力普遍服务基金等方式。”②

按照国家电监会的统计，到2012年7月全国还有256个无电乡镇、3817个无电村、93.6万户无电户、387万无电人口，其中，少数民族占总无电人口的84%，主要分布在新疆、西藏等14个省（自治区）。国家电网公司营业区域内无电人口约占总无电人口的62.56%，中国南方电网公司占比为8.28%，其余地方电

① 中国政府网：《全国农村能源工作会议召开刘铁男出席并讲话》。http://www.gov.cn/gzdt/2011-07/09/content_1902841.htm

② 王信茂：《做好“十二五”无电地区电力规划和建设工作》，《中国电业》2012年第9期。

力企业占比约为29.16%。[①] 2013年6月7日，国家电网公司与无电人口较集中的四川、西藏、甘肃、青海、新疆5省（区）政府在北京签署共同加快推进无电地区电力建设的协议，明确任务和计划安排，确保到2015年实现“无电地区人口全部用上电”的目标。国家电网公司按“以大电网延伸供电为主，分散电源就地供电为辅”的原则，计划投资243.8亿元（含川藏联网工程），规划建设：220千伏变电站4座、线路155公里，110千伏变电站42座、线路2916公里，35千伏变电站231座、线路8285公里，10千伏配电变压器13701台、线路27332公里，低压线路35572公里；负责解决营业区域内42.9万无电户、176万无电人口的通电问题，其余由相关发电集团及新能源企业采取光伏分散供电方式实现通电。[②]

“以大电网延伸供电为主，分散电源就地供电为辅”原则，价值取向是“尽可能通过大电网延伸的方式为无电户通电”。换言之，采用电网延伸办法相对合理经济的无电地区，应优先采用延伸电网的办法解决；对于近期难以用电网延伸方式解决无电问题的地方，则因地制宜、经济合理地选择可再生能源供电等方式解决无电家庭生活用电问题。国家电网公司农电工作部主任孙吉昌讲道：“目前未用上电的人口所处的自然条件更恶劣、居住更加偏远分散，距离电网远，交通条件差、运输困难”[③]，使以“大电网延伸供电”困难重重。

① 王信茂：《做好“十二五”无电地区电力规划和建设工作》，《中国电业》2012年第9期。

② 董谷媛：《实现户户通电，建设美丽中国：访国家电网公司农电工作部主任孙吉昌》，《国家电网》2013年第11期。

③ 董谷媛：《实现户户通电，建设美丽中国：访国家电网公司农电工作部主任孙吉昌》，《国家电网》2013年第11期。

——工程实施难度很大。比如西藏那曲地区嘉黎县，平均海拔 4500 米以上，处于唐古拉山和念青唐古拉山之间，架设线路要翻越高山，道路不通，运输靠牦牛运、马帮驮、人肩扛，施工条件异常艰苦。

——工程造价高。由于无电地区距离大电网更远，需要采取更高电压等级（220 千伏）输变电工程进行远距离通电，“十二五”期间的后三年户均通电成本将达到 4.2 万元（不含川藏联网等工程），比“十一五”户均投资翻了两番。比如新疆克孜勒苏柯尔克孜自治州乌恰县乌鲁克恰提乡通电工程，总投资 6578 万元，解决 867 户、3576 人的用电问题，户均投资为 7.59 万元。又如四川若尔盖县包座乡俄若村卡美寨通电工程。该寨距离县城 110 多公里，47 户、249 人用不上电。解决该寨的用电问题需要从邻近的九寨县接引电源，建设 15.6 公里 10 千伏线路及相应设施，总投资 393.55 万元，户均投资 8.37 万元，仅供电部分的投资就与农村建房的成本相当。

——工程建成后运行维护成本高。目前实施无电地区电力建设工程的藏区及新疆南部地区，海拔高，地广人稀，服务半径大，地区人均用电量很小，工程建成后设备运行效率极低，维护成本很高，当地供电企业经营状况普遍较为困难。比如四川阿坝地区若尔盖县供电公司供电区域面积 10640 平方公里，供电人口 7.34 万人，2012 年售电量只有 3458 万千瓦时，亏损 168 万元。很多用电客户处在高海拔、地势险的地方，加之居住分散及偏远，给电力建设和后期的运行维护带来诸多问题。

孙吉昌还讲道：“由电网延伸实现通电的户均投资达到 4 万元，按照年利息 5% 计算，仅利息就要 2000 元/户。通电的农牧民家庭年用电量通常在一两百千瓦时，电费也就 100 多元，即使按1千瓦时电一角钱的价差，也就20多元钱，这点钱连维护的人工成本都不够。看待无电地区户户通电的作用和意义，需要从社会效益的角度来看待。”①

在“分散电源就地供电”方面，国家电网内蒙古东部电力有限公司利用“风能＋光能＋微电网”供电方式解决无电人口用电问题的“赫尔洪德分布式电源接入试点工程”及其推广，具有典型性。

内蒙古自治区东部地广人稀，草原辽阔，林区、沙漠广袤；独特的地理环境既是天赐的财富，也是电网建设和运行、维护的最大“敌人”。位于呼伦贝尔西北部的陈巴尔虎旗赫尔洪德村，地处草原深处，远离主网电源点，属于无电地区，在国家惠农惠牧政策支持下，原居住在沙化严重地区的哈日干土嘎查牧民整体搬迁至赫尔洪德村，建立生态移民新区。为保证小区公共服务体系尽快完善，蒙东电力公司积极研究制定了电力配套工程规划，决定在赫尔洪德移民村建设“分布式发电/储能及微电网接入控制试点工程”，利用当地风力和太阳能资源充足这一得天独厚的资源特点。项目得到了自治区发改委“无电地区电力建设新能源通电工程”和国家电网公司“坚强智能电网建设试点工程”项目支持。为了确保试点项目得以顺利、稳妥的推进和全面实施，建立了高效有力、分级负责的组织体系；由国家电网公司农电工作部牵头，内蒙古东部电力公司农电部总负责，以呼伦贝尔电业局农电部为建设管理单位，以中国电力科学院为技术支撑，陈巴尔虎电力有限责任公司负责组织工程实施。工程主要包括：两台风力发电机，总容量为50千瓦；110千瓦光伏并网发电系统；储能

① 董谷媛：《实现户户通电，建设美丽中国：访国家电网公司农电工作部主任孙吉昌》，《国家电网》2013年第11期。

42千瓦时锂离子蓄电池组；微电网集中控制器、电能质量监测、微电网运行控制等系统。2010年12月工程立项，2011年3月正式启动，2011年10月15日开工建设，于2012年6月30日进入试运行。[①] 截至2013年7月，赫尔洪德风光储互补发电站稳定运行一年，环保水保工作成果显著，发电量达14.5万千瓦时，有效解决了104户牧民无电问题。[②]

2013年7月，呼伦贝尔无电地区还有2361户无电户、10577名无电人口。为此，2013年蒙东电力投资近4000万元，在呼伦贝尔额尔古纳市、新巴尔虎左旗、陈巴尔虎旗、阿荣旗及鄂温克旗5个地区开展“无电地区电力建设风光互补”工程，对每户按300瓦风电+300瓦光电进行配置，满足无电家庭的基本用电需求。[③] 2013年10月中旬，国网蒙东电力无电地区电力建设工程全面完工，为最后的供电“盲区”通了电。其中，在无电人口集中的村镇采用风光互补发电站的方式供电，对零散无电户则采用风光互补户用型方式供电。[④]

风光储互补发电系统主要由以下几个部分组成：小型风力发电机、太阳能电池方阵、智能风光互补控制器、逆变器、蓄电池组等，如图7-10所示。其基本工作原理是：在有风和（或）有阳光时，风力发电机（通过风光互补控制器将交流电转化为直流电）和（或）太阳能电池组件将发出的电能存储到蓄电池组中，当用户需要用电时，逆变器将蓄电池的直流电逆变为220V的交

① 内蒙古新闻网：《赫尔洪德风光储互补发电站试运行正常》，2012年7月31日。http://inews.nmgnews.com.cn/system/2012/07/31/010810541.shtml

② 王旭辉：《“风光互补”将光明送到草原深处》，《中国能源报》2013年8月5日。

③ 王旭辉：《“风光互补”将光明送到草原深处》，《中国能源报》2013年8月5日。

④ 《为“8337”发展思路增加动力建设坚强智能电网——国网内蒙古东部电力有限公司全力支持经济社会发展纪实》，《内蒙古日报》2014年1月14日。

流电，通过输电线路供用户负载使用。①

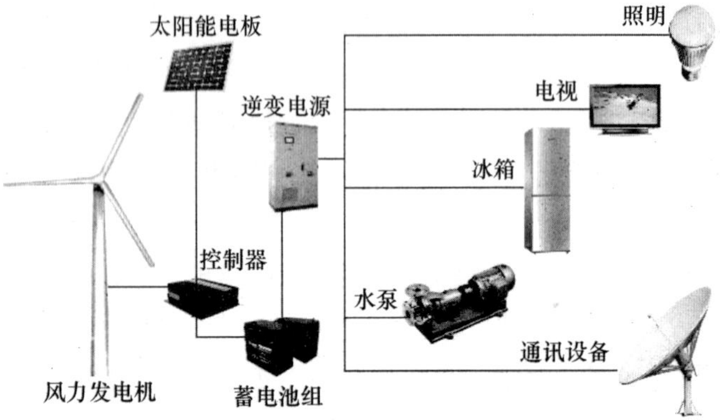

图 7 - 10　风光储互补供电系统结构图

利用风能、太阳能与风光互补发电解决边远地区的供电问题，在我国已是基本成熟的技术。早在 1977 年，原国家科委就在内蒙古自治区苏尼特右旗进行“牧区风能综合利用中间实验”项目试点，开始在牧区试验推广小型风机发电机，解决牧民的照明问题。1995 年，该地区在内蒙古大学、内蒙古工业大学等专家的协助下又进行了中美合作的风能、太阳能互补发电的示范工程。到 2000 年，全旗已经拥有小型风力发电机 4680 余台，太阳能电池组件 488 套，风光互补系统 140 套，总容量达 580 千瓦。②

① 徐传进、吴琪：《风光储互补发电系统应用》，《东方电气评论》2012 年第 1 期。

② 彭军等：《户用型可再生能源发电系统在苏尼特右旗应用的调查分析》，《农业工程学报》2008 年第 9 期。“六五”至“九五”期间，内蒙古在风力发电、风力提水、太阳光伏、光热利用方面共安排了 100 多项科研攻关和示范项目，并承担了国家新能源科技攻关项目 10 多项。内蒙古自己研制的 50 瓦—10 千瓦系列风力发电机、扬程 2 米—5. 2 米的风力提水机、太阳电池，以及多种形式太阳集热器和太阳灶，在农牧民生产生活中发挥着重要的作用（韩芳、田力文：《草原用能独放异彩——记内蒙古新能源开发利用》，《太阳能》2002 年第 3 期）

1996年9月在津巴布韦召开的“世界太阳能高峰会议”，提出了关于在全球无电地区推行“光明工程”的倡议；我国政府做出了积极响应。同年，原国家计划委员会就提出并开始实施“中国光明工程”，利用偏远地区当地丰富的风能、太阳能以及包括微型水电在内的其它新能源资源，建设经济可靠的供电系统，解决偏远地区供电问题；计划到2010年，利用风力发电和光伏发电技术解决2300万边远地区人口的用电问题，使之达到人均拥有发电容量100瓦的水平；同时还将解决地处边远地区的边防哨所、微波通讯站、公路道班、输油管线维护站、铁路信号站的基本供电问题。[①] 2002年，原国家发展计划委员会启动了“送电到乡”工程；2006年，国家发展与改革委员会又启动了“送电到村”工程。通过这些工程实践，应用现代光电转换技术、风力发电技术和小水电技术，建设独立离网运行的太阳能光伏电站、风光互补电站和小水电站，以此解决无电地区农牧民的生活、生产用电的技术和政策体系日臻完善。

在新能源中，太阳能和风能是最普遍的自然资源，也是取之不尽的可再生能源。然而，风能和太阳能都存在能量密度低、稳定性差等弊端，依靠独立的风力或太阳能发电系统经常会难以保证系统供电的连续性和稳定性。风光储互补发电系统弥补了风、光电独立发电存在的间歇性缺点和稳定性差等问题。一方面，由于太阳能与风能在时间上和季节上都有很强的互补性：白天太阳光最强时，风很小，晚上太阳落山后，光照很弱，但由于地表温差变化大而风能加强。在夏季，太阳光强度大而风小；而冬季，太阳光强度弱而风大。基于太阳能与风能在昼夜和季节上的匹配

① 周篁等：《中国光明工程项目背景与计划》，《中国能源》2001年第7期。

性，使风光互补发电系统较之单纯风力发电系统和单纯太阳能发电系统相对稳定。另一方面，风光储互补发电系统中都配有储能装置，起平抑波动、削峰填谷和能量调度的作用。通过蓄电池蓄电，就能将不连续、不稳定的风电、光电转化成连续稳定的电能输出，保证在无风、无光时向用户正常供电。此外，由于风电和光电系统在储能和输配电环节上是通用的，所以风光储互补发电系统的设备造价较之于同容量的风储、光储系统有所降低；且风光储互补发电系统可以根据用户的用电负荷情况和当地自然资源条件进行风、光、储容量的合理配置，既可保证系统供电的可靠性，又可降低发电系统的造价。从技术和经济评价上来看，离网型的风光储互补发电是一种合理的发电方式，为我国解决西部边远地区等传统电网无法覆盖地区的供电问题提供了最佳的解决方案。①

国家电网内蒙古东部电力有限公司在呼伦贝尔市陈巴尔虎旗赫尔洪德村的分布式发电试点工程，不仅最大限度地实现了可再生能源就地消纳、就地平衡，减少对电网的依赖，而且为农村可再生能源分散接入配电网提供了新的实践——新建35千伏配电化线路54.3千米，使赫尔洪德风光储互补发电站与35千伏东乌珠尔变电站相连，实现赫尔洪德风光储互补发电站与主电网并网运行；从而实现赫尔洪德村可再生能源发电与电网供电的互补，既为当地获得持续稳定的电力提供了保障，也为“自发自用，余电出售”奠定了基础。

在赫尔洪德村之前，宁夏发电集团承担的我国首个农村屋顶太阳能光伏发电试点工程就已经实现农村光伏发电站与主电网并

① 徐传进、吴琪：《风光储互补发电系统应用》，《东方电气评论》2012年第1期。

网运行，实现电网供电和可再生能源发电的互补。宁夏农村屋顶光伏发电示范项目，是2009年国家住房城乡建设部、财政部批准的第一批国家级太阳能光电建筑应用示范项目；总投资6470万元，装机规模3000千瓦，在中卫市沙坡头区永康镇选取1000户农民，每户安装3.2千瓦的太阳能发电装置，在自家屋顶上装备完全自主产权的太阳能电池板，通过中卫西台35千伏变电站及配电化线路与中卫电网并网运行。该项目在实施过程中先后攻克了并网运行、设备配置、电网改造、电价测算、建筑一体化施工等技术难关，于2011年12月28日13时30分发电并接入10千伏电网。据测算，该项目每年发电427万千瓦时，与同等发电量火电厂相比，每年可节约标准煤约11485吨，减少烟尘排放量约1.91吨，二氧化硫排放量约1.92吨，一氧化氮排放量约12.77吨，二氧化碳排放量约4226吨。该项工程也是“公司+农户”的专业合作组织在光伏发电领域的有益探索。宁夏发电集团控股子公司中卫市新能源发展公司出资350万元，农民集资150万元（每户1500元），成立中卫永康农村光伏发电有限公司作为项目业主方，农民集体持股，并由中央财政补贴3900万元，自治区财政补贴600万元。因此，农民每户只需出1500元即可安装使用光伏发电系统。农民使用太阳能照明、做饭、烧水、洗浴，并将余电卖给电网公司取得差价，差价的收益按农户集体持股分红；预计可使1000农户在未来20年内每户每年增加1000余元的收入。①

与分布式发电相连，微电网概念应运而生。微电网是相对传统大电网的一个概念，指由分布式电源、储能装置、能量转换装

① 李志强、柏建华：《屋顶太阳能光伏发电给力新农村建设——宁夏第一个国家级农村屋顶太阳能光伏发电工程落户中卫》，《共产党人》2012年第10期。

置、相关负荷和监控、保护装置汇集而成的小型发配电系统，是一个可以实现自我控制、保护和管理的自治系统。它作为完整的电力系统，依靠自身的控制及管理，实现功率平衡控制、系统运行优化、故障检测与保护、电能质量治理等方面的功能。单个家庭用风能、太阳能等汇集成的小型供电系统，既能独立运行，又可与外部电网并网运行。如果自家无法发电，系统可以自动切换到外部电网。由此可见，应用微电网技术能够有效地提升分散开发利用新能源的效率和用户用电的可靠性。当然，在大电网不能覆盖的地区组建微电网，其运行方式就只能是孤网运行模式。

三、"新能源分布式发电的普遍运用"为西部民族地区农牧区提供了现代化发展机遇

在现代社会中，电力既是生产资料也是生活资料；既是经济和社会发展的重要基础，也是现代文明和小康生活的重要标志。电力是由一次能源转换的优质二次能源，电能可以方便地转化成机械能、热能、磁能、光能、化学能等，因而是最现代化的动力，是运用现代化技术和高新产业发展的重要物质基础。世界上发达国家和地区在其经济发展过程中，始终把电力工业发展放在十分重要的位置。一般来说，一个国家和地区的经济发展水平，与其电气化程度相适应，尽管各种能源形式在一般情况下可以互换，但人均发电量与人均经济产值之间大体存在一定的线性关系，即人均发电量越高，产值越大，经济发达程度越高。一定标准的人均用电量是保证小康目标实现的重要物质基础。[①] 通电为当地经济社会发展提供了电力保障，是其迈入现代化发展的基本

① 吴明瑜、李泊溪主编：《中国1997—2020科学技术与人民生活》，中国财政经济出版社1997年版，第200页。

条件。

2006 年，中国科学院电工研究所马胜红等在一份关于云南省实施“中德财政合作‘西部光伏村落电站’项目”的研究报告中，把“光伏电站的建成和使用对当地人民的生活和经济生产的影响”总结为以下几个方面。①

第一，普及了照明。每家平均有 5 盏灯，有了照明，农民可以在农忙的季节起得早，回得晚，延长了田间的劳作时间；有了照明，照顾老人、婴幼儿更方便了。原来没有电时，照明靠点松明，烟熏不亮，有害健康。

第二，电视占有率大幅度提高。村民通过观看电视节目，知道了国家大事，看到了外面五彩缤纷的世界，更加渴望发展和进步。

第三，有益于妇女做家务和儿童健康成长。简单的加工机械和家用电器减少了妇女的家务时间和劳动强度。比如从前只能靠妇女手工剁猪草，体力劳动强度大，现在用猪草机只需几分钟就剁好了。对于在地里干了一天农活，回家又要做饭的主妇来说，非常方便。晚上，儿童可以在灯光下看书、写作业，方便了学习，有利于成绩的提高；看电视让大山里的孩子看到了外面的世界，增长了各方面的知识，有益儿童健康成长。

第四，增加经济收入。村民在通电前一般只养两头猪，自己家食用，用菜刀剁猪食很费力，通电后一些家庭购买了猪草机（功率 750—1300 瓦），多养了几头猪，拿到集市上去卖，家中的经济收入增加了。个别村民甚至购买了粉碎机（功率 1500—3000 瓦）。使用谷物粉碎机后能养更多的牛和羊，从而增加了收入。

---

① 马胜红等：《中德财政合作“西部光伏村落电站”项目实施机制和进展》，《太阳能》2006 年第 4 期。

2012年赫尔洪德风光储互补发电站的建成和使用，对当地人民的生活和经济生产有着更深刻的影响。“当地牧民们不再守着油灯度日，还用上了电视、洗衣机等电器”，牧民说“现在有了冰箱，再也不用挖坑储菜了，有了电水泵，我们也能喝上纯净的水了。”[①] 该地区居民收入来源以出售牛奶为主，而乳品企业对奶源卫生标准不断提高，集中式产奶比分散式产奶每公斤提高效益0.7—1.0元。“送电后集中产奶站投运，每户居民年增收收入约2.5万元，提高了居民收入。”“该工程的顺利投运，解决了偏远地区牧民生产生活用电问题，改变了原有的生活方式，宽带、有线电视及固定电话送入牧民家中，提高了居民生活质量，丰富了居民的精神文化生活。”[②]

2013年6月，四川凉山彝族自治州宁南县披砂镇大花地村太阳能提灌站、宁南县新村乡碧窝村太阳能提灌站双双通过专业验收，成功投入使用；这是太阳能在农业灌溉中取得的历史性突破。宁南县披砂镇大花地村太阳能提灌站，作为四川省第一座试验性太阳能提灌站，于2011年8月试提水成功。该提灌站扬程85米，管线长240余米，设计动力10千瓦，安装太阳能电池板80块、面积108平方米；是新能源在农业提水行业的试验应用。[③] 太阳能提灌技术与传统电力提灌相比具有三大优势：一是运行费用小。太阳能提灌站基本没有配套设施需求，而电力提灌站必须配套输变电设施，平均每公里造价10—15万元左右；太阳能提

① 苏海峰、闫宇华：《微电网解决偏远用户供电问题》，《内蒙古日报》2014年2月24日。

② 内蒙古新闻网：《赫尔洪德风光储互补发电站试运行正常》，2012年7月31日。http://inews.nmgnews.com.cn/system/2012/07/31/010810541.shtml

③ 《宁南：大花地太阳能提灌站试运行获成功》，《凉山日报》2011年9月30日。

灌站可实现无耗能、无人化运行，可节约日常提水用电和人工费用90%。二是利用太阳能清洁能源，降低了电力、柴油等能源消耗。三是提水效率高。对中小型水泵，采用新型太阳能专用水泵，可提高效率40%以上。①

宁南县大花地村、碧窝村作为项目示范区，过去一直靠天吃饭，农时无保障，产业单一，产量产值低。桑树由于无水浇灌导致发芽长叶慢，影响春夏两季养蚕数量，套种作物也只能选豆类等大春耐旱作物，小春几乎无法套种，每亩产值只有0.8万元左右。太阳能提灌站建成后，当地及时调整产业结构，大力发展“大行桑”套种大春玉米、红薯、豆类、花生和小春马铃薯、玉米等作物，项目区经济效益显著提升。经测算，有水源保障后，每亩桑树养蚕四季可以养5张，产值为7000元；冬季11月到次年2月套种冬季马铃薯，亩产值为6500元；2月到10月套种玉米、豆类、花生或红薯等，亩产值约为4000元；全年亩产值达1.75万元，粮食产量超过1吨。与此同时，由于农业生产用水充足，当地引进项目业主，在灌区内建设生产作业厂，积极发展“工厂化养蚕”、“果桑兼用”和桑叶茶等产业延伸项目，产业附加值不断提高。②

2014年初，四川省已有8个市（州）32个县（市、区）完成了《县级太阳能光伏提灌站试点建设初步方案》，规划到2015年，建设光伏提灌站120座，总装机功率5621千瓦；可解决农村

① 四川省农村水利网：《四川省试点推广太阳能光伏提灌新技术》，2014年1月22日。http://www.scns.net.cn/content.aspx? Key1 =122&id =6293

② 四川省农业厅：《四川省太阳能提灌站示范建设在宁南县取得历史性突破》，《四川农业科技》2013年第8期。

5 万人饮水安全，新增灌溉面积 7 万亩。①

我们认为，“新能源分布式发电的普遍运用”将对西部民族地区农牧区科学发展产生更加重要和深远的影响，使其真正嵌入现代化发展的历史进程。

作为近现代社会能源主体（主要消费的能源），化石能源因其能量密度高、分布不均衡，适合大规模开发和集中使用。这种特性决定了越是大城市使用能源的成本越低，越是小城镇和农村使用成本越大。在传统的能源体系中，像西部民族地区农牧区这样的边远、人口居住分散的地区要享受现代社会的电力福祇，需要形成一定规模的、强大的集中式供配电网，需要巨额的投资和很长的时间周期，而且大电网对偏远地区供电输电损耗很大。于是，西部民族地区农牧区长期以来存在大量的无电乡村和无电人口，经济社会也就长期处于贫困落后状况。近些年，随着国家经济实力的增强和国家对电力等基本公共服务均等化的强调，西部民族地区农牧区的无电乡村和无电人口在不断减少，但是电力对当地人民的生活和经济生产的影响还主要是在家庭生活、学习和娱乐方面，并没有普遍地、大量地服务于农牧业生产与生态建设，以致于西部民族地区农牧区依然处于相对贫困的状态，一些地区甚至还陷入绝对贫困之中。

时下蓬勃发展的新能源的开发与利用，比如太阳能、风能等，具有能量密度低、分布相对均衡的特点，是与人类社会始终相随的可再生能源。人类生存在地球上，地球是太阳系中的一颗行星，只要人类社会存在，太阳每天都将从东方升起，人们都或多或少地沐浴着太阳的光能与热能。风作为空气的相对运动，是

① 《全省规划建设太阳能光伏提灌站 120 座预计到 2015 年全部建成》，《四川日报》2014 年 1 月 30 日。

由太阳的光能与热能转化而来的。因此，人类社会始终浸泡在太阳能与风能场中。在现代科学技术背景下，只要购买一套将太阳能、风能转化为电力的装置，从理论上讲，人们在地球上的任何地方都可以享用电力：就地取材，随用随取，根本不用长途运输。当前，自主购买太阳能光板，在自家的房顶自主发电，采取“自发自用、余电上网”的方式运行，各地已不鲜见；并且，在相同资金和技术的条件下，农村的优势大于城市，西部民族地区农牧区拥有发展太阳能光伏发电的巨大优势。从以下资料中，我们能得到较具体的认识。

青岛市民徐鹏飞投入约2.1万元，在所住居民楼楼顶安装了9块多晶硅电池板，装机容量为2千瓦，设计寿命25年；2012年12月21日成功并入青岛电网，成为全国居民分布式发电并网第一人。据测算，夏季日照充足，电站每天能发电10千瓦时以上，冬季每天发电3—5千瓦时，一年发电约2700千瓦时。按照脱硫燃煤机组标杆电价0.4469元/千瓦时计算，预计收回投资需要18年。东营市广饶县农民刘福林，在自家房顶上建起的5.5千瓦分布式光伏电站，于2013年2月18日并网发电，成为山东省第一个自主建设分布式光伏电站的农民。刘福林投入3万多元钱，5间正房房顶上安装两排共22块单晶光伏电池板。天气好的时候，一天能发电28千瓦时以上，即使是阴天也能发10千瓦时左右，平均每天发电22千瓦时左右。每天发的电大部分都卖给了电网。刘福林建设的分布式光伏电站之所以能够是徐鹏飞的两倍多，就因为前者拥有更多的自主支配的房顶空间。一般来说，1千瓦的光伏电站需要占8—10平方米的面积，普通市民想建设一个合用的光伏电站，需要20到30平方米楼顶面积，这是个不小的难题。特别是住公寓楼的居民，安装光伏电站最大的难题，就是获得同楼居民同意其占用楼顶的公共空间。大城市居民楼多为高层建筑，一个单元可能有上百户居民，协调、解释等工作难度很大。①然而，制约城市家庭的电池板安装场地问题，在农村根本就不算个事；“农民在自家屋顶上安装光伏电站简单易行，没有产权纠纷，而且农村很少有高楼大厦，建筑物对电池板的遮挡少，农村空气好、透明度高，有利于提高电站的发电效率，所以在农村发展光伏发电蕴藏着巨大的潜力。”②

表 7-2　中国太阳能资源区划

名称	符号	指标 [kW·h/ $(m^2 \cdot a)$]	占国土面积比例（%）	地区
最丰富带	Ⅰ	≥1750	17.4	西藏大部分、新疆南部、青海、甘肃和内蒙古的西部
很丰富带	Ⅱ	1400—1750	42.7	新疆大部、青海和甘肃东部、宁夏、陕西、山西、河北、山东东北部、内蒙古东部、东北西南部、云南和四川西部
丰富带	Ⅲ	1050—1400	36.3	黑龙江、吉林、辽宁、安徽、江西、陕西南部、内蒙古东北部、河南、山东、江苏、浙江、湖北、湖南、福建、广东、广西、海南东部、四川、贵州、西藏东南角和台湾
一般带	Ⅳ	≤1050	3.6	四川中部、贵州北部和湖南西北部

资料来源：中国能源中长期发展战略研究项目组：《中国能源中长期（2030、2050）发展战略研究：可再生能源卷》，科学出版社 2011 年版，第 37 页。指标 [kW·h/ $(m^2 \cdot a)$] 是每平方米面积上太阳能年平均辐射量。

① 崔浩杰：《发展分布式光伏探访城乡四模式》，《国家电网报》2013 年 7 月 22 日。

② 崔浩杰、郭轶敏：《分布式光伏发电山东路径》，《中国电力报》2013 年 8 月 9 日。

从表7－2可见，我国太阳能资源的丰富地区（Ⅰ带、Ⅱ带和Ⅲ带）共占国土面积的96%以上，西部的西藏、甘肃、新疆、青海、内蒙等地集中了我国最为丰富的太阳能资源。西藏西部的每年最高达2333千瓦时/平方米（日辐射量6.4千瓦时/平方米），仅次于撒哈拉沙漠，居世界第二。我国荒漠地区也主要集中在新疆、内蒙古、青海和甘肃四个省（区），总面积约125万平方公里，占全国总面积13%。[1] 这些荒漠占地面积大，无耕种价值，长期荒置。然而，充分利用沙漠、戈壁、荒地等空闲土地开发光伏发电等可再生能源项目，可以大幅度减少开发成本，降低工程造价。这也正是近些年西部建设了不少大型光伏电站的原因。

进一步深入把握光伏发电的特点，我们将要得出这样的结论：伴随我国对太阳能大力开发利用的进程，如果在国家的扶持下使分布式光伏发电在西部民族地区农牧区得以普遍运用，那么农牧民的生产生活方式将发生非同寻常的根本性变化，由此走出一条独具特色的农牧区现代化发展道路。

表7－3　中国各类可再生能源资源对比

种类	我国资源可开发量	折合标准煤（亿吨）
太阳能	1000亿千瓦	160
风能	10亿千瓦	2.46
水能	经济可开发4.0亿千瓦	4.8—6.4
	技术可开发5.4亿千瓦	

① 中国能源中长期发展战略研究项目组：《中国能源中长期（2030、2050）发展战略研究：可再生能源卷》，科学出版社2011年版，第185页。

续表

种类		我国资源可开发量	折合标准煤（亿吨）
生物质能	生物质能发电	3 亿吨秸杆 +3 亿吨林业废弃物	1.5 +2.0 =3.5
	液体燃料	5000 万吨	0.5
	沼气	800 亿立方米	0.6
	总计		4.6

资料来源：中国能源中长期发展战略研究项目组：《中国能源中长期（2030、2050）发展战略研究：可再生能源卷》，科学出版社2011年版，第166页。资源可开发量及折合标准煤数量，以年为周期。

从表7－3可见，太阳能是我国长期可利用的、最大量的可再生能源资源，“光伏发电是未来世界能源和电力的主要来源，要坚定不移地发展”。[①] 光伏发电本身又具有“固态发电无转动部件，无噪声、发电不用水、模块化结构，规模大小随意，维护管理简单”等诸多与其他发电方式不同的优点。光伏发电属于固态半导体发电，没有中间过程（如热能—机械能、机械能—电磁能转换等），发电形式极为简洁；制造材料硅在地壳中的含量高达26%，没有资源短缺和耗尽问题。光伏发电没有燃烧过程，不排放温室气体、废水和废气，环境友好；没有机械旋转部件，不存在机械磨损，无噪声；发电不用冷却水，能够在无水的荒漠化地带安装；模块化结构，如同搭建积木，规模大小随意；使用寿命长（可达30年以上），一次投资多年受益；维护管理简单，可实现无人值守，维护成本极低。[②] 把这些基本特点与太阳能在西部民族地区农牧区的丰裕度以及光伏发电在西部民族地区农牧区的

① 中国能源中长期发展战略研究项目组：《中国能源中长期（2030、2050）发展战略研究：可再生能源卷》，科学出版社2011年版，第166页。

② 中国能源中长期发展战略研究项目组：《中国能源中长期（2030、2050）发展战略研究：可再生能源卷》，科学出版社2011年版，第165页。

易推广性相统一，国家在当前进行的西部民族地区农牧区电力建设与改造中，通过专门机构的规划、设计，鼓励和支持各地农牧民建设和使用家庭或村落分布式光伏电站，无论其是否已实现大电网供电。家庭分布式光伏电站按照“超前发展，留有裕度”的原则，除考虑电灯、电视机、洗衣机、电冰箱、电饭煲等较为完善的家用电器设备外，还为生产与生态建设用电留有裕度，基本配置可为5千瓦[①]（与前述东营市广饶县农民刘福林在自家房顶上建起的5.5千瓦分布式光伏电站基本持平）。宽裕的发电能力，对于已与大电网并网的地方，可以实现余电上网出售，也可以用于生产与生态建设。没有与大电网并网的地方，宽裕的发电能力则可构成基本用电的保障，使阳光不是很充裕的时日也有基本的生活电力供应；当然，也可用于生产与生态建设。

当前，我国农牧业生产用电主要有：①农业灌溉及水利设施操作用电，例如抽水或扬水以灌溉农作物为目的或操作各种农业水利设施之用电。②农作物栽培及收获后处理用电，例如农作物播种、育苗及栽培管理或各种农产品干燥、脱粒、洗选、分级、包装之处理机械用电，或设施园艺所需之光照及温度调节用电。③农牧产品冷藏、仓储、加工用电等。④水产养殖用电，例如陆上养殖所需之抽水、排水、打气、温室加温、循环水等水质改善设备等用电。⑤畜牧用电，例如饲养家畜、家禽、污染防治设施、鸡蛋洗选与分级包装、集乳站机械之用电。充裕的农牧业用电，将使电动农业机械得以广泛的运用。广义上讲，电动农业机

① 曾任电力工业部规划计划司司长、国家电力公司计划投资部主任的电力专家王信茂指出：现阶段我国电力普遍服务要满足居民的照明、一般娱乐、生活的电力需求，考虑电灯、电视机、洗衣机、电冰箱、电饭煲等较为完善的家用电器设备后，户均电力负荷可按2 kW计算，使农牧民过着体面、有尊严的生活（王信茂：《做好“十二五”无电地区电力规划和建设工作》，《中国电业》2012年第9期）

械包括利用电力作为驱动力的农业机械，较之燃油动力农业机械，具有结构紧凑，体积小，质量轻，控制灵活、低碳高效、无尾气噪音污染和维护成本低等特点。[①] 随着新能源电动汽车的试点运行，未来新能源电动农业机械将得到更大力度的政策扶植，包括移动式的大中功率的电动农业机械。电动农业机械在西部民族地区农牧区的广泛运用，对促进优势（特色）农牧产品扩量提质、降低农牧业生产成本、推进农牧业产业化经营等，有着十分重要的意义。以马铃薯生产的机械化、电气化为例，用播种机种植 1 亩可节约人工费 60 元，同时可增产 200 千克以上；马铃薯通过电动机械加工制成清淀粉、粉条、粉皮能增值 1—3 倍，若加工制成变性淀粉、薯条、薯片，能增值 5—10 倍。[②] 从根本上讲，电动农业机械的广泛运用将改善农牧民生产条件，减轻劳动强度，实现更具人性化的文明生产；它把农牧民从笨重的体力劳动中解放出来，使之有更多的时间和精力从事其他方面活动，由此促进农牧民生活水平的提高和农牧区的文明发展。

宽裕的发电能力，用于生产与生态建设，可使西部民族地区农牧区从传统农牧业走上现代农牧业的发展道路；而将其宽裕的电能上网出售，一当达到适度规模，也就使西部民族地区农牧民走上了亦工亦农（牧）的兼业发展道路。2012 年 10 月 26 日，国家电网发布了《关于做好分布式光伏发电并网服务工作的意见》，鼓励分布式光伏发电分散接入低压配电网，承诺对 6 兆瓦以下的分布式光伏发电项目免费接入电网，全额收购富余电力；这意味

① 张铁民等：《我国电动力农业机械发展现状与趋势》，《农机化研究》2012 年第 4 期。

② 丁恒龙等：《现代农业科技与新农村建设》，中共中央党校出版社 2010 年版，第 72 页。

着国家电网打开了私人光伏发电并网之门。同年 12 月 19 日，国务院常务会议明确提出鼓励光伏发电进社区和家庭。2013 年 7 月 31 日，财政部发出通知，确定了分布式光伏发电项目按电量补贴实施办法。这些政策，为西部民族地区农牧民充分利用太阳能的丰裕度和光伏发电的易操作性走兼业发展道路创造了条件。对于分布式光伏发电，农牧民要做的“发电产业工人”的工作也就是擦拭光伏板，因为尘埃覆盖在太阳能电池板上将影响电池板的发电效率；而兼业的结果，是农牧民家庭收入来源的增加。

“第三次工业革命”及其核心理念“新能源分布式发电的普遍运用”对落后地区推进现代化发展的意义，里夫金有一些很具启发性的议论：“第三次工业革命与较贫穷的发展中国家密切相关……因为没有电，他们很多事情都不能做。一个重要的可以使他们摆脱贫困的方法就是拥有稳定且能用得起的环保电能。没有电，任何经济发展都无从谈起。作为改善世界上最贫困的人们生活的起点，能源的民主化和电力的普遍接入是必不可少的。”①“对于这个问题，我们在印度也有同样的讨论。那里有 3 亿人在没有电的情况下生活，乡村非常穷，他们迁移到城市，而城市又接收不了那么多人，没法提供足够多的就业岗位。正在消亡的第二次工业革命使能源变得越来越昂贵；那些在乡下连电都用不上的人们蜂拥到城市来，然后面临失业，这将是非常危险的政治局面。这种局面不仅仅在印度出现，其实在全球也都在发生。如果把电能与通讯技术结合，就会改变乡村的穷人迁移到城市里去的传统模式。在印度，我们做了相关研究，情况就是这样：乡村通电以后，人们立刻从城市回到乡村做起小生意，并且通过网络互

① ［美］杰里米·里夫金：《第三次工业革命：新经济模式如何改变世界》，张体伟、孙豫宁译，中信出版社 2012 年版，第 60 页。

相联系。当能源和通讯技术结合在了一起，就会改变整个生活环境。如果说，19世纪的第一次工业革命带来了城市化，20世纪的第二次工业革命带来了郊区化、使城市周围出现了很多郊区，那么，第三次工业革命则会使我们的居住地分散化，城市规模会变小，人们不一定会再聚集在一起了。”① 把这些议论和我们的研究，与中国科学院中国现代化研究中心主任何传启提出的“运河战略与综合现代化理论”② 相联系，可以利用图7－11给出的画面大致表征：把握“第三次工业革命”机遇的西部民族地区农牧区运河战略与综合现代化路径图。

正如周光召院士提出“中国不可能沿着西方的道路实现现代化，必须走一条独特道路”，本书提出了我国西部民族地区农牧区应该走一条有别于我国其他地区的独特的现代化发展道路。事实上，本书从一开始就展开着对西部民族地区农牧区发展的独特性的研究，相继厘清了“推进西部民族地区农牧区科学发展的基本内涵”是什么，明确了“推进西部民族地区农牧区科学发展的基本目标”是什么，提出“以信息技术深刻变革西部民族地区农牧区发展方式”，即把现代信息技术的广泛运用作为贫困农牧区

---

① 田晓玲：《〈第三次工业革命〉作者杰里米·里夫金：通讯和能源结合，才会带来经济样式巨变》，《文汇报》2012年6月11日。

② 周光召院士说：“中国不可能沿着西方的道路实现现代化，必须走一条独特道路。”何传启认为，中国可以选择“运河战略”，走综合现代化发展道路，迎头赶上世界先进水平。（参看图7－8）“运河战略”的基本思路：以未来的（21世纪后期）世界先进水平为目标，选择两次现代化协调发展的综合现代化路径，迎头赶上未来的世界先进水平；它的特点是：根据两次现代化的规律，吸收两次现代化的精华，两步并作一步走，走一条低成本高效益的现代化新路。按照“运河战略”的原理，何传启主编的《中国现代化报告》（年度报告）先后提出了一批21世纪中国现代化的路径图，分别是：经济现代化路径图（2005年）、社会现代化路径图（2006年）、生态现代化路径图（2007年）、文化现代化路径图（2009年）、农业现代化路径图（2012年）等。

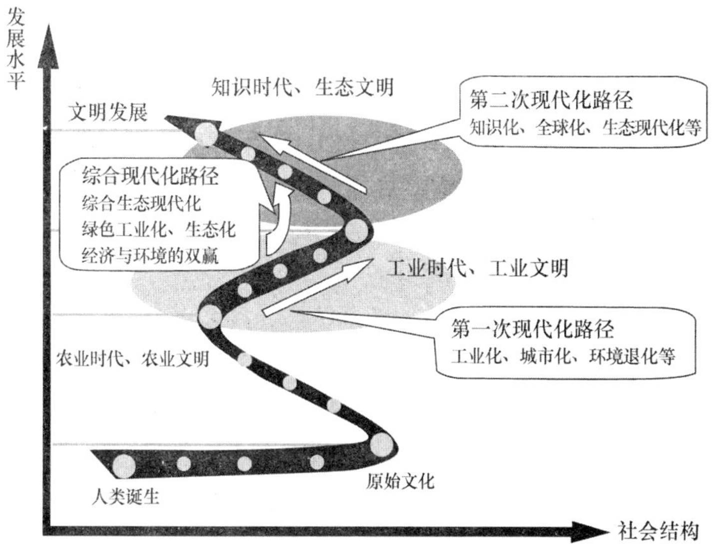

图7－11　运河战略与综合现代化路径图

资料来源：中国现代化战略研究课题组、中国科学院中国现代化研究中心：《中国现代化报告2007——生态现代化研究》，北京大学出版社2007年版，第192、195页。

走出“低水平均衡陷阱”与“贫困文化的恶性循环”的“第一推动”，或者说，走出贫困的恶性循环不能缺失的重要一环。相应也讨论了西部民族地区农牧区社会信息化发展中的工业化、城镇化问题。这些思想，既可以说是总结历史作出的新的选择，也可以说是把握当代信息科技革命以及信息社会建设的全球大趋势而作出的“社会工程”设计。但是，在推进科学发展中，在推进社会信息化发展的进程中，如何有效地克服西部民族地区农牧区在开展现代经济文化活动中必须面对的恶劣的自然环境条件，如何有效地提高农牧民生产和生态建设的能力，始终是作为尚待解决的问题而存在着。现在，问题得到解决了：伴随我国对太阳能大力开发利用的进程，在国家的扶持下使分布式光伏发电在西部民族地区农牧区得以普遍运用，由此而来的宽裕的电力将引发电动农业机械在生产与生态建设中广泛运用，从而有效地提高农牧民生产和生态建设的能力，不断消除开展现代经济文化活动的自然环境限制因素，例如通过电力空气调节装置营造宜人、宜畜的居家与养殖环境等。另一方面，如果将宽裕的电能上网出售，一当达到适度规模，农牧民也就走上了亦工亦农（牧）的兼业发展道路，增加了全新的、可持续的收入来源。我们倡导的西部民族地区农牧区建设“生活型社会”的基本产业：生态重建与民居旅游服务业，都将在电力机械化、信息化的平台上可持续地健康发展。因此，我们认为，西部民族地区农牧区综合现代化及运河路径的基本内涵是：新能源分布式发电的普遍运用，社会信息化发展，生活型社会建设；它将卓有成效地实现图 7 – 11 所示的综合生态现代化，绿色工业化、生态化，经济与环境的双赢，并且走出“虚空间”与“实空间”互补的“灰空间”新型城镇化道路。

第三节　推进分布式光伏发电普遍运用与社会信息化发展的政策支撑

推进以“分布式光伏发电”为主体的新能源分布式发电在西部民族地区农牧区普遍运用，推进西部民族地区农牧区社会信息化发展，是与国家推进太阳能光伏发电与农村信息化建设的政策取向一致的；同时，又超越着西部民族地区农牧区的现实发展状况，甚至超越着全国发展的普遍水平。因此，必须在把握中国太阳能光伏发电与农村信息化建设的政策演进基础上，用好用活既有政策；并且，要通过明确西部民族地区农牧区“分布式光伏发电的普遍运用”和社会信息化发展对中国整体发展的重要价值与意义，争取国家给予西部民族地区农牧区推进“分布式光伏发电的普遍运用”和社会信息化发展更加强有力的政策扶持。

一、中国太阳能光伏发电的政策演进

太阳能发电作为新兴的可再生能源技术，目前已实现产业化应用的主要是太阳能光伏发电和太阳能光热发电。太阳能光伏发电具有电池组件模块化、安装维护方便、使用方式灵活等特点，是太阳能发电应用最多的技术。太阳能光热发电通过聚光集热系统加热介质，再利用传统蒸汽发电设备发电，近年产业化示范项目开始增多。进入21世纪的前十年间，全球太阳能光伏电池年产量增长约6倍，年均增长50%以上。2010年，全球太阳能光伏电池年产量1600万千瓦，其中我国年产量1000万千瓦。并网光伏电站和与建筑结合的分布式并网光伏发电系统是光伏发电的主要利用方式。随着太阳能光伏发电规模、转换效率和工艺水平的提高，全产业链的成本快速下降。太阳能光伏电池组件价格已经从2000年每瓦4.5美元下降到2010年的1.5美元以下，太阳能光伏发电的经济性明显提高。太阳能发电的上网电价从2009年以前的每千瓦时4元下降到2010年的每千瓦时1元左右。[1] 预计2015年光伏电价有望降至每千瓦时0.15美元。[2]

---

① 国家能源局：《太阳能发电发展“十二五”规划》，《太阳能》2012年第8期。

② 《太阳能发电科技发展“十二五”专项规划》，《建筑玻璃与工业玻璃》2012年第5期。

中国太阳能光伏发电应用始于20世纪70年代，但直到1982年以后才真正发展起来；1983—1987年，先后从美国、加拿大等国引进了七条太阳能电池生产线，使我国太阳能电池的生产能力从1984年以前的年产200千瓦跃升到1988年的4500千瓦。[①] 20世纪90年代，太阳能光伏发电主要用于通信系统和边远无电地区。2002年，国家有关部委启动了“西部省区无电乡通电计划”，通过太阳能和小型风力发电解决西部七省区（西藏、新疆、青海、甘肃、内蒙、陕西和四川）近800个无电乡的用电问题。该项目的启动大大刺激了太阳能光伏市场，太阳能电池的年产量也迅速增加。2003年10月，国家发改委、科技部制订未来5年太阳能资源开发计划，发改委“光明工程”筹资100亿元用于推进太阳能发电技术的应用；到2005年，全国太阳能系统总装机容量已达到30万千瓦。[②]

2006年1月1日，《中华人民共和国可再生能源法》正式施行。该法第十五条是“国家扶持在电网未覆盖的地区建设可再生能源独立电力系统，为当地生产和生活提供电力服务”，第十七条是“国家鼓励单位和个人安装和使用太阳能热水系统、太阳能供热采暖和制冷系统、太阳能光伏发电系统等太阳能利用系统”，第十八条是“国家鼓励和支持农村地区的可再生能源开发利用”，第二十四条是设立可再生能源发展基金的有关规定。2007年，《可再生能源中长期发展规划》出台，提出了从2007年到2020年期间我国可再生能源发展的指导思想、主要任务、发展目标、重点领域和保障措施；提出到2020年太阳能发电总装机容量达

① 《新能源和可再生能源发展纲要》，《能源政策研究》1996年第2期。

② 张钦等：《中国新能源产业发展研究》，科学出版社2013年版，第109—110页。

180 万千瓦的目标，其中光伏发电装机容量达 160 万千瓦。该规划明确指出：发挥太阳能光伏发电适宜分散供电的优势，在偏远地区推广使用户用光伏发电系统或建设小型光伏电站，解决无电人口的供电问题，重点地区是西藏、青海、内蒙古、新疆、宁夏、甘肃、云南等省（区、市）。到 2010 年，偏远农村地区光伏发电总容量达到 15 万千瓦，到 2020 年达到 30 万千瓦。[①]

2007 年，中国光伏电池产量超过德国，居世界第一位。然而，“从中国光伏产业诞生之日起，‘两头在外’便成为它无法摆脱的困境。全球已经安装的光伏电站约有 50% 产自中国，但其中只有很少为中国所用。”[②] 2008 年，由于全球金融危机的爆发，中国光伏产业发展首次遭遇挫折，很多中国企业受到严重打击。但光伏产业的良好前景依然被多数人认可。为支持中国光伏产业发展，我国政府出台了一系列政策启动内需，力图通过光伏产品的规模化应用带动国内太阳能发电的商业化进程和技术进步。2009 年 3 月，国家能源局组织的招投标甘肃敦煌 1 万千瓦光伏发电项目拉开了大型地面光伏电站建设的序幕。2009 年 3 月 23 日，财政部、住房和城乡建设部联合出台《关于加快推进太阳能光电建筑应用的实施意见》，提出“在条件适宜的地区，组织支持开展一批光电建筑应用示范工程，实施‘太阳能屋顶计划’。争取在示范工程的实践中突破与解决光电建筑一体化设计能力不足、光电产品与建筑结合程度不高、光电并网困难、市场认识低等问题，从而激活市场供求，启动国内应用市场”，“中央财政安排专

① 国家发展和改革委员会：《可再生能源中长期发展规划》，《可再生能源》2007 年第 6 期。

② 李河君：《中国领先一把——第三次工业革命在中国》，中信出版社 2014 年版，第 301 页。

门资金，对符合条件的光电建筑应用示范工程予以补助，以部分弥补光电应用的初始投入。补助标准将综合考虑光电应用成本、规模效应、企业承受能力等因素确定，并将根据产业技术进步、成本降低的情况逐年调整。”① 2009 年 7 月 21 日，财政部、科技部、国家能源局联合发布了《关于实施金太阳示范工程的通知》，决定综合采取财政补助、科技支持和市场拉动方式，加快国内光伏发电的产业化和规模化发展。2010 年 9 月 21 日，财政部、科技部、住房城乡建设部、国家能源局联合发布《关于加强金太阳示范工程和太阳能光电建筑应用示范工程建设管理的通知》。以上三个文件有力地推进了我国分布式光伏发电系统的发展。2010 年 10 月国务院发布的《关于加快培育和发展战略性新兴产业的决定》，将太阳能光伏产业列入我国未来发展的战略性新兴产业重要领域。截止 2010 年，我国累计光伏装机量达到 86 万千瓦，当年新增装机容量达到 50 万千瓦，同比增长 166%。②

2011 年是国家“十二五”规划的开局之年，在多项政策的支持下，随着光伏产业链的不断完善以及各地太阳能项目的陆续上马，光伏产业也进入加速发展阶段。然而世界经济变幻莫测，受欧洲各主要光伏装机国纷纷下调补贴，加之欧美光伏“双反”的影响，光伏产业遭遇一股大面积寒潮。面对困境，2012 年 2 月工业和信息化部出台《太阳能光伏产业“十二五”发展规划》，2012 年 3 月科学技术部出台《太阳能发电科技发展“十二五”专项规划》，2012 年 9 月国家能源局出台《太阳能发电发展“十

① 中华人民共和国财政部、住房城乡和建设部：《关于加快推进太阳能光电建筑应用的实施意见》，《太阳能》2009 年第 4 期。

② 中华人民共和国工业与信息化部：《太阳能光伏产业“十二五”发展规划》，《太阳能》2012 年第 6 期。

二五”规划》。在《太阳能发电发展“十二五”规划》中，太阳能发电建设布局为“光伏优先于热发电、大型光伏电站和分布式光伏发电并重、资源条件好的地区优先发展”，目标是到2015太阳能光伏发电装机容量达到2000万千瓦以上，光伏发电系统在用户侧实现平价上网；2020年太阳能发电装机容量达到4700万千瓦以上，光伏发电系统在发电侧实现平价上网。

表7－4　“十二五”太阳能光伏发电建设规模与布局

单位：（万千瓦）

发电类别	2010年建设规模	2015年		2020年
		建设规模	重点地区	建设规模
大型光伏电站	45	1000	在青海、甘肃、新疆、内蒙古、西藏、宁夏、陕西、云南，以及华北、东北的部分适宜地区建设一批并网光伏电站。结合大型水电、风电基地建设，按风光互补、水光互补方式建设一批光伏电站。	2000
分布式光伏发电系统	41	1000	在中东部地区城镇工业园区、经济开发区、大型公共设施等建筑屋顶相对集中的区域，建设并网光伏发电系统。在西藏、青海、甘肃、陕西、新疆、云南、四川等偏远地区及海岛，采用独立光伏电站或户用光伏系统，解决电网无法覆盖地区的无电人口用电问题。扩大城市照明、交通信号等领域光伏系统应用。	2700
合计	86	2000		4700
其他目标		基本实现用户侧（低压侧）平价上网		发电侧（高压侧）实现平价上网

资料来源：国家能源局：《太阳能发电发展“十二五”规划》，2012年9月。

与2007年出台的《可再生能源中长期发展规划》对2020年太阳能光伏发电总装机容量目标相比，《太阳能发电发展“十二五”规划》提出的4700万千瓦的目标已是其29倍。随之，密集出台了许多具体政策措施。2012年5月，国家能源局发出《关于申报新能源示范城市和产业园区的通知》；9月又发出《关于申报分布式光伏发电规模化应用示范区通知》，要求各省，特别中东部地区省份选择太阳能资源较好、用电需求大、建设条件好的城镇区域，申报首批分布式光伏发电规模化应用示范区。随后，国家电网公司也发布了《分布式光伏发电相关管理办法》和《关于做好分布式电源并网服务工作的意见》，为促进分布式发电的快速发展奠定了坚实的基础。2012年12月19日，温家宝同志主持召开国务院常务会议，研究确定促进光伏产业健康发展的政策措施。这次会议确定了五大方面的政策：加快产业结构调整和技术进步；规范产业发展秩序；积极开拓国内光伏应用市场；完善支持政策；充分发挥市场机制作用，减少政府干预，禁止地方保护。这次会议已成为中国光伏产业发展历程中的一个里程碑，说明我们跳出了就光伏看光伏的局限，把它放到整个能源战略和国家经济战略的层面来考虑。

2013年，国家政策支持光伏产业发展的势头更加强劲。2013年2月，国家电网发布《关于做好分布式电源并网服务工作的意见》，将服务范围由分布式光伏发电进一步扩大到所有类型的分布式电源，在为分布式电源加强配套电网建设、优化并网流程、简化并网手续、提高服务效率等方面公布了具体措施，为并网开辟绿色通道，提供优惠条件。2013年7月15日，《国务院关于促进光伏产业健康发展的若干意见》正式发布，成为中国政府对于光伏产业实施系统的扶持政策的纲领性文件。该文件首次全面思考和总结了中国光伏产业所取得的成绩和存在的问题；成绩总结得中肯，问题分析得准确而到位，对策清晰而准确，扶持政策也稳妥而全面。该文件提出“把扩大国内市场、提高技术水平、加快产业转型升级作为促进光伏产业持续健康发展的根本出路和基本立足点，建立适应国内市场的光伏产品生产、销售和服务体系，形成有利于产业持续健康发展的法规、政策、标准体系和市场环境”；并且，确立了更快的发展速度：“2013—2015 年，年均新增光伏发电装机容量 1000 万千瓦左右，到 2015 年总装机容量达到 3500 万千瓦以上。”作为贯彻落实《国务院关于促进光伏产业健康发展的若干意见》的重要举措，7 月 24 日财政部发布《关于分布式光伏发电实行按照电量补贴政策等有关问题的通知》，确定了分布式光伏发电项目按电量补贴实施办法。8 月 22 日，国家能源局联合中国国家开发银行股份有限公司出台了《支持分布式光伏发电金融服务的意见》，从金融上支持光伏产业的发展。

2013 年 8 月 26 日，国家发改委出台《关于发挥价格杠杆作用促进光伏产业健康发展的通知》。对于大型光伏地面电站，根据各地太阳能资源条件和建设成本，将全国分为三类太阳能资源区，相应制定光伏电站标杆上网电价，分别为 0. 9 元/度、0. 95 元/度和 1 元/度。对分布式光伏发电，实行按照全电量补贴的政策，补贴价格为 0. 42 元/度，通过可再生能源发展基金予以支付，由电网企业转付。其中，分布式光伏发电系统自用有余上网的电量，由电网企业按照当地燃煤机组标杆上网电价收购。新政策的走向是解决以往示范工程中普遍存在的分布式发电系统上网难和初始投资补贴方式执行中的短期行为问题。

二、中国农村信息化建设的政策演进

20世纪90年代，我国相继启动了以金关、金卡和金税为代表的重大信息化应用工程；1997年，召开了全国信息化工作会议。2000年，党的十五届五中全会把信息化提到了国家战略的高度；2002年，党的“十六大”进一步作出了以信息化带动工业化、以工业化促进信息化、走新型工业化道路的战略部署。

2006年5月8日，中共中央办公厅、国务院办公厅印发《2006—2020年国家信息化发展战略》，指出“信息化是充分利用信息技术，开发利用信息资源，促进信息交流和知识共享，提高经济增长质量，推动经济社会发展转型的历史进程”。在论及“我国信息化发展的战略重点”中，第1条的第1点即为“推进面向‘三农’的信息服务”①。

为贯彻落实《中共中央国务院关于推进社会主义新农村建设的若干意见》和《2006—2020年国家信息化发展战略》有关精神，2006年10月26日《农业部关于进一步加强农业信息信息化建设的意见》出台。该文件指出，“农业信息化工作面临新的发展趋势：一是政府主导化趋势。国内外成功实践表明，公共信息服务作为政府的重要职能，政府必须高度重视、统筹规划、加大投入、加快建设，在推进农业信息化中发挥主导作用。二是需求复杂化趋势。不同部门、不同行业，各类企业、合作组织、农户等主体有不同的信息需求。新品种、新技术、供求、价格、预测等信息成为需求的热点。三是渠道多样化趋势。各地经济实力和信息化整体水平的差别，造成农业信息化推进方式各不相同，信

① 《中共中央办公厅国务院办公厅关于印发〈2006—2020年国家信息化发展战略〉的通知》，《中华人民共和国国务院公报》2006年第18期。

息服务呈现出多渠道、多模式、多手段综合应用的态势。四是工作交织化趋势。信息技术在农业领域广泛应用，信息化渗透到农业生产、加工、流通、科研教育、技术推广、消费等各个方面，工作外延扩大、内涵更加丰富，与农业各产业结合更加紧密，工作交织推进。五是发展社会化趋势。实践表明，除了政府主导外、社会力量的广泛参与，是加快发展农业信息化的必然选择"；提出"用3到5年时间，通过'五抓'促使'五个根本提高'。一是抓工程，促使进村入户的农村信息网络服务覆盖面有根本提高。二是抓标准，促使农业信息化建设和信息服务标准的统一规范程度有根本提高。三是抓资源，促使面向新农村建设服务的信息资源整合和开发利用成效有根本提高。四是抓应用，促使信息技术推广应用对建设现代农业的贡献率有根本提高。五是抓队伍，促使农业信息人员管理和服务水平有根本提高。"①

2007年11月21日，农业部印发了《全国农业和农村信息化建设总体框架（2007—2015）》。"总体框架"主要由作用于农村经济、政治、文化、社会等领域的信息基础设施、信息资源、人才队伍、服务与应用系统，以及与之发展相适应的规则体系、运行机制等构成；要努力完成下述三个主要任务。②

（1）以信息化推进现代农业发展。这是农业和农村信息化建设的首要任务，是走中国特色农业现代化道路的必然要求。

在"以信息化提高设施装备水平"方面：积极推动全球卫星定位系统、地理信息系统、遥感系统、自动控制系统、射频识别

① 《农业部关于进一步加强农业信息信息化建设的意见》，《中华人民共和国农业部公报》2006年第11期。

② 《全国农业和农村信息化建设总体框架（2007—2015）》，《电子政务》2008年第1期。

系统等技术在农业生产经营中的应用，提高农业生产设施装备的数字化、智能化水平，发展精准农业。加快农业应急信息系统建设，提高农业自然灾害和重大动植物病虫害的预测、预报和预警水平，加强对突发事件的监控、决策和应急处理的能力。积极配合有关部门加快实施“村村通电话”、“村村通广播电视”等工程，加强乡村信息化基础设施建设。

在“以信息化促进农业科技推广”方面：要利用信息化手段，创新农业科技推广模式，提高农业科技推广成效；积极开发应用作物生长、畜禽水产养殖、节水灌溉等农业智能系统，大力发展测土配方施肥，推广诊断施肥和精准施肥。建立农机监理服务信息平台，提高农机服务水平。

在“以信息化推动现代农业产业形成”方面：建立和完善粮食安全监测信息系统，建立重大动物疫情监测和应急处理信息系统、动物标识及疫病可追溯信息系统，健全饲料安全管理信息系统。促进农业企业信息化建设，提高农业产业化龙头企业、农民专业合作社信息化水平及信息服务能力，鼓励农业电子商务实践，积极构建农业产加销信息一体化服务体系。建设各地特色种养业、特色产品信息平台，促进“一村一品”发展。

在“以信息化健全农村市场体系”方面：完善全国农产品批发市场信息网络和农村市场供求信息系统，建立国际农产品市场信息服务系统。大力促进农村网络增值服务、电子金融、连锁经营、专业信息服务等新型服务业务发展，改造提升传统农村市场服务业。开发应用农产品和农业生产资料质量安全监管信息系统，利用信息化手段提升农产品和农业生产资料质量安全监管能力。

在“以信息化培养新型农民”方面：充分利用农业广播电视学校的教育资源，结合“阳光工程”、“跨世纪青年农民科技培训工程”、“百万中专生计划”、“新型农民创业培植工程”、“农村富裕劳动力转移就业培训工程”和“农业远程培训工程”等工程计划的推进，大力发展远程教育，强化面向农民的农业技能及就业培训，运用现代信息技术培养有文化、懂技术、会经营的新型农民。[①]

（2）以信息化提升农村公共服务与社会管理水平。这是实现农村公共服务与社会管理决策科学化、管理现代化、服务人性化的重要途径，是缩小城乡“数字鸿沟”的紧迫任务。

在“推动农村电子政务”方面：依托互联网，集约建设面向农村的公共服务门户网站，合理配置信息化公共服务资源，推动电子政务公共服务向农村延伸，提高办事效率。建立村务信息网络示范平台，实现农村财务、选举、固定资产、土地承包、计划生育等信息公开，为保证广大农民知情权建立信息通道。开设农村政务电子信箱，拓宽农村社情民意表达渠道，增强农民参政议政能力，促进村民自治和民主管理。大力支持农村党建工作信息化，促进农村基层组织建设和党员素质提高，增强党员对农业和农村信息化的带动作用。

在“丰富农村文化生活”方面：充分利用农业信息平台资源，推动农村文化信息资源共享建设，满足农民多方面的信息需求。制作农民喜闻乐见的广播电视节目、电子出版物，丰富农村文化生活。积极建立农村社区网页，促进信息交流。

在“服务农村家园建设”方面：应用信息技术，开发乡村规划决策系统，根据各地资源禀赋和社会经济运行状况，对村容村貌进行系统规划，制定适合当地特点的农村建设方案。有条件的地区，可结合村舍改建，利用宽带、有线及闭路电视等手段，对

---

① 《全国农业和农村信息化建设总体框架（2007—2015）》，《电子政务》2008年第1期。

农村生态环境现状与变化进行监测，为农村环境综合治理提供科学依据，为农民建设环境优美家园提供服务。

在“促进农村和谐发展”方面：依托农业和农村信息化建设成果，提高种粮补贴、良种补贴、农机补贴、农资综合补贴等各项支农惠农政策的实施效率和监测能力。加强与相关部门合作，为广大农民提供就业、社会保障、计划生育、医疗卫生等方面的信息服务。①

（3）建立健全乡村两级信息化服务组织。在乡镇建设信息服务站，在村建设信息服务点，是把农业和农村信息化工作落在实处的重要组织保障。乡村两级信息服务站（点）具有乡村事务管理、信息交流共享、信息服务聚合、农民信息培训、文化生活娱乐等综合功能。

在“建设乡村信息服务站（点）”方面：依托乡镇农业各站，建立乡级农业信息服务站；村级信息服务点，可与党员远程教育点、科技（文化）书屋等合并，也可利用协会、合作组织以及经纪人、种养加大户的力量建点。乡村信息服务站（点）建设要具备人员、设备、场所、制度等基本条件，要面向实际、坚持实干、求得实效，让农民得实惠。

在“强化乡村信息服务站（点）功能”方面：利用乡村信息站（点），提高乡村两级事务管理的信息化水平，代理代办政府事务，促进乡务村务公开，完善乡村事务管理；用“一站式”的信息服务，实现区域内的信息交流和资源共享；对农民进行技能培训，提高信息获取、信息应用能力；为村民提供多种形式的文化娱乐服务，推进农村精神文明建设。

---

① 《全国农业和农村信息化建设总体框架（2007—2015）》，《电子政务》2008年第1期。

在“创新乡村信息服务站（点）服务模式”方面：积极鼓励乡村信息服务站（点）运用计算机网络、广播电视、电话等多种信息传播途径，开展面向农民的多元化信息服务。①

2012 年 2 月 1 日，《中共中央国务院关于加快推进农业科技创新持续增强农产品供给保障能力的若干意见》出台。这是进入新世纪后连续出台的第九个指导“三农”工作的中央“一号文件”。在发展农业和农村信息化方面，文件提出：“改进基层农技推广服务手段，充分利用广播电视、报刊、互联网、手机等媒体和现代信息技术，为农民提供高效便捷、简明直观、双向互动的服务”，“扩大农业农村公共气象服务覆盖面，提高农业气象服务和农村气象灾害防御科技水平”；“全面推进农业农村信息化，着力提高农业生产经营、质量安全控制、市场流通的信息服务水平。整合利用农村党员干部现代远程教育等网络资源，搭建三网融合的信息服务快速通道。加快国家农村信息化示范省建设，重点加强面向基层的涉农信息服务站点和信息示范村建设”，“推进全国性、区域性骨干农产品批发市场建设和改造，重点支持交易场所、电子结算、信息处理、检验检测等设施建设”；“创新农产品流通方式。充分利用现代信息技术手段，发展农产品电子商务等现代交易方式”，“抓紧建立全国性、区域性农产品信息共享平台，加强农业统计调查和预测分析，提高对农业生产大县的统计调查能力，推行重大信息及时披露和权威发布制度，防止各类虚假信息影响产业发展、损害农民利益”。②

---

① 《全国农业和农村信息化建设总体框架（2007—2015）》，《电子政务》2008 年第 1 期。

② 《中共中央国务院关于加快推进农业科技创新持续增强农产品供给保障能力的若干意见》，《中华人民共和国国务院公报》2012 年第 5 期。

2012年12月31日，2013年中央“一号文件”《中共中央国务院关于加快发展现代农业进一步增强农村发展活力的若干意见》出台。在农业和农村信息化建设方面，文件提出：“加快用信息化手段推进现代农业建设，启动金农工程二期，推动国家农村信息化试点省建设。发展农业信息服务，重点开发信息采集、精准作业、农村远程数字化和可视化、气象预测预报、灾害预警等技术”，“加快宽带网络等农村信息基础设施建设”。[①]

2014年1月19日，中共中央国务院印发了2014年中央“一号文件”《关于全面深化农村改革加快推进农业现代化的若干意见》。这是进入新世纪以来的连续第十一个聚焦“三农”的一号文件。在发展农业和农村信息化方面，提出：“建设以农业物联网和精准装备为重点的农业全程信息化和机械化技术体系，推进以设施农业和农产品精深加工为重点的新兴产业技术研发，组织重大农业科技攻关”，“启动农村流通设施和农产品批发市场信息化提升工程，加强农产品电子商务平台建设”，“加快农村互联网基础设施建设，推进信息进村入户”。[②]

三、从国家整体发展统筹西部民族地区农牧区创新发展战略

西部民族地区农牧区的现代化发展是全中国的现代化事业中的一个有机组成部分。当前，西部农牧区既是我国生态屏障建设的前沿阵地，也是经济社会发展十分落后的地区，许多地方还处

① 《中共中央国务院关于加快发展现代农业进一步增强农村发展活力的若干意见》，《中华人民共和国国务院公报》2013年第2期。

② 《中共中央国务院印发〈关于全面深化农村改革加快推进农业现代化的若干意见〉》，《中华人民共和国国务院公报》2014年第3期。

于绝对贫困、与现代文明绝缘的状态，并被贫困文化所笼罩。因此，无论是从新时期区域协调发展、保障我国生态安全出发，还是从国家的统一、各民族团结共同繁荣的全局出发，或者从确保2020年我国全面建成小康社会的大局出发，都必须高度重视西部农牧区的全面小康社会建设，高度重视西部农牧区的科学发展、又好又快发展、跨越式发展的现代化发展问题。中央政府依据创新驱动发展的理念，统筹现有的基本政策，在西部民族地区农牧区进一步实施“中国西部农村网络卫视建设工程”与“中国西部农村光伏发电普及工程”，将为西部民族地区农牧区的现代化发展奠定起重要的技术和物质基础；基本框架如图7－12所示。

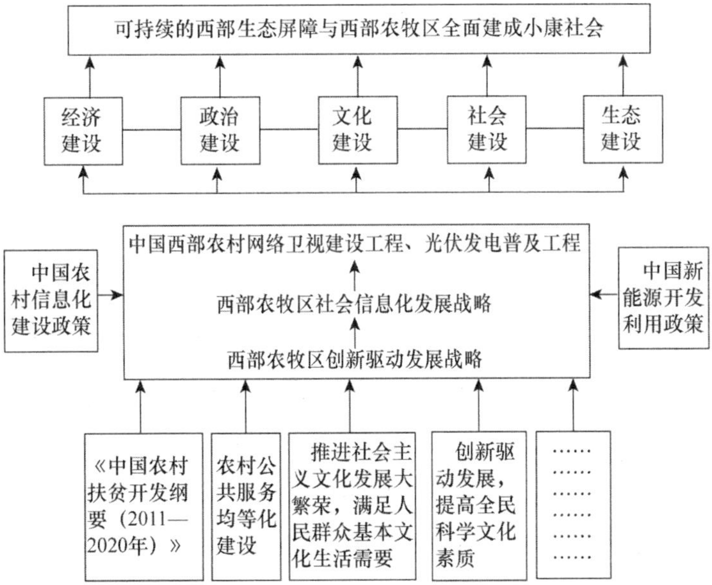

图7－12　实施西部农牧区创新驱动发展战略的基本框架

以中央政府为主导实施“中国西部农村网络卫视建设工程”与“中国西部农村光伏发电普及工程”，基于“全国一盘棋”，是一种帕累托改进。在第五章中，我们围绕实施西部民族地区农牧区社会信息化战略已进行了一些讨论。当前，我国不仅是世界上最大的电子信息硬件产品生产国，也是最大的太阳能光伏发电组件产品生产国；由于产能过剩，企业效益下滑，对外贸易摩擦不断。然而，广袤的西部农牧民却没有充足的电力可用，处于现代化发展的门槛以外。这本身就是一个深刻的矛盾。实施“中国西部农村网络卫视建设工程”与“中国西部农村光伏发电普及工程”，可以扩大内需，缓解因长期投资拉动增长造成的生产能力过剩压力。另一方面，加大农业与农村的信息化建设和新能源建设，既是中国信息化建设和新型工业化发展中重要和长期的战略，也是全球欠发达国家和地区的必由之路；从国际国内发展趋势来判断，是急需弥补和发展的新产业。因此，实施“中国西部农村网络卫视建设工程”与“中国西部农村光伏发电普及工程”而开发出的新技术、新产品，不仅对西部农牧区有意义，而且有全国意义、世界意义；从而有广阔的市场前景。尤其是政府在一段时间内进行的大量、集中采购，将促进我国把为广大农村提供先进、实用、方便、价格低廉的信息技术产品和服务、新能源技术产品和服务，作为大力发展的“战略产业”，作为国民经济发展新的增长点。此外，实施“中国西部农村网络卫视建设工程”，通过对国家既有资源“中星9号”直播卫星及其闲置转发器的创新性运用（采用IPTV和IP over DVB-S技术），上千套市、县广播电视节目复用为一个传输流、用一个卫星转发器推送出去，实现对众多市、县广播电视节目低成本、集约化的覆盖；其间积累的技术与经验，可以在全国进一步推广，用以实现中、东部地区市、县广播电视节目对农村的低成本、多元化传输与覆盖。而实施“中国西部农村光伏发电普及工程”，对于践行里夫金“第三次工业革命”的核心理念“新能源分布式发电的普遍运用”，其“先行先试”的意义则尤其重大。

对于中国如何践行“第三次工业革命”即“生态产业革命”，里夫金写道：“在今后的几年中，中国需要对未来的经济发展方向作出重要的决定。中国是世界上最大的火力发电国，煤炭在其能源中比重约占70%。……与此同时，中国也是世界上最大的风力涡轮机生产国，其太阳能光电产业生产总值更是占世界的30%，是世界上最大的太阳能电池板生产国。但是，中国所生产的可再生能源科技产品几乎均销往海外。目前，可再生能源发电量在中国国内能源消耗总量中的比例只有0.5%。鉴于中国丰富的可再生能源，这一事实无疑令人失望。”① “因此，中国人需要关心的问题是20年后中国将会处于一个什么样的位置，是身陷于日薄西山的第二次工业革命之中继续依赖化石能源与技术，还是积极投身于第三次工业革命，大力开发可再生能源科技?”② “如果选择了第三次工业革命这条道路，那么中国极有可能成为亚洲的龙头，引领亚洲进入下一个伟大的经济时代。在亚洲开展第三次工业革命基础设施的建设将有利于泛大陆市场的培育并加速亚洲政治联盟的形成。中国也将成为第三次工业革命的主要力量，推动整个亚洲实现向后碳社会的转型。”③

对于里夫金的“第三次工业革命”理论之于中国发展的意义，以及“中国能不能成为新能源革命的领头羊”这个问题，中

① ［美］杰里米·里夫金：《第三次工业革命：新经济模式如何改变世界》，张体伟、孙豫宁译，中信出版社2012年版，第XIV—XV页。

② ［美］杰里米·里夫金：《第三次工业革命：新经济模式如何改变世界》，张体伟、孙豫宁译，中信出版社2012年版，第XVI页。

③ ［美］杰里米·里夫金：《第三次工业革命：新经济模式如何改变世界》，张体伟、孙豫宁译，中信出版社2012年版，第XVI页。

国科学院研究生院技术创新与战略管理研究中心主任柳卸林指出："这取决于新能源革命是否与老百姓的需求结合在一起。""欧洲已经走过了工业化阶段，他们对环境、能源的危机感要比我们强烈得多。因此，在即将来临的新能源革命中，欧洲比我们，甚至比美国都推行得早。那么，中国最早的用户在哪里？"[①]他讲道：在未来分散式能源模式下，北京所需的能源将依托周边地区新能源供应解决，北京城市能够建设多大，取决于能源供给量有多少。换句话说，没有电力的集中生产与供应，大城市、特大城市的发展模式就过时了，中小城市将成为主体；这就会引起一场产业组织革命。但是，目前的大城市和城镇化都是和现有的能源供给模式相匹配的。如果只是使用了不同的"电源"，如风电、太阳能发电，只是对现有能源结构（生产、供应和消费）进行了一定程度的补充，那么就谈不上对现代城市、产业组织和管理模式的变化。

我们认为，柳卸林教授的分析是重要的。然而，指出里夫金的新能源思想不适宜北京等大城市的发展，并不等于说里夫金的新能源思想对中国现时的发展没有意义。里夫金的新能源思想对于解决中国西部农牧区当前和长远的发展问题都有着十分重大的意义。中国西部农牧区地域广阔、地形复杂，农牧民居住分散，同时农牧区的经济发展水平相对较低，决定了农牧民的消费能力偏低，因此电力、信息基础设施建设的高投入、高运营费用、低收入问题十分突出，很多地区甚至看不到盈利前景。在这里，里夫金的新能源解决方案有着最现实的需求；它的运用能够解决长期困扰这些地区的一系列问题，成为促进这些地区经济社会起飞

① 张晶：《新工业革命，中国不会再错过了——中国科学院大学技术创新与战略管理研究中心主任柳卸林访谈实录》，《科技日报》2012年9月9日。

的基本手段。另一方面，西部生态屏障建设与农牧民脱贫致富奔小康的统一问题，是中国政府推进全面建设小康社会与“美丽中国”建设必须解决的重大问题；西部农牧区一当有了充足的电力，也就解决了现代化发展的基本制约问题，由此将大大改善中华民族的发展状况，拓展中华民族的发展空间，创造出国民经济发展新的增长点。

从长远的观点看，里夫金的新能源思想对中国发展的意义是深刻的。当今世界对能源的需求日益增加，化石能源总量不断下降，核能的发展又在多方面受限，使得开发利用可再生能源、构建可持续能源系统成为各国的共识与必然的发展趋势。与传统能源相比，以太阳能光热为重点的新能源开发利用，具有更加清洁、高效、可持续性强等特点，代表未来能源发展方向。而太阳能资源的主要特点是分布广泛，有太阳照耀的地方就有太阳能资源。因此，太阳能光伏发电的优势是分布式应用。应该明确，“新能源分布式发电的普遍运用”既是技术的进步更是社会的进步；它更符合人类保护生态环境、追求可持续发展的需求，更能满足人类追求多元化、民主化的需求。中国能源经济研究院战略研究中心主任陈柳钦曾指出：分布式能源的理念是“藏能于民”，即通过多种渠道来生产能源，通过分散式生产、大电网统筹的方式，实现能源的多渠道供应和多层次开发。分布式能源系统正成为全球电力行业和能源产业的重要发展方向。①

新能源替代化石能源是一个渐进的、需要相当长时间的历史过程。里夫金的判断“可再生能源的转变、分散式生产、储存（以氢的形式）、通过能源互联网实现分配和零排放的交通方式构

① 陈柳钦：《我国分布式能源发展探讨》，《中国能源报》2013 年 10 月28 日。

成了新经济模式的五个支柱。如果在本世纪上半叶实现对第三次工业革命基础设施的构建，中国还需要近40年的努力，而这将创造数以千计的商业机遇、提供数百万的可持续发展的工作职位，并将使中国成为下一次工业革命的领军人”[①]，蕴涵着振兴与再造中国、振兴与再造世界的巨大力量。但是，对于当代中国而言，实现这种巨大力量的切入点和突破口，或者说最早展开大规模“先行先试”的理想区域，不是在东部而是在西部，不是在城市而是在农牧区；一如里夫金的另一个判断：“第三次工业革命可能会在新兴经济体中迅速展开，甚至比发达国家还要快，原因恰恰在于这些国家还没有相应的基础设施。”[②] 充分发挥中国特色社会主义“能够集中力量办大事”的制度优势，[③] 由中央政府为主导，在西部民族地区农牧区全面实施“中国西部农村光伏发电普及工程”，积极营造千家万户安装和使用光伏发电系统的政策和市场环境，将逐步形成农牧区生产生活用电量大大增加，而由电网提供电量逐渐减少，乃至向大电网供电的情形。随着科技进步和假以时日，光伏发电的成本最终会大大低于常规能源发电，届时，西部民族地区农牧民家庭利用土地资源丰富和太阳能资源条件好的优势，建设较大规模的光伏发电站，向中、东部负荷中

① ［美］杰里米·里夫金：《第三次工业革命：新经济模式如何改变世界》，张体伟、孙豫宁译，中信出版社2012年版，第XIV页。

② 田晓玲：《〈第三次工业革命〉作者杰里米·里夫金：通讯和能源结合，才会带来经济样式巨变》，《文汇报》2012年6月11日。

③ 2014年6月9日，习近平同志在中国科学院第十七次院士大会、中国工程院第十二次院士大会上的讲话中指出：“我们要注意一个问题，就是我国社会主义制度能够集中力量办大事是我们成就事业的重要法宝。……要让市场在资源配置中起决定性作用，同时要更好发挥政府作用，加强统筹协调，大力开展协同创新，集中力量办大事，抓重大、抓尖端、抓基本，形成推进自主创新的强大合力。”（《习近平在两院院士大会上的讲话》，2014年6月10日《新华每日电讯》）

心送电，也是可能的。而宽裕的发电能力，用于生产与生态建设，又使西部民族地区农牧区从传统农牧业走上现代农牧业的发展道路。由此，一种崭新的富裕、文明、美好的生产生活方式，将在广袤的西部农牧区得以全面实现。与此同时，“先行先试”的技术创新、制度创新与成功经验，也将在全国其他地区得以推广。

最后，应该明确：西部民族地区农牧区实施“中国西部农村网络卫视建设工程”与“中国西部农村光伏发电普及工程”，是辩证统一的关系；它们统一于西部民族地区农牧区社会信息化战略。没有充足的电力，社会信息化发展就缺乏现实的技术和物质基础；因此，大力实施“中国西部农村光伏发电普及工程”是必需的。而没有广播电视等信息的普遍服务，缺乏地方政府和科技人员的指导，光伏发电等先进技术也就很难在居住分散、交通条件相对较差的西部民族地区农牧区有效地推广运用；因此，大力实施“中国西部农村网络卫视建设工程”也是必需的。实施“中国西部农村网络卫视建设工程”与实施“中国西部农村光伏发电普及工程”的统一，将使西部民族地区农牧民告别传统的、低效率的农牧社会，消除贫困，过上幸福美好的现代生活。

主要参考文献

[1]《中国农村扶贫开发纲要（2011—2020年）》，人民出版社2011年版。

[2]《少数民族事业“十二五”规划》，国办发〔2012〕38号。

[3]《兴边富民行动规划（2011—2015年）》，国办发〔2011〕28号。

[4]《扶持人口较少民族发展规划（2011—2015年）》，民委发〔2011〕70号。

[5]《2006—2020年国家信息化发展战略》，中办发〔2006〕11号。

[6] 农业部：《全国农业和农村信息化建设总体框架（2007—2015）》，2007年11月。

[7] 中华人民共和国国务院新闻办公室：《中国农村扶贫开发的新进展》，人民出版社2011年版。

[8] 国家统计局农村社会经济调查司编：《中国农村全面建设小康监测报告》（2010），中国统计出版社2011年版。

[9] 国家统计局农村社会经济调查司编：《中国农村贫困监测报告》（2010），中国统计出版社2011年版。

[10] 李道亮主编：《中国农村信息化发展报告》（2007），中国农业科学技术出版社2007年版。

[11] 李道亮主编：《中国农村信息化发展报告》（2008），

电子工业出版社 2008 年版。

［12］李道亮主编：《中国农村信息化发展报告》（2009），电子工业出版社 2009 年版。

［13］李道亮主编：《中国农村信息化发展报告》（2010），北京理工大学出版社 2011 年版。

［14］李道亮主编：《中国农村信息化发展报告》（2011），电子工业出版社 2012 年版。

［15］李道亮主编：《中国农村信息化发展报告》（2012），电子工业出版社，2014 年。

［16］胡鞍钢：《中国发展前景》，浙江人民出版社 1999 年版。

［17］胡鞍钢主编：《地区与发展：西部开发新战略》，中国计划出版社 2001 年版。

［18］胡鞍钢：《中国：新发展观》，浙江人民出版社 2004 年版。

［19］胡鞍钢：《中国：民生与发展》，中国经济出版社 2008 年版。

［20］胡鞍钢：《中国：创新绿色发展》，中国人民大学出版社 2012 年版。

［21］温军：《民族与发展：新的现代化追赶战略》，清华大学出版社 2004 年版。

［22］聂华林等：《中国西部三农问题通论》，中国社会科学出版社 2010 年版。

［23］聂华林、李莹华：《中国西部农村文化建设概论》，中国社会科学出版社 2007 年版。

［24］赵曦：《中国西部农村反贫模式研究》，商务印书馆

2009 年版。

［25］龙远蔚等：《中国少数民族经济研究导论》，民族出版社 2004 年版。

［26］温铁军主编：《中国新农村建设报告》，福建人民出版社 2010 年版。

［27］刘江主编：《全国生态环境建设规划》，中国工商联合出版社 1999 年版。

［28］刘江主编：《中国可持续发展研究报告》，中国农业出版社 2001 年版。

［29］世界银行：《1998—1999 年世界发展报告：知识与发展》，中国财政经济出版社 1999 年版。

［30］世界银行：《2008 年世界发展报告：以农业促发展》，清华大学出版社 2008 年版。

［31］联合国开发计划署：《2001 年人类发展报告：让新技术为人类服务》，中国财政经济出版社 2001 年版。

［32］中国发展研究基金会：《在发展中消除贫困：中国发展报告 2007》，中国发展出版社 2007 年版。

［33］陈达云、郑长德：《中国少数民族地区的经济发展：实证分析与对策研究》，民族出版社 2006 年版。

［34］郑长德、罗布江村：《中国少数民族地区经济发展方式转变研究》，民族出版社 2010 年版。

［35］马林：《民族地区可持续发展论》，民族出版社 2006 年版。

［36］潘乃谷、马戎主编：《中国西部边区发展模式研究》，民族出版社 2000 年版。

［37］洪朝栋、沈志锦：《云南少数民族地区的现代化发展》，

民族出版社 2000 年版。

[38] 温世仁:《西部开发十年可成》，三联书店 2001 年版。

[39] 阎占定等:《中国民族地区发展问题调研报告》，湖北人民出版社 2010 年版。

[40] 李道湘等:《西部大开发与西部社会发展问题研究》，中央民族大学出版社 2008 年版。

[41] 杨明洪:《西藏农村公共产品供给及相关问题分析》，四川大学出版社 2009 年版。

[42] 马戎主编:《少数民族社会发展与就业——西部现代化进程为背景》，社会科学文献出版社 2009 年版。

[43] 国家民委政法司编:《"中澳少数民族地区消除贫困与人权事业发展研讨会"论文集》，中国农业科学技术出版社 2009 年版。

[44] 施祖麟、王亚华:《西部大开发中的生态环境可持续发展问题》，《中国发展》2002 年第 4 期。

[45] 姚慧琴、任宗哲:《中国西部经济发展报告》(2009)，社会科学文献出版社 2009 年版。

[46] 戴星翼:《走向绿色的发展》，复旦大学出版社 1998 年版。

[47] 中国科学院可持续发展研究组:《中国可持续发展战略报告》(2002)，科学出版社 2002 年版。

[48] 周毅:《跨世纪国略:可持续发展》，安徽科学技术出版社 1997 年版。

[49] 刘诚、李红勋:《中国退耕还林政策系统性评估研究》，经济管理出版社 2010 年版。

[50] [美] 迈克尔·P. 托达罗、斯蒂芬·C. 史密斯:《发

展经济学》，余向华、陈雪娟译，机械工业出版社 2009 年版。

［51］［美］塞缪尔·亨廷顿、劳伦斯·哈里森主编：《文化的重要作用——价值观如何影响人类进步》，程克雄译，新华出版社 2002 年版。

［52］张长生主编：《经济发展战略比较研究》，广东经济出版社 1998 年版。

［53］侯景新：《落后地区开发通论》，中国轻工业出版社 1999 年版。

［54］［美］西奥多·W. 舒尔茨：《改造传统农业》，梁小民译，商务印书馆 2006 年版。

［55］［美］西奥多·W. 舒尔茨：《论人力资本投资》，吴珠华等译，北京经济学院出版社 1990 年版。

［56］［印度］阿马蒂亚·森：《贫困与饥荒》，王宇、王文玉译，商务印书馆 2001 年版。

［57］［印度］阿马蒂亚·森：《以自由看待发展》，任赜、于真译，中国人民大学出版社 2002 年版。

［58］［美］W. W. 罗斯托：《经济增长的阶段：非共产党宣言》，郭熙保、王松茂译，中国社会科学出版社 2001 年版。

［59］王燕燕：《理念的转变与多维的视角——二十世纪九十年代以来发展经济学的新进展》，《财经理论与实践》2005 年第 5 期。

［60］姜少敏：《发展经济学发展观的演变》，《教学与研究》2005 年第 12 期。

［61］张艳玲：《国外几种发展观解析》，《理论前沿》2006 年第 12 期。

［62］吴映梅：《西部少数民族聚居区经济发展与机制研究》，

人民出版社，2006 年版。

[63] 江曼琦等：《少数民族经济发展与城市化问题研究》，经济科学出版社 2009 年版。

[64] 王洛林、朱玲：《后发地区的发展路径选择——云南藏区案例研究》，经济管理出版社 2002 年版。

[65] 王雅林：《从“生产型社会”到“生活型社会”》，《社会观察》2006 年第 10 期。

[66] 刘德强：《不丹“国民幸福总值”理念及其对中国的启示》，《新视野》2012 年第 4 期。

[67] [加] 马克·安尼尔斯基：《幸福经济学：创造真实财富》，社会科学文献出版社 2010 年版。

[68] 王庆丰：《超越“资本的文明”：“后改革开放时代”的中国道路》，《社会科学辑刊》2013 年第 1 期。

[69] 余谋昌：《创造美好的生态环境》，中国社会科学出版社 1997 年版。

[70] 魏后凯：《限禁开发区域的补偿政策亟待完善》，《人民论坛》2011 年第 17 期。

[71] 刘世庆等：《高原牧区发展研究——长江上游川西北例证》，社会科学文献出版社 2012 年版。

[72] 张新时：《关于生态重建和生态恢复的思辨及其科学涵义与发展途径》，《植物生态学报》2010 年第 1 期。

[73] 张新时：《生态重建与生态恢复》，《江南论坛》2013 年第 9 期。

[74] 闫琳：《英国乡村发展历程分析及启发》，《北京规划建设》2010 年 1 期。

[75] 舒庆尧：《美丽乡村——欧洲的农业与农村》，《新农

村》2011 年第 2 期。

[76] 佘正荣：《生态文化教养：创建生态文明所必需的国民素质》,《南京林业大学学报》（人文社会科学版）2008 年第 3 期。

[77] 喻国民、张洪忠：《中国大众传播渠道的公信力测评》,《国际新闻界》2007 年第 5 期。

[78] 孔令顺：《中国电视的文化责任》，中国传媒大学出版社 2010 年版。

[79] 祁林：《电视文化的观念》，复旦大学出版社 2006 年版。

[80] 欧阳宏生主编：《电视传播核心价值论》，北京大学出版社 2010 年版。

[81] 林之达：《传播心理学新探》，北京大学出版社 2004 年版。

[82] [美] 维纳：《控制论——关于在动物和机器中控制和通讯的科学》（第二版），郝季仁译，科学出版社 2007 年版。

[83] 李广：《中国乡村治理中的政治传播与控制》，山东大学出版社 2011 年版。

[84] 王伯鲁：《马克思技术思想纲要》，科学出版社 2009 年版。

[85] 范宝舟：《论马克思交往理论及其当代意义》，社会科学出版社 2005 年版。

[86] 陈凡、陈多闻：《文明进步中的技术使用问题》，《中国社会科学》2012 年第 2 期。

[87] 岳广鹏：《冲击·适应·重塑——网络与少数民族文化》，中央民族大学出版社 2010 年版。

[88] 邵培仁：《论人类传播史上的五次革命》，《中国广播

电视学刊》1996 年第 7 期。

［89］［美］哈里·亨德森：《通讯与广播——从有线语言到无线网络》，林淑瑜、隋俊宇译，上海科学技术文献出版社 2008 年版。

［90］王维明：《信息技术及其应用》（修订版），中国人民大学出版社 2006 年版。

［91］童兵主编：《科学发展观与媒介化社会构建》，复旦大学出版社 2010 年版。

［92］国际电信联盟报告：《网络的挑战——互联网对发展的影响》，汪向东、刘满强译，中国友谊出版公司 2000 年版。

［93］方晓红：《大众传媒与农村》，中华书局 2002 年版。

［94］甄峰：《信息时代的空间结构》，商务印书馆 2004 年版。

［95］朱虹主编：《广播电视发展政策研究》（理论卷），红旗出版社 2010 年版。

［96］李资源等：《中国共产党少数民族文化建设研究》，人民出版社 2011 年版。

［97］田聪明：《“村村通广播电视”的提出与实施》，《新华文摘》2012 年第 9 期。

［98］蔡赴朝：《十年来我国广播影视公共服务体系建设》，《新华文摘》2012 年第 22 期。

［99］刘进军：《卫星电视技术》，国防工业出版社 2008 年版。

［100］刘进军：《卫星电视接收技术》（第 3 版），国防工业出版社 2010 年版。

［101］吴诗奇等：《卫星通信导论》，电子工业出版社 2006

年版。

［102］郝为民：《我国卫星通信产业发展概况及展望》，《国际太空》2013 年第 8 期。

［103］黄其凡：《关于推进我国直播卫星公共服务发展的思考》，《广播与电视技术》2013 年第 4 期。

［104］王丽华：《全国文化信息资源共享工程卫星数据广播系统终端应用模式探析》，《图书馆建设》2008 年第 2 期。

［105］国家广播电影电视总局科技司：《中国广播电视直播卫星“村村通”系统技术体制白皮书》（2008），2008 年 4 月。

［106］党海飞：《一种基于 XML 文件的数据广播技术在中国直播卫星中的应用与实现》，《广播与电视技术》2009 年第 7 期。

［107］田世伟、李广侠：《卫星通信在农村信息化中的应用分析》，中国通信学会卫星通信委员会：《“第六届卫星通信新业务新技术学术年会”论文集》，2010 年，第 396—403 页。

［108］郝建强：《基于直播星“村村通”平台的灾害预警信息广播初探》，中国通信学会卫星通信委员会：《“第六届卫星通信新业务新技术学术年会”论文集》，2010 年，第 418—422 页。

［109］李幼平：《共享信息的文化网格》，《信息与电子工程》2003 年第 4 期。

［110］李幼平：《广播型文化网格》，《“第二届中国数据广播论坛”论文集》，2003 年，第 78—87 页。

［111］薛京、许盈：《“大道至简”的 UCL 理念——访中国工程院院士李幼平先生》，《电视技术》2013 年第 12 期。

［112］李幼平：《引导 CMMB 走向 NGB》，《“数字电视产业与三网融合学术研讨会”论文集》，2008 年，第 25—29 页。

［113］《中国工程院院士李幼平：浮云化雨——全球网转化

为个人库》,《中国科技奖励》2012 年第 9 期。

[114] 周金治等:《大规模数据并播中的多级群分复用技术研究》,《信息与电子工程》2004 年第 4 期。

[115] 缪蓉:《网络技术与教育技术》,北京大学出版社 2005 年版。

[116] 金纯等:《IPTV 及其解决方案》,国防工业出版社 2006 年版。

[117] 万晓榆等:《IPTV 技术与运营》,科学出版社 2010 年版。

[118] 谢质文等:《IPTV——产品、运营与案例》,电子工业出版社 2008 年版。

[119] 陈斯华:《IPTV 产业价值链研究》,中国传媒大学出版社 2008 年版。

[120] 叶伟等:《互联网时代的软件革命——SaaS 架构设计》,电子工业出版社 2010 年版。

[121] 金少申:《利用宽带卫星综合业务平台构筑农村信息化高速公路》,《现代电信科技》2009 年第 6 期。

[122] 《CMMB 科普问答》,《广播电视信息(上半月)》2008 年第 7 期。

[123] [美] 阿尔文·托夫勒:《第三次浪潮》,朱志焱等译,三联书店 1983 年版。

[124] [美] 杰里米·里夫金:《第三次工业革命——新经济模式如何改变世界》,张体伟、孙豫宁译,中信出版社 2012 年版。

[125] [德] 赫尔曼·希尔:《能源变革:最终的挑战》,王乾坤译,人民邮电出版社 2013 年版。

［126］芮明杰：《第三次工业革命与中国选择》，上海辞书出版社 2013 年版。

［127］朱永强：《新能源与分布式发电技术》，北京大学出版社 2010 年版。

［128］王信茂：《做好“十二五”无电地区电力规划和建设工作》，《中国电业》2012 年第 9 期。

［129］徐传进、吴琪：《风光储互补发电系统应用》，《东方电气评论》2012 年第 1 期。

［130］彭军等：《户用型可再生能源发电系统在苏尼特右旗应用的调查分析》，《农业工程学报》2008 年第 9 期。

［131］周篁等：《中国光明工程项目背景与计划》，《中国能源》2001 年第 7 期。

［132］李志强、柏建华：《屋顶太阳能光伏发电给力新农村建设——宁夏第一个国家级农村屋顶太阳能光伏发电工程落户中卫》，《共产党人》2012 年第 10 期。

［133］马胜红等：《中德财政合作“西部光伏村落电站”项目实施机制和进展》，《太阳能》2006 年第 4 期。

［134］中国能源中长期发展战略研究项目组：《中国能源中长期（2030、2050）发展战略研究：可再生能源卷》，科学出版社 2011 年版。

［135］张铁民等：《我国电动力农业机械发展现状与趋势》，《农机化研究》2012 年第 4 期。

［136］张钦等：《中国新能源产业发展研究》，科学出版社 2013 年版。

［137］李河君：《中国领先一把——第三次工业革命在中国》，中信出版社 2014 年版。

［138］中国科学院中国现代化研究中心：《中国现代化战略的新思维》，科学出版社 2010 年版。

［139］吴明瑜、李泊溪主编：《中国 1997—2020 科学技术与人民生活》，中国财政经济出版社 1997 年版。

［140］詹姆斯·C. 斯科特：《国家的视角——那些试图改变人类状况的项目是如何失败的》，王晓毅译，社会科学文献出版社 2011 年版。

［141］杨云彦等：《社会变迁、介入型贫困与能力再造》，中国社会科学出版社 2008 年版。

［142］钟义信：《社会动力学与信息化理论》，广东教育出版社 2007 年版。

［143］解伟：《移动多媒体广播（CMMB）技术与发展》，《电视技术》2008 年第 4 期。

［144］丁恒龙等：《现代农业科技与新农村建设》，中共中央党校出版社 2010 年版。

［145］袁诗弟、刘华桂：《何谓科学？何谓发展？——对科学发展的深层解读》，《天府新论》2011 年第 4 期。

［146］邱耕田：《科学发展观与科学发展》，《理论视野》2011 年第 9 期。

［147］袁吉富：《辩证理解科学发展与代价的关系》，《党建》2007 年第 5 期。

［148］刘道兴：《技术精神、求效思维与人类价值体系的四维结构》，《中州学刊》2009 年第 6 期。

［149］田鹏颖主编：《社会工程哲学教程》，社会科学文献出版社 2012 年版。

［150］田鹏颖：《社会工程视域下“社会关系生产”的新形

态》，《中国社会科学》2012 年第 10 期。

［151］张华夏：《论系统工程方法与科学认识的程序学说》，《系统辩证学学报》1994 年第 3 期。

［152］马忠玉：《论旅游开发与消除贫困》，《中国软科学》2001 年第 1 期。

［153］胡鞍钢、周绍杰：《中国如何应对日益扩大的“数字鸿沟”》，《中国工业经济》2002 年第 3 期。

［154］《卫星应用》编辑部：《中国卫星应用进展》，《卫星应用》2012 年第 5 期。

［155］文兴吾、张越川：《中国可持续发展道路探索》，四川人民出版社 2001 年版。

［156］文兴吾等：《巩固和发展社会主义民族关系》，四川人民出版社 2002 年版。

［157］袁本朴、文兴吾：《四川民族地区跨越式发展的理论与实践研究》，四川民族出版社 2002 年版。

［158］文兴吾：《关于科学发展观的基本内涵：作为发展的世界观与方法论》，《理论前沿》2006 年第 12 期。

［159］文兴吾：《现代科学技术概论》，四川人民出版社 2007 年版。

［160］文兴吾：《知识经济与创新体系建设研究》，巴蜀书社 2007 年版。

［161］文兴吾、何翼扬：《建设创新型四川的哲学思考》，《天府新论》2007 年第 6 期。

［162］文兴吾、何翼扬：《对四川依靠科技进步发展的思考》，《世界科技研究与发展》2008 年第 2 期。

［163］文兴吾：《关于“信息四川发展战略”》，《经济体制

政革》2008 年第 4 期。

［164］何翼扬、文兴吾：《科学发展观视野下的科技发展观》，《毛泽东思想研究》2009 年第 3 期。

［165］文兴吾、何翼扬：《论我国建设创新型国家的基本方略》，《中国科技论坛》2009 年 4 期。

［166］何翼扬、文兴吾：《以信息技术推进西部民族地区农牧区发展研究》，西南财经大学出版社 2011 年版。

［167］文兴吾、何翼扬：《论科技文化是第一文化》，《中华文化论坛》2012 年第 1 期。

［168］文兴吾：《论当代中国马克思主义科学技术观：科学技术动力观》，《社会科学研究》2012 年第 2 期。

［169］文兴吾：《对"传统的历史唯物主义叙述体系"批判的批判》(《中国社会科学》2012 年第 10 期。

［170］文兴吾、何翼扬：《西部农牧区反贫困科学发展基本问题研究》，《农村经济》2013 年第 1 期。

［171］文兴吾、何翼扬：《西部农牧区社会信息化发展战略研究》，《经济体制改革》2013 年第 3 期。

［172］文兴吾、何翼扬：《西部民族地区农牧区发展文化变革：生活型社会建设研究》，《中华文化论坛》2013 年第 11 期。

［173］文兴吾：《"第三次工业革命"理论与生态文明》，《成都工学院学报》2014 年第 3 期。